本书得到2013年国家社科基金年度项目"20世纪三四十年代西北银行业制度的强制性变迁与区域经济变动研究"（项目批准号：13BZS050）资助，也曾得到宁波工程学院配套经费暨社会科学出版基金与宁波工程学院马克思主义学院配套经费等资助。前期研究曾得到2010年度宁夏回族自治区哲学社会科学规划项目"国民政府时期西北银行业与区域经济变动研究"与2011年中国台湾地区"中华发展基金"资助

The Mandatory Institutional Changes of Banking and the Development of Regional Economy in Northwest China 1930-1949

西北银行业制度的强制性变迁与区域经济变动

(1930—1949)

张天政 等 著

中国社会科学出版社

图书在版编目（CIP）数据

西北银行业制度的强制性变迁与区域经济变动：1930－1949／张天政等著．—北京：中国社会科学出版社，2021.6
ISBN 978－7－5203－8106－2

Ⅰ.①西… Ⅱ.①张… Ⅲ.①银行业—制度—区域经济发展—研究—西北地区—1930－1949 Ⅳ.①F832

中国版本图书馆 CIP 数据核字（2021）第 053156 号

出版人	赵剑英
责任编辑	宋燕鹏
责任校对	冯英爽
责任印制	李寡寡

出　　版	中国社会科学出版社
社　　址	北京鼓楼西大街甲 158 号
邮　　编	100720
网　　址	http://www.csspw.cn
发 行 部	010－84083685
门 市 部	010－84029450
经　　销	新华书店及其他书店
印　　刷	北京明恒达印务有限公司
装　　订	廊坊市广阳区广增装订厂
版　　次	2021 年 6 月第 1 版
印　　次	2021 年 6 月第 1 次印刷
开　　本	710×1000　1/16
印　　张	23.5
插　　页	2
字　　数	324 千字
定　　价	128.00 元

凡购买中国社会科学出版社图书，如有质量问题请与本社营销中心联系调换
电话：010－84083683
版权所有　侵权必究

序　言

张天政教授撰写的《西北银行业制度的强制性变迁与区域经济变动（1930—1949）》（以下简为《西北银行业》）作为国家社科基金项目结项成果，即将由中国社会科学出版社正式出版了。作为一部近代中国区域金融史研究的专著，《西北银行业》有如下特色，值得特别关注。

这部书稿极大充实了长时期以来关于西北地区银行业研究的薄弱领域。近代中国银行业的发展，存在着不同区域之间的差别与不平衡。体现在金融史研究成果中，关于上海和平津等全国性金融中心、武汉和广州等区域性金融中心的内容，一直受到关注，而有关西北地区银行业的变迁一直是薄弱领域。以出版和持续发行近三十年的高校金融类教材《中国金融史》为例，该书"近代金融篇"共设5章22节和87目，但所有的章节目标题均未涉及西北地区，在具体行文中，仅提及陕西省银行、青海省银行和宁夏省银行的设立年份，以及笼统提到抗战时期中、中、交、农四行在西南、西北增设的分支行处总数。即便在篇幅达900多页的《中国银行行史（1912—1949）》，直接关于西北地区的内容只有一个目"中国银行在西北地区建行情况"，实际篇幅不到500字。如果把视野扩大到涉及民国时期西北地区银行业和区域经济的研究论著，包括未刊的学位论文稿，但正如《西北银行业》所评析的，已有研究"虽对银行机构的设立及其业务加以探讨，并涉及新式银行与区域金融制度建设，但不仅有欠系统，而且主要侧重于负面影响。"正是在较全面地梳理了以往通贯性金融史著作和涉及西北地区银行业的论著之后，《西北银行业》以6章约32万字的篇幅，建构起了20世纪三四十年代西北银行业发展变迁的框架体系，其涉及的行政区划包括陕西、甘肃、宁夏和青海四个省，大体按照1930年至1937年、1937至1945年、1945至1949年三个时段，主要包括地方银行、国家银行和华商银行三类银行的机构设立、业务发展和制度变迁等方面的基本叙事。该书稿还指出了西北各省银行业之间基本状况的差异性，如从银行业机构设立数来看，陕西省银行业机构设立最多，其次是甘肃省，再者是宁夏、青海省；就银行业与地方当局关系而言，大体上银行业与陕甘当局关系更加密切，双方合作大于矛盾；而银行业与宁夏省、青海省地方当局关系方面，合作与矛盾并存，关系密切程度远远逊色于前者。这些都有助于读者从全局视野把握西北银行业的发展进程。

该书稿注意结合同业公会的角度，进一步考察西北银行业。研究近代中国的华资银行业，当然离不开对于银行自身基本状况的把握，如资本、组织机构、主要业务等方面。但某一区域的银行之所以能够被视为独立的行业，不仅在于一定的银行数量和相应的市场规模，还在于是否有同业组织及其运作。既有银行史的研究，大都把银行和银行公会作为不同的研究对象分别进行研究，这当然有助于提高研究的专门性，但疏于对于两者之间联系的揭示。《西北银行业》在有关战时陕西银行业的一章中，设有关于西京银行公会的专节，较为全面而详实地梳理了该银行公会的成立和运作状况，包括组建背景和历史条件、公会理监事人选及所代表的银行、公会章程的制定、人事和制度建设；在此基础上，书稿通过对公会协助政府开展战时金融监督、协调地方当局管制金融法令的废止、因应来自军政当局的摊捐等方面的诸多案例进行分析，对于西京银行公会与陕西省主要银行之间关系的基本面，作出了颇为深刻的评析，是全书学术性的重要体现。

这部书稿是建立在十分扎实的史料工作基础上的。除了诸多已刊

序言

银行史、金融史资料文献之外，作者在对未刊档案史料的发掘整理上着力尤为突出，相应藏档机构包括中国第二历史档案馆、重庆市档案馆、陕西省档案馆、甘肃省档案馆、青海省档案馆、宁夏回族自治区档案馆，涉及全宗单位分别有中央银行、中国银行、交通银行、中国农民银行的总行相应省分行，四联总处和地方分处，财政部及地方银行监理部门；以及台湾地区的"中央研究院"近代史研究所和"国史馆"藏档。在报刊史料的查找梳理方面，涉及四十余种，其中不少是迄今为止金融史著作中甚少提及的。这部书稿史料工作之翔实，不仅贯穿在基本叙事上，还可以在近百个表格中得以突显，这些表格涵盖了银行业和地方经济两大领域，专业划分明确，多为原始史料的辑录编排和重要数据的统计，史料价值颇高，是该书为金融史和区域经济史研究作出的重要贡献。当然，可能由于版面所限，原书稿删减较多，加上观照面广，史料文献种类多，数量庞杂，与书稿框架体系相对应的系统而完整的史料还有待加强，从而作为一部涵盖西北多省银行业和区域经济的专著，该书稿无论在时间、空间还是在银行业内部诸多评判指标方面，都存在着不平衡乃至某些中断欠缺，有待于作者通过后续努力以相关专题性研究成果予以弥补。

吴景平
2021 年 5 月 21 日于复旦大学光华楼

目 录

绪 论 ·· (1)
    一 本书相关领域研究现状及选题意义 ···················· (1)
    二 本书研究的主要思路及重要观点 ························ (8)
    三 本书创新程度，学术价值和应用价值 ···················· (9)
    四 参考资料 ··· (9)

第一章 银行机构设立与新的货币银行制度的建立 ············ (12)
    第一节 陕西省银行业的兴起及实施法币制度 ············ (12)
    第二节 甘肃省货币、银行制度的初创 ···················· (32)
    第三节 宁夏省银行机构的设立及法币制度的实施 ········ (52)
    第四节 青海省银行机构及制度的建立 ···················· (59)

第二章 战时陕西银行业制度与业务发展 ······················ (63)
    第一节 中央银行西安分行职能的逐步转变 ················ (63)
    第二节 其他国家银行的存放款业务与金融市场的监管 ···· (72)
    第三节 银行业务监管 ······································ (93)
    第四节 西京银行公会与区域银行业制度的变迁 ·········· (100)
    第五节 省银行及商业银行的业务 ·························· (170)

第三章 战时甘肃银行业业务的广泛开展 ···················· (183)
    第一节 存款业务 ·· (183)

· 1 ·

第二节 放款业务 ………………………………………… (189)
第三节 内汇业务 ………………………………………… (198)
第四节 代理公库业务 …………………………………… (205)
第五节 发行货币与领券业务 …………………………… (210)

第四章 20世纪三四十年代宁夏省银行业的业务开展 …… (214)
第一节 宁夏（省）银行的改组及业务经营 ………… (214)
第二节 中国农民银行、中国银行、交通银行的
普通业务 …………………………………… (227)
第三节 中央银行宁夏分行及四联支处的职能调整 …… (231)

第五章 青海银行业制度的初创及金融现代化的尝试 …… (251)
第一节 中国农民银行西宁支行的建立及业务 ………… (253)
第二节 中国银行西宁办事处的业务开展 ……………… (261)
第三节 中央银行西宁分行的业务经营 ………………… (265)
第四节 青海省银行、青海实业银行的建立及业务 …… (269)

第六章 制度调整下的战后银行业对区域经济的维持 …… (278)
第一节 战后银行业制度的调整与完善 ………………… (278)
第二节 战后陕西银行业对区域经济建设的扶持 ……… (285)
第三节 战后甘肃省银行业与区域经济的维持 ………… (311)

结　语 ……………………………………………………… (334)

参考文献 …………………………………………………… (358)

后　记 ……………………………………………………… (366)

绪　　论

本书所言西北仅限陕甘宁青四省。原计划新疆省包含在本书内容之中，但经搜集资料，据所了解，新疆省在20世纪40年代初内服之前，国民政府的银行业制度并未在新疆得以推行，而这期间新疆省仅一家省属金融机构，国民政府所办国家银行入驻新疆省较晚，工农商业贷款业务量较小。因而新疆省在本书研究中暂不包含在内。

20世纪三四十年代银行业制度的强制性变迁概念，主要是借鉴学术界概念，是指政府依靠强制力推动的自上而下的制度变迁。具体是指对20世纪三四十年代国民政府金融政策、法规、制度制定运行及变迁尽可能进行系统考察，研究国民政府对西北银行业的制度建设与金融监管；强制性变迁主要关注国民政府时期国家及地方银行业制度建设及变化或演变情形，主要考察银行业政策、法规、制度的制定，尤其在西北四省的推行情形及其在一些历史时期的制度变迁。

一　本书相关领域研究现状及选题意义

近代银行业的兴起不仅是新事物，也是西北经济变动与增长的关键原因与表现。西北各省建立新式银行较晚，20世纪20年代虽有西北银行设立，但其与区域经济发展关系不大；国民政府时期西北银行业的兴起与区域经济变动关系甚大。而对新式银行业的兴起及制度的强制性变迁与区域经济变动关系这样宏观、重大的问题，过去学术界

西北银行业制度的强制性变迁与区域经济变动（1930—1949）

未有系统学术著作发表。以下所列研究论著虽为从诸方面进行思考及研究奠定了坚实的基础，但对西北银行业本身许多重大问题梳理得并不清楚，缺乏系统、全面的专门研究。这些论著由于受政治观点影响较大，而且大多数论著忽视第一手材料的运用，尤其是忽视对已刊及未刊档案材料的发掘，因而对国民政府时期新式银行业制度强制性变迁与区域经济增长关系缺乏系统而宏观的研究，并未注意西北银行业之间紧密的人事、业务联系，并未注意政府当局与银行业之间的关系，并未关注地方军阀对国家银行机构态度的变化，并未关注新式银行对区域工业、商业、城市经济的正面影响，并未涉及新式银行业与传统金融机构之间的关系，因此还急需通过完全的、创新性课题设计及研究来揭示其中的多个面相。

具体言之，仅见从轮廓、大概的方面涉及西北银行业的前期学术论文发表，具体有：屈秉基的《抗日战争时期的陕西金融业》[1]和《抗日战争时期的陕西金融业（续完）》[2]全面列举了抗日战争时期陕西省各级金融机构的设置分布情况，探讨其资金的运用与银行管制，并分析了当时金融业不愿为工农业投放大量贷款的原因，这是较早完整论述陕西省银行业建制及运行的论文，对后来陕西省银行业研究具有指导意义。杨斌、张士杰的《试论抗战时期西部地区金融业的发展》[3]，李云峰、赵俊撰写的《1931—1937年间西北金融业的恢复和发展》一文[4]，上述论文只是零星涉及抗战时期西北银行机构或抗战前的区域银行机构。张天政撰写的《抗战时期国家金融机构在陕西的农贷》[5]，则对20世纪30年代上海华资银行及抗战时期包括中国农民

---

[1] 屈秉基：《抗日战争时期的陕西金融业》，《陕西财经学院学报》1984年第2期。
[2] 屈秉基：《抗日战争时期的陕西金融业（续完）》，《陕西财经学院学报》1985年第3期。
[3] 杨斌、张士杰：《试论抗战时期西部地区金融业的发展》，《民国档案》2003年第4期。
[4] 李云峰、赵俊：《1931—1937年间西北金融业的恢复和发展》，《民国档案》2004年第1期。
[5] 张天政：《抗战时期国家金融机构在陕西的农贷》，《抗日战争研究》2009年第2期。

银行在内的国家金融机构与陕西农贷制度建设及农贷业务开展的关系进行探讨，成为较为系统地专门探讨陕西银行业兴起与区域农业经济增长的学术论文。赵俊撰写的《抗日时期国民政府开发西北金融问题研究》[①]，重点论述了1931年至1945年国民政府对西北金融业的开发，并做了简要评价，其中提及在陕西省设立金融机构的概况。王坚撰写的《西北地区货币金融近代化历史进程研究》[②]粗略介绍了银行的经营业务及陕西省县银行建立发展的历程。李雨芝所撰写的《民国时期陕西省银行小额贷款市场化运作经验探析及其现代化启示》[③]论述了民国时期陕西省银行的小本贷款业务的推广、普及情况及其市场运作过程中存在的问题。张天政、成婧的《西京银行公会与抗战时期国民政府的金融监管》[④]认为抗战时期国民政府颁布一系列战时金融管制法规，西京银行公会成立后遵令实施，协助国民政府从缴纳存款准备金，督促执行蒋介石手令、财政部颁行金融管制法令，参与组建银钱业放款委员会审核放款，指导银钱业行庄验资注册等方面，监督管理银行资金营运，并维护同业利益，引导银行资金投入战时工农业经济建设，为战时金融制度建设发挥关键作用，为增强大后方抗战实力发挥了重要影响。学术研究蓬勃发展，近年来近代陕西金融问题越来越受到学界新秀的关注。上述论文针对抗战前和抗战时期金融业发展做了较多的个案研究，无论是对陕西金融史的研究还是有关西北区域金融史研究，以及陕西省银行业内部制度、经营状况多有涉及，对陕西银行业的相关内容有所铺垫。

专书方面，海峡对岸近代中国外交史、中国西北近现代史著名专

---

① 赵俊：《抗日时期国民政府开发西北金融问题研究》，西北大学，硕士学位论文，2004年。
② 王坚：《西北地区货币金融近代化历史进程研究》，兰州大学，硕士学位论文，2006年。
③ 李雨芝：《民国时期陕西省银行小额贷款市场化运作经验探析及其现代化启示》，西北大学，硕士学位论文，2008年。
④ 张天政、成婧：《西京银行公会与抗战时期国民政府的金融监管》，《中国社会经济史研究》2013年第2期。

> 西北银行业制度的强制性变迁与区域经济变动（1930—1949）

家，台湾"中央研究院"近代史研究所研究员张力著的《中国现代化的区域研究（1860—1937）——陕甘地区》[①] 第一章第三节"经济与财政概况"、第三章第四节"财政与金融"两节内容，在金融方面提及陕西地区传统金融业机构票庄的经营发展和旧有民间借贷组织典当业的发展，简要介绍了钱庄的业务经营、资本额度及发展概况；较为详细地介绍了1912年以来陕西省新式金融机构的设立与币钞发行情况，对了解抗战前期陕西省经济环境与金融机构的设置状况有很大帮助。魏永理等主编的《中国西北近代开发史》[②] 第七章"西北近代金融事业的开发"概括介绍了国家银行在陕西省的早期发展情况及其在陕西省建立起垄断地位的过程，并对陕西省银行的发展及其县银行的创设做了简单陈述，只是从经济与社会发展的宏观方面加以描述。田霞的《抗日战争时期的陕西经济》[③] 从"财政金融·金融业的发展与管理"方面，从国家银行、省地方银行、商业银行、县银行、其他金融机构等金融体系、机构设置方面列举了陕西近代银行业的大致情况，并叙述了陕西货币流通概况及资金的运用与银行管制情况，比较于上述论著是相对完整的，但是仍有构建史实、概括论述的特点。

上述研究成果无疑促进了民国时期西北金融业的研究，也为抗战时期西北各省银行业的研究提供了一些史料线索和研究方法。以上著作虽主要勾勒了陕西省银行业的发展概况，但多属陈述性描述，所依据的材料单一、片面，欠缺系统、深入的分析与评价。对于民国时期，尤其是抗日战争的特殊时期银行业对整个社会金融发展的作用，以及国家银行、地方银行、商业银行之间的相互联系并没有作深入探究。

但从中也可以看出诸多问题，首先征引资料方面的欠缺之处，目光局限于少量已刊史料及专著上面，资料单一无力且重复使用率高，

---

① 张力：《中国现代化的区域研究（1860—1937）——陕甘地区》，未刊本，1991年。
② 魏永理等主编：《中国西北近代开发史》，甘肃人民出版社1993年版。
③ 田霞：《抗日战争时期的陕西经济》，中国矿业大学出版社2002年版。

对保存系统、完整的原始档案资料极少挖掘；史料运用中很少注重各种不同史料间的印证、甄别。其次多以西北区域的金融业发展作为研究对象来论述，时段多集中于抗战时期，对该时期陕西省银行业虽有所涉及，但内容有限，且零碎分散，缺失关于民国时期陕西省银行业发展的全面系统的专题研究。另外，对银行业发展中的运营情况以及各个银行之间的相互联系、政府与银行之间的互动、银行与工矿企业之间的借贷关系、银行业务中主要业务的作用、商业银行在陕投资的原因、银行对地方经济的贡献等许多方面都没有探究，亟待学者们继续挖掘。所以关于陕西省银行业的专题研究，不仅在档案资料的爬梳、摘录整理及其比对、辨别、分析利用方面还有很多工作要做；在其研究价值及研究内容方面更需要后继者不断努力加以完善。

学术界对民国时期甘肃省银行业发展做了一定的探索、研究。其中专著方面，郭荣生著的《中国省银行史略》①第三章"各省省银行沿革"简略介绍了甘肃省银行成立之初的领券情况。杨重琦主编的《兰州经济史》②第二章"兰州地区的金融业"，对甘肃省银行业业务范围、规模做了简要概括，并对中国通商银行、永利银行、兰州商业银行、亚细亚实业银行等银行的存放款情况进行了统计分析。姜宏业主编的《中国地方银行史》③第二章第二十二节"甘肃省银行"对甘肃省银行的各项业务情况做了简洁的介绍，简略分析了甘肃省银行的业务经营对地方经济的影响，并梳理了甘肃省银行投机活动日益盛行的状况；魏永理等编的《中国西北近代开发史》④第七章"西北近代金融事业的开发"，简要介绍了中央银行在甘肃省的早期发展情况，以及国家各行局在甘肃省建立起垄断地位的过程；此外，还介绍了甘肃省银行的业务经营范围及内部组织机构的发展，指出甘肃省银行在

---

① 郭荣生：《中国省银行史略》，《近代中国史料丛刊》续辑，第19辑，文海出版社1988年版。
② 杨重琦主编：《兰州经济史》，兰州大学出版社1991年版。
③ 姜宏业主编：《中国地方银行史》，湖南出版社1991年版。
④ 魏永理等编：《中国西北近代开发史》，甘肃人民出版社1993年版。

经济发展过程中的作用不断增强。李清凌主编的《甘肃经济史》① 第十二章"基础脆弱的金融业",介绍了中央银行、中国银行、中国农民银行、交通银行及甘肃省银行的主要业务,通过对它们业务活动的分析,指出各银行的活动和发展,在新的历史条件下构成了甘肃近代金融业的重要组成部分。另见丁孝智《举步维艰的近代甘肃金融业》②;西北大学2004年毕业生赵俊的硕士学位论文《抗日时期国民政府开发西北金融问题研究》简单介绍了甘肃省富陇银行和甘肃省平市官钱局发行情况,以及甘肃省银行的业务种类。兰州大学2006年毕业生王坚的硕士学位论文《西北地区货币金融近代化历史进程研究》粗略介绍了银行放款、农贷、放款利息及甘肃省银行的汇兑情况。以上研究成果无疑促进了对20世纪三四十年代甘肃省银行业业务经营的研究,而且为本书题目的确立和内容的撰写,提供了重要的史料线索和研究方法。上述论著虽对银行机构的设立及其业务加以探讨,并涉及新式银行与区域金融制度建设,但不仅有欠系统,而且主要侧重于负面影响;而对国民政府时期新式银行对区域经济发展的促进作用,并未系统、客观地加以探讨。

迄今为止,对国民政府时期西北地区金融业的研究已经取得了一定的成果,这固然值得我们庆贺。但纵观研究情形,对银行业业务经营专门进行全面、系统、深入地研究的成果还没有,这不能不说是西北区域经济史研究的一个遗憾。学术界对于这方面的研究还有待进一步深入下去。20世纪三四十年代,代表金融现代化的银行、新的银行业务和新的金融理念逐渐走进甘肃,这是甘肃金融向现代化的发端与起步时期。通过对甘肃银行业业务经营做些系统、深入的探讨研究,分析得失,我们期望这会推动甘肃省及西北银行业史的研究。

---

① 李清凌主编:《甘肃经济史》,兰州大学出版社1996年版。
② 丁孝智:《举步维艰的近代甘肃金融业》,西北师范大学历史系编《西北史研究》第一辑,下册,兰州大学出版社1997年版。

绪　论

另有论者对于宁夏银行业也有所涉及。胡平生的《民国时期的宁夏省（1929—1949）》①对20世纪三四十年代新式银行在宁夏的设立及业务有所梳理；另见陈育宁总主编，吴忠礼、刘钦斌主编的《宁夏通史》（近现代卷）②；Topping, John Themis, "Chinese Muslin Militarist: MaHong Kui in Ning Xia, 1933—1949", The University of Michigan PH. D., 1983；徐安伦、杨旭东主编的《宁夏经济史》③均对宁夏银行机构设立及业务有所提及。另见张天政、邱娜合著的《20世纪40年代中央银行宁夏分行业务经营述论》一文，对20世纪40年代中央银行宁夏分行在宁夏的业务经营、金融管理状况进行了探讨④。

对于青海金融有所提及的著作有：翟松天的《青海经济史·近代卷》⑤，崔永红、张得祖、杜常顺主编的《青海通史》⑥。论文方面有：张天政、黄鑫所撰写的《20世纪40年代青海少数民族聚居区的新式农贷》⑦，黄鑫、张天政写的《试析20世纪三四十年代青海近代银行体系的建立及业务经营》⑧。

国民政府时期西北银行业制度的强制性变迁与区域经济变动研究，不仅有助于对包括少数民族区域在内的近代西北银行与区域各部门经济变动的研究，而且有益于包括民族区域在内的近代西北金融史乃至中国金融史的探究，还能够补充近代西北经济开发、治理史，近代西北经济史及政治、社会史，中华民国政治史、经济史研究的薄弱领域。

---

① 胡平生：《民国时期的宁夏省（1929—1949）》，台北学生书局1988年版。
② 陈育宁总主编，吴忠礼、刘钦斌主编：《宁夏通史》（近现代卷），宁夏人民出版社1993年版。
③ 徐安伦、杨旭东主编：《宁夏经济史》，宁夏人民出版社1998年版。
④ 吴景平、戴建兵主编：《近代以来中国金融变迁的回顾与反思》，上海远东出版社2012年版。
⑤ 翟松天：《青海经济史·近代卷》，青海人民出版社1998年版。
⑥ 崔永红、张得祖、杜常顺主编：《青海通史》，青海人民出版社1999年版。
⑦ 张天政、黄鑫：《20世纪40年代青海少数民族聚居区的新式农贷》，《青海民族研究》2013年第3期。
⑧ 黄鑫、张天政：《试析20世纪三四十年代青海近代银行体系的建立及业务经营》，《青海民族研究》2014年第1期。

二 本书研究的主要思路及重要观点

本书的基本思路及研究方法是，在大量搜集爬梳各种资料的基础上，运用历史学、经济及金融学、社会学、数量统计及现代化理论等研究方法，先弄清3个时期，即1930—1937年、1937—1945年、1945—1948年三个阶段在西北各省金融市场运行的银行机构及业务状况的基础上，同时对国民政府金融运行政策、法规、制度及金融市场的格局与形式、效果尽可能进行系统考察，研究国民政府对西北银行业的制度监管；强制性变迁主要关注国民政府时期国家、地方银行业制度建设及变化或演变情形，主要考察银行业政策、法规、制度的制定，尤其是在西北四省的推行情形，主要研究新式银行机构开展的金融业务及其政治原因，包括地方军阀人物主政的地方政府及其金融机构贷放业务，华商银行、各省银行及银行业同业团体与金融市场的关系；西北银行业务的种类、业务对象及贷放款偿还问题；同时考察银行业制度强制性变迁与区域民族经济、社会的互动关系，以便梳理银行业制度强制性变迁与包括各种少数民族聚居区在内的区域经济及社会的互动关系。

至于初步观点，近代西北金融市场是涉及西北区域资金融通及经济变迁的重大问题。西北金融市场的形式多样，除高利贷外，还有中央及地方政府金融机构乃至华商金融机构等采取的各种业务形式。20世纪三四十年代以新式银行机构为主导的西北金融市场的运作历程，大体可分为3个时期，1930—1937年、1937—1945年、1945—1948年三个阶段。20世纪三四十年代以国家银行机构为主导的西北金融市场格局的出现，一度构成新的金融市场运作机制，这不仅有助于打击、抑制西北城乡日益猖獗的高利贷现象，有益于推动近代西北金融制度的确立，而且对于近代西北社会经济的恢复乃至兴起具有积极影响，更有助于维持包括少数民族在内的西北各族民众的生产、生计。

三 本书创新程度，学术价值和应用价值

需要说明的是，本书能够运用前人未曾使用的已刊与未刊原始档案材料、旧报刊资料、文献材料等，对前人未曾讨论的西北新式银行业制度强制性变迁及所形成的金融市场与区域经济及社会的互动关系进行较为系统的探讨，因而此项研究具有完全鲜明的原创性或创新性，书中用六个篇章论述了前人未曾系统论述的问题，具体对陕甘宁青四省银行机构的建立与法币制度的推行历程，对抗战时期陕西省银行业的业务及行业制度建设加以探讨，对甘肃省银行业的业务经营分类加以梳理，对宁青两省银行业的制度建设及业务经营加以探讨，尤其是对抗战胜利后银行业制度的强制性变迁与银行业的维持经营加以论述，较为系统梳理了近代西北金融市场与区域经济变动的关系，这不仅有助于对包括少数民族区域在内的近代西北金融、经济与社会史的研究，而且有益于包括民族区域在内的近代中国金融史的探究，还能够推进近代西北经济开发史、近代西北政治史、抗日战争史、中华民国史研究的薄弱领域，进而还有助于为当代西北及中国金融问题提供一些富有价值的借鉴讯息，并对大陆、台湾地区、美国的相关研究做出有力回应。本书的创新点具有重要的学术价值与应用价值。

四 参考资料

在研究西北银行业的资料中，陕西银行业的研究已有一些文献资料发表。西安市档案局、西安市档案馆编的《陕西经济十年（1931—1941）》[①] 第十一章"金融"篇用大量的图表介绍了这一

---

① 西安市档案局、西安市档案馆编：《陕西经济十年（1931—1941）》，西安档案资料丛书，1997年。

▶ **西北银行业制度的强制性变迁与区域经济变动（1930—1949）**

时期陕西省钱庄和银行业的开办时间、地点、资本额、分支机构、存放款数额和业务概况，对通过数据分析当时陕西金融业发展状况有十分重要的作用。中国第二历史档案馆编的《中华民国史档案资料汇编》第五辑第二编，财政经济（三）①，该书中记载抗日战争时期颁布的金融法规如《财政部非常时期管理银行暂行办法》及其修订版、《财政部为抄送非常时期票据承兑贴现办法函》等法规。中国第二历史档案馆、中国人民银行、江苏省分行、江苏省金融志编纂委员会合编的《中华民国金融法规档案资料选编》（下）②记载抗战时期财政部颁布的《管理银行信用放款办法》和《管理银行抵押放款办法》。这些法规的颁布与修订适应当时在战争情况下的特殊的金融市场需求，而银行业的贯彻实行对稳定金融市场起着重要作用。中国民主建国会陕西省委员会、陕西省工商业联合会合编的《陕西工商史料》第二辑《金融业专辑》1989年版，收入资料十二篇，主要记载20世纪30年代至中华人民共和国成立前设在陕西省的国家银行、商业银行、外省的地方银行在本省的分支机构，以及本省地方银行、县银行和私营银号、钱庄、信用合作社等金融机构的经营活动及对当时社会经济发展的影响。

　　书中关于抗战时期陕西、宁夏银行业的研究，主要依据重庆市档案馆藏上海商业储蓄银行重庆分行档案和陕西省档案馆藏四行联合办事处西安分处，财政部西安区银行监理官办公处档案，关于陕西银行业的资料较为零碎、分散，需要认真整理、分类、疏导。此外，当时记载该省银行业情况的资料还有《西京日报》《西北文化日报》各旧报纸和《陕行汇刊》《西北资源》《金融知识》各期刊，内容中有关陕西银行业在抗日战争时期的文献极为零碎、分散。同时还收集了宁

---

① 中国第二历史档案馆编：《中华民国史档案资料汇编》第五辑第二编，财政经济（三），江苏古籍出版社1997年版。
② 中国第二历史档案馆、中国人民银行、江苏省分行、江苏省金融志编纂委员会合编：《中华民国金融法规档案资料选编》（下），档案出版社1990年版。

夏图书馆，宁夏档案馆等所藏相关文献、报刊、文集资料。在对《西京日报》《西北文化日报》等所登载的材料进行梳理、摘录，并与相关时段档案材料加以对比、辨别、分析、利用后发现《西京日报》记载较为零碎，1943年以后的材料也能在档案中得到印证，《西北文化日报》记载的部分内容，档案材料中均能发现相关材料。在研究包括甘肃省银行业在内的西北期刊材料中，有《财政评论》《财政学报》《中央银行经济汇报》《西北角》《甘行月刊》《政治建设》《西北论坛》等旧期刊。

但由于文献资料分散，有欠系统，难以展开研究，曾前往重庆市档案馆、陕西省档案馆、青海省档案馆、甘肃省档案馆与图书馆以及南京中国第二历史档案馆、宁夏回族自治区档案馆查阅资料；也曾前往陕西省图书馆、甘肃省图书馆、宁夏回族自治区图书馆、重庆市图书馆、上海市图书馆、国家图书馆、复旦大学图书馆查阅资料；还曾前往台湾"中央研究院"近代史研究所及档案馆、郭廷以图书馆，台湾"国史馆"以及美国斯坦福大学胡佛研究院档案馆、东亚图书馆查阅《蒋介石日记》、2013年后台湾地区出版的《蒋中正总统档案事略稿本》第63册至80册已刊档案资料。

在资料的比较方面，曾将地方所整理史料与已刊未刊档案进行比较、比对，材料大体相同无误；还曾将报刊资料与已刊未刊档案资料进行比较，就相同问题而言，发现报刊资料记载相对较为概括，但有欠系统，未刊已刊档案资料相对系统、详细；另外，大陆所藏资料与台湾地区所藏资料也有很大的互补性，令人庆幸的是这样会使我们的研究更加接近真实的历史。

第一章　银行机构设立与新的货币银行制度的建立

第一节　陕西省银行业的兴起及实施法币制度

一　地方银行

（一）陕西省银行

自1919年起，陕西省灾害频繁，战乱不断，社会动荡不堪，城乡经济破败。这就直接导致市场上高利贷猖獗，多数金融机构经营惨淡难以维持。

1930年，国民政府派杨虎城主持陕西军政。当时，在陕西的西北银行已经解体，省政府财政困难。为了扶植本省经济建设，调剂地方金融，积极筹设陕西省银行，1930年12月15日，陕西省政府在原西北银行陕西分行的基础上设立的陕西省银行正式开业，仍用梁家牌楼旧址，为地方性银行。省银行规定资本总额为500万元，其中官民股各半，官股实收仅100万元，由于财政拮据，省库空虚，资金筹集困难，曾先后以西京机器厂、启新印书馆、陕西酒精咸阳总厂、陕西省机器局、陕西省印刷局等厂局设备、厂房折作官股。民股由财政厅向各县分别筹募，收取92万元。① 起初筹集官股与民股合计为192万

---

① 郭荣生：《中国省银行史略》，沈云龙主编：《近代中国史料丛刊》续辑，第19辑，文海出版社1988年版，第112页。

第一章　银行机构设立与新的货币银行制度的建立

元。此后在省银行发展的各个阶段，资本总额都有相应变化。1934年为陕西省银行额定资本总额500万元后的第一次变化。1934年6月14日，在陕西省银行第23次董监事联席会议上，经董事会提议，改定资本总额为200万元，其中，官股、民股各100万元；1937年抗战爆发后，为谋求调剂战时区域金融，支持地方生产建设，充分发挥地方银行所担负的重要使命，经1938年8月的陕西省政府会议决定，增拨该行官股300万元，其中200万元为现款，其余额100万元以省建设公债票面额100万元相抵。直到1939年1月20日，官股部分全数拨足，加民股100万元，陕西省银行收足资本总额500万元。[①]

陕西省银行成立的宗旨是"调剂金融，发展实业"，设立以后主要的业务活动是代理金库、筹集资金和发行钞票。因业务发展需要，在南郑、同州、榆林、宝鸡等十四县设办事处；后为加强兑换券发行和业务管理，将西安、三原、同州、潼关、汉中、安康、凤翔划分为七个区，设立办事处，又先后裁撤了榆林、韩城等10多个办事处。1934年官民股各一半，并由省政府授权改为代理省金库及发行。省行组织初为总行制。经理为全行最高行政主体，经理以下设协理二人，并设立营业、会计、出纳、文书四科。1933年董事会成立后，以董事长为全行行政最高主体。1939年扩充机构，经理改称总经理，协理改称副经理，添襄理四名，并增设储蓄、发行、信托三部与金库、稽核、农贷三科，连同原有的营业、会计、出纳、总务（文书科改组）各科共为七科三部，又设经济研究室，至此，全行机构分为六科三部一室（1941年农贷科取消）。1937年共有管辖行处23处，1938年增设3处，1939年增设13处，1940年增设8处；1941年规定南郑分行为一等分行，宝鸡、安康两办事处升为二等分行。大荔办事处升为三等分行，并分各办事处为三级，总分行处共55个单位。

---

① 郭荣生：《中国省银行史略》，沈云龙主编：《近代中国史料丛刊》续辑，第19辑，文海出版社1988年版，第114页。当然，关于陕西省银行资本总额筹集过程的变化，当时也有其他记载，本处仅存此说。

西北银行业制度的强制性变迁与区域经济变动（1930—1949）

省行设立，计董事会连任一次改选两次，总经理更换五人；全体行员，1934年为138人，至1941年增至432人。官股改为省股。至此股权均属公有。1934年集中资力，协助地方经济建设事业，代理西兰公路发放工资，代理农村贷款，扶助工业，举办小额贷款。1935年陇海铁路铺入西安，陕西省经济建设，如水利、公路、纱厂、面粉厂、制药厂、铁工厂同时并举，省行虽资力不大充裕，但仍尽力资助，其业务职能如下：

不遗余力推行中央金融政策

推行法币政策。省行建立后，陕西货币制度紊乱，自省行恢复兑现后，首谋币制统一，并为供应地方需要，发行银元辅币券及铜元票。1935年法币政策施行，省行一面呈报发行数目，一面收回铜元票，同时收回焚毁破旧元角票，配合推行法币制度。1935年12月，省府呈奉财政部批准，发行元角券4719215元，为省行发行最高限额，后将发行额减至400万元，连同西安事变时中央、中国、农民银行向陕发行分会调用封存陕西省钞253万元，案内未经收回之尾数100万元，这期间奉财政部令作为省行增加发行流通额，两项共500万元。后又由省行回收销毁100万元，将省行发行额降为400万元。[①]

陕西省银行在省内分支行处设立演变情况如表1-1：

表1-1　　　　陕西省银行在省内设立总分行处一览

地名	行别等级	略名	成立年月	详细地址	备考
西安	总行	总行	1930.12.15	西安梁家牌楼公字4号	
南郑	一等分行	南行	1931.4.22	汉中城内	
宝鸡	二等分行	宝行	1931.6.15	城内大街	原为办事处，1941年4月改为分行
安康	二等分行	安行	1931.1.18	城内小北街	同上
大荔	三等分行	荔行	1931.6	城内东大街	同上

---

① 萧紫鹤：《陕西省银行概况》，《金融知识》第1卷第6期，1942年。

第一章 银行机构设立与新的货币银行制度的建立

续表

地名	行别等级	略名	成立年月	详细地址	备考
咸阳	一等办事处	咸处	1934.2	中山大街	
兴平	同上	兴处	1931.2	城内东街	
武功	同上	武处	1931.6.1	城内东街	
凤翔	同上	凤处	1931.6.2	城内东大街	
三原	同上	原处	1930.12	城内盐点街	
泾阳	同上	泾处	1940.1.5	城内东正街	
长武	同上	长处	1938.9.1	县城西门内	
渭南	同上	渭处	1934.2	本县西门外	
周至	同上	周处	1931.6	城内西街	
干县	同上	干处	1931.4.2	城内中山大街	
西乡	同上	西处	1932.2.1	城内南大街	
蒲城	二等办事处	蒲处	1933.3.30	中正街	
白水	同上	彭处	1940.4.23	城内大街	该县古名彭衙因别于白河故名彭处
富平	同上	富处	1940.7.26	城内大街	
眉县	同上	眉处	1940.9	中山大街二号	
岐山	同上	岐处	1940.2.26	城内东大街	
商县	同上	商处	1931.11.6	城内大街	
户县	同上	户处	1940.3.13	城内大街	
城固	同上	城处	1938.9.15	城内大街	
汉阴	同上	金处	1939.6.25	城内西大街	该县古名金州故称金处
白河	同上	白处	1935.12.10	顺城河街	
邠县	同上	彬处	1932.7	城内北街	
耀县	同上	耀处	1939.10	南大街段家巷	
洛川	同上	洛处	1941.8.15		
韩城	三等办事处	韩处	1931.10.11	城内中山大街	
华阴	同上	华处	1940.3.29	城内大街	
合阳	同上	合处	1934.8	城内大街	1939年因战事关系撤退1940年8月间恢复

西北银行业制度的强制性变迁与区域经济变动（1930—1949）

续表

地名	行别等级	略名	成立年月	详细地址	备考
潼关	同上	潼处	1931.2		1938年3月因近战区撤回
朝邑	同上	朝处	1933.3.15		1938年3月因近战区撤回
蓝田	同上	蓝处	1940.3.6	城内东大街	
千阳	同上	千处	1941.1	城内大街	
（凤县）双石铺	同上	双处	1940.4.27		
褒城	同上	褒处	1939.10	西大街	
洋县	同上	洋处	1939.6	城内东大街	
宁强	同上	宁处	1939.6	城内大街	
勉县	同上	沔处	1939.7		
石泉	同上	石处	1939.6.13	城内东大街	
紫阳	同上	紫处	1940.8.20	城内大街	
商南	同上	丹处	1941.3.30	城内大街	别于商县以该县之丹江名丹处
礼泉	同上	礼处	1940.10.1	城内罗家巷二号	
高陵	同上	高处	1941.5.1		
同官	同上	铜处	1941.7.1		该县古名铜关故名铜处
绥德	同上	绥处	1936.1.7		1936年3月撤回
临潼	同上	临处	1941.10.15	南大街日新城内	
镇安	同上			西大街生产合作社内	正筹备
澄城	同上			县商会	同上
平利	同上				同上
略阳	同上				
华县	同上				
洛阳			1942.1		

资料来源：西安市档案局、西安市档案馆编《陕西经济十年（1931—1941）》，1997年版，第291—293页；郭荣生：《抗战期中之陕西省银行》，《中央银行经济汇报》第6卷第10期，1942年。

第一章　银行机构设立与新的货币银行制度的建立

截至 1943 年，陕西省银行已经在 46 个县建立了分行或办事处，其分支行处遍布全省大部分地区。

(二) 陕北地方实业银行

陕北地方实业银行于 1930 年 12 月 1 日成立开幕，由前陕北镇守使井岳秀召集陕北二十三县士绅筹设，总行设在榆林。原定资本额 50 万元，实收 61642.11 元，试办期五年。1934 年春该行内部改组，由井岳秀任董事长并选定董监事，这时才具备银行规模；以存放款、汇兑、贴现为主要业务。后来因为管理不善，引发挤兑风潮、钞票跌价。1937 年 6 月由省政府接管，1938 年改组为陕西省银行的分支机构。具体分支行处如表 1-2：

表 1-2　　陕北地方实业银行总支行处一览（1933—1942）[①]

所在地	性质	设立年月	裁撤年月	备考
榆林	总行	1930 年 12 月		
肤施	支行	1931 年 7 月	1936 年 6 月	被劫
延安	办事处	1931 年 7 月		
瓦窑堡	同上	1932 年 4 月	1936 年 6 月	被劫（属安定县）
绥德	同上	1932 年 5 月		
清涧	同上	1932 年 4 月	1936 年 6 月	
横山	同上	1932 年 5 月	同上	被劫
米脂	同上	1932 年 6 月		被劫
吴堡	同上	1932 年 6 月	1936 年 6 月	同上
户县	同上	1932 年 7 月	同上	同上
延安	同上	1932 年 8 月	同上	同上
洛川	同上	1932 年 9 月	同上	同上
安塞	同上	1933 年 2 月	同上	同上
安定	同上	1933 年 3 月	同上	同上

---

① 西安市档案局、西安市档案馆编：《陕西经济十年（1931—1941）》，1997 年版，第 295 页。

西北银行业制度的强制性变迁与区域经济变动（1930—1949）

续表

所在地	性质	设立年月	裁撤年月	备考
靖边	同上	1933年4月	同上	同上
葭县	同上	1933年5月	同上	同上
神木	同上	1933年10月		
安边堡	同上	1938年7月		属定边县
镇川堡	同上	1939年8月		属榆林县

二 国家银行——中央、中国、交通、中国农民银行来陕

随着政局的变化，在"开发西北"的呼声下，国民政府管辖的各类国家金融机构纷纷进入陕西。抗战时期作为大后方的陕西省明显成为西北的金融重地，国家金融深入关中、陕南，调剂和控制陕西地方金融。从这一时期国民政府的金融组织在西北的发展情况（表1-3）中就可以看出。

表1-3　　　　抗战时期国家银行在西北发展情况

银行名称	在西北设立分支机构（个）	其中：抗战时期新增（个）	比抗战前增长（%）	分支机构地区分布数
中央银行	19	16	533.3	陕9，甘6，宁1，青1，新2
中国银行	17	14	466.7	陕9，甘6，宁1，青1
交通银行	16	12	300.0	陕10，甘5，宁1
中国农民银行	15	7	87.5	陕9，甘4，宁1，青1
合计	67	49	272.2	陕37，甘21，宁4，青3，新2

资料来源：魏永理主编《中国西北近代开发史》，甘肃人民出版社1993年版，第455页。

上表统计尽管与其他统计有所不同，但仍可见至抗战胜利后，中、中、交、农四行在陕西设有37家，设立分支机构居西北之首，甘肃省次之，可见在陕国家金融机构在推行政府货币金融政策、法规

第一章　银行机构设立与新的货币银行制度的建立

方面的巨大作用。

现就中、中、交、农国家四行在陕西省建立分支行处的具体概况分述如下：

(一) 中国银行

中国银行是较早在西北地区开展业务的新式银行。1933年11月中国银行天津分行在西安设寄庄（1934年11月又在渭南设寄庄），1934年开始办理农贷，驻陕农贷指导员为常文熙。[①] 1935年8月改为办事处，1940年12月升为支行，1941年改为分行。其他分支行处设立情况如表1-4：

表1-4　中国银行在陕设立分支行处一览（1933—1942）

所在地	性质	设立年月	经理人	备考
西安	分行	1933年11月	王义仁	原为寄庄1935年8月改为办事处，1940年改为支行，1941年改分行
渭南	寄庄	1934年11月	刘建新	
咸阳	寄庄	1940年9月	金文谦	
泾阳	寄庄	1938年1月	翁世良	
西安盐店街	办事处	1937年12月	束士方	
南郑	支行	1938年12月	姜启周	原为办事处1941年改为支行
宝鸡	办事处	1939年4月	王廷芬	原为寄庄1941年改办事处
三原	寄庄	1936年12月	马肃	
虢镇	寄庄	1941年10月	张廷秀	
城固	寄庄	1941年11月	谢廷纲	
褒城	寄庄	1941年		
安康	办事处	1942年	韦锡武	
西乡	办事处	1942年	方俊	

① 朱沛莲编：《束云章先生年谱》，台湾"中央研究院"近代史研究所史料丛刊(15)，1992年版，第58页。

西北银行业制度的强制性变迁与区域经济变动（1930—1949）

续表

所在地	性质	设立年月	经理人	备考
宝鸡十里铺	简储处	1941 年	曹兆骢	

资料来源：西安市档案局、西安市档案馆编《陕西经济十年（1931—1941）》，1997 年版，第 297—299 页；中国民主建国会陕西省委员会、陕西省工商业联合会合编《陕西工商史料》第二辑（金融专辑），1989 年，第 3 页；《中中交农西安分行在陕省境内分支行分布表》，《陕行汇刊》第七卷第三期，1943 年；《1943 年 5 月调查表》，陕西省档案馆藏财政部西安地区银行监理官办公处档案。

1939 年底，中国银行西安分支机构人事发生变化。1939 年 11 月 12 日，中央银行第五届第六次全体会议决定开发西南、西北大后方，加紧生产，支持抗战。而作为开发抗战大后方的条件，必须由银行供给资金，以利事功。中国银行董事长宋子文支持中央银行及国民政府决策，决定在西北地区设立分行，负责中国银行在西北开发方面的事宜，因而经理人选，必须干练、果断，具备进取开拓与维持业务能力，为人稳健者才能胜任该职。宋子文曾令中国银行副总稽核霍宝树先行征询撤到重庆的中国银行天津分行副经理束士方的意向，因束云章当时正主持在重庆建设豫丰纱厂工程尚未完成，束婉言谢绝。接着，宋子文又请原中国银行天津分行经理卞白眉再做说服工作。卞强调开发西北为国民政府既定决策，任务极为重要，利于国家、抗战、人民；且华北各分行撤退行员，除部分在重庆就职外，其余均闲散无业，因而西北行由先生接掌，则可尽量设法引用；而且束士方也曾去过陕西，较为熟悉当地情形。后由宋子文亲自约见束士方，束提出计划在西北设立一实业公司，早日设立各种工厂，由宋子文担任董事长，束自兼总经理，并最终答应宋子文，愿意出任中国银行雍行经理。1939 年 12 月 27 日，束士方就任中国银行天水分行经理。该行辖区为陕西、甘肃、宁夏、青海、新疆 5 省，原属中国银行天津分行之中国银行西安支行也属天水分行管理。雍行行址在天水城内阮家巷，下设副经理 4 名，分别为沈鑰、杨郎川、胡名福、李紫

第一章 银行机构设立与新的货币银行制度的建立

东。① 该行后迁西安。

(二)中国农民银行

中国农民银行原名豫鄂皖赣四省农民银行,由蒋介石亲自兼任董事长,以经营农村金融为主要业务的国家银行,成立初期就积极设法将其势力深入西北地区。在蒋介石的一再"关照"下,1934年6月在西安设立办事处,翌年改名中国农民银行,并升为分行,后来又增设了其他分处(见表1-5)。

表1-5 中国农民银行在陕设立分行处一览表(1934—1943年)

所在地	性质	设立年月	经理人	备考
三原	办事处		朱缉堂	筹备中
西安	分行	1934年6月	周梦智 冒璟瑄	原为豫鄂皖赣四省农民银行,1935年改今名,东大街设有办事处
潼关	办事处	1935年6月		1938年3月以逼近战区业务停顿
安康	办事处	1935年12月	颜其坤	
南郑	办事处	1936年5月		
绥德	办事处	1936年9月		
榆林	分理处	1936年12月		1938年7月因战事关系裁撤
宝鸡	办事处	1941年7月1日	李鉴明	
王曲	分理处	1941年1月	王旭	
耀县	分理处	1941年1月	刘明甫	
永乐	分理处	1943年5月	王应华	
周至	合作金库	1943年		
渭南	分理处	1943年	韩慕嵩	筹备中

资料来源:西安市档案局、西安市档案馆编《陕西经济十年(1931—1941)》,1997年版,第297—299页。中国民主建国会陕西省委员会、陕西省工商业联合会合编《陕西工商史料》第二辑(金融专辑),1989年,第4页;《中中交农西安分行在陕省境内分支行分布表》,《陕行汇刊》第7卷第3期,1943年;陕西省银行经济研究室编《十年来之陕西经济》,1942年,第286页。

---

① 朱沛莲编:《束云章先生年谱》,台湾"中央研究院"近代史研究所史料丛刊(15),1992年版,第77—79页。

西北银行业制度的强制性变迁与区域经济变动（1930—1949）

1940年6月，四联总处计划扩大西北西南金融网，在陕西省，中国农民银行西安分行计划在西乡、城固、略阳设立分支机构。① 显然从计划角度看，还是较其他各行有所增加的。

（三）交通银行

抗战前交通银行随着铁路修建工程的西展进入陕西，其在西北的活动范围仅限于陕西。该行"迭往调查，择定西安、咸阳、渭南"等地先行筹设机构，赶于棉市期前成立。② 1934年秋，该行最先在潼关设立支行，后改为办事处。1934年11月，在西安设立办事处后升为分行，又在渭南设立支行，咸阳和泾阳设立了办事处。其他分支行处如表1-6所示：

表1-6　　交通银行在陕设立分行处一览（1934—1943）

所在地	性质	设立年月	经理人	备考
西安	分行	1934年12月	王燧生 严敦彝	东大街设有办事处
渭南	支行	1934年11月	曹欣庄	
潼关	办事处	1934年秋		1938年3月以逼近战区业务停顿
咸阳	办事处	1935年12月	张绪坊	
朝邑	办事处	1935年12月		1938年12月因战事关系裁撤
泾阳	办事处	1936年11月	应家鼎	
宝鸡	支行	1938年10月	陆同坚	
南郑	支行	1938年12月	唐嵩山	
大荔	办事处	1941年3月	汪聪寿	
三原	办事处	1942年11月	陈鸿渚	
永乐店	办事处	1943年		
褒城	办事处	1943年		

资料来源：西安市档案局、西安市档案馆编《陕西经济十年（1931—1941）》，1997年版，第297—299页；《中中交农西安分行在陕省境内分支行分布表》，《陕行汇刊》第7卷第3期，1943年；中国民主建国会陕西省委员会、陕西省工商业联合会合编《陕西工商史料》第二辑（金融专辑），1989年，第4页。

---

① 《中中交农四行联合办事总处第三十五次理事会会议议事》，1940年6月19日，中国第二历史档案馆编：《四联总处会议录》（四），广西师范大学出版社2003年版，第43页。

② 《交通银行营业报告》，1934年，第25页。

第一章　银行机构设立与新的货币银行制度的建立

20世纪30年代前期，交通银行在陕分支机构建设也本着"开发西北"的宗旨，对西北各省尤其是陕西省的投资环境十分关注。1934年交通银行总行本着这一工作宗旨，拟办理棉贷开发陕西省关中渭南、咸阳等地棉花生产，推广棉田改良种植；交通银行方面也认为，地方当局已着手开凿河渠、修筑道路、剔除烟苗、招垦荒地、成立合作社等，陇海铁路西延至宝鸡也在节节推进，因而投资环境已无窒碍。① 1935年即对政府当局推进的铁道、公路建设及兴修水利较为关心，注意到陇海铁路西安至宝鸡段的延长及引渭渠之开凿。② 交通银行此时已在陕西省关中设立分支机构，显然对在陕西省办理棉花贷款辅助设施及关中交通、水利工程建设尤为关注。1936年交行总行尤其对铁路、公路、航空、长途电话等交通、通信建设及水利工程建设极为关注，认为其"均与国民生计有关"；同时西安交行行屋建设工程规模较大；该行曾对兰州、潼关、渭南、西安、咸阳等处仓库进行整理。③ 这表明国家银行在"九一八""一·二八"事变后已考虑将投资重点逐步从东部转向西部。1940年6月，四联总处计划扩大西北西南金融网，在陕西省，交通银行西安分行计划在大荔、武功设立分支机构。④ 显然从计划角度看，还是较其他各行有所落实的。

（四）中央银行

1933年，孔祥熙接替宋子文为中央银行总裁。中央银行1935年5月在西安设立三等分行，于15日在五味什字开业（后迁至西木头市），⑤

---

① 《交通银行营业报告》，1934年，第25页。
② 《交通银行营业报告》，1935年，第36页。
③ 《交通银行董事会函送1936年度交通银行工作报告》，1937年4月6日，中国第二历史档案馆编：《中华民国史档案资料汇编》第五辑第一编，财政经济（四），江苏古籍出版社1994年版，第448、452、461页。
④ 《中中交农四行联合办事总处第三十五次理事会会议议事日程》，1940年6月19日，中国第二历史档案馆编：《四联总处会议录》（四），广西师范大学出版社2003年版，第43页。
⑤ 陕西省地方志编纂委员会编：《陕西省志·金融志》，陕西人民出版社1994年版，第281页。

西北银行业制度的强制性变迁与区域经济变动（1930—1949）

潘益民担任经理；[①] 1935年推行法币改革；1936年为二等分行，经理为范椿年；[②] 1935年6月，财政部颁布《中央银行法》，规定该行主要业务是发行货币、代理国库经理公外债、经收税款、收受存款准备金、检查金融机构、兑付公债本息、经办同业和军政存汇款等。[③] 1937年8月15日，国民政府除在东南沿海、西南地区实施《非常时期安定金融办法》，也在西安、兰州实行《非常时期安定金融办法》七条。[④] 至于推销公债工作，则自1939年起从未停止。[⑤] 中央银行等国家银行成为推行政府战时财政金融法规的主要机构。

1938年2月中央银行西安分行升格为一等分行，后又陆续于南郑、宝鸡、安康、彬县（邠县）、白河、宁强设立分行处。[⑥] 具体而言，1937年2月在南郑设立分行，由王思礼担任经理；1938年6月在宝鸡设立分行，由乔晋枚担任经理；1939年12月在邠县设立分行，由杨孝炜担任经理；1940年1月，在安康设立分行，由潘恒敏担任经理；1940年5月，在宁强设立分行，由安益文担任经理；1941年8月，在白河设立分行，由郭清德担任经理；另外，1941年6月曾在凤翔、长武设立收税处，分别由成雨田、宋修仁担任负责人。[⑦] 这表明中央银行在陕西关中、汉中、陕南重要县份已设立分支机构，旨在拓展该行在陕西省大部分地区的业务空间（见表1-7）。

中央银行在西安设立之初为支行，1936年6月内设秘书、会计、营业、出纳四组，业务有存放汇兑等，与一般商业银行相同，当时商

[①] 《中央银行营业报告》，1935年下期，第9页。
[②] 《中央银行营业报告》，1936年上期，第9页。
[③] 《财政部转发中央银行法训令（稿）》，中国第二历史档案馆编：《中华民国史档案资料汇编》第五辑第一编，财政经济（四），江苏古籍出版社1994年版，第481—486页。
[④] 中国第二历史档案馆编：《中华民国史档案资料汇编》第五辑第二编，财政经济（四），江苏古籍出版社1997年版，第440、443页。
[⑤] 潘益民：《十三年来西安分行业务》，《中央银行月报》第3卷第10期，1948年。
[⑥] 西安市档案局、西安市档案馆编：《陕西经济十年（1931—1941）》，1997年版，第297页。
[⑦] 屈秉基：《抗日战争时期的陕西金融业》，《陕西财经学院学报》1984年第2期。

第一章 银行机构设立与新的货币银行制度的建立

民认为银行放款手续繁杂,不如银号钱庄方便,1939年增加国库组,办理国库业务。1940年业务增加,各组一律称科,1940年7月公库法施行,库务从此逐渐繁忙。9月间推行一期节约建国储蓄,陕西省配额为1000万元,经会同与地方当局多方催促,最终完成了任务。该时期业务日趋发达,1941年开始督导地方成立省库与县库,完成陕西省公库网;1942年将省收支划归国库,统一处理;1943年业务划分,联合放款从此停做,同年10月间举办四行二局票据交换,进行十分顺利;1944年奉令办理各行庄票据交换,增设票据交换科,专司其事。当时各行庄限于已有经营习惯,不愿参加。1944年5月15日开始交换时,共计参加交换行庄56家。之后经多次督导才一律参加交换。1944年6月潼关告急,各方在忙于疏散,央行则忙于接济军需。该行同人镇静应对,最终得以渡过难关。9月办理黄金存款,并委托各国家行局代办,并先后共收存22万余市两。1945年5月开始支付黄金存款,经办人员全力以赴,忙无暇晷者,达数月之久。7月1日成立检查科,接办前财政部西安区银行监理官办公处任务,专司检查各商业行庄账册;1946年5月1日成立发行科,是年下期代各行庄调拨头寸,11月开始办理国库汇款,于是军政汇款一律集中央行西安分行;1947年金融动荡不已,影响国计民生,央行西安分行奉行政府经济政策,执行政府经济紧急措施,稳定金融,颇收效果。至1947年4月15日,接收各行局库军政机关存款500余户,共移存900余亿元。这样各军政机关公款均已集中国库,不会再有资金逃逸情事发生。1948年8月23日,政府当局发布"财政经济紧急处分"令,宣布实行"币制改革"。一面以金圆券收换法币及关金券,一面以此收兑金银外币,推行该项"改革"紧张程度前所未有。

表1-7　　　　中央银行在陕设立分行处一览(1935—1941)

行名	所在地	性质	类属	经理人	设立年月
中央银行西安分行	西安	分行	中央及特许	潘益民	1935年5月

西北银行业制度的强制性变迁与区域经济变动（1930—1949）

续表

行名	所在地	性质	类属	经理人	设立年月
中央银行南郑分行	南郑	二等分行	同上	王思礼	1937年3月
中央银行宝鸡分行	宝鸡	同上	同上	乔晋枚	1938年6月
中央银行宁强分行	宁强	同上	同上	安益文	1939年11月
中央银行安康分行	安康	同上	同上	潘恒敏	1939年11月
中央银行邠县分行	彬县	同上	同上	杨孝炜	1939年12月
中央银行凤翔收税处	凤翔	乙种收税处	同上	成雨田	1941年6月
中央银行长武收税处	长武	收税处	同上	宋修仁	1941年6月
中央银行白河分行	白河	二等分行	同上	郭清德	1941年8月

资料来源：西安市档案局、西安市档案馆编《陕西经济十年（1931—1941）》，1997年版，第297—299页；中国民主建国会陕西省委员会、陕西省工商业联合会合编《陕西工商史料》第二辑（金融专辑），1989年，第4页。

1940年6月，四联总处计划扩大西北西南金融网，在陕西省，中央银行西安分行计划在白河设立分支机构。[1] 从上表可见，经过筹备1941年在白河设立二等分行。中央银行在西北的金融网络逐步扩大。

表1-8　　　　　　　国家银行在陕设立分行处一览

银行名称	所在地	性质	设立年月	备考
中国银行	西安	分行	1933年11月	原为寄庄，1935年8月改为办事处，1940年改支行，1941年改分行
中国银行	渭南	寄庄	1934年11月	
中国银行	咸阳	寄庄	1936年9月	
中国银行	泾阳	寄庄	1937年6月	
中国银行	西安盐店街	办事处	1937年12月	

---

[1] 《中中交农四行联合办事总处第三十五次理事会会议议事日程》，1940年6月19日，中国第二历史档案馆编：《四联总处会议录》（四），广西师范大学出版社2003年版，第43页。

第一章 银行机构设立与新的货币银行制度的建立

续表

银行名称	所在地	性质	设立年月	备考
中国银行	南郑	支行	1938年12月	原为办事处1941年改为支行
中国银行	宝鸡	办事处	1939年4月	原为寄庄1941年改为办事处
中国银行	三原	寄庄	1940年2月	
中国银行	虢镇	寄庄	1941年	
中国银行	城固	寄庄	1941年	
中国银行	褒城	寄庄	1941年	
中国银行	安康	办事处	1941年	
中国农民银行	西安	分行	1934年6月	原为豫鄂皖赣四省农民银行，1935年改为今名
中国农民银行	潼关	办事处	1935年6月	1938年3月以逼近战区业务停顿
中国农民银行	安康	办事处	1935年12月	
中国农民银行	南郑	办事处	1936年5月	
中国农民银行	绥德	办事处	1936年9月	
中国农民银行	榆林	分理处	1936年12月	1938年7月因战事关系裁撤
交通银行	西安	分行	1934年11月	
交通银行	渭南	支行	1934年11月	
交通银行	潼关	办事处	1934年12月	1938年3月以逼近战区业务停顿
交通银行	咸阳	办事处	1935年12月	
交通银行	朝邑	办事处	1935年12月	1938年12月因战事关系裁撤
交通银行	泾阳	办事处	1936年11月	
交通银行	宝鸡	办事处	1938年10月	
交通银行	南郑	支行	1938年12月	
交通银行	大荔	办事处	1941年3月	
中央银行	西安	分行	1935年5月	
中央银行	南郑	分行	1937年3月	
中央银行	宝鸡	分行	1938年6月	
中央银行	宁强	分行	1939年11月	
中央银行	安康	分行	1939年11月	
中央银行	彬县	分行	1939年12月	

西北银行业制度的强制性变迁与区域经济变动（1930—1949）

续表

银行名称	所在地	性质	设立年月	备考
中央银行	白河	办事处	1941年3月	
中国通商银行	西安	分行	1943年3月	

资料来源：西安市档案局、西安市档案馆编《陕西经济十年（1931—1941）》，1997年版，第297—299页，《调查：西北各地金融经济动态及市况（三月份）：西安（三月份）》"雍言"第3卷第4期，1943年。

由表1-8可知，抗战前，中国银行、中国农民银行、交通银行、中央银行均先后在陕西设行。截至1941年底，陕西境内中国银行分行1所，支行1所，办事处3所，寄庄7所；中国农民银行分行1所，办事处4所，分理处1所；交通银行分行1所，支行2所，办事处6所；中央银行的分行6所，办事处1所。国家金融机构在陕西较为广泛的分布，既是看好该省广阔的市场前景，也是插手、渗透和控制地方金融的一种方式。

三 华商银行等机构的设立

上海商业储蓄银行西安分行1934年12月在西安设立，第一任经理为陆君谷，1938年春代理经理陈惕如，1938年7月19日经春先接任经理。经春先待人和蔼可亲，敦厚稳健。1940年9月，上海商业储蓄银行在宝鸡设立支行，获国民政府经济部核准，行址在宝鸡城内中山大街97号，吴季虎担任经理。[①] 至1940年上海商业银行总行资本金为500万元。1948年上海商业储蓄银行西安分行在西木头市建成新的办公大厦，与中央银行西安分行、中央信托局为邻。[②]

金城银行西安办事处在原潼关办事处基础上，于1935年4月20

[①]《经济部指令》，1940年9月8日发，台湾"中央研究院"近代史研究所档案馆藏，档案号18-23-01-72-23-041。

[②]《小四行在西安》，《西北经济》第1卷第1期，1948年。

第一章　银行机构设立与新的货币银行制度的建立

日迁至西安。① 1935年双十节正式开业，刘纯中任经理，隶属郑州分行。1940年12月改为支行，隶属重庆管辖行。② 至1945年已下设宝鸡、汉中、平凉、天水办事处，以西安支行为西北区管辖行。③ 刘纯中改任金城银行总行专员兼太平保险公司经理，刘纯中，四川省内江人，与下任经理刘知敏为同胞弟兄。1941年12月刘知敏接任他的胞弟刘纯中为经理。金城银行总行1944年资本金为700万元，该行1946年3月由支行升格为西安分行。金城银行刘经理在西安审时度势，稳健经营，因而"在西北经济的展拓方面确实尽了调节与辅助的责任"。"金城对西北的开发抱着莫大的雄心。他们有鉴于西北交通的梗阻以及实业的没落，所以他们投资于交通，努力于实业。"④

四明商业储蓄银行1908年9月设于上海，1942年四明银行为谋求业务发展并遵循国民政府政策，决定在西北设立分行。1943年1月15日四明商业储蓄银行西安分行设立并正式开业，行址在西安东大街459号；其后洛阳、兰州、平凉、宝鸡各行处同年相继成立，先后设立洛阳、兰州两行，平凉、宝鸡两办事处。据统计用费5500274.71元，开办费总额为2404764.41元。⑤ 据来自四明银行的史料所载，自抗战爆发及华北与东南相继沦陷，人事大量内移，各项建设亦逐进展，伟大的西北成为抗战的根据地，四明银行遵奉国家政策谋求国民经济建设的发展，四明银行既为谋求调剂战时金融，协助抢购沦陷区物资，也期望深入西北，计划逐步在新疆西藏设立属行。⑥ 四明银行的目标、计划可谓既符合该行实际，也有宏大计划。四明银行西安分行第一任经理为蒋鼎五，为时任陕西省政府主席蒋鼎文之

---

① 中国人民银行上海分行金融研究室编：《金城银行史料》，上海人民出版社1983年版，第251页。
② 《小四行在西安》，《西北经济》第1卷第1期，1948年。
③ 中国人民银行上海分行金融研究室编：《金城银行史料》，上海人民出版社1983年版，第695页。
④ 《小四行在西安》，《西北经济》第1卷第1期，1948年。
⑤ 宁波帮博物馆编，张跃编撰：《四明银行史料研究》，宁波出版社2018年版，第195页。
⑥ 宁波帮博物馆编，张跃编撰：《四明银行史料研究》，宁波出版社2018年版，第195页。

西北银行业制度的强制性变迁与区域经济变动（1930—1949）

弟。第二任经理为李之华。第三任经理为朱启芳，曾主持陕西警察局，人脉众多，因而四明银行业务活跃，放款较为普遍;① 朱启芳任经理期间，郭图英曾担任副经理。②

华商银行和国家银行在陕西设立的分行处情况如表1-9。

表1-9　　商业及他省地方银行在陕设立分行处一览表

银行名称	所在地	性质	设立年月	类属	总行资本金	备考
上海商业储蓄银行	西安	分行	1934年12月	商业	500万元	以下资本金为1944年数字
上海商业储蓄银行	渭南	办事处	1935年12月	商业		1937年12月因战事关系裁撤
上海商业储蓄银行	潼关	办事处	1935年12月	商业		同上
上海商业储蓄银行	咸阳	办事处	1935年12月	商业		同上
上海商业储蓄银行	宝鸡	办事处	1938年12月	商业		
金城银行	西安	办事处	1935年10月	商业	700万元	
金城银行	南郑	办事处	1938年10月	商业		
浙江兴业银行	西安	分理处	1935年10月	商业		1936年12月因双十二政变裁撤
边业银行	西安	办事处	1935年11月	商业		同上
山西银行铁路银号联合办事处	西安	办事处	1939年1月	省立		
湖北省银行	安康	办事处	1939年5月	省立		
河南农工银行	西安	办事处	1939年6月	省立		
裕华银行	西安	办事处	1940年10月	商业	500万元	
河北省银行	西安	办事处	1941年10月	省立		
川康平民商业银行	西安	分行	1943年1月	商业	1000万元	
亚西实业银行	西安	分行	1943年1月	商业	500万元	
云南兴文银行	西安	分行	1943年2月	省立		

---

① 《小四行在西安》,《西北经济》第1卷第1期,1948年。
② 宁波帮博物馆编,张跃编:《四明银行史料研究》,宁波出版社2018年版,第242页。

第一章　银行机构设立与新的货币银行制度的建立

续表

银行名称	所在地	性质	设立年月	类属	总行资本金	备考
永利银行	西安	分行	1943年7月	商业		
四川美丰银行	西安			商业	1000万元	
中国工矿银行	西安			商业	1000万元	
四明商业储蓄银行	西安	分行	1943年1月	商业	700万元	
甘肃省银行	西安	办事处	1943年1月	省立		
大同银行	南郑	分行	1945年1月	商业		筹设
华侨兴业银行	老河口		1944年11月	商业		筹设

资料来源：根据西安市档案局、西安市档案馆编《陕西经济十年（1931—1941）》制（截至1941年底），西安市档案馆、西安市档案局1997年内部印刷，第298—299页；《调查：西北各地金融经济动态及市况（一月份）：西安（一月份）：本市新开业之银行计有四家……（附表）》，《雍言》第3卷第1—2期，1943年；《调查：西北各地金融经济动态及市况：西安（七月份）》，《雍言》第3卷第8期，1943年；《调查：西北各地金融经济动态及市况：西安（二月份）》，《雍言》第3卷第3期，1943年；《调查：西北各地金融经济动态及市况：南郑（一月份）》，《雍言》第5卷第4期，1945年；屈秉基《陕西金融业之现状及其展望》，《陕行汇刊》第7卷第7期，1943年。

表中可见，抗战前，陕西境内商业银行的分支机构只有上海商业储蓄银行、金城银行两家。但当时也有其他商业银行参与上海、金城两家银行在陕西关中的农业放款业务。究其原因，是由于1931年长江大水灾，加上日本帝国主义武力侵华，先后发动"九一八""一·二八"事变，导致沿海、东部经济"已濒山穷水尽"，而上海资金过度集中，其时有"内地贫血，上海充血"之喻；加上乡村破产，东中部棉纺织业原料短缺。[①] 这是东部沿海银行转向西北建立分支行的重要原因之一。抗战全面爆发后，沿海城市相继沦陷，陕西地处大后方，战略地位发生了大的变化，外省市工商业迁陕投资开厂设店日益增多，给陕西的经济带来了繁荣，也促使了银行机构的增多，达到了

[①] 何品、宣刚编著：《上海商业储蓄银行》，机构卷，吴景平、邢建榕主编：《上海市档案馆藏近代中国金融变迁档案史料汇编》，上海远东出版社2015年版，第139—140页。

一个繁荣时期。抗战期间在西安设立的商业银行还包括川康、永利、建国、亚西、美丰、兴文、工矿、华侨、山西裕华、大同银行等10家，以1943年设立者为最多，计11家。上海、永利银行等还在宝鸡设有办事处，金城银行在宝鸡和南郑各设有办事处一所。[①]

钱庄业家数，至1944年有钱庄、银号66家。

第二节　甘肃省货币、银行制度的初创

一　20世纪30年代前后的甘肃省银行业

近代以来，甘肃省地方金融业，虽以1908年官办的甘肃官银钱局为嚆矢，大约到1922年才出现以"银行"命名的金融机构，便是甘肃省银行。[②] 该行获省财政厅拨款资本金14.2万两，开始营业，并发行七钱2分银元票70余万两，在1924—1925年业务尚盛时期，发行额随之增至90余万两。1925年下半年，国民军入甘，刘郁芬任甘肃督办（后改主席），因受政局影响，银行内部人事屡经更易，营业随之一蹶不振，1929年始告结束，与甘肃平市官钱局合并，改组为甘肃农工银行。[③] 甘肃农工银行专发行铜元票，同时收回甘肃银行发行的银元票，铜元票发行额最高至230余万吊，折合银元约60万元，1929年秋以军需紧急，又将已经收回的银元票发行出去。1930年国民军离甘后，因受西北银行的影响，银元票停兑。此后，一直艰难维持，直到1932年春陕军入甘，才由随军入甘的陕西省银行接收。

1925年，冯玉祥系国民军设立西北银行，总行在张家口，随国民军入甘而入甘，同年12月设兰州分行，后来该行又设立十三处分

[①] 屈秉基：《抗日战争时期的陕西金融业》，《陕西财经学院学报》1984年第2期。

[②] 为了与1939年成立的甘肃省银行区别开，也有研究者称之为"前甘肃省银行"，如黎遇在《甘肃金融业与现在》（载于《西北资源》第2卷第2期，1941年）一文中便如此称呼。

[③] 郭荣生：《中国省银行史略》，沈云龙主编《近代中国史料丛刊》续辑，第19期，文海出版社1988年版，第117—118页。

支机构。西北银行发行的钞票最高额达350万元,十足兑现,并将甘肃银行发行的部分钞票收回。该行业务渐有起色,到1930年国民军东下讨伐蒋介石,受政局影响,同年三月间停兑,次年改组为富陇银行。富陇银行将西北银行钞票加盖富陇银行戳记后发行,总额达360余万元,不兑现,币信因滥发钞票而无法挽回。富陇银行于1932年3月底结束。随陕军入甘的陕西省银行,完全是应军政需要才在兰州设立分行,并于平凉、天水等地设办事处。陕西省银行发行额最高达38.5万余元。1932年9月底,同属陕军的杨子恒和马青苑在天水内讧,抢掠银行,陕西省银行损失严重,各地的分支机构颇受影响,均发生挤兑现象,资金枯竭,不得不结束在甘各分支机构。①

二 货币改革与中、中、交、农四行进入甘肃

中原大战之后,冯玉祥的西北军势力被消灭,至1933年,陕军势力得到有效控制,国民政府的力量逐渐渗入甘肃,甘肃省自此结束了"城头变幻大王旗"的混战局面,在政局较稳定的环境下,甘肃省的银行业才有可能稳步发展。

国家四行中最早在甘肃设立分支机构的是中央银行。但最初的设立也经过一番磋商、交涉。1933年废两改元并未涉及甘肃省,东南地区使用的银元、可兑换纸币在甘肃行使也存在兑换问题。甘肃省位于中国西部边陲,交通不便,经济凋敝,金融枯竭,1933年中央军第一师入甘,使用中央银行、中国银行、交通银行、中南银行发行券需兑换纸币,但在甘肃上述各行并未设立兑换或分行机构。这引起甘肃商民担忧,并暗中折价行使,而这最终会导致甘肃货币金融市场的混乱与不稳。鉴于此,1933年6月中旬,甘肃省财政厅厅长谭克敏致函南京国民政府财政部:一方面,表示已通令甘肃全省征税、纳粮及其他公私交易一律通用以上四行纸币,严禁行使中发生折扣;另一

---

① 张令琦:《解放前四十年甘肃金融货币简述》,中国人民政治协商会议甘肃省委员会文史资料研究委员会:《甘肃文史资料选辑》第八辑,1980年印,第134—137页。

西北银行业制度的强制性变迁与区域经济变动（1930—1949）

方面，要求四行到甘肃设立代兑或分支机构，便利军队经费供应划拨及资金保管，维护四行币值信用，以最终维持甘肃货币金融市场的稳定。① 该函反映 1933 年废两改元仅限东南一隅，也说明包括甘肃省在内的西北各省，在 20 世纪 30 年代初现代银行机构未能系统设立，货币银行制度建设及区域资金融通缺乏，地方当局急需筹设新的货币金融制度。接甘肃省财政厅呈请后，南京国民政府财政部先后分别致函中央银行及中国、交通、中南银行，要求各行前往兰州设立兑换所或银行分支机构。② 随后，甘肃省政府与财政部也曾函咨往来进行协商。不久，设在上海的交通银行总管理处致函财政部，表示对流入甘肃的交通银行银币数量不明，需要立即派员切实调查后再做决定。③ 在此前后，鉴于中央等四行纸币行使给甘肃金融市场带来的混乱日趋严重，为催促四行早日在甘肃设立兑换所，1933 年 6 月 21 日至 7 月间，甘肃省政府主席朱绍良还曾先后致函财政部、致电蒋介石，催促 2 周内速派央行兑换机构来甘，建议中央第一师军费应汇兑来甘而不是运送现钞。国民政府财政部及蒋介石也相继协调催令并予回复，表示已催促中央银行妥筹兑现办法，派驻兑换机构，要求汇兑第一师军费到甘，汇费由中央银行承担，借以减少中央等四银行钞币在市面流通，减少该类钞币贴水行使，以维护银行钞币信用及政府信用。④ 面对财政部、蒋介石的一再催令，面对甘肃方面的迫切要求，各行态度不一，交通银行总管理处回复已派员驰赴甘肃省调查当地金融状况，如该省存在推行交行甘肃地名券的可能，则应当在该省设立代兑机构；

---

① 《甘肃省财政厅呈国民政府财政部》1933 年 6 月 16 日收到，台北"国史馆"藏，入藏登录号 018000026816A。
② 《国民政府财政部致中央银行函》《国民政府财政部训令中国、交通、中南银行》，《国民政府财政部训令》1933 年 6 月 24 日发，台北"国史馆"藏，入藏登录号 018000026816A。
③ 《交通银行总管理处致国民政府财政部函》1933 年 7 月 1 日；《国民政府财政部咨》1933 年 6 月 29 日发，台北"国史馆"藏，入藏登录号 018000026816A。
④ 《甘肃省政府咨》1933 年 6 月 21 日，《蒋介石致财政部电》，1933 年 7 月 20 日，台北"国史馆"藏，入藏登录号 018000026816A。

· 34 ·

第一章　银行机构设立与新的货币银行制度的建立

中国银行总管理处认为甘肃省路途遥远，交通阻塞，调拨运输资金十分不便，假如专为兑换钞票设立分支机构，存在实际困难，目前正在奉令从事调查研究，待与中央银行等行商洽出具体办法后再行答复。而中央银行总行的答复则略为积极，该行总裁孔祥熙表示"准此"，"查西北各省既有敝行钞票流通，自应酌设机关以资便利。惟陕甘各地交通阻塞，陇海路线仅达潼关，加以沿途地方不靖，运输深感困难，应先实地考察，以策安全。"现拟派员分赴各该省调查筹划，逐步进行。① 据记载，中央银行决定在兰州设立支行，派前任中国国货银行辽宁分行经理潘益民担任经理，计划1933年8月内前往筹备，运去现款为新铸造的1933年银元，以便初步整理该省币制。② 经调查后，1933年8月下旬，中央银行向财政部与甘肃省政府表示，决定先在兰州设立支行，"派定潘益民克日前往筹备"；为维持该支行运转，中央银行要求将所有甘肃省各机关公款存解，并"应请分别咨令该省各机关遵照国府通令"，悉交兰州支行办理。③ 1933年8月，中央银行曾函示"兰州支行自应积极筹备"，计划"先以三十万元为额本券及新铸银本位币各运十五万元前往"筹备中央银行兰州支行。④ 鉴于中央银行总行的决定与条件，甘肃省财政厅与甘肃省政府先后呈复、致函同意中央银行的要求，尤其是甘肃省财政厅还答应待中央银行兰州支行设立后，财政税收部门所收税款全部交由该行存解。⑤ 1933年12月中央银行兰州分行在兰州成立。中央银行兰州分行成立后办理业务有：发行货币，经理中央银行银币兑换，保管中央军第一

---

① 《交通银行总行致财政部函》1933年7月29日；《中国银行总管理处回复财政部函》1933年8月4日；《中央银行致财政部公函》1933年8月8日，9日收到，台北"国史馆"藏，入藏登录号018000026816A。
② 《中央银行将设兰州支行》，《中行月刊》第7卷第3期，1933年。
③ 《财政部咨》1933年8月25日，台北"国史馆"藏，入藏登录号018000026816A。
④ 《关于拟筹备兰州支行计划分别核示函》1933年8月，甘肃省档案馆藏，全宗、目录、案卷号56-1-29。
⑤ 《甘肃省财政厅呈》1933年9月28日；《甘肃省政府咨》1933年10月2日，台北"国史馆"藏，入藏登录号018000026816A。

· 35 ·

西北银行业制度的强制性变迁与区域经济变动（1930—1949）

师军费，办理存放及经理甘肃省机关经费、税款存解等。1935年中央银行兰州分行已为二等分行，邵同书为经理。[①] 这样，中央银行作为南京国民政府在甘肃省设立的第一家国家银行，与不久之后相继设立的其他银行，标志着甘肃省银行制度的初创。

而法币制度改革，又为甘肃银行制度的逐步建设带来契机。1935年11月4日，国民政府实行法币改革，财政部规定：①从1935年11月4日起，中央、中国、交通三银行所发行钞票，定为法币。所有完粮纳税及一切公私款项之收付，均以法币为限，不得行使现金。违者全数没收，以防白银之偷漏，如有故存隐匿，意图偷漏者，应准照危害民国紧急治罪法处置。②凡银钱行号、商店及其他公私机关或个人，持由银本位币或其他银币、生银等银类，应自11月4日起，交由发行管理委员会或其指定之银行，兑换法币。除银本位币按照面额兑换法币外，其余银类，各依其实含纯银数量兑换。法币制度在甘肃推行后，陕甘各省银元成色较低，对成色较低银币，本应按其实含纯银数量，折换法币；但政府当局考虑到商民使用已久，为照顾商民利益起见，改变原来规定为，凡1935年11月3日以前在市面通用银元，允许在当年12月31日以内，与银本位币一律照兑；过此期限，需要折合所含纯银数量计算。尽管国民政府、财政部体恤甘肃方面的利益，给予关照，但至等价兑换期限结束，仍按轻质银元含银量兑换，会给甘肃各方面造成损失。鉴于此，1935年11月15日，甘肃省政府主席朱绍良再次致电国民政府财政部，强调甘肃省地处边远，国家银行在甘肃设立分支机构太少，仅中央银行兰州分行及中国农民银行兰州支行，在甘发行货币机构太少，行使地方亦甚少，请贵部转令中央、中国、交通银行或中央、中国农民银行在甘肃省重要县区设立分支行或兑换处；若一时难以设立更多银行分支机构，商请中央银行通过航空邮寄来甘一元券及各种辅币200万元，由兰州分行派员分运

---

① 《中央银行营业报告》1935年下期，第9页。

第一章 银行机构设立与新的货币银行制度的建立

各县会同县政府或县商会设法收兑,以便于救急;朱绍良最后在电文中还强调甘肃省生活指数极低,辅币缺乏,尤其急需一角以下辅币,目前仅有财政厅下设的平市官银钱局发行少量辅币,但难以敷用。①随后,财政部即先后向中央银行、中国农民银行发去代电,亦向中国、交通两银行转达甘肃省政府致电内容,要求为便利人民、推行法币起见,各行应前往甘肃省多设立分支行、办事处、兑换所。②几乎同时,为防止甘肃省财政厅平市官银钱局发行辅币带来的混乱,财政部部长孔祥熙在致甘肃省政府主席朱绍良电文中除肯定其推行法币制度的成绩外,特别指出平市官银钱局发行辅币券,"应请饬令遵照中央政治会议核定之设立省银行或地方银行领用或发行兑换券暂行办法办理,以附法令"。③但对于甘肃省催促在该省设立银行分支机构、办事处或兑换所之要求,中央银行表示要和中国、交通、中国农民银行商议,但各银行之间总是互相推脱。

顾及轻质银币兑换期限过后执行法令的难度,中央银行兰州分行未雨绸缪,立即提前向中央银行总行求援。根据中央银行兰州分行的请求,1935年12月3日,中央银行致函财政部,表示中央银行兰州分行函称在甘肃的轻质银币业已照银本位币一律兑换;但期限一过,由于甘肃省政府不予执行,对甘肃省流通的甘肃造币厂所制造轻质银币,按照规定折合含银量兑换存在困难,请财政部电令甘肃省政府通令所属一律遵照。④

鉴于中央银行总行来函符合法币改革法令,财政部致函甘肃省政

---

① 《甘肃省政府主席朱绍良致财政部部长孔祥熙电》1935年11月15日,《甘肃省请设立分支行兑换法币》1935年11月—1936年1月,台北"国史馆"藏,入藏登录号018000027454A。
② 《财政部代电》1935年11月19日;《财政部训令》1935年11月19日,《甘肃省请设立分支行兑换法币》1935年11月—1936年1月,台北"国史馆"藏,入藏登录号018000027454A。
③ 《财政部电》1935年11月20日;《甘肃省请设立分支行兑换法币》1935年11月—1936年1月,台北"国史馆"藏,入藏登录号018000027454A。
④ 《中央银行总行致财政部公函》1935年12月3日,台北"国史馆"藏,入藏登录号018000037056A。

西北银行业制度的强制性变迁与区域经济变动（1930—1949）

府，电请甘肃省地方当局将甘肃省造币厂模板注销，并布告对成色较低银币从 1936 年 1 月 1 日起按照银元实含纯银兑换法币。① 随后，朱绍良回复甘省曾照法币改革政策即行停止铸币。至 1935 年底，正值新任甘肃省主席于学忠与原政府主席朱绍良交接之期，财政部催促甘肃方面收缴造币模板移交至南京。于学忠上任后，一方面回复铸币模板收齐后即缴送，另一方面致电财政部部长孔祥熙强调如下：①甘肃省所铸银元纯银成色仅合六成八，而且兑换期限已过，全省因交通不便，尚未全部兑换完成，但过期折价兑换会给民间造成巨大损失；②而法币并未普遍流通全省，因而各地纳税仍缴现洋，这会造成政府税收也难以处置；③况且甘肃省为入超省份，如一块银元合纯银六成八兑换一法币，则百姓会感到税率增长 30% 以上，更会使纠纷难以解决；最后于学忠要求若准予兑换延期，则即会减轻地方压力，亦使公私均有受益。但财政部部长孔祥熙立即回电指出，陕甘所铸银元兑换期限已过，自然应遵照过期后银元与法币兑换办法，根据银元所含纯银两兑换法币，"仍希查照前电妥为办理"。② 孔祥熙明确予以拒绝，但甘肃方面的交涉并未就此罢休，而且绕开中央银行直接与财政部联络争取按照银元所含纯银两兑换法币，这表明甘肃省方面旨在争取甘肃官民减少损失。为促使甘肃所铸银币得到流通，减少官民损失，1936 年 2 月中旬，甘肃省政府主席于学忠再次致电国民政府财政部，表示如不变通办理，官民会均感不便，甘肃流通银币数量较多，法币流通反而甚少，延期兑换又难以办理，省务会议最后决议准许法币与甘肃所铸银元暂时兼用，请求核准。③ 接到甘肃省方面决议后，1936 年 2 月 20 日，财政部钱币司首先向财政部长、副部长请求

---

① 《财政部致甘肃省政府电》1935 年 12 月 14 日；《财政部致甘肃省政府主席于学忠电》1935 年 12 月 22 日，台北"国史馆"藏，入藏登录号 018000037056A。
② 《于学忠致财政部电》1936 年 2 月 13 日收到，台北"国史馆"藏，入藏登录号 018000037056A。
③ 《于学忠致财政部长孔祥熙电》1936 年 1 月 16 日收到；《财政部致甘肃省政府主席于学忠电》1936 年 1 月 22 日，台北"国史馆"藏，入藏登录号 018000037056A。

第一章　银行机构设立与新的货币银行制度的建立

批准：该司除回顾以前对甘肃实施法币政策已有变通外，表示向来没有实施法币地方暂准许流通原铸银币，但考虑甘肃法币流通并未普遍，因而甘肃省要求原铸银币暂时与法币兼用似可照准。① 最终经财政部长核准后，1936年2月27日，财政部致电甘肃省政府主席于学忠："拟以旧有银币暂为兼用一节，核与无法币流通地方暂准保持原有习惯，便利人民通案尚无不合，复请查照。"② 至此，甘肃省方面最终达到延期等值将法币与银元混用的目的。这也是法币制度推行曲折的又一表现。

为加快推行法币制度，中央银行加快在甘肃省设立分支机构的步伐。后来中央银行天水分行（1938年7月）、武威分行（1940年1月）、酒泉分行（1940年1月）、平凉分行（1941年3月，1943年6月底奉令结束）、岷县分行（1941年3月，1943年7月20日奉令停业）等分支机构相继成立。③

其次是中国农民银行。1933年10月，蒋介石鉴于甘肃"申汇每千元汇水四十元，如汇来五十万元即可盈余二万元"，要求中国农民银行的前身豫鄂皖赣四省农民银行"赶紧派员赴甘开办"。④ 1934年12月20日，中国农民银行总行又派顾祖德、赵蓁庆2人到达兰州筹设支行，当时由甘肃省政府加拨资本25万元，一次拨足。经过近两年酝酿准备，1935年4月，中国农民银行兰州分行奉令在兰州成立，这是一种说法。另据潘益民记录，1935年5月5日筹备完成，开幕营业，地址在兰州中山大街前华英医院旧址，该行以贷放农民借款为主

---

① 《钱币司向财政部长、副部长提交报告》1936年2月20日，台北"国史馆"藏，入藏登录号018000037056A。
② 《财政部长孔祥熙致于学忠电》1936年2月27日发，台北"国史馆"藏，入藏登录号018000037056A。
③ 《兰州区各地银钱行庄一览表》1943年8月12日，甘肃省档案馆藏，全宗、目录、案卷号53—1—23；黎遇：《甘肃金融业之过去与现在》，《西北资源》第2卷第2期，1941年。另据记载，中央银行武威分行、酒泉分行从1939年12月起先行办理收解。见《中央银行1939年度营业报告》，中国第二历史档案馆：《中华民国史档案资料汇编》第五辑第二编，财政经济（三），江苏古籍出版社1997年版，第291页。1940年正式成立。
④ 中国人民银行金融研究所编：《中国农民银行》，中国财政经济出版社1980年版，第50页。

西北银行业制度的强制性变迁与区域经济变动（1930—1949）

要业务，兼办储蓄及其他银行业务，并兼办合作社事业。① 也有1935年3月成立的说法。具体几月成立有待进一步考察。据1946年前后的材料，顾祖德曾担任兰州支行经理。后来又增设中国农民银行天水办事处（1935年5月）、平凉办事处（1935年12月，后升为分行）。显然从国民政府催促国家银行在甘肃省设立的情形看，中国农民银行还是较其他各行增设更多分支机构。1941年3月设立武威办事处，至1943年还设立有酒泉分理处、岷县分理处、张掖分理处、秦安分理处、武都分理处、临洮分理处、临夏分理处、靖远分理处、敦煌分理处等分支行处。②

至抗战全面爆发，内地工矿、交通诸业相对落后，难以及时支持抗战，亟待开发，财政部为谋贯通内地金融脉络，发展后方经济，适应军事需要，于1938年8月拟定"筹设西南西北及临近战区金融网二年计划"，曾督促各银行或当地省银行在西北各省多设分支行处。该计划要点有四，其要点一即是"凡后方与政治交通及货物集散有关之城镇乡市，倘无四行之分支行处者，责成四联总处，至少指定一行前往设立机关"。之二是偏僻地点短期内未能顾及者，则由各该省银行设立分支行处，以一地至少一行为原则。之三是在分支行处筹设时期内，应以合作金库或邮政储金汇业局辅助该地金融周转及汇兑沟通。另外，该计划还规定中中交农四行在各省应筹设的分支行处数目，其中在西北方面，在陕西省为16处，甘肃省为12处，青海省为4处，宁夏省为1处，共计设立33处。③ 1940年6月，四联总处计划扩大西北西南金融网，在甘肃省，中国农民银行兰州分行计划在安西、临洮、陇西、武都设立分支机构。④ 1940年8月四联总处又增订

---

① 潘益民：《兰州金融情形之今昔》，《建国月刊》第14卷第2期，1936年。
② 黎遇：《甘肃金融业之过去与现在》，《西北资源》第2卷第2期，1941年。《兰州区各地银钱行庄一览表》1943年8月12日，甘肃省档案馆藏，全宗、目录、案卷号53—1—23。
③ 李京生：《论西北金融网的建立》，《经济建设季刊》第2卷第4期，1944年。
④ 《中中交农四行联合办事总处第三十五次理事会会议议事》，1940年6月19日，中国第二历史档案馆编：《四联总处会议录》（四），广西师范大学出版社2003年版，第43页。

第一章 银行机构设立与新的货币银行制度的建立

第二、第三两期西南西北金融网计划,规定金融网筹设原则为:"四行在西南西北设立分支机构,宜力求普遍宜密","凡与军事交通及发展农工商业有关,以及人口众多之地,四行至少须筹设一行","凡地位极关重要,各业均形蓬勃,而人口锐增,汇兑储蓄等业务特别发达之地,得并设三行乃至四行,以应实际上之需要","凡随抗战发展,其地位日趋重要之地,得随时指定四行中之一行,前往筹设,以应需要"。① 正是在这一计划要求下,在甘肃已有分支机构的中央银行和中国农民银行又增设分支行处,中国银行和交通银行开始走进甘肃省。在国民政府的"筹设西南西北及临近战区金融网二年计划"下,中国银行兰州支行和交通银行兰州支行,分别于1939年3月和1940年1月在兰州成立。中国银行兰州支行成立不久,天水分行(1940年10月)、平凉办事处、岷县办事处(1939年10月)、张掖办事分处(1939年12月)、武威办事处(1939年12月)、酒泉办事处(1939年12月)纷纷成立,另有秦安办事处、徽县办事处等,扩大了中国银行在甘肃的影响。② 1940年前后郑恩卿曾任中国银行兰州支行经理。③ 交通银行在甘设立情况如表1-10:

表1-10　　　　　　　　交通银行在甘设立状况表

名称	简称	成立日期	地址	负责人	附注
兰州直隶支行	陇行	1940.1.31	兰州市中山路567号	经理:郑大勇 副理:赵育美 王玉书、张广圻	
天水办事处	邽处	1940.2.15	甘肃天水县西关后街	主任:吴清勋	天水汉称上邽县,故简称邽处

---

① 郭荣生:《战时西南西北金融网建设》,《财政学报》第1卷第1期,1943年。
② 黎遇:《甘肃金融业之过去与现在》,《西北资源》第2卷第2期,1941年;中央银行金融机构业务检查处编印:《全国金融机构分布一览》,1945年,第297页。
③ 《中国银行职员》1940年9月7日,台北"国史馆"藏,入藏登录号002000001335A。

西北银行业制度的强制性变迁与区域经济变动（1930—1949）

续表

名称	简称	成立日期	地址	负责人	附注
武威办事处	凉处	1940.9.14	甘肃武威县东街167号	代主任：岳剑寒	武威汉称凉州，故简称凉处
平凉办事处	襄处	1941.2.15	甘肃平凉县东大街167号	主任：张炎卿	平凉隋称襄武，故简称襄处
酒泉办事处	肃处	1943.3.20	甘肃酒泉县城内东大街111号	主任：张宝瑞	酒泉隋称肃州，故简称肃处
张掖办事处	甘处	1945.1.15	甘肃张掖县城内中山南街130号	主任：于宝华	张掖清为甘州府治，故简称甘处
岷县临时办事处	陇岷处	1941.3.3	甘肃岷县隍庙街31号	主管员：王云霖	

资料来源：交通银行总行、中国第二历史档案馆编《交通银行史料第一卷：1907—1949》（上册），中国金融出版社1995年版，第150、151页；《兰州区各地银钱行庄一览表》1943年8月12日，甘肃省档案馆藏，案卷号53—1—23。

由上表可见，交通银行在甘设立分支机构主要侧重甘肃农业经济较好地区，如陇东的平凉，河西走廊的张掖、武威、酒泉，甘肃东部的天水等地。

国家四行进入甘肃固然有政治、军事上的背景，但就银行本身来说，它是商品经济发展的产物，故国家四行在甘肃的分支机构都在经济发展程度较高的地区，不外兰州、天水、张掖、武威、岷县、平凉、酒泉7个地区，表明国家银行各分支机构分布极不平衡，这种分布状况不利于甘肃省社会经济整体健康发展。直到1939年甘肃省银行成立后，省银行在甘肃各地区广设分支机构，这种状况才有所改善。

事实上，当时同为抗战大后方，国家银行机构在西南各省设立较为普遍，而居于抗战大后方的西北，国家银行机构组设与西南各省相比设立较少。但随着20世纪40年代初西北战略地位逐步上升，不仅

第一章　银行机构设立与新的货币银行制度的建立

成为唯一的中苏国际陆路交通运输线与重要的交通大命脉，而且其中的陕、甘、宁、青各省服从重庆国民政府，成为新疆省政府完全服从中国中央政府实现国家政令走向形式统一的重要基础。于是，基于诸多考量，1942年蒋介石曾面谕孔祥熙向西增设行处要点四项：四行机构应多分布，但每一地方四行不必重复设置；四行应以兰州为金融中心，向西推进，增设机构至迪化、吐鲁番、塔城、和田一带，速拟西进计划送四联总处；西北人口太少，内地人口太多，应由农行从速筹办西北移民垦殖贷款；应特别重视甘肃省河西一带经济开发，尤应从速开发水利等。孔祥熙在四联总处理事会第一四三次会议上表示自应遵办，其中对第一项今后四行设立新行处时当力求避免重复；第三、第四项已由中国农民银行兰州分行电其总处遵拟办法外，第二项向西推进增设机构至迪化、吐鲁番等地，拟具初步计划：其一，以兰州四行为西进中心，在迪化、哈密两处四行各设机构，以兰州为工作推进的中心，并以迪化为在新疆推动设行的枢纽，以哈密为接济券料之总站；其二，中央银行在新疆设立分支机构之原则是，拟择政治中心及交通据点设行，以利接济券料，供给各行头寸及军政费用，除在迪化、哈密设行外，待对新疆考察后再视各地实际需要再行增设；其三，中国银行在新疆设行之原则是，拟择国际路线及重要边镇设行，以发展国际贸易及外汇等事业，除在迪化、哈密设行外，拟先在塔城、绥定、伊犁及南疆的和阗、库车、焉耆、吐鲁番等地设立分支行处，然后再图新的发展；其四，交通银行在新设立之原则，拟择交通要道及轻重工业区设行，以便发展交通及工矿生产事业，拟在迪化、哈密、塔城、和阗、库车、吐鲁番等地设行，但具体设立地点需在到新疆考察后再行决定；其五，中国农民银行在新疆设行的原则是，选择水利、垦牧、农产地带普设机构，以大力发展农业生产，促进国民经济。孔祥熙建议中国农民银行先在迪化、哈密设行后，待多方派员分赴各地考察水利、垦牧、农产地带实况下，根据实际需要逐步设立农行分支机构，发展农村经济。鉴于盛世才新疆地方当局刚表态内

西北银行业制度的强制性变迁与区域经济变动（1930—1949）

服，情况不明，因而孔祥熙还强调，设立国家银行的先决条件是，国民政府令饬地方当局要给予充分协助；因新疆货币与法币兑换差价颇大，应令饬法币在新疆统一发行；应解决甘肃到新疆路途遥远、交通不便困难。可见国民政府仍是银行业制度建立及银行业制度强制性变迁的推手。① 这也表明甘肃省银行业制度建设成为向新疆推进的重要基础。

从表1-10可见，至1947年甘肃省兰州市共有金融机构29家。其中，国家金融机构约在12家以上，同时经济及金融管理机构四联总处兰州支处1939年已经成立，国家银行机构控制着甘肃金融。但华商银行及其他金融机构也明显增加，达到15家以上；而且在抗战时期分别成立了银钱业同业组织，来进行甘肃银行业的行业自律管理，辅助执行政府金融政策，可见甘肃省银行业制度的强制性变迁也在缓慢推进。

兰州市银钱业资本的来源，为各种存款，据中央银行兰州分行调查1946年度18家银钱行庄之存款总数为29亿3000余万元，与上年度存款总数10亿7000万元比较几增二倍，其中以甘肃省银行吸收存款最多，计达14亿9600万元，约占存款总额之半数。其次为中国通商银行，存款数达2亿元以上。再次为永利银行及甘肃省合作金库，存款总数达1亿7000万元，其他如兰州商业银行、亚西实业银行、四明银行、上海信托公司、山西裕华银行等，均在1亿元以上。前项存款总额以个人存入最多，约占总数的76%；商号次之，约占14%；机关团体存款又次之，约占10%；工业存款及其他存款合计不及1%。② 具体如表1-11：

---

① 《四联总处理事会第一四三次会议议事日程》1942年9月24日，中国第二历史档案馆编：《四联总处会议录》（一七），广西师范大学出版社2003年版，第2—4页。
② 中央银行兰州分行：《兰州市金融业概况》，《中央银行月报》第2卷第4期，1947年。

第一章　银行机构设立与新的货币银行制度的建立

表1-11　甘肃省重要金融机构之分布及1946年度贷款数额调查

单位：法币元

行名	设立地点	成立时间	工业贷款	农业贷款	商业贷款	其他贷款
中中交农四行联合办事处兰州分处	兰州市	1939年				
兰州市银行同业公会	兰州市	1943年				
兰州市钱业商业同业公会	兰州市	1945年				
中央银行兰州分行	兰州市	1933年		35000000（土地金融贷款）	0	1400000
中国农民银行兰州分行	兰州市	1935年	4255888000	20359786000	0	729864900
中国银行兰州支行	兰州市	1939年	3178158000	0	3389434000	771289000
交通银行兰州支行	兰州市	1940年	2015299000	0	0	1374470000
邮政储金汇业局兰州分局	兰州市	1942年	123729816	0	108000000	1260000
中央信托局兰州分局	兰州市	1945年	—	—	—	—
甘肃省银行总行	兰州市	1939年	—	—	—	—
甘肃省合作金库	兰州市	1943年	39959000	596258565	0	616942000
兰州市银行	兰州市	1944年	823490000	97000000	4597070000	0
中国通商银行兰州分行	兰州市	1943年	210150000	2500000	955671997	6252488

· 45 ·

西北银行业制度的强制性变迁与区域经济变动（1930—1949）

续表

行名	设立地点	成立时间	工业贷款	农业贷款	商业贷款	其他贷款
四明银行兰州分行	兰州市	1943年	0	0	3688160000	0
兰州商业银行	兰州市	1943年	—	—	—	—
山西裕华银行兰州分行	兰州市	1942年	1930900000	80000000	16283400000	23600000000
亚西银行兰州分行	兰州市	1943年	48312963	0	1226770833	16620000
永利银行兰州分行	兰州市	1943年	122500000	0	417700000	8750000
长江实业银行兰州分行	兰州市	1942年	—	—	—	—
上海信托公司兰州分公司	兰州市	1942年	30800000	0	1067706220	27606000
大同银行兰州分行	兰州市	1943年	0	0	1030914400	0
华侨兴业银行兰州分行	兰州市	1944年	—	—	—	—
金城银行兰州分行	兰州市	1947年	—	—	—	—
金城银行平凉分行	平凉	1944年	—	—	—	—
绥远省银行兰州办事处	兰州市	1942年	—	—	—	—
甘肃省银行握桥办事处	兰州市	1945年	—	—	—	—

第一章 银行机构设立与新的货币银行制度的建立

续表

行名	设立地点	成立时间	工业贷款	农业贷款	商业贷款	其他贷款
兰州市银行中华路办事处	兰州市	1944年	—	—	—	—
邮政储金汇业局兰州分局车站办事处	兰州市	1946年	—	—	—	—
义兴隆钱庄	兰州市	1916年	—	—	—	—
天福公钱庄	兰州市	1920年	—	—	—	—
德义兴钱庄	兰州市	1935年	—	—	—	—
德盛佰钱庄	兰州市	1937年	—	—	—	—
宏泰兴钱庄	兰州市	1945年	—	—	—	—

资料来源：刘永千《西北区银行动态之偏向》，《西北论坛》创刊号，1947年；中央银行金融机构业务检查处编印《全国金融机构分布一览》，1945年，第297页。

· 47 ·

西北银行业制度的强制性变迁与区域经济变动（1930—1949）

表1-12　　　　　　　　　兰州金融业资本及业务概况

名称	成立日期	资本	主要业务
中中交农四行联合办事处兰州分处	1939年成立中中农三行联合办事处，1940年1月10日改为四行联合办事处，1943年7月邮汇局加入，1945年12月中央信托局加入	无资本经费由四行两局分摊	指导监督四行两局一切业务
中央银行	1933年成立		代理国库办理票据交换受存款准备金及检查金融业机构
中国银行	1939年7月成立		国内外汇兑
交通银行	1940年1月成立		工矿业放款
中国农民银行	1935年3月成立		农贷及土地金融
邮政储金汇业局	1942年1月成立		储蓄及汇兑
中央信托局	1945年10月成立		信托保险
甘肃省银行	1939年6月1日	资本800万元	扶持地方生产事业调剂地方金融兼办信托业并代理国库
绥远省银行	1942年7月1日		专办汇兑并代办绥远省府及十二战区军政款项调发事宜代理市库并办理普通银行一切业务
兰州市银行	1944年1月4日	资本2000万元	代理市库并办理普通银行一切业务
中国通商银行	1943年1月11日	营运基金25万元	经营商业银行一切业务
四明银行	1943年8月5日	营运基金20万元	经营商业银行一切业务
兰州商业银行	1943年1月30日	资本5000万元	经营商业银行一切业务
山西裕华银行	1942年	营运基金100万元	经营商业银行一切业务

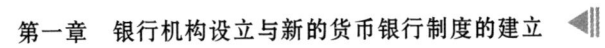

第一章 银行机构设立与新的货币银行制度的建立

续表

名称	成立日期	资本	主要业务
永利银行	1943年9月8日	营运基金25万元	经营商业银行一切业务
亚西实业银行	1943年7月	营运基金10万元	经营商业银行一切业务
长江实业银行	1942年4月25日	营运基金25万元	经营商业银行一切业务
上海信托公司	1942年11月23日	营运基金25万元	经营商业银行一切业务
大同银行	1943年11月1日	营运基金25万元	经营商业银行一切业务
华侨兴业银行	1944年3月4日	营运基金30万元	经营商业银行一切业务
天福公钱庄	1920年8月	资本1000万元	经营商业银行一切业务
义兴降钱庄	1916年	资本30万元	经营商业银行一切业务
德义兴钱庄	1935年	资本30万元	经营商业银行一切业务
魁泰兴钱庄	1937年8月	资本40万元	经营商业银行一切业务
德胜恒钱庄	1937年	资本1000万元	经营商业银行一切业务
宏泰兴银号	1937年成立 1945年改组银号	资本3000万元	经营商业银行一切业务
甘肃省合作金库	1943年12月20日	资本2000万元	经营合作及存放汇业务
宝丰保险公司	1941年	*资本500万元	以火险为主要业务
太平洋保险公司	1943年4月2日	*资本1000万元	经营各种保险业务
中国保险公司			经营各种保险业务

· 49 ·

西北银行业制度的强制性变迁与区域经济变动（1930—1949）

续表

名称	成立日期	资本	主要业务
中国农业保险公司	1945年1月		经营农产物保险
合众保险公司	1944年6月1日	*资本500万元	经营水火险业务

注：*系总公司资本。

资料来源：中央银行兰州分行《兰州市金融业概况》，《中央银行月报》第2卷第4期，1947年。

其中，四明银行兰州支行1943年在兰州益民路成立，张嘉熙曾任经理。钱庄业也经营银行业务，成为兰州银行业制度强制性变迁的又一表现。

三 甘肃省银行的组建

甘肃省银行的第二次筹备改组，曾在1936年即开始酝酿，旋因"双十二事变"遂告中止，于1937年重新提上日程。1937年7月，省府会议通过改组甘肃省银行原则及筹备处简章，规定官商股共200万元，限于两个月内筹备成立，后改定1938年元旦正式开业。本来已准备就绪，恰逢梁敬錞奉命来甘，认为甘肃平市官钱局实质有欠，还没有达到改组为银行的程度。后经彻底整理扩充，平市官钱局不但形式上突破旧观，而且实质也与现代银行无异。[①] 甘肃省银行以整顿后的甘肃平市官钱局为基础，于1939年6月1日宣布改组成立，纯粹是甘肃省政府和财政部投资合营的。[②] 甘行董事监察人均由省府选聘，并以财政厅长为董事长；第一任董事长为梁敬錞，第二任为丁宜中[③]。所有平市官钱局发行之辅币券铜元券，由该行承兑，照常行使，平市官钱局对外一切债权债务，亦由甘行继续承受负担。总行下设总

---

① 姜宏业：《中国地方银行史》，湖南出版社1991年版，第382页。
② 张令琦：《解放前四十年甘肃金融货币简述》，中国人民政治协商会议甘肃省委员会文史资料研究委员会：《甘肃文史资料选辑》第八辑，1980年，第141页。
③ 刘敏：《甘肃金融史话》，《金融日报》1947年6月22日，第3版。

第一章　银行机构设立与新的货币银行制度的建立

经理 1 名，协理 1 名；到 1942 年该行资本金已达 500 万元，1946 年增加资本金至 800 万元，纯为官股。①

国民政府财政部于 1938 年 8 月拟订"筹设西南西北及临近战区金融网二年计划"，其中规定"其他地点稍偏僻者，四行在短期之内，容或不能顾及，则责成各该省银行，务必前往设立分支行处，以一地至少有一行为原则"。② 可见，甘肃省银行成立以来就对国有四行各分支机构没有广设的局面起着补充作用。国民政府出于"内地情势既多变更，地方金融亦应详加检讨"，遂"于二十八年三月六日召集各省地方银行及中中交农四行首脑人员，在渝举行第二次地方金融会议"。③ 各省地方银行为地方金融的中坚，国家银行的辅臂，国民政府为了能够使各地方银行活动与军事行动配合，借地方金融机构力量推行中央金融政策，会议讨论的关于如何发展经济力量案中，即有各省银行或地方银行应视其需要及环境，力谋本省组织健全，推广分支行处，充实资本金，担负发展经济重任等决议；同时更议定：各省省银行或地方银行，于本省区域汇兑，应力谋便利迅速，并与邻近各省省地方银行联络，以便彼此通汇。此次会议闭会后，各省地方银行即遵照大会决议及中央指示，努力完成各省金融网，并订立临近各省通汇办法。④ 甘肃省银行就是在这样的背景下，由甘肃平市官钱局改组而来的。

为了便于开展业务，甘肃省银行成立之后迅速在全省范围内建立起了大量的分支机构。甘肃省银行的下属机构，在专署所在地设分行，在县一级设办事处或分理处，但业务量很小的县不设机构，由附近的办事处或分理处代为办理。全省的分支机构如下：⑤

---

① 郭荣生：《中国省银行史略》，沈云龙主编：《近代中国史料丛刊》续辑，第 19 辑，文海出版社 1988 年版，第 118—119 页。
② 郭荣生：《战时西南西北金融网建设》，《财政学报》第 1 卷第 1 期，1943 年。
③ 郭荣生：《中国省银行史略》，沈云龙主编：《近代中国史料丛刊》续辑，第 19 辑，文海出版社 1988 年版，第 242 页。
④ 郭荣生：《战时西南西北金融网建设》，《财政学报》第 1 卷第 1 期，1943 年。
⑤ 甘肃省地方史志编纂委员会、甘肃省金融志编纂委员会：《甘肃省志——金融志》第四十四卷，兰州，甘肃文化出版社 1996 年版，第 43 页。

· 51 ·

兰州分行：辖定西、景泰、榆中、会宁、靖远、握桥办事处（分行1943年2月与总行业务合并）；

武威分行：辖民勤、永登、古浪办事处；

临夏分行：辖永靖、和政、夏河、宁定（即现在的广河）办事处；

临洮分行：辖渭源、洮沙、康乐、会川办事处；

平凉分行：辖西峰镇、隆德、海原、静宁、崇信、灵台、化平（即现在的泾原）、合水、镇原、固原、泾川、环县、华亭、庄浪、正宁办事处；

天水分行：辖秦安、徽县、礼县、通渭、两当、康县、拓石镇、清水、张家川、武山、西和、成县、甘谷办事处；

酒泉分行：辖金塔、鼎新、敦煌、安西、玉门、高台办事处；

张掖分行：辖山丹、民乐、临泽办事处；

岷县分行：辖武都、陇西、漳县、卓尼、西固（今舟曲县）、文县、临潭办事处。

甘肃省银行在全省范围内遍设分支机构，一定程度上扭转了省内银行分布极不均衡的局面，为省行开展普及各项业务奠定了基础，是省行日后迅速成长为甘省地方金融力量中坚的重要条件。现代银行制度在甘肃省的普及从一定程度上说是从甘肃省银行出现才开始的，银行业的普及大大拓宽了银行业务范围，不仅推动了甘肃省金融业的发展，也密切了银行业与甘肃省社会经济的联系。

第三节 宁夏省银行机构的设立及法币制度的实施

一 银行机构在宁夏出现

民国时期宁夏近代金融机构始于1916年。当年，蔚丰厚票号宁夏分号改组为蔚丰商业银行宁夏分行。由此即有宁夏第一家近代银行。

1925年，中国银行在宁夏设立分支机构，不久，又因种种阻碍

第一章　银行机构设立与新的货币银行制度的建立

而撤销。①

同年，冯玉祥等为拨调、筹措军政机关款项方便等起见，在张家口设立西北银行总行。约1926年及1927年之交，西北银行在宁夏设立分行。1930年西北军离开后，该行即行停办。西北银行在宁夏发行钞币100余万元。该类钞币在西北其他省份虽为废纸，但在宁夏由省政府与商家继续维持，仍能照常使用。但此项纸币丝毫无准备金，其票价实难维持。该时期宁夏使用的货币除纸币外，还有制钱、银元、铜元等。1929年以前，宁夏市面流通者为现银元、铜元及平市官钱局之钱帖子。但此项钱帖子并无准备金，至1925年，西北军入甘，当时财政困难，西北军发行流通券，乃收回无准备金之钱帖子。至1927年，设西北银行宁夏支行于宁夏，又发行西北银行钞票，乃收回无准备金之流通券。1929年宁夏建省，旋西北军离开宁夏，该行倒闭。

二　宁夏（省）银行的组建

1931年，宁夏省主席马鸿宾面对萧条的社会经济，开始筹设宁夏省银行以整理宁夏金融，呈准财政部改设省银行，筹集三十万元为基金，"并接受西北银行之钞票三十五万元"，宁夏省银行遂于1931年1月1日正式成立。以财政厅长为监理官，资本总额定为二百万元，但到1934年底实收资本1510017.69元，未收部分是否收足不详。除省会设立总行外，1933年6月设立中卫办事处，7月设立宁朔办事处，8月设立金积办事处，1934年5月设立灵武办事处，并在省外设立归绥、天津两办事处。② 最初，由于宁夏省军政经费无法缩减，便通过宁夏省银行发钞解决。20世纪30年代初，宁夏城仅有

---

① 郭荣生：《中国省银行史略》，沈云龙主编：《近代中国史料丛刊》续辑，第19辑，文海出版社1988年版，第162页。
② 郭荣生：《中国省银行史略》，沈云龙主编：《近代中国史料丛刊》续辑，第19辑，文海出版社1988年版，第162页。

> 西北银行业制度的强制性变迁与区域经济变动（1930—1949）

一家银行。宁夏省银行成立后，除在省内外设立分支机构6处，经营输出宁夏土特产外，还发行纸币60多万元，结果宁夏金融显得更为不稳。①

1933年马鸿逵主政宁夏后，接管宁夏省银行，并着手整理金融，先发新钞30万元，后按五成收回旧钞票焚毁；并将新钞之所谓准备金会同商会封存于省银行库中，从此货币信用开始稳固。该行还设立仓库，以便办理抵押业务，使得商家称便。同时在各县补设分支机构，增加通汇地点，并增加低利放款，业务较前有所发展。后为抵抗孙殿英进攻宁夏，省政府财政无法应付，支出浩繁，又发行纸币240万元，连同以前所发共计305万元。②

除省城的总行外，为了扩展银行的业务，宁夏银行经董事会决议，并呈请财政部核准，于本省境内设立分行及办事处或代理处。各分行设总经理一人，办事处设主任一人，并设办事员、助理员、练习生若干人办理各该分行、办事处事务。1941年6月，为了配合推行新县制，宁夏银行撤销了吴忠堡、中宁、黄渠桥办事处，在平罗、惠农两县之适中地区黄渠桥设平惠分行；永宁、宁朔两县设永朔分行于李俊堡；中卫、中宁两县设中卫分行；金积、灵武两县在吴忠堡设金灵分行；又增设了同心、磴口、陶乐、定远营办事处，此外还有兰州、西安办事处。至此，一个以省垣总行为中心向全省辐射的金融商业网络已全面形成。

三 中国农民银行驻宁夏机构的组建

1938年8月16日，中国农民银行宁夏支行创办时行址设于宁夏省城兴华街，归农民银行兰州分行领导。蒋介石于1936年11月16

---

① 郭荣生：《中国省银行史略》，沈云龙主编：《近代中国史料丛刊》续辑，第19辑，文海出版社1988年版，第162—163页。
② 郭荣生：《中国省银行史略》，沈云龙主编：《近代中国史料丛刊》续辑，第19辑，文海出版社1988年版，第163页。

第一章　银行机构设立与新的货币银行制度的建立

日首次电令中国农民银行在宁夏设立机构，因宁夏已有中央军队，宁夏等地应由甘肃派设支行……如何盼复。① 1937年6月12日蒋介石又电催中国农民银行速设青海、宁夏分行，"青海分行应速设立，可收当地生金与现银为重要业务。但初开时，存钞最多以三十万为准，不必过多。宁夏分行亦应筹设也。"②《中农月刊》四卷九期曾公开着文宣称："农业金融史随政治经济演变，而进入安内攘外时期。"③ 宁夏近邻边区，发展农业金融实际上是作为国民党政府军事上"安内"的辅助手段，所以蒋介石要亲躬此事并两次急电催办设置中国农民银行宁夏支行。蒋介石于1940年3月6日手令四联总处，对接近陕甘宁边区的地方要多放农贷，"四行农贷之省，除四川外，对于陕西与甘肃，亦应注重，尤其接近陕北共区之陕甘各省府所属各县，更应特别增款贷放，以发挥本党政治经济之能力。务令陕甘各行勿据小利，切实遵行。"④ 1942年9月24日，《秘书处关于拟具执行蒋介石增设西北金融机构指示的意见的报告》中再次强调："西北人口太少，内地人口太多，应由农行从速筹办西北移民垦殖贷款。"⑤

中国农民银行宁夏支行第一任经理为丁慕尧，出任时43岁，江苏省淮安人，北京政府财政部会计传习所毕业，⑥ 后调中国农民银行总管理处服务。1941年5月21日，该支行原襄理兼代经理张煦接充遗缺。此后张煦奉农行总管理处调职离宁，1942年2月24日，四联

---

① 中国人民银行金融研究所编：《中国农民银行》，中国财政经济出版社1980年版，第55页。
② 中国人民银行金融研究所编：《中国农民银行》，中国财政经济出版社1980年版，第56页。
③ 转引自人民银行宁夏区分行金融研究所《宁夏金融志》，人民银行宁夏区分行金融研究所1991年印，第2页。
④ 中国人民银行金融研究所编：《中国农民银行》，中国财政经济出版社1980年版，第128页。
⑤ 重庆市档案馆、重庆市人民银行金融研究所合编：《四联总处史料》（上），档案出版社1988年版，第200页。
⑥ 《中国农民银行分支行经理略历表》1940年9月7日，台北"国史馆"藏，入藏登录号002000001335A。

西北银行业制度的强制性变迁与区域经济变动（1930—1949）

总处准予曾任中国农民银行西安分行文书主任、平凉办事处主任、兰州分行襄理等职的周建洪（浙江诸暨人，37岁，大夏大学毕业）接任。1942年9月，周建洪奉中农行令调职陕行，由曾任中国农民银行兰州分行副理的南秉方继任经理。① 支行内设文书、营业、农贷、会计、出纳、发行六股，会计股主任分别由朱汝伦、臧亦史、吕桢担任。1948年初，中国农民银行总行检查支行时，该处人员连经理共有14人，分别为经理成治田、襄理兼文书主任马映图、襄理兼营业主任牛荫周、会计主任戴丹书、出纳主任范世杰、农贷主任段仁瑞、储蓄副主任马如顺，另有办事员二人、助员二人、雇员三人，"该处人员大都有思外调之意，推其原因，不无因当地环境特殊，较受拘束，而感有不安之态。如成经理能多注意对待同人言行公诚，或亦可克服当地之环境而使同人安于职位。"② 马鸿逵统治时期，地方当局惧怕中央政府全面控制宁夏，因而对国民政府各机构驻宁人员方面控制较严，限制较多，若有不满者，或遣送出境，或逮捕关押。因此，驻宁人员多有不安情绪。这也说明当时宁夏省缺乏良好的金融运行环境。

四　中国银行宁夏办事处的成立

1939年10月15日，中国银行宁夏办事处创建于银川南大街，归中国银行兰州分行管辖。中国银行宁夏办事处职员多系中国银行天津分行所调，首任主任为洪家寅，下设会计、营业、出纳、文书四系，营业系长李纲，因掌握的档案资料有限，其他系长尚未查明。办事处设电台一部，与西安、兰州、青海、武威、酒泉、张掖、岷县等地通报。③ 1946年，主任洪家寅因吸食鸦片，并涉嫌与私商经营生意，被

---

① 《宁夏支处组织及人事（1940年—1948年）》，中国第二历史档案馆藏，全宗、目录、案卷号五八五1559。（籍贯吉林，四十三岁，美国芝加哥大学经济学硕士、本薛文尼亚大学经济学博士）

② 《中国农民银行宁夏支行人事检查报告（1948年1月12日）》，中国第二历史档案馆藏，全宗、目录、案卷号三九九（4）3238。段，为一姓。

③ 转引自《宁夏金融志》，第116页。

第一章　银行机构设立与新的货币银行制度的建立

兰州分行察觉，立即将其调离，遗缺改由曾任中国银行兰州办事处主任和西宁办事处主任的张荫淦（江苏省江阴县人，32岁，光华大学毕业）继任。[①]

20世纪30年代中国银行与宁夏的业务关系早于该行在宁的重新组建。1936年9月22日，财政部训令中国银行总管理处，鉴于宁夏省政府主席马鸿逵函称"宁夏拟以盐税协款每月六万元向中中交三行抵借一百万元以资推行法币，结束省钞"。财政部同意中国银行可即赴宁设立分行以调剂金融，令中、中、交三行商同借款，并由该分行协款赴宁会同省府结束省钞。同年，宁夏省政府因整理金融收回省钞向中国银行借款法币200万元，订定借款合同。因此时中国银行宁夏办事处尚未成立，故合同第二款规定："俟乙方之宁夏办事处成立后由甲方按照实际需要分批开具印领，向乙方宁夏办事处支取，所有甲方收回之省钞并应随时送交乙方之宁夏办事处销毁封存，一面分别陈报财政部备案。"合同规定：借款利率为月息九厘，每六个月计算一次；借款定期二年四个月；由甲方指定以中央补助宁夏省之盐税（每年约计七十万元）、卷烟统税（每年约计十二万元），废除苛捐杂税（每年约计二十万元）作为归还本借款本息之基金。[②] 这是中国银行宁夏办事处成立以前该行与宁夏地方政府的第一次接触，通过借款整顿了原宁夏省金融混乱的局面，为推行法币奠定基础。

五　中央银行宁夏分行的设立

1940年7月1日，中央银行宁夏分行在宁夏城成立，中央银行宁夏分行原系央行绥远省陕坝办事处，因当地接近沦陷区，遂内迁宁夏升级为三等分行。[③] 首任经理田乔龄，1946年田乔龄病故后，冯之

[①]《张荫淦继任宁夏中国银行支处委员（1946年）》，中国第二历史档案馆藏，全宗、目录、案卷号五八五1559。

[②]《宁夏盐税协款抵借款（总行业务部1936年）》，中国第二历史档案馆藏，全宗、目录、案卷号三九八11462。

[③] 转引自《宁夏金融志》，第127页。

西北银行业制度的强制性变迁与区域经济变动（1930—1949）

梧、胥熠继任，后公推程家鹏为经理。① 中央银行宁夏分行设文书、会计、国库、出纳等五股，并设电台一部。

六　交通银行宁夏办事处的建立

1936年10月，宁夏省政府主席马鸿逵为调剂本省金融、收回省钞、推行法币，曾致函交通银行总行并中央银行和中国银行借款一百万元，以本省盐税协款每月六万元为抵押，交由该三行支领偿清为止。此项借款得到国民政府财政部的批准，交通银行虽尚未在宁夏设立办事处，但已先期为宁夏省地方金融做出了贡献。

1943年7月20日，交通银行宁夏办事处在宁夏省垣设立。首任经理王玉书，后王玉书与交通银行甘肃省分行副经理耸显任对调。第二任经理为荣正吾。宁夏交通银行以其专业而论系以扶植实业为专责。交通银行对于西北新设行处业务方针建议："西北经济生活，偏于商业行为，与其它各地情形不同。故推进之始，因势利导，当以先从繁荣当地市面，促进贸易入手。……查交通银行建议西北边区新设行处放款业务应予酌量放宽一节，原则可行。"②

表1－13　　　　　　　宁夏银行业成立部分银行统计

年份	地点	机构名称
1940	宁夏	绥远省银行宁夏办事处
1944	宁夏	邮政储金汇业局宁夏分局
1945	宁夏	大同银行宁夏分行
1945	宁夏	中国通商银行宁夏办事处

资料来源：刘永干《西北区银行动态之偏向》，《西北论坛》创刊号，1947年。

---

① 因未见中央银行宁夏分行人事变动专项档案，见《中央银行宁夏分行1946年上期营业报告》（中国第二历史档案馆藏，全宗、目录、案卷号三九六13063）和《宁夏西宁支处1946年会议记录》（中国第二历史档案馆藏，全宗、目录、案卷号五八五2147）。
② 《四联总处就增设西北机构致六行局函》1943年3月1日，重庆市档案馆、重庆市人民银行金融研究所合编：《四联总处史料》（上），档案出版社1988年版，第205页。

第一章　银行机构设立与新的货币银行制度的建立

从表1-13可见，抗战中期，由国家金融机构及华商银行来宁设立分支机构。

七　法币制度在宁夏推行——邮局代兑法币

1935年11月法币改革，但在宁夏因没有国家银行机构设立，法币兑换一时难以进行。约1936年初，中央银行、中国银行、交通银行转甘肃邮政管理局呈文致财政部称，宁夏地理与政治情形特殊，邮局代兑法币，拟照青海省案例，准许在宁夏省境内各邮局从缓办理。但财政部认为在宁夏委托邮局代换法币，已经订入代兑合同之内，不便从缓办理。对于法币在宁夏省流通尚未普遍地区，暂准按照原有习惯与其他省先例办理，仍可行使原有货币。宁夏邮局目前一面实行代兑法币，一面维持原有业务，为权宜办法，也符合财政部法币兑换办法。最后，财政部同意宁夏邮局及其分支机构在宁夏各省各地兼顾法币兑换业务，并要求中央、中国、交通银行会同宁夏邮局办理。[①] 这是笔者迄今为止查阅到的最新的宁夏实行法币制度的史料；另如前所述，1936年10月，宁夏省政府主席马鸿逵曾为调剂本省金融、收回省钞、推行法币，还向交通银行借款。这与我们曾在台湾地区查阅到的甘肃省实行法币制度的延缓实施期限的情况相似，至少可以判断在甘宁青三省并非像法币兑换办法规定的三月内完成兑换法币。

第四节　青海省银行机构及制度的建立

一　中国农民银行西宁支行的建立

中国农民银行是由蒋介石亲自兼任董事长的以经营农村金融为主要业务的国家银行。为推行法币制度并为国民党中央军筹款，蒋介石于1936年11月16日电令中国农民银行常务理事周佩箴、总经理徐子青，

[①] 《三．宁夏邮局代兑法币办法之核准》，约1936年，金融，《中国国民党指导下之政治成绩统计》1936年第4期。

西北银行业制度的强制性变迁与区域经济变动（1930—1949）

指出："宁夏与青海两地，应由甘肃派设支行，以宁夏已有中央军队，而青海为出金之地，将来收买金子亦甚重要也。"① 当年中国农民银行即派员赴青筹设，因西安事变未果。蒋介石又于1937年6月12日电催中国农民银行总经理叶琢堂，指出："青海分行应速设立，可收当地生金与现银为重要业务。但初开时，存钞最多以三十万为准，不必过多。"② 1938年1月，中国农民银行西宁支行设立，第一任经理熊锜。

二 中国银行西宁办事处的建立

中国银行西宁办事处成立于1939年1月，行址设在西宁市大新街现门牌36号的地方。因唐时西宁称鄯州，故称中国银行鄯处，直辖于中国银行兰州支行，该行第一任经理翁文津，之后祁仲丙接任经理。其内部组织：经理下设文书、会计、营业、出纳等科，员工总数约15人。

三 中央银行西宁分行的设立

中央银行是旧中国四大国家资本银行之首，该行成立于1928年11月1日，总行设在上海。根据《中央银行法》，该行有发行货币、代理国库、经理公债、管理外汇等特权。1939年6月，中央银行兰州分行决定在西宁设立办事处，张永敬为办事处主任。1940年2月1日中央银行兰州分行西宁办事处正式成立，经理高伦，行址设在西宁石坡街。至1941年1月改组为直属总行的三等分行。改组为三等分行后的内部组织是：经理下设文书、会计、国库、营业、出纳五个系，系设系长1人，系内有办事员、助理员若干人，并设有无线电台（手摇发报机），电台有领班1人，报务员1人。员工总数33人。③

---

① 中国人民银行金融研究所编：《中国农民银行》，中国财政经济出版社1980年版，第55页。
② 中国人民银行金融研究所编：《中国农民银行》，中国财政经济出版社1980年版，第56页。
③ 全国政协文史资料委员会编：《中华文史资料文库》第14卷，经济工商编，中国文史出版社1996年版，第146页。

第一章　银行机构设立与新的货币银行制度的建立

四　青海省银行、青海实业银行的建立

国家银行逐步涉入青海地区，这让马步芳家族感到惶恐不安，随着西北地区政局的稳定和经济的开发，地方省银行得以逐步建立，并成为调剂地方金融，辅助西北经济建设的重要金融机构。马步芳在1938年3月被南京国民政府任命为青海省政府主席，他为了弥补自己的损失，极力谋求建立起由自己控制的金融机构。

1935年，国民政府开始推行法币，此时正值青海省省钞财政维持券垮台，发行财政维持券的青海省金库和青海平市官钱局也宣告撤销。青海省政府一面要求国民政府银行在青海设立机构，一面授意省商会向国民政府财政部提出，以青海盐税做担保，向上海银行借款，创办青海省银行。国民政府一直拖延到1940年，三大银行在西宁设立了分支机构以后，才以"兼顾中央法令和地方事业"为名，准予设立青海省银行，并确定该行为官（中央财政部）、商（地方募集）合营股份有限公司，期限30年。① 青海省政府又延至1944年始派员筹备，于1945年11月19日先行营业，1946年1月1日在西宁东大街正式成立，1946年3月在国民政府财政部登记注册，获批营业执照。② 该行本着"调剂本省金融，扶助经济建设，开发本省生产事业"的宗旨，先后办理存款、放款、汇款、现金收付、储蓄信托等业务。青海省银行成立时资本2000万元（法币），分为20万股，每股100元，由青海省政府承担官股1000万元，由财政部拨款，筹集商股1000万元，向社会募集。③ 因而，青海省银行具有官商合办的性

---

① 崔永红等：《青海通史》，青海人民出版社1999年版，第713页。
② 《中央银行兰州区兰州分行检查青海省银行总行业务报告》，1947年10月30日，《央行西宁分行检查青海省银行业务情况报告及有关文书》1947年2—12月，南京，中国第二历史档案馆藏，全宗、目录、案卷号三（6）7106。
③ 《中央银行兰州区兰州分行检查青海省银行总行业务报告》，1947年10月30日，《央行西宁分行检查青海省银行业务情况报告及有关文书》1947年2—12月，南京中国第二历史档案馆藏，全宗、目录、案卷号三（6）7106。

西北银行业制度的强制性变迁与区域经济变动（1930—1949）

质。该行最高权力机构为董事会与监察会，实行经理负责制，经理朱长玉负责组织实施和贯彻执行董事会决定的事情，并综理全部行务。其内部组织经理下设总务、会计、业务三个处及出纳科，从业人员约32人。① 还曾设立青海省银行信托部。1948年又陆续在湟源、湟中、民和设立分行，在西宁乐家湾设办事处及兰州办事处5个分支机构。另拟在兰州、西安、重庆、南京设立办事处。②

湟中实业公司成立后，为进一步扩大官营资本企业，壮大金融势力，控制青海经济，扩充自己的金融实力，1947年1月1日，马步芳以青海省无商业银行为由，经财政部批准、经济部登记，开办了青海省独资筹办建立的青海实业银行（又称湟中实业银行），其为股份有限公司形式，资本金为法币3000万元，分为3000股，每股1万元，商户大股东共10名，其中后来任该行董事长的马世俊认股1000股，1000万元；冶进玉认600股，600万元；马步丰认500股，500万元；马崇德认300股，300万元；马子仪认200股，200万元；陈彦、马奉先、马得福各认100股，各为100万元；孟全礼、武克瑞各认50股，各为50万元。其大股东为马步芳控制的"协和商栈"或湟中实业公司的负责人。该行营业期限30年，银行第一任经理为魏渝。③ 总经理以下设总务组、业务组、会计组和经济研究室及专职秘书、稽核。青海实业银行的宗旨是"调剂本省金融，援助兴办事业，开发财源"，其具有官商资本合办商业银行的性质，但与地方当局关系密切。

---

① 《中央银行兰州区兰州分行检查青海省银行总行业务报告》，1947年10月30日，《央行西宁分行检查青海省银行业务情况报告及有关文书》1947年2—12月，南京中国第二历史档案馆藏，全宗、目录、案卷号三（6）7106；全国政协文史资料委员会编：《中华文史资料文库》第14卷，经济工商编，中国文史出版社1996年版，第147页。

② 《青海省三十六年度工作报告》，台湾"中央研究院"近代史研究所档案馆藏，档案号20-00-62-5-4。

③ 《中央银行兰州区兰州分行检查青海省实业银行总行业务报告》，《央行兰州分行检查青海省实业银行业务情况报告及有关文书》1947年11—12月，南京中国第二历史档案馆藏，全宗、目录、案卷号三（6）7107。

第二章 战时陕西银行业制度与业务发展

在陕西社会经济急需得到恢复之际,从1943年起,依照国民政府财政部和四联总处业务划分的规定,中央银行西安分行与其他国家行局、地方银行和商业银行的职能不同,它凌驾于陕西其他金融机构和一般商业银行之上,具有央行地位,拥有四大主要职能:发行的银行、银行的银行、政府的银行、管理的银行。同时,国家银行、省银行、商业银行业务也得到发展。

第一节 中央银行西安分行职能的逐步转变

一 银行的银行

中央银行西安分行"银行的银行"职能,是指其在陕西省范围内以央行的地位,与其他金融机构及商业银行发生业务往来,办理银行业务,组织全省资金、票据结算,集中存款准备金,保护金融机构安全,维护金融体系稳定的职能。其中,集中存款准备金职能是指陕西省各个经营存款业务的金融机构,都需要按照法定比率向中央银行西安分行缴纳存款准备金,从而保证存款机构的清偿能力,最终达到保证存款人和金融机构本身安全的目的。

1935年《中央银行法》就有"收管各银行法定准备金"的规定,但没有很好实施。直到1940年8月7日财政部《非常时期管理银行暂行办法》颁布,第二条规定银行的普通存款应以所收存款总额

▶ 西北银行业制度的强制性变迁与区域经济变动（1930—1949）

20%为准备金，"转存当地中中交农四行任一行，并由收存行给以适当存息"。① 1942年5月28日四行划分业务后，关于存款准备金的规定并未改变。1943年1月7日，财政部对《非常时期管理银行暂行办法》进行了第四次修正，存款准备金率及分存四行的规定照旧。② 1945年4月颁布的《财政部授权各省财政厅监理县银行业务办法》，有规定"督促各县银行提缴存款准备金"。③ 陕西境内各银行钱庄提缴普通存款准备金的工作，多由西京市银行业同业公会协助西安区银行监理官办公处督促完成。起初规定每年3月、6月、9月、12月底依据该月存款总额调整一次存款准备金，调整期内各银行缴存普通存款准备金"于该月份终了后三日内，将应缴或应退之款，经向各该承办行洽明调整完竣。如系由总行或管辖行汇报汇缴者，应由该总行或管辖行于该月终了后十五日内，将应缴或应退之款，向各该承办行洽明调整完竣"。④ 出现延期不遵照缴纳的情形时，各承办行报明该管区银行、监理官办公处做出督促办理决定，由西京银行公会转知会员行遵照其决定在限定日期内调整缴纳完毕；后来各行庄普通存款应向中央或其他承收行缴存之准备金，多依限调整，收缴顺利完成。⑤

抗战时期，处于战时状况下的银行经营面临困境：资金流动性大、存款中活期存款所占份额多、可供自由支配的资金少、本身开支浩繁。这种情况下，《修正非常时期管理银行暂行办法》中缴存存款准备金率的规定对各银行来说，执行起来并不容易。但各银行仍就没有表示异议，遵照规定缴纳存款准备金。从1943年起，中央银行要

---

① 中国第二历史档案馆编：《中华民国史档案资料汇编》第五辑第二编，财政经济（三），江苏古籍出版社1997年版，第18页。
② 中国第二历史档案馆编：《中华民国史档案资料汇编》第五辑第二编，财政经济（三），江苏古籍出版社1997年版，第23页。
③ 陕西省地方志编纂委员会编：《陕西省志·金融志》，陕西人民出版社1994年版，第146页。
④ 《西京市银行业同业公会通知》，1943年7月9日，重庆市档案馆藏，全宗、目录、案卷号0310-1-2107。
⑤ 《银行监理制获良好效果》，《西京日报》1944年8月25日，第3版。

第二章　战时陕西银行业制度与业务发展

求连本票都须计算到存款内缴纳 20% 的存款准备金，这一决定受到各银行的疑问。在该年 5 月的行务会议中，美丰银行等三行会函中央银行西安分行，对于本票缴存准备金的规定提出疑义，请央行西安分行给予解释，给出解决办法。① 央行西安分行转呈总行请示，但总行并未及时给予答复。作为银行业同业组织的西京银行公会，为维护银行业利益，在 1943 年 12 月提出"行庄等以本市提存准备金，向来均以普通存款为限，本票一项因系暂时性质，并无提存之规定。此次中行新开此例，行庄等事前并未奉有明令"②。并一面向财政部请示，一面通知会员行照旧办理。不久财政部回复"嘱暂缓发还以资兼顾，故本期调整仍照以往标准，按其实际情形，决定其免缴或照缴"。中央银行业务局认为，各行庄本票，除同业互相拆借款项自应免缴准金外，其余私人或公司、商号抬头如系即期，在数日内自可不缴普存准金，若系远期或定期在五日以上者，仍应照缴普存准金，以杜流弊。除暂时照旧案办理外，相应函请迅予核复以便照办。③ 由此看出财政部还是从实际出发，考虑了银行业所面临的困境。

二　管理的银行——检查、指导，出台利率政策

金融市场在发展中往往会出现诸多问题，这些问题会直接影响金融秩序的稳定、经济的发展，因此需要政府对其进行监督和管理。中央银行西安分行便充当起金融监管的角色，在陕西省内执行其检查指导其他金融机构业务活动的职能。中央银行西安分行这一职能发挥得较晚。1935 年《中央银行法》并没有赋予其金融监管的职能。1944 年 7 月间，有史料记载中央银行西安分行业务检查处此前仍在对当地

---

① 《西安分行第 215 次行务会议纪录》，1943 年 5 月 9 日，陕西省档案馆藏，全宗、目录、案卷号 31 - 1 - 693 - 2。
② 《西京市银行商业同业公会通知》，1943 年 12 月 3 日，重庆市档案馆藏，全宗、目录、案卷号 0310 - 1 - 2107。
③ 《西京市银行商业同业公会通知》，1943 年 12 月 3 日，重庆市档案馆藏，全宗、目录、案卷号 0310 - 1 - 2107。

西北银行业制度的强制性变迁与区域经济变动（1930—1949）

银钱行庄业务进行普查。与此同时，重庆国民政府财政部拟派员到达西安，对当地银钱行庄业务进行普查。① 直到 1945 年 4 月 2 日，行政院批准公布《财政部授权中央银行检查金融机构业务办法》，同时撤销了财政部银行监理官办公处，将检查金融机构业务的工作全部交由当地中央银行办理。② 中央银行西安分行这才独享具有对当地其他金融机构的监管职能。办法共有 13 条，规定：财政部授权中央银行检查的金融机构，包括除"中国银行、交通银行、中国农民银行、中央信托局、邮政储金汇业局及各县银行"之外的其他"银行、信托公司、保险公司、合作金库"；对金融机构的业务检查依据财政部所定的检查工作纲要进行办理，"除专案指定者外，每一单位每年不得少于两次"；总行成立业务检查处并划定区域，指定负责行办理该区检查业务；应发给被检查金融机构检查命令，填列检查人员职衔、姓名，被检查机构名称及检查范围；执行检查之后，将结果出具书面报告，由负责行直接送至财政部，分报总行备查。③ 陕西区内每年普查由中央银行西安分行执行，从 1945 年起，先后检查出河北省银行西安办事处、陕西省银行总行、私营四川美丰银行西安分行、积庆福钱庄、宏蚨银号等多家金融机构在业务经营中违反法规，报经财政部给予了处分。④

利率管理方面，1943 年 10 月间，中央银行西安分行挂牌银钱业之间日拆利率为一元一角（即每千元每日一元一角），贴现月息三分三厘，重贴现二分七厘，作为一般市场利率的基准利率。随后该行致

---

① 《西安分行第 197 次行务会议纪录》，1944 年 8 月 2 日，《本行行务会议纪录》（1943 年 12 月—1944 年 12 月），陕西省档案馆藏，全宗、目录、案卷号 31-1-696。
② 陕西省地方志编纂委员会编《陕西省志·金融志》，陕西人民出版社 1994 年版，第 27 页。
③ 中国第二历史档案馆编：《中华民国史档案资料汇编》第五辑第二编，财政经济（三），江苏古籍出版社 1997 年版，第 431—432 页。
④ 陕西省地方志编纂委员会编：《陕西省志·金融志》，陕西人民出版社 1994 年版，第 144 页。

第二章　战时陕西银行业制度与业务发展

电财政部西安区银行监理官办公处督促本地银钱业公会遵照办理。①央行西安分行出台金融业借贷利率，对于平衡市场利率具有重要意义。中央银行西安分行对市场利率一直十分关注。如在该行1944年第18次行务谈话会上，该行营业科主任安益文报告：10月份市面金融，尚称平稳，下半月受渝市影响，银根稍显紧迫，行庄放款收缩，至月终市面利率，存息六分，欠息九分，日拆二元八角，较月初稍涨。再如，在1944年12月4日中央银行西安分行第19次行务谈话会上，营业科主任安益文则报告：11月份，市面银根松紧不足，放款利率才常盘旋于八九分之间；存款利率，约四分，皆以金价涨落甚巨，一般投机分子，均集中力量，买卖黄金，不惜重利借贷，倾资以赴，造成金融紧张局面。②

三　政府的银行——代理公库、收兑金银

有关代理国库事宜，原由陕西省银行代理国库业务，于1935年划归中央银行西安分行办理。③至于收兑金银，据可见史料记载，具体如表2-1至表2-3：

表2-1　中央银行1938年上半年各行处收兑生金一览

行名	生金		均价		折合法币	
	市两				金额（元）	
西安	3782	20450	$204	65	744039	89
南郑	174	27700	210	00	36598	17

资料来源：中国第二历史档案馆编《中华民国史档案资料汇编》第五辑第二编，财政经济（三），江苏古籍出版社1997年版，第294页。

---

① 《本市银钱业存放日拆规定》，《西京日报》1943年10月14日，第3版。
② 《西安分行第19次行务谈话会》，1944年12月4日，陕西省档案馆藏，全宗、目录、案卷号31-1-696-2。
③ 陕西省地方志编纂委员会编：《陕西省志·金融志》，陕西人民出版社1994年版，第290页。

► 西北银行业制度的强制性变迁与区域经济变动（1930—1949）

表2-2　　　中央银行1938年、1939年各行处收兑白银一览

行名	1938年	1939年
西安	$409046.91	$98739.37
南郑	134310.00	38044.67
合计	$543356.91	$136784.04

资料来源：中国第二历史档案馆编《中华民国史档案资料汇编》第五辑第二编，财政经济（三），江苏古籍出版社1997年版，第296页。

表2-3　　　中央银行1939年各行处收兑生金统计

行名	生金		均价		折合国币	
	市两				金额（元）	
西安	7265	64150	$287	74	2090604	31
南郑	1892	10900	243	60	460922	55

资料来源：中国第二历史档案馆编《中华民国史档案资料汇编》第五辑第二编，财政经济（三），江苏古籍出版社1997年版，第292页。

上述表格统计表明，法币制度已在陕西关中、陕南逐步得以推行。据所见史料，收兑黄金业务一直在办理之中。至1944年8月初，中央银行西安分行注意到黄金每两牌价改定为每两17万元，并决定请示中央银行业务局，对于各机构收兑黄金应否按新牌价办理。[①]

四　办理票据交换

在发行货币和集中存款准备金的基础上，中央银行还有"最后清算人"的职能。充当最后清算人是指中央银行通过票据交换所主持各个金融机构间的票据交换和差额清算，以结算各金融机构间的债权债

---

① 《西安分行第197次行务会议纪录》，1944年8月2日，陕西省档案馆藏，全宗、目录、案卷号31-1-696-1。

第二章 战时陕西银行业制度与业务发展

务关系。1935年《中央银行法》规定中央银行"办理票据交换及各银行间之划拨结算"。1942年1月，中央银行理事会又通过《中央银行办理票据交换办法》，并相继在大后方各省实行。1943年，西安中央银行为加速金融业账款结算，先在西安"四行二局"之间办理票据交换。1944年5—6月间，重庆中央银行总行委派业务局放款贴现科副主任舒汉江，来陕负责筹备票据交换所成立事宜，后来财政部西安区银行监理官蔡光辉与中央银行西安分行经理潘益民，召开银钱两业联席会议并成立估价委员会，经过两个月的积极筹备，成立央行西安分行票据交换科，开始办理票据交换业务。科长一职，由分行内各科室负责人轮流担任。[①] 1944年根据中央银行总行指示，成立的西安票据交换所，参加交换的银行有26家、钱庄票号36家。当时参加票据交换业务的银行有21家，即全部银行均参加交换。[②]

交换的方式是每天早晚两次，集中在中央银行西安分行交换科进行交换。银行业实行支票付款制度，这种支票能否交换过抵现金用，在于交换科平衡每家的收支情况。交换平衡即收大于支；未交换过则指支大于收，补款时未补够支票，须用现钞抵补，所缺款项补款与补支票均未达到。遇到后一种情形会被吊销营业执照，存在倒闭的危险。华侨银行西安支行经理人林啸风就遇到过这种情形。

据央行西安分行行务谈话会上，交换科主任舒家仁报告，1944年8月共处理交换票据3333张，总额二十六亿六千四百四十万零二千三百八十三元八角一分（26644002383.81元），以31日为最多，计交换票据166张，以1日为最少，计交换票据66张。9月共交换票

[①] 中国民主建国会陕西省委员会与陕西省工商联合会合编：《陕西工商史料》（第二辑金融专辑），1989年，第68页。
[②] 中国民主建国会陕西省委员会与陕西省工商联合会合编：《陕西工商史料》（第二辑金融专辑），1989年，第36页。这21家银行有：中中交农四行、陕西省行、金城银行、上海银行、四明银行、通商银行、永利银行、河南农工银行、工矿银行、川康银行、川盐银行、美丰银行、华侨兴业银行、云南兴文银行、甘肃省行、裕华银行、亚西银行、大同银行。

西北银行业制度的强制性变迁与区域经济变动（1930—1949）

据3762张，总额289502582.92元，差额1604185697.50元，以25日为最多，计200张，以20日为最少，计85张，平均每天145张。10月总计交换票据4668张，总额4035286062.25元，交换差额1655287799.22元，最高271张，最低110张，平均每天195张，总额为168136919.30元，平均差额为68970324.93元，余额总额729734285.33元，每天平均张数较9月多50张。①

当时央行西安分行的票据交换业务因制度及管理不健全存在诸多问题。各银行都企图勾结交换科工作人员，目的是尽早侦知市面上余款和短款情况，便于提前拆出、拆进，从中渔利。遇到交换短款需要抵补，当天拆息又较大的情形时，甚至在麻袋中装入废纸送至央行库房，顶替现款。交换科工作人员深知其中虚伪也不拆穿，从中捞利。1947年2月，中央银行修正公布《办理票据交换办法》以后，西安票据交换盛极一时，次年由于政治经济形势变化渐趋衰落。办理票据交换业务，也成为中央银行西安分行的职能之一。

五 发行的银行

中央银行1935年在西安设立分行，1935年法币改革起为发行银行之一。政府当局及中央银行派驻机构也担负着在陕西省推行法币制度的职责。如据记载，法币制度在陕西省得到推行，② 1935年法币改革，现代货币制度逐步引入西北各省，其顺序大体先后为陕西、甘肃、宁夏、青海省。这进而在西北结束了混乱的货币制度，逐步建立起统一的纸币制度，表明现代货币制度在西北各省逐步建立。1936年陕西省政府公报曾公布国民政府颁布的《辅币条例》九条；③ 在法币发行方面，据记载该行还发行铜元券。

---

① 《西安分行第18次行务谈话会》，1944年11月6日，陕西省档案馆藏，全宗、目录、案卷号31-1-696-2。

② 据民国《洛川县志》、《中部县志》（今黄陵县）记载，该两县1935年开始实行法币制度。

③ 《辅币条例》，1936年1月11日，《法规》，《陕西省政府公报》1936年第2729期。

第二章　战时陕西银行业制度与业务发展

抗战初期中央银行即重视以陕西省为重点的央行分支机构发行业务。1938年6月9日，在中央银行常务理事会第1753次会议上，该行总裁孔祥熙提议：根据财政部代电，中中交农四行在西安、汉中、兰州等地方之存券，"应有相当大量数额，以备支用，希妥密运存，仍将各该地方存券数目报部备查"。第1753次会议上最后议决：除以前已由中央银行发行局运陕、陇1000万元外，允许再发行500万元运赴陕西；决议还强调，如有必要时，央行西安分行可随时商调陈报备案。发行业务是根据银行业其他业务需要而开展的一项补充、辅助性业务。可见中央银行较为关注其陕西分支机构的发行业务。[①] 抗战爆发后，中央银行在国外定制之新券及发行钞券，均以运抵香港为终点；新券签章完成后，轮运海防分转内地，"一路由滇越铁路内运，集中于昆明……陆续转运来渝，凡川鄂豫陕陇各省之券，概由重庆运济之。"1939年运往陕、甘、豫、宁、青区之券"共478770000元，计辅币券16393000元，一元券57535000元，大券404842000元"。[②]

陕西省商品经济较为发达，平时市面需要大量小额券及辅币。央行为满足市面需要，曾办理省行领用小额券。此外，该行还发行铜元券。1937年5月间，据西安分行函因西安郊区一带铜元缺乏，零找不便，请求发行铜元券救济市面。1938年财政部召开金融会议时，制定改善地方金融办法，规定各省行及地方银行得向当地中中交行领用一元券及辅币券。早在1935年12月间，中央银行曾委托中华书局印制铜元券计十枚、二十枚、五十枚三种，每三百枚折合国币一元。于是央行将上项铜元券提出五十万元，改以五百枚折合一元，实值国币三十万元，并加印限陕西省境通用字样，运交西安分行自1939年1月1日起发行。至1939年年底止，领用者有陕西省银行等四家省银

[①] 《西安、兰州存券大量增加》，洪葭管主编：《中央银行史料（1928.11—1949.5）》（上卷），中国金融出版社2005年版，第588页。

[②] 《中央银行1939年营业报告》，中国第二历史档案馆编：《中华民国史档案资料汇编》第五辑第二编，财政经济（三），江苏古籍出版社1997年版，第267页。

行，共领去 1176 万元。① 此外，据记载陕西省银行 1938 年下半年向中央银行领券 1200 万元，同时又将西安准备管理委员会保管的原富秦钱局的铜元券 200 万元及原西北银行未发钞票 100 万元提出，改成一角、二角、五角的辅币券予以发行。②

据中央银行西安分行统计，1939 年该行共发行 6010 万元，平均每月为 500 万元；③ 据统计，至 1942 年 6 月，中央银行西安分行发行额达 243571086.00 元，上期为 183396611.00 元，计增 60174475.00 元。④ 至 1946 年上期，根据市面需要，中央银行西安分行共发行 1 元、2 元券 81537 元，较前期增 81126 元；发行 5 元、10 元券 52753100 元，较前期减 50746900 元；发行 20 元、25 元券 6600000 元，较前期减 799626800 元；发行 400 元券 5848000000 元，较前期增 2522000000 元；发行 500 元券 29886500000 元，较前期增 24893000000 元；发行 1000 元券 76678000000 元，较前期增 58799000000 元。⑤ 中央银行及其西安分行在陕西省的发行业务，在一定程度上满足了区域市场的资金需要。

第二节　其他国家银行的存放款业务与金融市场的监管

一　中国银行陕西各分行处的存、放款业务

存、放款业务作为银行的最基本业务，调剂资金融通和活跃金融市场很大程度上都依赖于此两项业务的开展，抗战时期西北货币借贷

---

① 《中央银行1939年营业报告》，中国第二历史档案馆编：《中华民国史档案资料汇编》第五辑第二编，财政经济（三），江苏古籍出版社1997年版，第269—270页。
② 魏永理主编：《中国西北近代开发史》，第491页。
③ 陕西省地方志编纂委员会编：《陕西省志·金融志》，陕西人民出版社1994年版，第109页。
④ 《中央银行西安分行三十一年上期营业报告目录》，重庆市档案馆藏，全宗、目录、案卷号 0282 - 0001 - 00037。
⑤ 《中央银行西安分行三十五年上期营业报告目录》，重庆市档案馆藏，全宗、目录、案卷号 0282 - 0001 - 00037。

第二章 战时陕西银行业制度与业务发展

市场基本形成。1940年中国银行西安支行辖属于雍行,[①] 至1942年,中国银行在陕西设立分行一所,支行1所,办事处7处,简易储蓄所1所。[②] 1942年1月1日雍行迁西安,与西安支行合并为西安分行,仍为西北管辖行,陕西各分支行处都归雍行管辖。故这一时期的业务经营数据表多包含于雍行业务报告中。中国银行西安分行办理存款业务,1942年6月30日止,存户5699户,活期储蓄存款额为82663514元;另有存户4760户,活期储蓄存款总额达119635900元,年息均为6厘。定期储蓄业务方面,1942年6月30日止,有零存整取存户39家,存期分为1年、3年、5年、9年、12年、15年不等,存息为8厘至1分,定期存款总额823263元。另外,早在1940年6月14日,因豫丰纱厂被炸,造成损失200多万元,中国银行西安分行已向该厂透支60万元,6月18日,中国银行总管理处核准再向该厂增加透支40万元,共透支100万元。这是给予该厂的有力支持。

具体的业务经营情况见表2-4、表2-5、表2-6、表2-7。

战前1935年,中国银行也曾为其附属企业办理工业贷款,曾在陕西省给咸阳打包公司、咸阳纱厂办理贷款。[③] 20世纪40年代前期,中国银行陕西各分支行处在省内的放款,具体有工商业放款、政府机关放款、四行贴现定放本行附业、定放及其他类型放款。其主要贷款对象为工商业,反映出中国银行陕西各分支行处放款业务的特点,即用大量资金支持工矿交通事业的发展,试图以侧重支持工商业发展来带动整个社会经济的发展。抵押放款一直是其业务主旨,信用放款余额大大少于抵押放款余额(如表2-5)。其分支行处中,西安分行贷款数额1935年为72.75万元,1937年为137.67万元,1938年为

[①] 雍行:1939年中国银行在甘肃省天水设分行是为雍行,为西北管辖行,西安支行归其管辖。

[②] 陕西省地方志编纂委员会编:《陕西省志·金融志》,陕西人民出版社1994年版,第282—283页。

[③] 朱沛莲编:《束云章先生年谱》,台湾"中央研究院"近代史研究所史料丛刊(15),1992年版,第59页。

西北银行业制度的强制性变迁与区域经济变动（1930—1949）

表 2-4　中央银行西安分行 1941 年上期至 1948 年上期业务一览

单位：法币元

年别	类别	存款	放款	汇入款	汇出款	国库收入	国库支出	损益
1941	上	46407609.49	18656725.60	29935222.49	873777060.62	6361192.85	23218416.85	（益）917257.79
	下	54366765.81	19908431.53	83410037.79	107524257.54	42028997.60	31669578.25	815132.63
1942	上	89127970.73	14803679.41	198643437.88	164120205.99	89320545.51	72563198.79	534249.59
	下	108181153.45	4396406.83	805940889.25	280970747.23	186809333.18	156446172.70	2686545.10
1943	上	301676674.88	2788000.00	935178746.54	539310871.72	356107549.39	314292460.04	4948476.96
	下	418416334.64	64554923.39	2153567342.34	673454215.35	319420321.54	204217351.00	8729986.87
1944	上	1146737174.48	33510000.00	3122099756.59	1333142950.60	1377289408.32	1147758528.99	14512696.88
	下	3714835697.61	70926078.85	5323266305.05	4728622470.02	1651177932.15	1276094572.25	28831793.83
1945	上	4849122322.95	58176613.79	17463412816.94	7617762716.32?	4734882662.98	4121908561.85	75831846.25
	下	16741616918.67	3503295547.40	27615753715.43	15675091739.00	9015775076.45	7651587252.80	165459299.95
1946	上	26225594217.53	1170278568.82	8942791029338	53459096968.76	23277561013.51	21350732790.10	733730676.56
	下	158196444555.58	28385000000.00	235650048340050	138056647747.93	26886014071.50	22438181946.82	1710758726.22
1947	上	1714651551280	30538718499.60	123375240315.55	118260951305.88	46216776319.90	39244956378.14	（损）940851995.21
	下	20991620285.17	6439469726387	140151295985.25	303733943620.75	18121596407732	164785267206.46	3817043145.15
1948	上	405538966874959	119381004324926	4323487769992.30	2382810579430.38	2396492070632.4	2044378581102.09	（损）5623481865871

资料来源：潘益民：《十三年来西安分行业务》，《中央银行月报》第 3 卷第 10 期，1948 年。

第二章 战时陕西银行业制度与业务发展

16.86万元，1939年为20.98万元，1942年至1946年间放款余额逐年增加（如表2-6）；宝鸡办事处1943年7月贷款额700万元；南郑支行1944年6月放款2040万元，同年8月城固办事处放款30万元。[①] 为满足社会经济发展的需要，放款形式多样数额逐年增加。

表2-5　1943年雍辖陕西各支行处抵押、信用放款业务比较

单位：法币万元

抵押放款			比较上年	信用放款		
全年平均余额	比较上年			全年平均余额	比较上年	
全年平均余额	比较上年		全年平均余额	比较上年		
85993	+	15022	总计	2324	—	894
93	-	16	镐处	-		-
8170	-	2898	宝处	38		507
4400	-	4034	朝处			
2891	+	811	原处			
1377	+	272	渭分处	286		259
1552	-	740	泾分处			
10405	+	8022	咸分处			201
6403	-	805	虢分处			34
35291	+	8680	合计	324	—	483

资料来源：根据《三十二年雍辖各支行处业务比较表》表3整理，陕西省档案馆藏，档案号38—1—11。抵押放款：包括定押、活押、押透、押汇各科目；信用放款：包括往透、定放、期票、贴现各科目。

---

① 陕西省地方志编纂委员会编：《陕西省志·金融志》，陕西人民出版社1994年版，第284页。

西北银行业制度的强制性变迁与区域经济变动（1930—1949）

表 2-6　　　　　　中国银行西安分行营业概况　　　　单位：法币万元

科目	1942年	1943年	1944年	1945年	1946年
现金平均库存	147	2120	30130	127163	239774
存款余额	3616	8943	97255	442064	1604080
储蓄余额	421	702	16618	78370	33517
放款余额	40216	62410	137364	359122	1744447
汇出款总额	34273	106940	1201044	8172666	25323265
损（-）益（+）	-100	+749	+1433	+11090	+29128
职工人数	145	195	635	629	525

资料来源：陕西省地方志编纂委员会编《陕西省志·金融志》，陕西人民出版社1994年版，第284页。

可见，中国银行陕西各分支行处存款主要有活期存款和定期存款，从性质上看，大致分为：商业存款、工业存款、公共交通存款、政府机关存款、本行附业存款、个人存款。当时正值抗战时期，物价暴涨，存款数额增幅甚微，所以定期存款较活期存款少很多，活期存款中商业、政府机关和本行附业存款数额较大。存款多源于军政机关是因为当时整个陕西地区资金缺乏，社会上囤积居奇，人们手中没有盈余资金。为了扩展金融实力，西安分行还开展储蓄存款业务，一般存户为了保障存款的安全，纷纷将存款转存该行，储蓄存款5年间增长了近80倍。这一时期陕西的经济状况发生了巨大变化，例如，西安分行1942年之后5年间存款余额账面数额有了大幅增长，但当时物价暴涨，通货膨胀严重，币值减少，存款表面数字的增加实际意义不大。但事实上，这样巨额的存款数额，回笼大量资金，在一定程度上对于减缓物价上涨的幅度及程度，获取放款资金扩大工农业生产无疑具有重要意义。

20世纪40年代前期，中国银行在陕分支机构银行存款以活期存款为主，定期存款较少。这与当时政府所控制的存款利息较低及物价

第二章 战时陕西银行业制度与业务发展

表 2-7　1943 年雍镇陕西各支行处存款业务比较

单位：法币万元

类别 行别	各项存款分类比较									合计			比较上年		
	商业活存	工业活存	公共交通活存	政府机关活存	个人		本行附业活存	其他活存	定存	活存	户数	定存	活存	户数
					定存	活存								
镐处	499	884	105	18771	97	2096	—	262	97	22617	283	-29	+1.586	-97
宝处	946	173	578	947	68	681	3067	243	68	6635	375	-105	+1.731	-80
朝处	1333	1	280	1637	—	290	—	26	—	3567	236	—	+1.210	+63
原处	1983	1098	101	298	10	300	—	322	10	4102	217	-2	+1.314	-2
渭分处	302	72	—	958	—	230	—	8	8	1507	126	+1	-6.032	-59
泾分处	277	585	—	2713	—	10	—	513	1	4098	98	—	-2.492	+14
咸分处	340	—	—	5541	—	176	208	15	—	6280	135	—	+4.994	+20
虢分处	610	88	—	92	—	995	1	727	—	2513	137	—	+1.718	+79
合计	6290	2901	1064	30957	175	4778	3276	2116	184	51319	1607	-135	+4.098	-62

资料来源：根据《三十二年雍镇各支行处业务比较表》表 6 整理，陕西省档案馆藏，全宗、目录及案卷号 38—1—11。

西北银行业制度的强制性变迁与区域经济变动（1930—1949）

上涨较快有关，存款活期较多，难以成为大量放款的有力保证。

二　交通银行的存放业务

交通银行西安分行1934年11月成立，至1941年6月，交通银行在陕西设立分行1所，支行3所，办事处6处。交通银行1942年1月着手调查西京市工厂，"历时五月告竣，当调查工作进行之际，即陆续接受各业申请贷款"。1943年后贷款总额常变动在1亿元左右，款额分配，以纺织业最多，次为机器业，其他各业则互有升降。1943年实行国家银行业务专业化后，交通银行以工业放款为主，放款总额约3100万元，大都为四行联合贴放，利率为月息一分或一分二厘。交通银行30年代中期以后在陕西只经营一般银行业务，除配合中华农业贷款银团办理农贷业务外，不投资不放款。进入40年代后为促进生产，协助后方发展实业，1942年底开始在陕西地区办理工厂添置机器基金存款和实业存款业务；推行实业存款业务，旨在便利存户投资实业所收资金，由该行选择稳妥实业代为投放运用，保息一分四厘，1943年提付红利计为一分六厘，这项业务自办理以来，引起了广大工商业投资者投资实业的极大兴趣。[①] 西安分行开业后业务偏重于棉花运销汇押，自四行专业化以来，更加注重吸收存款，积极推广储蓄业务，但存款业务一度收效甚微。放款业务方面，以棉花运销汇押和工矿企业放款为主；其中上海棉纱棉布运陕汇押年平均放款3100万元，利率为一分至一分二厘。[②] 1942年全年放款平均数1亿元，以纺织业和机械业所占比例较大。其三四十年代放款业务的主要特点是：以财政性放款为主，工商业放款有所增加；虽放款数额逐年增多，但占放款总额的比例不大；押放、押汇业务也有所增加。交通

[①] 交通银行总行、中国第二历史档案馆编：《交通银行史料》第一卷（1907—1949），中国金融出版社1995年版，第385页。

[②] 陕西省地方志编纂委员会编：《陕西省志·金融志》，陕西人民出版社1994年版，第286页。

第二章 战时陕西银行业制度与业务发展

银行西安分行的存款业务开展，或多或少为放款业务积累了资金；而该行的放款业务，则在一定程度上满足了区域工商业经济及地方当局资金融通的需要。

三 四联总处西安分处的审核事宜

1937年7月下旬中央、中国、交通、中国农民银行联合办事处成立，随后在各地设立分处。四联总处西安分处成立后，以中央银行西安分行经理为主任委员，中国、交通、农民银行经理为委员，办理陕西工农业放款审核事宜。就目前所见到史料，首任四联总处西安分处主任为马铎。但因在中央银行检查业务中发现其吸食鸦片，不常处理中央银行西安分行业务，于是被解职，由潘益民担任中央银行西安分行经理，根据四联总处各支处条例，潘益民也就当然成为四联总处西安分处主任委员。据记载，从1939年10月起该处即办理放款审核业务。[①] 据所查阅到的史料，1941年下半期，四联总处西安分处放款余额为12895595.70元，1942年上半期为11552243.10元，可见1942年起开始收缩信用；截至1942年上半期决算日，该处放款各户余额如表2-8：[②]

表2-8 至1942年6月四联总处西安分处放款余额统计

户名	放款余额
西京机器修造厂	150000.00
耀县钢铁厂	300000.00
战幹（干）面厂	600000.00
中亚染织厂	50000.00

---

① 《中中交农四行联合办事总处理事会第四次会议纪录》，1939年10月13日，中国第二历史档案馆编《四联总处会议录》（一），广西师范大学出版社2003年版，第46页。
② 《中央银行西安分行三十一年上期营业报告》，重庆市档案馆藏，全宗、目录及案卷号0282-0001-00037。

西北银行业制度的强制性变迁与区域经济变动（1930—1949）

续表

户名	放款余额
西北毛织厂	300000.00
央行合作社	20000.00
陕省府	992243.10
陕西平粜局	1000000.00
农本局	3800000.00
宝大酒精厂	300000.00
民生公司	700000.00
文化服务社	1000000.00
华峰公司	1340000.00
和合公司	1000000.00
总计	11552243.10

资料来源：《中央银行西安分行三十一年上期营业报告》，重庆市档案馆藏，案卷号0282-0001-00037。

由上表可见，至少1942年上期，四联总处西安分处曾办理包括华峰面粉公司在内各公司及政府机构贷款事宜。而事实上，据所见史料并非如此，早在1940年6月29日下午，在由主席马铎主持的中中交农四行联合办事处西安分处委员会议第二十五次会议上，经讨论该处最后核准由华峰面粉公司拟以厂基房屋及全部机器押借50万元，且决议由该处委员会业务、调查两组长会同详细调查该公司全部机器及房产有无其他押借款项情事，兵险是否保足等，并详细签注意见具报以便分处核夺。[①] 可见该分处也是根据工业企业需要，及时稳妥予以资金支持。1940年8月25日，鉴于华峰面粉公司以该公司厂屋机器等为抵押，为新谷登场，大量购屯维持军需民食，急需筹集资金，便商从陕分处借款50万元，四联总处贴放审核委员会决定准借40万

---

① 《中中交农四行联合办事处西安分处委员会议第二十五次会议纪录》，1940年6月29日，陕西省档案馆藏，全宗、目录、案卷号32—1—29（3）。

第二章 战时陕西银行业制度与业务发展

元，月息9厘，每三个月结息一次，期限半年，准备起草借款合同，交由陕分处洽办报核。①

此外，从1942年起四联总处西安分处将审核工矿贷款作为主要业务，利率原为8厘，后增至贷款100万元以上者1分5厘，贷款100万元以下者1分8厘。约至1942年底放款总额为1600余万元，其中工矿业放款1000万元，文化事业放款400万元，煤炭业放款100万元，陕北平粜贷款100万元，以及地方债89万元。获得贷款者有西京机器修造厂、某县钢铁厂、战干面厂、中亚染织厂、西北毛织厂、宝大酒精厂、华峰面粉厂等。

据记载，至1944年5月，在陕国家银行将资金主要投入农贷、向工矿业贴放。1944年8月，西安各行局放款总额为138450000元，较上月增加885万元，内计工矿放款6166万元，公用交通放款370万元，商业放款6879万元，其他放款430万元。② 1944年9月，西安各行局放款总额为218680000元，以商业放款为最多约8982万元，公用交通放款最少约786万元，放款月息普遍为5分，黑市6分至8分不等。③ 从1944年10月起审核事宜如下：

（一）纺织工业

陕西省地处大后方，军需民用衣料供应紧张，市场前景良好。而西北又为主要羊毛产区，生产毛纺织品市场很大。但一些厂家资金短缺，急需融资。如西安大秦毛呢纺织公司资金短缺也相当严重。该公司成立于1943年，有精纺400锭，粗纺280锭。1944年10月，西安大秦毛呢纺织公司因秋毛上市待剪且需要收购，加上需购置补充羊毛染料，请求以机器原料押借1000万元，并附有各项经费开支表件。经四联总处西安分处调查，西安大秦毛呢纺织公司以前曾经由该处核

---

① 《中中交农四行联合办事总处第42次理事会议事日程》，1940年8月15日，中国第二历史档案馆编：《四联总处会议录》（二），广西师范大学出版社2003年版，第467页。
② 《三十三年八月份西安金融概况》，《金融周刊》第5卷第44期，1944年。
③ 《三十三年九月份西安金融概况》，《金融周刊》第5卷第48期，1944年。

西北银行业制度的强制性变迁与区域经济变动（1930—1949）

准由交通银行押借200万元，且已于9月底到期清还。鉴于该公司信用良好，且亟待采购羊毛及其染料运厂生产，在1944年11月1日中央、中国、交通、农民四银行联合办事处西安分处委员会议第249次会议上，由会议主席、四联总处西安分处主任委员潘益民提请表决。会议决议致函原承放行交通银行调查并核复。①

1944年11月，陕西大秦毛呢纺织公司申请以羊绒羊毛及颜料等物押借国币2000万元，据交通银行调查，该厂得到大华纱厂设备协助，资本数次增加，业已奠立基础，出品亦尚优良，财务状况似尚良好。但交行认为该公司情形经核无误，营业周转需资应予酌减，拟请对所申请资金核减并转陈交行总管理处核示。在1944年11月28日召开的四联总处西安分处委员会议第253次常会会议上，出席委员：（央行）潘益民、（中行）杨郎川、（交行）刘钟仁、（农行）冒景瑄、（邮汇局）俞奇章。根据中中交农四银行代表放款审查会的陈述，会议主席潘益民提出如何办理请公决。最后决议拟准借600万元，并转陈中中交农四银行联合办事总处核示。②

陕西省关中为西北产棉区，尤其是抗战爆发后，陕西成为抗战大后方至关重要的棉花产区，棉花资源相当丰富。纺织市场前景甚佳，但扩大生产急需资金支持。约1944年11月间，陕西郿县华新纱厂向中国银行西安分行申请押借法币400万元。经中国银行西安分行对该厂调查，发现其业务经营成绩优良，正扩充设备需款殷切，资金短缺情况尚属事实，押借符合手续。但四联总处西安分处放款审查会认为贷款应予酌减并转陈总处审核。1944年12月5日，四联总处西安分处委员会议第254次常会会议召开，参加会议委员

---

① 《中央中国交通农民四银行联合办事处西安分处委员会议第249次会议纪录》，1944年11月1日，陕西省档案馆藏，全宗、目录、案卷号32—1—44（3）。

② 《中央中国交通农民四银行联合办事处西安分处委员会议第253次会议纪录》，1944年11月28日，陕西省档案馆藏，全宗、目录、案卷号32—1—44（3）。

第二章　战时陕西银行业制度与业务发展

有央行潘益民、中行蒋昌镕、交行刘钟仁、农行冒景瑄、邮汇局俞奇章，会上主席潘益民提请如何贷放请公决，最后决议：拟准借200万元转请总处核示。①

兴华纺织公司也曾要求办理放款业务。该公司1942年成立，1943年5月开工生产，资本金1000万元，拥有纺机19台及其他设备16台，工人118名。② 1944年12月，兴华纺织公司向中央银行西安分行申请以原料押借法币150万元，中央银行西安分行随即派员考察该项业务的可行性，该行注意到兴华纺织公司曾向交行押借30万元到期已经清偿，信用尚称良好。随后央行西安分行即向各行代表审查会提交审查，该会审核后认为此次贷款可予酌减。1944年12月19日，中中交农四银行联合办事总处西安分处委员会议第256次常会会议召开，参加会议委员有央行潘益民、中行蒋昌镕、交行刘钟仁、农行汪子华、邮汇局张继盛代俞奇章，会上主席潘益民提请如何贷放请公决，最后决议：拟准借100万元陈请总处核示。③

1945年1月，四联总处核准交通银行西安分行给予大成棉毛纺织厂承贷50万元，但该厂以数额过少不敷应用，未予办理。随后大成棉毛纺织厂再次申请押借400万元，审查会调查后认为该厂数年来"业务尚有进展，并在成都、兰州各地设立联厂"，所请贷款400万元拟请核议酌减转陈，并仍嘱该厂补报前次要求填写工矿调查表以便审核。1945年2月6日，四联总处西安分处委员会议第262次会议召开，参加会议委员有央行潘益民、中行蒋昌镕、交行刘钟仁、农行汪子华、邮汇局俞奇章，列席金咏青，会议主席潘益民提请如何贷放请公决，最后决议拟准借200万元，并"仍饬补具工矿调查等表转陈总

---

① 《中中交农四银行联合办事处西安分处第254次常会会议纪录》，1944年12月5日，陕西省档案馆藏，全宗、目录、案卷号32—1—44。
② 政协西安市委员会文史资料委员会编：《西京近代工业》，《西安文史资料》第十九辑，西安出版社1993年版，第67页。
③ 《中中交农四银行联合办事处西安分处委员会议第256次常会会议纪录》，1944年12月19日，陕西省档案馆藏，全宗、目录、案卷号32—1—44（3）。

西北银行业制度的强制性变迁与区域经济变动（1930—1949）

处核示"。① 以上可见在陕西省各国家银行向纺织工业贷放的一些情况，这无疑对华商金融机构业务导向有所指引。

（二）面粉工业

陕西华峰面粉公司看到市场面粉需求量大，该项生产也关系民众食物供给，于是为增加生产，获取利润准备扩大生产。但当时物价高涨，购买原料资金不敷，请以小麦、面粉做抵押；为增产需资，以现存小麦、面粉做抵押借款500万元，向四联总处西安分处提出申请。四联总处注意到，华峰面粉公司1936年创办，资本金60万元，设有磨粉机12台，每天生产面粉3600袋。1942年6月4日，四联总处理事会第128次会议召开，就四联总处西安分处请求给予华峰面粉公司贷款进行决断，认为申请以小麦面粉做抵押，借500万元，因事关大后方生产，既由陕分处核转，似应予协助，拟准予以存麦作抵押，借以400万元为度，并经该处派员前往该公司调查，填具调查报告一份，一并呈请核示到四联总处；贴放审核委员会审查意见是，此事关系军民食用，拟准以原料按市价七折押借300万元，嘱西安分处洽办报核。② 但因资金问题对实业界会经常遇到，1944年11月，西安华峰面粉公司致函四联总处西安分处，声称前承借款项于11月24日到期，届时会一次清偿绝不拖延；但因工厂每日产量达4200余袋，前次承借款项仅可购进小麦五六千包，不能供应五日磨制的原料，深感资金不敷周转。该公司还附上工厂生产情况各表，请求按每日产量"惠予加贷为五千万元，俾备需要"，并强调此次借款务请提前赐办。1944年11月14日，召开四联总处西安分处委员会议第251次常会会议，该分处委员央行潘益民、中行蒋昌镕、交行刘钟仁、农行李士元、邮汇局俞

---

① 《中中交农四银行联合办事处西安分处第262次委员会会议纪录》，1945年2月6日，陕西省档案馆藏，全宗、目录、案卷号32—1—45—1。

② 《四联总处理事会第128次会议议事日程》，1942年6月4日，《四联总处会议录》第十五册，广西师范大学出版社2003年版，第52页。

第二章　战时陕西银行业制度与业务发展

奇章参加会议,会议主席潘益民提议如何办理请公决,最后决议:转请总处核示。① 华峰(亦见华丰)面粉厂,1936年4月由刘海楼在西安建成投产,资本额60万元,至1941年动力设备拥有100kW发电机一部,350匹马力蒸汽机一部,磨面机12部,每月需原料——小麦5万斤,每月出品75000袋,工人216名。② 华峰是陕西最早成立的面粉公司,为抗战前陕西两大面粉工厂之一。

面粉业向四联总处筹集资金不止这一家。据所见史料,1942年6月初据四联总处西安分处函陈,和合面粉厂购储原料需款拟以小麦6000包申请贴放,经核该厂所制面粉营销市面,对于军需民食关系巨大,似应予以协助。拟允以市值五折贴放100万元。接西安分处来函后,四联总处起初认为此案事先未经呈准,却先给予贷款,手续不合。经附发调查表格,嘱填写该厂生产、业务内容及借款条件,尤其应详细查明具报,再行核议。后来该分处代和合面粉公司回复称,该厂借款事关民生,且符合贴放方针第一条规定;该处声明还曾派员调查,认为情况属实,因而允许以存麦贴放并附调查报告,请予审核备案。最后贴放审核委员会签注意见,复准备案,贴放100万元,期限2个月;并嘱以后放款均须先经陈准,按照放款手续办理。③ 但大约2周后,和合面粉公司又提出前订贴放100万元合同即将到期,现申请改订抵押透支200万元合同。而如上所述,和合面粉厂购储原料需款拟以小麦6000包申请贴放,四联总处西安分处刚刚批准以五折贴放100万元;该厂以工厂原料、成品逐日制售多少不能固定,对于以贴放方式借款,应用有欠灵活,拟请以所存小麦、面粉、麻袋等作抵

---

①《中中交农四银行联合办事处西安分处委员会议第251次常会会议纪录》,1944年11月14日,陕西省档案馆藏,全宗、目录、案卷号32—1—44(3)。
② 西安市档案局、西安市档案馆编:《陕西经济十年(1931—1941)》,1997年版,第166页。
③《中中交农四行联合办事总处第一二八次理事会会议纪录》,1942年6月4日,中国第二历史档案馆编:《四联总处会议录》(十五),广西师范大学出版社2003年版,第91—92页。

西北银行业制度的强制性变迁与区域经济变动（1930—1949）

押，改订抵押透支200万元，由四联总处西安分处呈报总处核准。四联总处贴放审核委员会最后签注意见，拟批以原料按市价七折押款100万元，期限半年，月息一分二厘。① 1944年11月，为扩充业务添设磨面钢磨5部并增加股本1800万元，资金不敷运用，西安和合面粉公司致函四联总处西安分处，请求以原料小麦押借1000万元。在中中交农四银行联合办事总处西安分处委员会议第253次常会会议上，出席委员有潘益民（央行）、杨郎川（中行）、刘钟仁（交行）、冒景瑄（农行）、俞奇章（邮汇局），主席潘益民提议如何办理请会议议决，最后决议致函交通银行调查后再议。② 西安和合面粉公司，其前身是1938年由河南许昌迁来西安的一家面粉厂，1941年3月成立，创办人为牛贯五。起初拥有资本金10万元，设备有60匹马力煤气发动机2部，钢磨3部，全套粉机，每月需小麦15000包，生产面粉20000袋，工人56人。③ 但到西安后因经营状况不佳，于1939年转让给经营三泰面粉厂的毛虞岑，毛后来增资达60万元，并与时任陕西省政府主席、第十战区司令长官的蒋鼎文合股兴办，该厂改名为和合面粉公司。该厂具有官商合办性质，因而原料、燃料价格较低，成本低廉，有利可图。④ 该厂为陕西规模较大的面粉生产厂家，因而需要扩大生产。据记载，至1942年7月底，四联总处西安分处已收回给予和合面粉公司贴放款83万元。⑤ 1944年11月，和合面粉公

---

① 《中中交农四行联合办事总处第一三〇次理事会会议纪录》，1942年6月18日，中国第二历史档案馆编：《四联总处会议录》（十五），广西师范大学出版社2003年版，第169—170页。
② 《中央中国交通农民四银行联合办事处西安分处委员会议第253次会议纪录》，1944年11月28日，陕西省档案馆藏，全宗、目录及案卷号32—1—44（3）。
③ 徐滋叔：《和合面粉公司的创建》，政协西安市委员会文史资料委员会编：《西京近代工业》，《西安文史资料》第十九辑，西安出版社1993年版，第171页；西安市档案局、西安市档案馆：《陕西经济十年（1931—1941）》，1997年版，第166页。
④ 徐滋叔：《和合面粉公司的创建》，政协西安市委员会文史资料委员会编：《西京近代工业》，《西安文史资料》第十九辑，西安出版社1993年版，第171—172页。
⑤ 《四联分支处联合贴放收清各户一览表》，1942年7月，中国第二历史档案馆编：《四联总处会议录》（十七），广西师范大学出版社2003年版，第33页。

第二章 战时陕西银行业制度与业务发展

司致函交通银行西安分行，为添置设备请押借 1000 万元。交行派员调查后认为，面粉工业关系国防、民生甚巨，值此物价高昂材料奇缺时期，能以全力添置钢磨 5 部"颇值嘉许，似应予以协助"，经核属实请核议。但当押借 1000 万元正在核办期间，1944 年 12 月间，该公司又函交行表示新添钢磨 5 部已将安置完竣，约在半个月后即可开磨，但因产量增加所需原料亦需保证供应，原存小麦已不敷供应需大量购备；此次扩充装备需费浩大造成资金短缺，所请求押借装备费 1000 万元尚不敷用，资金益感不敷周转，拟请续贷 2000 万元购买原料。四联总处西安分处委员会审查会审核后，提交四联总处西安分处委员会主任委员潘益民。1944 年 12 月 26 日在西安分处委员会议第 257 次常会会议上，出席委员：央行潘益民、中行杨郎川、交行刘钟仁、农行汪子华、邮汇局陈人基，主席潘益民提出如何办理提请议决，最后决议：转陈四联总处核示。①该两项贷款是否批准暂无实据。但据记载，1944 年交行对面粉工业贷款，"尤以川陕两省为多"。②估计该两项贷款最终为四联总处核减后予以批准。

1945 年 1 月，宝成面粉厂拟向中国银行西安分行续请押借 900 万元。为办理贷放业务，中国银行调查后注意到该厂前次所贷款项 150 万元，促使内部设备得以改善，动力设备得到增添，但目前资金周转困难仍需贷款。中国银行西安分行认为该厂请求贷款属实。四联总处西安分处审查会认为应予酌减。1945 年 1 月 30 日，中中交农四银行联合办事总处西安分处第 261 次委员会会议召开，参会委员有央行的潘益民、中行杨郎川、交行刘钟仁、列席金咏青，会上主席潘益民提议如何贷放并请议决，最后决议：拟准借 600 万元并转陈四联总处核

---

① 《中央中国交通农民四银行联合办事处西安分处委员会议第 257 次会议纪录》，1944 年 12 月 26 日，陕西省档案馆藏，全宗、目录、案卷号 32—1—44（3）。

② 《交通银行三十三年度业务报告》，交通银行总行、中国第二历史档案馆合编，《交通银行史料》第一卷（1907—1949），上册，中国金融出版社 1995 年版，第 504 页。

西北银行业制度的强制性变迁与区域经济变动（1930—1949）

示。① 宝成面粉厂1944年3月成立，设备方面有上海产马达一座，总能力30马力，由西京电厂供电。机器设备方面仅有建中机器厂制造即有20寸钢磨2部，其他设备9部，月产面粉4200袋；工人24人。② 1945年1月，永丰面粉公司致函中中交农四银行联合办事总处西安分处称，前所承贷800万元1945年2月16日到期；虽为期无几但到期绝对负责清偿决不拖延。以此贷款所添装钢磨改换动力以来，粉质较前精良，产量亦较前增加，但"需要原料物料亦随之激增，兼以原料价格飞涨，资金不易周转，拟以一部份机器及原物料押借二千万元，恳赐核转"。且"因原料继续高涨，急应及时采购，以维民食，并恳赐予提前办理"。1945年1月30日，四联总处西安分处第261次委员会会议召开，参会委员有央行的潘益民、中行杨郎川、交行刘钟仁、列席金咏青，会上主席潘益民提议如何贷放并请表决，最后决议转陈四联总处核示。③

当时陕西关中为小麦主产区，抗战爆发后东南沿海面粉工厂纷纷内迁，面粉工业骤趋繁荣，该省共有16家机器面粉厂，较战前2厂增加7倍，西安有面粉厂9家，占全省半数以上，除华峰、成丰两厂系战前建立外，其余规模较大者均为战时创设，据统计每月生产机制面粉240889袋，如动力、原料、燃料能充分供应，可增产至290700袋，但该产量不仅难以满足西安70万市民所需，仍差一倍以上，加上各厂厂制军队面粉占去年生产总量半数，结果是供求更加悬殊，据记载当时西安面粉供应经常闹"白色恐怖"，因而对市民生活造成严重威胁。可见四联总处西安分处审核批准面粉生产各厂增加资金非常必要，对于促进面粉工业生产，满足军民食粮需要意义重大。

当时不仅给予面粉工业资金支持，而且给予碾米机器工厂资金扶

---

① 《中中交农四银行联合办事处西安分处第261次委员会会议纪录》，1945年1月30日，陕西省档案馆藏，全宗、目录、案卷号32-1-45-1。
② 谢剑云：《西安的面粉工业》，《西北通讯》第3卷第1期，1948年。
③ 《中中交农四银行联合办事处西安分处第261次委员会会议纪录》，1945年1月30日，陕西省档案馆藏，全宗、目录及案卷号32-1-45-1。

第二章 战时陕西银行业制度与业务发展

持。1944年7月，西安泰华机器碾米厂致函四联总处西安分处，表示因天气炎热难耐，在陕南采购稻谷及糙米难以进行，请求将以前奉准贷款50万元暂予保留，待"新稻登场适于购料时再行"办理。该厂1941年成立，资本200万元，现有职工30人，碾米机4座，每日出米100余袋，动力靠电厂供应。[①] 1944年8月8日四联总处西安分处委员会议第237次会议召开，出席委员：央行潘益民、中行杨郎川、交行刘钟仁、农行汪子华、邮汇局陈人基，主席潘益民提出该厂对是项贷款50万元目前并不需要，可否准予保留请表决，最后决议：准予保留并报总处备案。[②]

1945年1月，中原机器碾米厂申请以全部机器及原料向四联总处西安分处做抵押借500万元。[③] 中原机器碾米厂成立于1940年，资本金20万元。中原机器碾米厂至1947年资本50万元，职工20余人，钢磨4部，碾米机3座，每日产米40袋，或磨粉150袋，动力方面全靠电厂供应。[④] 经西安分处放款审查会审核，该厂前由四联总处核交中交两行各半共贷给5000万元到期业已偿清。但该审查会认为该厂设备简陋，产量不大，所请数额似嫌过多，拟请酌减陈总处审核。1945年1月30日，中中交农四银行联合办事总处西安分处第261次委员会会议召开，参会委员有央行的潘益民、中行杨郎川、交行刘钟仁、列席金咏青，会上主席潘益民提议如何贷放并请公决，最后决议：拟准借300万元并转陈四联总处核示。[⑤]

此外，对日常用品生产企业也给予资助。1945年1月，陕西企业

---

① 《中央银行西安分行营业报告》，1947年下期，中国第二历史档案馆藏，全宗及全宗、目录、案卷号三九六（2）2315（1）。
② 《中央中国交通农民四银行联合办事处西安分处委员会议第237次会议》，1944年8月8日，陕西省档案馆藏，32-1-44（1）。
③ 《中中交农四银行联合办事处西安分处第261次委员会会议纪录》，1945年1月30日，陕西省档案馆藏，全宗、目录、案卷号32-1-45-1。
④ 《中央银行西安分行营业报告》，1947年下期，中国第二历史档案馆藏，全宗及全宗、目录、案卷号三九六（2）2315（1）。
⑤ 《中中交农四银行联合办事处西安分处第261次委员会会议纪录》，1945年1月30日，陕西省档案馆藏，全宗、目录、案卷号32-1-45-1。

西北银行业制度的强制性变迁与区域经济变动（1930—1949）

公司被服厂申请押借400万元。据审查会审查该公司为陕西省较大的被服工业，每月可生产服装1万余套，因批量制造成本较低，"尚有平抑被服价格之效用"。另据交行调查该公司情况属实，手续也符合规定。1945年2月6日，四联总处西安办事处第262次委员会会议召开，参加会议委员有央行潘益民、中行蒋昌镕、交行刘钟仁、农行汪子华、邮汇局俞奇章，列席金咏青，会议主席潘益民提请如何借贷请公决，最后决议：拟准借300万元转陈总处核示。① 轻工业是四联总处审核的主要业务。同时，重视重工业贷款审核。

（三）重工业

1940年9月，四联总处西安分处呈送西安建国机器厂拟借款4万元报告，并与该厂订立合约。虽然该案事先未经呈准，不合手续，但鉴于事关当下军事、交通建设，四联总处会议也同意借款，并交西安分处洽办报核。② 但四联总处对借款合同起草十分关注。对于该案合同，根据交通银行总管理处意见需修改合约内容七点，需要根据四联总处核示原则重拟合同，具体是所列第一、第二、第三、第七各点与草约大致相同，第四、第五、第六各点为草约内容所没有。四联总处贴放审核委员会签核意见，电复照准交通银行所提修改意见洽签正式合同并上报，并函交通银行总管理处，对"关于四行联合贴放事项如有补充意见，仍请随时函告本总处酌转办理"。③

1944年11月，西北电池厂申请以原料、房地产向中国银行西安分行押借法币300万元。中国银行西安分行调查后发现该厂制造电池保障后方通信，确属需要借款；但该厂所提的抵押品内有房地产，按

---

① 《中中交农四银行联合办事处西安分处第262次委员会会议纪录》，1945年2月6日，陕西省档案馆藏，全宗、目录、案卷号32-1-45-1。
② 《中中交农四行联合办事总处第四十五次理事会会议记录》，1940年9月5日，中国第二历史档案馆编：《四联总处会议录》（五），广西师范大学出版社2003年版，第210页。
③ 《中中交农四行联合办事总处第五十六次理事会会议记录》，1940年11月28日，中国第二历史档案馆编：《四联总处会议录》（六），广西师范大学出版社2003年版，第111—114页。

第二章　战时陕西银行业制度与业务发展

照规定不能作押；且该厂资产仅 200 余万元，所请借 300 万元似嫌数目过大。中国银行西安分行及四联总处西安分处放款审查会认为，其所申请 300 万元请核议酌减转陈总处，1944 年 11 月 28 日，四联总处西安分处委员会议第 253 次常会会议召开，出席委员有（央行）潘益民、（中行）杨郎川、（交行）刘钟仁、（农行）冒景瑄、（邮汇局）俞奇章，主席潘益民提请会议如何办理请公决，最后决议：拟准借 100 万元转陈总处核示。①

1920 年，河南民生煤矿公司由爱国将领张钫创立。抗战爆发后他倡办麟凤煤矿公司、勉县民生煤矿公司，两公司属于民生煤矿公司管理。1941 年 6 月，从财政部转来四联总处函电，声称根据西安张钫来电，民生煤矿迁移机件需款，请押借 100 万元。四联总处了解到，民生煤矿拟在关中另开一矿，迁移机件，请以路局为抵押予以核办。四联总处最后决议，先会同工矿调查处查明迁移计划及以后业务方针，拟定办法再核。② 1944 年 11 月，河南民生煤矿公司函复四联总处西安分处，表示所借沔（勉）县煤矿核准的 300 万元借款拟暂缓用；而麟凤煤矿大量增产以济陕省煤荒，急需巨款复工；上次呈请贷款 600 万元，但因工资、物料均涨已不敷用；拟以自有器材暨麟凤矿装备机器共值法币 3000 万元押借 2000 万元，以利生产。接到民生煤矿公司来函，1944 年 11 月 28 日，四联总处西安分处第 253 次常会会议召开，出席委员有潘益民、杨郎川、刘钟仁、冒景瑄、俞奇章，主席潘益民鉴于麟凤煤矿借款 600 万元一案，附有该矿陈报工矿各表，总处尚未核示，提请会议如何办理，最后决议转陈总处核示。③

---

① 《中央中国交通农民四银行联合办事处西安分处委员会议第 253 次会议纪录》，1944 年 11 月 28 日，陕西省档案馆藏，全宗、目录、案卷号 32 - 1 - 44（3）。
② 《中央中国交通农民四行联合办事总处第八十一次理事会议议事日程》《中央中国交通农民四行联合办事总处第八十一次理事会会议记录》，1941 年 6 月 12 日，中国第二历史档案馆编：《四联总处会议录》（九），广西师范大学出版社 2003 年版，第 85、105—106、140 页。
③ 《中央中国交通农民四银行联合办事处西安分处委员会议第 253 次会议纪录》，1944 年 11 月 28 日，陕西省档案馆藏，全宗、目录、案卷号 32 - 1 - 44（3）。

西北银行业制度的强制性变迁与区域经济变动（1930—1949）

1945年2月间，西京建中机器厂致函四联总处西安分处，声称该厂多年来制造各大小工厂各种机器促进生产发展，"对于国防民生颇多贡献"。前次贵处核准西京建中机器厂向交通银行西安分行押借400万元，将于2月21日到期，到期即当如约归还。西京建中机器厂考虑到市场面粉供不应求，黑市价格暴涨，为调剂军粮民食，拟再设计制造日产面粉1000袋的面粉机全套，以供生产需要，估计需款2800余万元以资周转，并附工矿各表及制造面粉机计划书，请求核准。1945年2月20日，四联总处西安分处第263次委员会会议召开，出席委员有央行潘益民、中行蒋昌镕、交行刘钟仁、农行汪子华、邮汇局俞奇章（由陈人基代替），会议主席潘益民提议如何办理请议决，会议决议：交审查会审查签核。① 西京建中机器厂成立于1941年，资本金20万元，拥有动力设备12匹电机1部，16匹木炭引擎1部，各种车床18部，每月需要生熟铁钢共约6吨，每月生产元车、制粉机、造纸机等，雇佣工人80名。② 战前陕西机器制造工厂有华兴厚铁工厂、义聚泰铁工厂为先最早成立的机器工业；还有西京机器修造厂、德记铁工厂；抗战爆发后成立的有建工机器厂、合记同发祥铁工厂、大隆铁工厂、华兴工厂、信发机器工厂。抗战时期，机器修造各厂得到资金支持非常必要，不仅带来机器制造、修理各厂的发展与生产正常进行，而且成为轻工业生产正常进行与发展的有力保障。

此外，当时也对造纸印刷等企业给予支持。大中华造纸厂成立于1939年，有资本金1.7万元，每月生产书写纸、包装纸等产品，③ 为陕西省重要的造纸厂之一。约1944年11月间，大中华造纸厂拟请向

---

① 《中中交农四银行联合办事处西安办事处第263次委员会会议纪录》，1945年2月20日，陕西省档案馆藏，全宗、目录、案卷号32-1-45-1。
② 西安市档案局、西安市档案馆编：《陕西经济十年（1931—1941）》，1997年版，第162页。
③ 西安市档案局、西安市档案馆编：《陕西经济十年（1931—1941）》，1997年版，第169页。

第二章　战时陕西银行业制度与业务发展

中国、交通、中信、邮汇各行局借款，各行局核准借款4800万元；随后中国、交通、中信、邮汇各行局代表商讨中华造纸厂贷款手续：（1）利率最低月息三分四厘；（2）押品全部财产按原价；（3）办理押品公证手续；（4）保险押品保足火险，至兵险如确有困难，得由该厂觅取保证人，缮具负责保证函件存证；（5）用款由厂方提具分期用款计划表，交核通过再按表分期支用；（6）还款订立分期还款表，拟自借款后第7个月起每月归还400万元，至12个月清偿；（7）中、交、信、邮二行二局按32∶32∶16.8∶16.8比例摊放。后经西安分处秘书室转陈后，1944年12月12日，中中交农四银行联合办事总处西安分处第255次常会会议召开，主席潘益民提请会议议决如何办理，决议：由西安分处致函代表行交通银行西安分行酌核办理。①

另据统计，至1942年7月底，四联总处西安分处联合贴放余额为11552243元，其中抵押2412243元，保证800000元，透支8140000元。②至1942年9月底，经四联总处及该处西安分处审核、协调，由交通银行西安分行向华西化学制药厂贴放5万元，以原料及成品七折做押；交通银行泾阳支行向义成纺织厂贴放购料贷款5万元，以原料七折做押。③抗战时期，四联总处在陕西审核业务繁忙，主要侧重生产贷放业务。

第三节　银行业务监管

对于银行业及高利贷者的监管，重庆国民政府在20世纪40年代

---

① 《中中交农四银行联合办事处西安分处第255次常会会议纪录》，1944年12月12日，陕西省档案馆藏，全宗、目录、案卷号32-1-44（3）。
② 《各分支处联合贴放会计科目余额表》，1942年7月31日，中国第二历史档案馆编：《四联总处会议录》（十七），广西师范大学出版社2003年版，第32页。
③ 《中央、中国、交通、中国农民银行联合办事总处核定专案放款月报表》，1942年9月（新放部分），中国第二历史档案馆编：《四联总处会议录》（十七），广西师范大学出版社2003年版，第254—255页。

西北银行业制度的强制性变迁与区域经济变动（1930—1949）

初给予关注。如蒋介石在1940年4月下旬记载道："高利贷者严罚"，合作社存款多者奖赏。① 财政部西安区银行监理官办公处于1943年3月1日正式成立，监理官为蔡光辉。该处成立后，初步工作为调查辖区各地行庄分布情形，统计行庄共240余单位，截至1944年2月，除陕省各县银行29家因未登记领照已奉令转饬各该行停业不计外，国家银行共55单位，省县银行共85单位，商业行庄85家，总共225家。1945年7月该处结束。该处成立后管理金融状况具体分述如下：

一 督导行庄增资改组并补行注册

1943年西安区银行监理官办公处接奉财政部训令，随即抄发陕西省政府核转银钱业遵照执行，并整理出西安补行注册各庄号清单，内列各庄号原有资本共计257万余元，每家资本不过数万元，甚或数千元不等；1943年4月间各庄号虽已进行增资，但仍系独资或合伙经营。于是，该处奉令督促增加资本完成公司组织，如为无限公司，其资本总额至少需达20万元，如为股份有限公司、两合公司其资本总额需达50万元。依照银行注册章程及施行细则规定，该处办理西安补行注册各庄号共计63家，资本最大者为50万元，最小者为20万元，如分别统计，资本20万元至49万元者36家，50万元至99万元者14家，100万元至199万元者10家，200万元至500万元者3家，统计西安各庄号63家，资本总数计为3542.9万元，比较各庄号资本总数，增加约14家。补行注册各庄号按照股份有限公司组织者计13家，按照无限公司组织者计50家。西安各庄号自经补行注册后内部组织已较过去健全，资本实力亦较往昔雄厚，西安钱业从此进入新阶段。② 通过庄号增资，结果其数目较原有资本超出10亿多，这对

---

① 《蒋介石日记》1940年4月24日，星期三，日记手稿藏美国斯坦福大学胡佛研究院档案馆，第40盒第20折。
② 《银行监理官办公处一年来之工作概况》，《西京日报》，1944年2月22日，第3版（此类文章均为当时报道，并未标明作者，估计为当时记者报道，本书第99—106页情况同，特别说明）。

· 94 ·

于平抑物价增加生产兼有可得,"对于资金运用当有裨益,更有益于物资之增产,与供应更有裨益"。①

二 取缔普通商号开办银行业务

普通商号兼吸收存款或办理汇兑等项业务,迭经财政部明令取缔。该处成立之初,曾经布告、重申禁令,并训令西京市银钱业同业公会随时检举,以凭查明取缔。该处在普查西安各银行业务时,查出各行同业往来科目内列有未经加入西京市钱业公会之庄号。公会当即先后派员会同西京市商会前往调查,确有普通商号兼营银钱业者。经查明属实有庆泰隆及信和两商号,决予处罚;另有上海信托公司及洛阳豫生厚钱庄,在西安设立分支机构未经呈部核准,该处已遵令转饬结束清理。另有陕西缉私分处西安查缉所移送同德昌布庄一案,该布庄账上存款达100余万元,由该处审核竣事即转呈核办。②普通商号兼营存款业务,乃直接扩展商业信用,间接助长囤积居奇及商业投机,此乃无形中减少工矿资金源泉。③通过取缔商号吸收存款,以稍敛其迹,此对于缩减商业信用、减少金融风险、增加工矿资金不无助力。

三 管制银洋利率

1943年上半年,西安各商业放款月息多在三四分,银钱庄号放款月息亦不过五六分,波动不大尚属稳定。但自6月下旬起,市场利率不断上涨,甚至有高达十五分者。银钱庄号放息,间有高达十分左右,银行放息亦较以往提高,但大多仍不过四五分。该处鉴于市场利率急剧上涨,影响工商企业至巨,于7月初分别召开西安银钱两业会议,要求自动压平;该处还一再派员检查,据报各行庄

---

① 《银行监理官一年来的工作概况(续)》,《西京日报》,1944年2月26日,第三版。
② 《银行监理官办公处一年来之工作概况》,《西京日报》,1944年2月22日,第三版。
③ 《银行监理官一年来的工作概况(续)》,《西京日报》,1944年2月26日,第三版。

▶ 西北银行业制度的强制性变迁与区域经济变动（1930—1949）

尚无高利贷放情形。市场利率上涨非银钱行庄所能控制，当时一般游资大抵经由商人与持拥资金者私相授受，"既无事故可寻，亦无簿籍账册可稽，且互相保守秘密，不易查究"。经该处明暗查禁各种高利贷放后，涨风稍息，至1943年9月底已恢复常态。不久财政部训示该处，规定各地市场利率，应由各地银钱业同业公会，对于同业间存放拟定日拆，报请当地中央银行核定，上项日拆可作为一般市场利率之基准。经由该处分令各地银钱业同业公会遵照办理。随后据西京市银钱两业公会会同拟定同业存放日拆每千元一元一角，并由各该公会报经中央银行西安分行如拟核定。该同业存放日拆于1943年7月公告后，财政部又规定银钱业普通存放款利率，可由当地银钱业公会参照同业日拆，拟订最高限度，随时报请当地中央银行核定办理。监理官办公处奉到上项指令以后，于当年11月底分令遵行。据西京市银行业同业公会呈复，普通存放款利率参照同业拆放日拆年加三四码。但财政部银行监理官办公处认为所复含义欠明，要求另行具体拟定，并再报中央银行西安分行核定。后鉴于西安同业存放日拆原为1元1角，中央银行西安分行函知银行监理官办公处，提出依据西京市同业存放日拆并根据银钱两业公会回函，"由该行拟定为每千元每日一元五角"，自2月7日起实行。但最终经中央银行总行电示，市面利率经财政部以逐渐压平为原则，如予提高自有未便，应仍照原拟定率一元一角办理为宜。"综上所述，西安行庄利率已由自由状态渐次进入管制状态。"① 银行利率之高低直接关系到生产及运销，经管制后利率趋于稳定。此足以减低生产运销成本。② 可见，市场利率虽主要靠市场调剂，但在战时条件下，金融监管机构的及时监管也非常必要，而且收到明显效果；而且其中可见银行业在引导贷款利率平稳、降低方面发挥着独特作用。

---

① 《银行监理官办公处一年来之工作概况》，《西京日报》，1944年2月22日，第三版。
② 《银行监理官一年来的工作概况（续）》，《西京日报》，1944年2月26日，第三版。

第二章 战时陕西银行业制度与业务发展

四 督导资金投放生产建设

战时金融任务的核心,即扶植后方生产建设事业,厚殖物力,充裕民生,尤为第一要义。因而银行监理官办公处对于各行庄资金运用之方向,特予重视,各行资金运用,并未完全符合中央金融政策。① 于是该处即迅于催促改正。1943 年 4—5 月,西安、宝鸡、南郑、安康等地银行遵令组织放款委员会,并将对该年各业资金贷款比例开列如下:西安工矿业 60%,商业 30%,其他 10%;宝鸡工矿业 50%,商业 30%,农业 20%;南郑工矿业 40%,商业 30%,农业 30%;安康工矿业 30%,商业 25%,农业 30%,其他 5%。上项各地各业资金贷放比例大体适应当地经济状况。但推行之初,为防止市面呆滞起见,财政部西安区银行监理官办公处将此作为督导各行庄放款准则,以期逐渐适合规定之比例,通过贷款比例计划授受信用,凡各行放款分配各业比例与规定比数相差过多者,"该处均已先后令饬自动调整,这样辅导与督促并用,各行庄运用资金可渐符合中央规定目标,以促使投放资金尽量用于生产建设事业,以及增加货物供应"。② 通过贷款比例控制各行庄资金运用,即已规定贷款各业的比例,生产运销贷款已较以往逐渐增加;且规定申请借款厂商必须为加入其本业同业公会并经主管官署登记的合法厂商,这使得合法厂商融通资金已无重大困难;而对于投机商人意图囤积居奇者申请借款则予拒绝;这些措施对于增加生产、平议物价不无协同辅助之功效。③ 银行监理官办公处对陕西各地银行业放款给予及时引导,促使 60%—70% 的放款投向工矿及农业,以满足战时经济、社会的需要。

---

① 《银行监理官一年来的工作概况（续）》,《西京日报》,1944 年 2 月 25 日,第三版。
② 《银行监理官一年来的工作概况（续）》《西京日报》,1944 年 2 月 26 日,第三版。
③ 《银行监理官一年来的工作概况（续）》《西京日报》,1944 年 2 月 26 日,第三版。

▶ 西北银行业制度的强制性变迁与区域经济变动（1930—1949）

五 指导银钱业公会组设放款委员会

1943 年 1 月 21 日，财政部训令转奉蒋介石加强统制商业银行资金运用手令，财政部银行监理官办公处接到该令后，责成各地四行联合办事处会同当地银钱业同业公会组织放款委员会，审核各地银钱行庄放款事宜，经西安、宝鸡、南郑、安康等地四联支处，会同各地银钱业同业公会，依照部颁组织规则筹组进行，1943 年 3—4 月，陕西四地已组织成立银钱业放款委员会。各该放款委员会成立后，随即展开各项工作。西京市银钱业放款委员会审核放款十分认真。据记载，所有西京市放款会审核的各种放款案件均送财政部西安区银行监理官办公处复核决定，该会审核与不符合相关法令的各种放款，悉由该处分别指正，如银钱庄号间有十万元以上放款事前未送会审核，均由该处查明警告，要求此后不得再有上项情事发生。① 财政部西安区银行监理官办公处还督促除西安、宝鸡外各地组建银行业钱业的同业公会。该处成立后马上调查同业公会成立情况，了解西安区各地银行分布情形，其中西安、宝鸡两地行庄较多，已经成立银行业钱业同业公会；1944 年，南郑、安康、大荔、城固等县银行业同业公会亦依法先后组织成立；另外，该处还一再严催咸阳等五县，务期于今年上半年全部组建银行公会；其余如泾阳、三原、渭南、西乡等县均有银行三家以上，依据同业公会法均应组织公会，西安区银行监理官办公处也分令各地国家银行及省县银行，倡导组织并分函各该县政府，督促筹备，以便加强同业组织力量。放款委员会及金融业同业公会的成立，有助于推进战时金融管制。②

六 倡导组织联合准备委员会

西安各行开展票据重贴现业务条件并未成熟，主要因票据本身不

---

① 《银行监理官一年来的工作概况（续）》，《西京日报》，1944 年 2 月 27 日，第三版。
② 《银行监理官一年来的工作概况（续）》，《西京日报》，1944 年 2 月 27 日，第三版。

· 98 ·

第二章 战时陕西银行业制度与业务发展

符合法令规定，因而迄未实行；自中央银行专业化以后，奉令停止存放同业，结果每遇各行庄用现之际，皆头寸调拨不济或同业间银根短绌，无法临时救济，以致信用紧缩，市面呆滞，市场利率亦随之提高，影响所及工商交困。财政部西安区银行监理官办公处转达财政部颁发各地银钱业组织联合准备委员会原则，西京市银钱业两公会遵照上项办法，由各行庄提供确实资产，为担保承领联合准备委员会新发公单公库证，如需用款时，可向中央银行或同业十足拆借，可收获活跃市面金融、辅助经济发展的效果。在重贴现未能实现前，尤有组织的需要。1944年1月15日，财政部西安区银行监理官办公处召集西安各银行代表举行第三次座谈会时，特予提示详细阐释，经出席各行议定：（1）先由西安银行业单独筹组，待收效后，再由钱业参加；（2）交银行公会先行研究再与中央银行西安分行商讨，如认为有组织之必要，即行报处转请财部核准办理。①

七　督促省、县银行收销本票

因以前西安缺乏小钞，市面交易找零不便，陕西省银行于1942年呈准财政部发行五元、十元定额本票500万元，这原为调剂市面需要；但该部核准时，曾咨复陕省府转知该行，一旦市面小钞获得调剂，即行收销。财政部西安区银行监理官办公处成立后，鉴于陕西省银行此后本票制作，纸质极不精良，花纹也不清晰，轮转使用，极易磨损；1943年5月间在西安又破获伪造上项本票窝点。因而为保持票信起见，自应即予回收销毁。于是，财政部下令回收省县票②，财政部西安区银行监理官办公处亦令该行回收销毁，陕行随即遵照办理。后据该行呈报回收情形：已拟定定额本票兑进后保管销毁办法；

---

① 《银行监理官一年来的工作概况（续）》，《西京日报》，1944年2月27日，第三版。
② 《财政部为取缔陕省县行私发纸币密代电稿》，1943年12月27日，中国第二历史档案馆编《中华民国史档案资料汇编》第五辑第二编，财政经济（四），江苏古籍出版社1997年版，第685—686页。

▶ 西北银行业制度的强制性变迁与区域经济变动（1930—1949）

并奉陕省省府核准，自 1943 年 8 月 1 日起，由该行收兑，截至该年 12 月底止，"已收兑三百二十七万一千元，尚有定额本票一百七十二万九千元，未经收回，约占原发行额三分之一"。随后财政部西安区银行监理官办公处一再严令该行加紧收兑，该行也通函各分行处全部收兑，当时预计短期内可望收清。1942 年，陕省各县县银行亦以市面小票不敷应用，发行定额本票。财政部西安区银行监理官办公处成立后，"即请陕西省财政厅通饬收销"；截至 1943 年 10 月底，各县行本票余额达 8942270 元之巨；截至 1943 年年底，仍有 807 万余元。后接奉"财政部训令饬该处会同中央银行县乡银行业务督导处业务主任白荫波洽商改善办法，并拟定上项本票收销办法四条"，并经财政部核准，"经转函陕省府通饬各县银行，一体遵办"。之后该处还"曾经函请陕省府酌定限期，通饬各县行将所发本票依限收销，以肃弊政"，不久经陕省财政厅训令各县银行于 1944 年 2 月底以前一律全部收回销毁。该处还准备在各县行将 1944 年 2 月底日计表送处时，"严予查考，专案呈部核办"。①

当年监管较为严格，手段多样，有金融机构监管与行业内部监管等手段与方法，旨在引导金融业投资、扶植实体经济，旨在引导维持与稳定陕西金融，发挥了一定作用。

第四节　西京银行公会与区域银行业制度的变迁

一　抗战时期西京银行公会成立及运作

抗战时期，西京银行业得到较快发展，银行公会在此情况下应运而生。1942 年 9 月 13 日成立的银行公会，其内部组织制度建立并不断完善，人员更替稳步进行。

---

① 《银行监理官一年来的工作概况（续）》，《西京日报》1944 年 2 月 25 日，第三版。

第二章　战时陕西银行业制度与业务发展

（一）西京银行公会组建背景和历史条件

1897年在上海诞生了第一家由中国人自办的银行——中国通商银行。然而，陕西省直到1910年大清银行来陕，在西安梁家牌楼筹建分行，并发行银票数种，这是在陕西省最早设立的银行。[①] 20世纪30年代前期，陕西省银行家数目有所增加，究其原因具体如下：

1. 杨虎城支持下陕西省政府吸纳资金恢复经济

1928年陕西大旱，灾情特别严重，粮价飞涨，饿死穷人无数。1930年冬，杨虎城将军率17路军部队由河南回陕西主政，担任陕西省政府主席，鉴于陕西连年荒旱，哀鸿遍野，工业生产不振，市面商业萧条，采取恢复地方经济建设，调剂地方金融的政策。为此，杨虎城热烈欢迎国内及华侨实业家纷纷来陕投资兴办实业。在建设厅发表的招商启事中这样写道：省库空虚，民生疲惫，拟借资以办实业。凡我国内同族国外侨胞之热心祖国实业、关怀西北民生者，请即来陕投资，以图两利；本厅对于有志实业之同胞，无不格外欢迎。省政府并制定众多来陕的优惠政策。1932年在"开发西北"的呼声下，杨虎城积极支持成立中华实业促进会，争取南京政府和江浙资本家来陕投资办厂。金融机构和经济发展相辅相成，杨虎城曾多次与上海银行领导人陈光甫等联系，鼓励来陕投资，为恢复地方经济做出贡献。

2. 国内银行业看好陕西棉麦的投资前景

陕西省的关中地区号称八百里秦川，地理环境和气候都适宜于棉花和小麦的种植，是主要的棉麦产区。加之，20世纪初近代农业科技的进步尤其是在农作物的引种和栽培方面，已不是传统的仅仅引来种植而是科学地选育和推广，以进一步培育出适应性强的新品种。而当时良种的引进推广，主要是由农业科研部门和高等学校的科技工作者主持进行，引种来源广泛，品种繁多。这些有利的条件促使陕西棉麦产区产量大增。"九·一八"事变后，包括上海银行家在内的东部

---

① 陕西省银行经济研究室编：《十年来之陕西经济》，1943年，第275页。

西北银行业制度的强制性变迁与区域经济变动（1930—1949）

银行家们深切感受到东部投资环境令人担忧。抗战爆发后，由于黄河下游地区相继沦陷，原先在该地区推广的新品种，不得不移至陕西进行，于是陕西便成为推广的中心，国民政府更加重视陕西棉麦生产，来保证抗日的军需民用。抗战期间陕西棉麦产量一跃成为抗战大后方之首。国内银行业正是看准了陕西农村巨大的棉麦需求市场，于是纷纷前来落户投资。华商银行和国家银行在陕西设立的分行处情况如表2-9、表2-10（截至1941年底）。

表2-9　　商业及他省地方银行在陕设立分行处一览

银行名称	所在地	性质	设立年月	类属	备考
上海商业储蓄银行	西安	分行	1934年12月	商业	
上海商业储蓄银行	渭南	办事处	1935年12月	商业	1937年12月因战事关系裁撤
上海商业储蓄银行	潼关	办事处	1935年12月	商业	同上
上海商业储蓄银行	咸阳	办事处	1935年12月	商业	同上
上海商业储蓄银行	宝鸡	办事处	1938年12月	商业	
金城银行	西安	办事处	1935年10月	商业	
金城银行	南郑	办事处	1938年10月	商业	
浙江兴业银行	西安	分理处	1935年10月	商业	1936年12月因双十二政变裁撤
边业银行	西安	办事处	1935年11月	商业	同上
山西银行铁路银号联合办事处	西安	办事处	1939年1月	省立	
湖北省银行	安康	办事处	1939年5月	省立	
河南农工银行	西安	办事处	1939年6月	省立	
裕华银行	西安	办事处	1940年10月	商业	
河北省银行	西安	办事处	1941年10月	省立	

资料来源：西安市档案局、西安市档案馆编《陕西经济十年（1931—1941）》，1997年版，第298—299页。

第二章 战时陕西银行业制度与业务发展

从表中可见,抗战前,陕西境内商业银行的分支机构只有上海商业储蓄银行、金城银行两家,抗战全面爆发后,沿海城市相继沦陷,陕西地处大后方,战略地位发生了大的变化,外省市工商业迁陕投资开厂设店日益增多,给陕西的经济带来了繁荣,也促使了银行机构的增多,达到了一个繁荣时期。抗战期间在西安设立的商业银行包括川康、永利、建国、亚西、美丰、兴文、工矿、华侨、山西裕华、大同银行等10家,以1943年设立者为最多,计11家。上海、永利银行等还在宝鸡设有办事处,金城银行在宝鸡和南郑各设有办事处一所。①

表2-10　　　　　　　国家银行在陕设立分行处一览

银行名称	所在地	性质	设立年月	备考
中国银行	西安	分行	1933年11月	原为寄庄,1935年8月改为办事处,1940年改支行,1941年改分行
中国银行	渭南	寄庄	1934年11月	
中国银行	咸阳	寄庄	1936年9月	
中国银行	泾阳	寄庄	1937年6月	
中国银行	西安盐店街	办事处	1937年12月	
中国银行	南郑	支行	1938年12月	原为办事处1941年改为支行
中国银行	宝鸡	办事处	1939年4月	原为寄庄1941年改为办事处
中国银行	三原	寄庄	1940年2月	
中国银行	虢镇	寄庄	1941年	
中国银行	城固	寄庄	1941年	
中国银行	褒城	寄庄	1941年	
中国银行	安康	办事处	1941年	
中国农民银行	西安	分行	1934年6月	原为豫鄂皖赣四省农民银行,1935年改为今名
中国农民银行	潼关	办事处	1935年6月	1938年3月以逼近战区业务停顿

---

① 屈秉基:《抗日战争时期的陕西金融业》,《陕西财经学院学报》1984年第2期。

西北银行业制度的强制性变迁与区域经济变动（1930—1949）

续表

银行名称	所在地	性质	设立年月	备考
中国农民银行	安康	办事处	1935年12月	
中国农民银行	南郑	办事处	1936年5月	
中国农民银行	绥德	办事处	1936年9月	
中国农民银行	榆林	分理处	1932年12月	1938年7月因战事关系裁撤
交通银行	西安	分行	1934年11月	
交通银行	渭南	支行	1934年11月	
交通银行	潼关	办事处	1934年12月	1938年3月以逼近战区业务停顿
交通银行	咸阳	办事处	1935年12月	
交通银行	朝邑	办事处	1935年12月	1938年12月因战事关系裁撤
交通银行	泾阳	办事处	1936年11月	
交通银行	宝鸡	办事处	1938年10月	
交通银行	南郑	支行	1938年12月	
交通银行	大荔	办事处	1941年3月	
中央银行	西安	分行	1935年5月	
中央银行	南郑	分行	1937年3月	
中央银行	宝鸡	分行	1938年6月	
中央银行	宁强	分行	1939年11月	
中央银行	安康	分行	1939年11月	
中央银行	彬县	分行	1939年12月	
中央银行	白河	办事处	1941年3月	

资料来源：西安市档案局、西安市档案馆编《陕西经济十年（1931—1941）》，1997年版，第297—299页。

由表2-10可知，抗战前，中国银行、中国农民银行、交通银行、中央银行均先后在陕西设行。截至1941年底，陕西境内中国银行分行1所，支行1所，办事处3所，寄庄7所；中国农民银行分行1所，办事处4所，分理处1所；交通银行分行1所，支行2所，办事处6所；中央银行的分行6所，办事处1所。国家银行在陕西的广泛分布既是看好棉麦这个广阔的市场前景也是插手和渗透地方金融的

第二章　战时陕西银行业制度与业务发展

一种方式。

3. 为"剿匪"的国民党军队提供军费或防共需要

1934年，陕甘边和陕北红军游击战争的迅猛发展，根据地范围不断扩大，引起国民党当局的极大恐慌。蒋介石调集8个团的兵力分9路对陕甘边区红军发动第一次大规模的军事"围剿"，其间还向陕北根据地发动进攻。由于中共的正确领导和坚持抵抗，国民党军队最终以损失3000多人的代价而告终。经过第二、第三次军事"围剿"后，1935年10月，中央红军到达陕北；次年10月红四、红二方面军与中央红军在会宁会师。这期间国民党军队围追堵截，且急需军费补给。蒋介石曾多次致电各国家银行在陕甘设立银行，补给军费。1935年，中国农民银行第二次董监会议上，蒋介石要求中国农民银行在"陕甘川黔四省应多设办事处，并饬切实办理"。[①] 可见，此时陕西银行业出现一部分是为"剿匪"提供军费。

银行作为新式的金融机构，在陕西省开始于1910年大清银行来陕。20世纪20年代末饥荒频繁，为满足正常的财政及恢复社会经济的需要，陕西省政府遂于1930年12月成立陕西省银行，该银行属于官商合办的性质，但不能完全应对区域经济恢复的需要。从30年代起陕西省银行业的兴起具有良好的条件。国内纺织工业对陕西棉花的需要及银行业对棉贷市场投资前景的看好，关中棉花种植的有待开发，均成为外省银行业来陕的有利契机，因此从30年代初开始以上海银行为代表的华商银行及国家银行先后来陕。从陕西省有银行设立一直到抗战爆发后，设在本省的国家银行、商业银行、外省的地方银行在本省的分支机构，以及本省地方银行、县银行和私营银号、钱庄、信用社等金融机构如雨后春笋般兴起。陕西银行业的兴起，银行间业务联系的频繁，需要建立统一的业务制度及协调市场秩序的同业组织；另一方面，抗战前期，面对数量日益增加的陕西银行家数，如

[①] 中国人民银行金融研究所：《中国农民银行》，《中华民国史资料丛稿》，中国财政经济出版社1980年版，第53页。

西北银行业制度的强制性变迁与区域经济变动（1930—1949）

何对其进行金融管理，如何聚集现有金融力量进行抗战便提上日程，在银行业界间成立同业组织势在必行。

（二）西京银行公会的成立及制度

1. 银行公会的成立

1942年9月13日，由中国、交通、上海、金城、河北省银行、陕西省银行及邮政储金汇业局七家银行或金融机构发起成立了西京市银行业同业公会①。成立大会上，邀请陕西省政府社会处及市商会派出人员尹立荣、赵雄飞出席成立仪式。作为成立大会临时主席的中国银行陕西分行经理李紫东在会上致辞："今天系西京市银行业同业公会开成立大会之期，承社会处尹科长拨冗莅临指导及各位会员代表踊跃出席，鄙人很为快愉并认为值得纪念。本来本市银行业公会早应成立，因为同业中每星期向有一联席会议商讨同业中一切事务，所以过去关于银行业同业尚不缺乏联系，今后公会正式成立各同业自必更趋团结一致，努力自身业务以固守金融界在战时为国家、为社会应有之岗位。"②银行公会成立后采用理监事制，设理事15人组成理事会，监事5人组成监事会，候补理事5人，候补监事2人，由会员大会选举产生；就选举出的理事投票选举产生常务理事5人；5人中可提议推荐投票选举产生理事长1人。第一届选举结果如表2-11，2-12所示：

表2-11　　西京市银行业同业公会理事、候补理事名单

姓名	在会职务	代表银行	备注
贾玉璋	理事长	陕西省银行	
李紫东	常务理事	中国银行	

---

① 《西京市银行业同业公会成立大会会议纪录》，1942年9月13日，重庆市档案馆藏，全宗、目录、案卷号0310-1-2079。
② 《西京市银行业同业公会成立大会会议纪录》，1942年9月13日，重庆市档案馆藏，全宗、目录、案卷号0310-1-2079。

第二章　战时陕西银行业制度与业务发展

续表

姓名	在会职务	代表银行	备注
严敦彝	常务理事	交通银行	东大街设有办事处
经春先	常务理事	上海银行	
张六师	常务理事	川康银行	
李竞西	理事	兴文银行	
孟庆芝	理事	裕华银行	
郭鹏飞	理事	河南农工银行	
刘知敏	理事	金城银行	
周敬远	理事	甘肃省银行	
冒景骝	理事	中国农民银行	东大街设有办事处
谢天民	理事	川盐银行	
蒋鼎五	理事	四明银行	
王萼楼	理事	陕西省银行	
黎阶平	理事	邮汇局	
汪子华	候补理事	中国农民银行	
罗雨亭	候补理事	陕西省银行	
钱遐亭	候补理事	金城银行	
杨毓琇	候补理事	中国银行	
郁鸿治	候补理事	邮汇局	

资料来源：《西京市银行业同业公会成立大会会议纪录》，1942年9月13日，重庆市档案馆藏，全宗、目录、案卷号 0310-1-2079。

从表中可知，西京银行公会的首届理事长由陕西省银行总经理贾玉璋当选。当天选举理事到场的会员银行代表共发票62张，收回62张。其中代表陕西省银行的贾玉璋以全票62票通过当选为银行公会理事。其次当选的理事依次是代表中国银行的李紫东得59票；代表交通银行的严敦彝得58票；代表兴文银行的李竞西得55票；代表川康银行的张六师得53票；代表裕华银行的孟庆芝得52票；代表河南农工银行的郭鹏飞得50票；代表金城银行的刘知敏得47票；代表上海银行的经春先得46票；代表甘肃省银行的周敬远得44票；代表中

· 107 ·

西北银行业制度的强制性变迁与区域经济变动（1930—1949）

国农民银行的冒景瑄得43票；代表川盐银行的谢天民得41票；代表四明银行的蒋鼎五得41票；代表陕西省银行的王萼楼得40票；代表邮汇局的黎阶平得34票共15人。就理事中选举常务理事共发票14张，收票14张。得票前五的依次是贾玉璋得13票；李紫东得12票；严敦彝得8票；经春先得8票；张六师得7票。以上五人均当选为西京银行公会常务理事，后经各当选的常务理事提议并征询社会处指导员尹立荣同意，省略了投票手续，推定贾玉璋为西京市银行业同业公会理事长。贾玉璋，河北武清县人，原西北银行管理处长，为人忠厚，生活朴实，有西北军传统作风，布衣简从，没有官僚习气。选举候补理事时到会的会员银行代表共发票57张，收回57张。得票排名依次是代表中国农民银行的汪子华得26票；代表陕西省银行的罗雨亭得26票；代表金城银行的钱遐亭得26票；代表中国银行的杨毓琇得20票；代表邮汇局的郁鸿治得17票，以上五人均当选为候补理事。由于得26票的三人并列，因此当场抽签决定汪子华第一，罗雨亭第二，钱遐亭第三。①

表2-12　　西京市银行业同业公会监事、候补监事名单

姓名	在会职务	代表银行	备注
束士方	监事	中国银行	盐店街设有办事处
刘钟仁	监事	交通银行	
李质君	监事	邮汇局	
武谪尘	监事	河北省银行	
王会先	监事	陕西省银行	
孟广训	候补监事	长安县银行	
孙毓千	候补监事	上海银行	

资料来源：《西京市银行业同业公会成立大会会议纪录》，1942年9月13日，重庆市档案馆藏，全宗、目录、案卷号0310-1-2079。

---

① 《西京市银行业同业公会成立大会会议纪录》，1942年9月13日，重庆市档案馆藏，全宗、目录、案卷号0310-1-2079。

第二章 战时陕西银行业制度与业务发展

由表 2-12 可知，西京银行公会监事会由 7 人组成，其中监事 5 人、候补监事 2 人都是在西京市银行业同业公会成立大会上选举产生。当天到会的会员银行共发票 61 张，收回 61 张。得票排名依次是代表中国银行的束士方得 53 票；代表交通银行的刘钟仁得 43 票；代表邮汇局的李质君得 38 票；代表河北省银行的武谪尘得 31 票；代表陕西省银行的王会先得 23 票，以上五人均当选为监事。选举候补监事共发票 56 张，收回 56 张。代表长安县银行的孟广训得 29 票；代表上海银行的孙毓千得 21 票，以上二人均当选为候补监事。①

由表 2-12、表 2-13 可知西京银行公会当选的理事长、理事、候补理事、监事中都有陕西省银行派出的代表获得席位。不难看出陕西省银行作为陕西省地方实力最大、分布最广的银行在西京银行公会中起着举足轻重的作用。

陕西省银行成立于 1930 年 12 月 15 日，性质属于地方性银行，原定的资本总额为 500 万元，"旋以筹募股款，颇感困难，遂改为 200 万元"。② 官民各半，民股系由各县劝募，实收 953329.21 元。③ 后随着环境的变化改为纯官营的地方银行。1936 年春由省政府下令将陕北地方实业银行划归陕西省银行管制，实力增强。1938 年省府紧接着把西京机器厂和启新印书馆也划归陕西省银行抵作官股，1939 年又有裕秦总庄入股。此时陕西省银行已有 3 大附属事业，规模和实力不断增强，分行处遍布全省。根据 1943—1944 年财政部西安区银行监理官办公处的工作报告："陕西省银行在战前设立之分行处计有 20 单位，主要为南郑、宝鸡、安康、大荔、咸阳、兴平、武功、凤翔、三原、渭南、陇县、周至、干县、西乡、蒲城、商县、白河、鄠

---

① 《西京市银行业同业公会成立大会会议纪录》，1942 年 9 月 13 日，重庆市档案馆藏，全宗、目录及案卷号 0310-1-2079。
② 西安市档案馆、西安市档案局：《陕西经济十年（1931—1941）》，西安市档案馆、西安市档案局 1997 年内部印刷，第 290 页。
③ 西安市档案馆、西安市档案局：《陕西经济十年（1931—1941）》，西安市档案馆、西安市档案局 1997 年内部印刷，第 290 页。

西北银行业制度的强制性变迁与区域经济变动（1930—1949）

县、韩城、合阳等办事处；在战时设立之办事处计有33单位，其中设在省外共有天水、成都、平凉、重庆、洛阳等办事处，该行以天水办事处业务洽谈经费开支，经呈准该行常董会决议暂行撤销。计战时设立共有泾阳、长武、天水、成都、平凉、重庆、洛阳、白水、富平、郿县、岐山、鄠县、城固、汉阴、耀县、洛川、华阴、蓝田、汧阳、双石铺、褒城、洋县、宁羌、沔县、石泉、紫阳、商南、礼泉、高陵、同官、临潼、镇安、澄城分支行处。"[1]

陕西省银行总行及分行处不仅在全省范围内占了半壁江山，而且在外省也逐步建立办事处，实力不可小觑。抗战胜利后，随着外部局势的发展变化，陕西省银行收归国家所有并进行改制。从此，结束了其作为地方金融机构的使命，退出了历史舞台。同时更值得注意的是，在此次选举中，各大商业银行代表在常务理事、理事、监事中占据了重要位置，如中、交、上海、川康银行均担任了重要职务，表明西京银行公会是依靠中交两行、陕西省银行及各商业银行展开公会的运行。

2. 公会运作章程的制定

西京银行公会成立大会通过了《西京市银行商业同业公会章程》。《西京市银行商业同业公会章程》的制定主要依据《商业同业公会法》及《商业同业公会法实施细则》，共分为7章51条，包括总则、任务、会员、组织及职权、会议、经费及会计、附则。其主要内容如下：

（1）首先明确了西京银行公会的性质和宗旨，指出西京银行公会是以西京市行政区域为组织区域，事务所亦设于此；公会的性质是银行商业同业公会；公会的宗旨是维持、增进同业之公共利益及矫正弊害。

（2）列举了公会的任务即：第一关于各项营业规章之厘定；第二

---

[1] 《本部处1943年至1944年监理官银行工作报告》，陕西省档案馆藏，全宗、目录及案卷号37-1-20-1。

第二章 战时陕西银行业制度与业务发展

关于会员营业之统制；第三关于会员营业之指导研究调查及统计；第四关于会员经办有关国家总动员业务之推行；第五办理合于第三条所揭宗旨之其他事项。对任务中第二条之统制，除已有法令规定外，须经全体会员三分之二以上之同意，呈由主管官署核准后，方得施行。但会员代表出席不满三分之二者，得以出席代表三分之二以上之同意，行假决议并议定限期，在三日内通告未出席代表，依限以书面表示赞否，逾期不表示者视为同意。

（3）列出了会员代表入会的条件和程序，同时对约束会员代表的惩罚条款和退会问题也做出了明确规定。"凡在本区域内经营银行业之公司所设总行、分行、支行、办事处，不论公营、民营除法令规定之国家专营事业外，均应为本会会员。"① 前项会员推派代表出席该会称为会员代表。该会每一会员推派其代表一人负担会费，每增一单位得加派代表一人，但每一会员推派代表至多不得超过七人，以经理人、主管人或行员为限。该会会员代表资格，以有中华民国国籍，年在二十岁以上者为限。有下列各项情形之一者，不得为该会会员代表。一、背叛国民政府，经判决确定或在通缉中者。二、曾服公务而有贪污行为，经判决确定或在通缉中者。三、无行为能力者。四、吸食鸦片或其他代用品者等。② 会员推派代表时，应给以委托书并通知该会，撤换时亦同。但已曾选为该会职员者，非有依法应解任之事由不得撤换。会员代表均有表决权、选举权及被选举权，会员代表因事不能出席会员大会时，得以书面委托其他会员代表代理之。会员非迁移其他区域或废业或受永久停业之处分者，不得退会。会员代表有不正当行为致妨害该会名誉、信用者，得以会员大会之议决，通知原推派之会员撤换之。经营银行之公司不依法加入该会或不缴纳会费或违

---

① 《西京市银行商业同业公会章程》，重庆市档案馆藏，全宗、目录、案卷号 0310-1-2107。
② 《西京市银行商业同业公会章程》，重庆市档案馆藏，全宗、目录、案卷号 0310-1-2107。

反章程或决议者，得经理事会之议决予以警告，警告无效时，得按其情节轻重依照商业同业公会法第二十六条规定之程序，为下列之处分：①一千元以下之违约金。②有时间之停业。③永久停业。该处分第2、第3两项非经主管官署之核准，不得为之。

（4）公会执行机构的产生及职权。该会设理事15人，组织理事会。监事5人，组织监事会。均由会员大会就代表中用无记名连选法选出之，以得票较多者为当选，次多者为候选。当选票数相同时，用抽签法决定之。选举前项理监事时，应另选候补理事五人，候补监事二人，遇有缺额时，依次候补以补之前任任期为限，未候补前不得列席会议。当选理监事及候补理监事之名次，依得票多寡为序，票数相同时以抽签定之。理事会设常务理事5人组成常务理事会，由理事会就理事中用无记名连选法互选产生，以得票最多者当选为常务理事。有缺额时，由理事会组织补选。其任期以补足前任任期为限。理事会就当选之常务理事中，用无记名单记法选任理事长1人，以得票满投票人之半数者为当选。若一次不能选出时，应就得票最多数之2人决选之。监事会设常务监事3人，组织常务监事会。由监事会就监事中用无记名连选法互选之，以得票满投票人之半数者为当选。常务监事有缺额时，由监事会补选之其任期为补足前任任期为限。理事会之职权如下：①执行会员大会决议案。②召集会员大会。③执行法令及本章程所规定之任务。常务理事会之职权如下：①执行理事会决议案。②处理日常事务。监事会之职权如下：①监察理事会执行会员大会之决议案。②审查理事会处理之事务。③稽核理事会之财政出入。理事及监事之任期均为四年，每两年改选半数，不得连任。前项第一次之改选以抽签定之，但理监事人数为奇数时，留任者之人数得较改选者多一人。理监事有下列情事之一者，应即解任。①会员代表资格丧失者。②应不得已事故，经会员大会议决准其辞职者。特种委员会之委员，由该会理事会就会员代表中推选之，其组织条例另订之。该会理监事及特种委员均为义务职。该会事务所设秘书1人，办事员若干人，秉承常务理监事会之命，办理日常事务，依照社会处嘱示。

（5）公会决策层会议召开及执行机制。该会会员大会分定期会议及临时会议两种，均由理事会召集。定期会议每年开会两次；临时会议于理事会认为必要或经会员代表十分之一以上之请求或监事会函请召集时召集之。召集会员大会应于15日前通知之，但有商业同业公会法第二十五条、第二十六条之情形或因紧急事项召集临时会议者不在此限。该会会员大会开会时，由常务理事组织，主席团轮流主席。该会会员大会之决议，以会员代表过半数之出席，出席代表过半数之同意行之；出席代表不满过半数者得行假决议，在三日内将其结果通告各代表，于一星期后两星期内重新召集会员大会，以出席代表过半数之同意对假决议行其决议。下列各项事项之决议以会员代表三分之二之出席，出席代表三分之二以上之同意行假决议，在三日内将其结果通告各代表，于一星期后两星期内重新召集会员大会，以出席代表三分之二以上之同意对假决议行其决议。①变更章程，②会员之处分，③理监事之解职，④清算人之选任及关于清算事项之决议。该会理事会，每月至少开会一次。监事会，每两月至少开会一次。理事会开会时由理事长主席，理事长缺席时互推一人为主席。监事会开会时，由监事长主席，监事长缺席时互推一人为主席。须有理事或监事过半数之出席，以出席理事或监事过半数之同意，决议一切事项。理事、监事开会时，不得委托代表出席。

（6）公会经费及会计。该会经费分会费及事业费两种。会员会费每一单位定为每月国币100元，应纳单位多寡依照附表规定办理之。会员退会时，会费概不退还。该会会费之预算于每年度开始一个月前编制，其决算于每年度终了一个月内编制，均提交会员大会通过呈报主管官署并刊布之。会计年度以每年1月1日始至同年12月31日止；事业费之分担，每一会员至少一股，至多不得超过五十股，但因必要得经会员大会决议，增加的事业费总额及每股数额应由会员大会决议，呈经主管官署核准。

西北银行业制度的强制性变迁与区域经济变动（1930—1949）

该章程如有未尽事宜经会员大会决议，呈准陕西省政府社会处修改之，并转报社会部及财政部备案。该章程经会员大会决议，呈准陕西省政府社会处备案后施行。①

（三）西京银行公会人事变动和制度建设

1. 公会的改组

自1942年通过西京银行公会章程并成立银行公会后，银行公会的决策层和参加人员较稳定，召集会议的形式多样，如会员大会、常务理事会、理事会、理监事联席会议等形式讨论会务，实施决策，这种状况一直延续到抗战结束。1943年8月22日，西京市银行商业同业公会第二届会员大会在陕西省大礼堂举行，这次会议也正值西京银行公会换届改选之期。列席会议的来宾众多，包括市党部章兆直，社会处陈固亭（马浩代），财政厅严必康，市商会雷启哲，市党部陈炳仁，省政府李钟达，建设厅胡长洞，监理官办公处蔡光辉、谢照华，社会处派会指导员马浩。② 还包括第一届当选的理监事和会员银行代表等。第一届银行公会理事长贾玉璋做了工作报告："各位长官来宾及同仁，今日为本会二届会员大会，承蒙有关机关长官与代表莅会指导，非常感激。本人于本会成立大会之际，蒙同仁推选为理事长，惟以自身才薄，对于会务之进行贻误良多，上负长官殷望，下违同仁众愿，衷心内疚乃引咎请辞，幸蒙同仁谅解准卸职务，举行改选藉以发展会务。本人在此愿表无限歉意，至第一届理监事十月来之工作，已另备有报告书请鉴核。"会上审议了银行公会成立10个月来的工作报告，与会来宾纷纷发言，监理官办公处代表谢照华说："今天贵会召开二届会员大会，济济一堂，允为西安金融界盛会，本人奉派列席，深引为荣。就我国各大都市的银行公会而论素为组织最健全者，贵会

---

① 《西京市银行商业同业公会章程》，重庆市档案馆藏，全宗、目录、案卷号0310-1-2107。

② 《西京市银行商业同业公会第二届会员大会纪录》，1943年8月22日，重庆市档案馆藏，全宗、目录、案卷号0310-1-2107。

第二章　战时陕西银行业制度与业务发展

成立已久，自亦如此。目前金融市场已转入管制状态，银行公会本身任务较之往昔自为繁重，尚望贵会今后努力使银行均能充实，发挥服务精神，成为西安金融中枢、金融堡垒，以全体会员的共同力量，解决所遭遇之一切困难。"社会处派会指导马浩发言："今日贵会召开二届会员大会，本人奉派与会，同时陈处长本人因公未前来躬亲莅会。本人于读毕贵会十个月来工作报告书后，对于贵会于短短时期内，有如此惊人之表现，足见各位会员同心协力，应该表示敬佩。本人于出席之前，陈处长曾表示希望两点，即一，希望各位一本过去精神，推动会务；二，希望各位力谋团体之健全，以解决各种内存外在之困难，如此方能发挥最大力量，努力抗建事业之完成。"[1] 会上进行了第二届职员的推选，选举结果如表2-13：

表2-13　西京市银行业同业公会第二届理事、候补理事名单

姓名	在会职务	代表银行
王宝康	理事长	通商银行
张六师	常务理事	川康银行
杨毓琇	常务理事	中国银行
郭鹏飞	理事	河南农工银行
蒋鼎五	理事	四明银行
罗雨亭	理事	陕西省银行
郑痦生	理事	永利银行
严敦彝	理事	交通银行
李竞西	理事	兴文银行
刘知敏	候补理事	金城银行
经春先	候补理事	上海银行
周敬远	候补理事	甘肃省银行
刘钟仁	候补理事	交通银行

资料来源：《西京市银行商业同业公会第二届会员大会纪录》，1943年8月22日，重庆市档案馆藏，全宗、目录、档案卷号0310-1-2107。

---

[1] 《西京市银行商业同业公会第二届会员大会纪录》，1943年8月22日，重庆市档案馆藏，全宗、目录、案卷号0310-1-2107。

> 西北银行业制度的强制性变迁与区域经济变动（1930—1949）

从表中可知，西京银行公会的第二届理事长由中国通商银行经理王宝康当选。选举理事根据当天到会的会员银行代表共发票 25 张，收回 25 张。当选的理事共 9 人，按投票数高低依次是代表川康银行的张六师得 25 票，代表河南农工银行的郭鹏飞得 24 票，代表通商银行的王宝康德 23 票，代表四明银行的蒋鼎五得 22 票，代表陕西省银行的罗雨亭得 21 票，代表中国银行的杨毓琇得 20 票，代表永利银行的郑寉生得 18 票，代表交通银行的严敦彝得 17 票，代表兴文银行的李竞西得 16 票。当选的候补理事共 4 人，分别是代表金城银行的刘知敏得 16 票，代表上海银行的经春先得 16 票（由于刘知敏和经春先的票数相同，经马浩指导当场抽签决定次序为上），代表甘肃省银行的周敬远得 12 票，代表交通银行的刘钟仁得 11 票。就理事中选举常务理事的结果为：发票 9 张，收票 9 张，王宝康得票 8 票，张六师得票 6 票，杨毓琇得票 6 票。西京银行公会理事长的选举中发票 9 张，收回 9 张，王宝康以 8 票的最高得票数当选为第二届西京银行公会理事长。①

王宝康，上海市南汇县人，苏州东吴大学毕业，曾在上海证券交易所做经纪人。1937 年随陕西省政府主席蒋鼎文来陕西，是十战区司令长官公署的经理科长，初任陕西省行总经理时，敢于放手开展业务，使省行逐渐发展壮大。在抗战时期金融异常紊乱，尤其是在货币贬值难以维持的现状下，增加机构变相保护财产，筹设裕秦贸易公司，经营土特产品。王宝康知人善用，很少安插私人，对职工一视同仁，与银行中层和一般职工关系较好。

表 2-14　西京市银行业同业公会第二届监事、候补监事名单

姓名	在会职务	代表银行
姬奠川	常务监事	裕华银行

---

① 《西京市银行商业同业公会第二届会员大会纪录》，1943 年 8 月 22 日，重庆市档案馆藏，全宗、目录、案卷号 0310-1-2107。

第二章 战时陕西银行业制度与业务发展

续表

姓名	在会职务	代表银行
姚伯言	监事	亚西银行
汪子华	监事	农民银行
王萼楼	候补监事	陕西省银行

资料来源：《西京市银行商业同业公会第二届会员大会纪录》，1943年8月22日，重庆市档案馆藏，全宗、目录、案卷号 0310-1-2107。

选举监事时发票 25 张，收回 25 张。选出监事 3 人按得票高低依次是代表裕华银行的姬奠川得 25 票，代表亚西银行的姚伯言得 22 票，代表农民银行的汪子华得 18 票。就选出的监事参加投票选出常务监事，姬奠川得 2 票当选。候补监事代表陕西省银行的王萼楼得 5 票当选。①

2. 公会制度的修订

1943 年 9 月 10 日，西京市银行商业同业公会第二届常务理事第三次会议讨论事项中，事务所提议："查本会章程全文共分七章五十一条，曾由成立大会通过在案，旋奉令修正亦经第二届会员大会通过在案，惟修正各条文文句，尚待整理。兹遵照中央颁布之《非常时期人民团体组织法》及其他有关人民团体各项法令，拟定修正各条条文。"② 第一章第二条"本会定名为西京市银行业同业公会"应改正为"本会定名为西京市银行商业同业公会"。第三章第七条"本会每一会员推派代表一人其担负会费。每增一单位，得加派代表一人，但每一会员推派代表至多不得超过七人，以经理人，主管人或行员为限"，应修正为"本会每一会员推派代表一人其担负会费。满五单位者，得加派代表一人，以后每增十单位加派一人，但每一会员推派代

---

① 《西京市银行商业同业公会第二届会员大会纪录》，1943年8月22日，重庆市档案馆藏，全宗、目录、案卷号 0310-1-2107。
② 《西京市银行商业同业公会第二届常务理事第三次会议纪录》，1943年9月10日，重庆市档案馆藏，全宗、目录、案卷号 0310-1-2107。

表至多不得过七人,以经理人,主管人或行员为限"。第四章第十五条"本会设理事十五人,组织理事会。监事五人,组织监事会。均由会员大会就代表中用无记名连选法选出之",依照非常时期人民团体组织法及人民团体选举通则应修正为"本会设理事九人,组织理事会;监事三人,组织监事会,均由会员大会就代表中用记名连选法选出之,以得票较多者为当选,次多者为候补,当选票数相同时,用抽签法决定之"。又同条"选举前项理监事时,应另选候补理事五人,候补监事二人,遇有缺额时,依次候补以补之前任任期为限,未候补前不得列席会议","候补理事五人,候补监事二人"应修正为"候补理事四人,候补监事一人"。第四章第十七条"理事会设常务理事五人,组织常务理事会,由理事会就理事中用无记名连选法互选之,以得票最多者为当选,常务理事有缺额时,由理事会补选之,其任期以补足前任任期为限",应修正为"理事会设常务理事三人,组织常务理事会,由理事会就理事中用记名连记法互选之,以得票最多者为当选,常务理事有缺额时,由理事会补选之其任期以补足前任任期为限"。第四章第十八条"理事会就当选之常务理事中,用无记名单记法选任理事长一人",应修正为"理事会就当选之常务理事中,用记名单记法选任理事长一人"。第四章第十九条"监事会设常务监事三人,组织常务监事会,由监事会就监事中用无记名连选法互选之",应修正为"监事会设常务监事一人,由监事会就监事中用记名单举法选出之"。第四章第二十条全文删去,以下逐条改码。第四章第二十四条"常任监事会之职权如左"应改为"常任监事之职权如左"。第四章第二十九条"本会事务所设秘书一人,办事员若干人,秉承常务理监事会之命,办理日常事务,依照社会处嘱示",应修正为"本会事务所设主任一人,由本会延聘办事员若干人,由主任商承常务理事会遴选办理日常事务"。第五章第三十七条"监事会开会时,由监事长主席,监事长缺席时,互推一人为主席",应修正为"监事会开会时,常务监事主席,常务监事缺席时,互推一人为主席"。第六章第

第二章 战时陕西银行业制度与业务发展

四十条"会员会费,每一单位定为每月国币一百元,应纳单位多寡依照附表规定办理之",应修正为"本会会费照预算总数,依照各会员在会单位平均负担之"。第六章第四十条所述附表应修正为如下:附修正案第六章第四十条应订为"会员会费,每一单位订为每月国币三百元,应纳单位多寡,依照附表规定办理之"。①

对于西京银行公会会员行的统计,1942年9月13日成立后共有16家会员银行。到1944年西京市银行加入西京银行公会后,会员行共27家,包括中国、中央、交通、中国农民、裕华、川康平民、四川美丰、上海储蓄、亚西实业、金城、通商、兴文、河南农工、四明、建国、工矿、永利、大同银行及甘肃省行、河北省行、陕西省行、长安县行、绥远省行、中国农民银行东大街支行、中国银行盐店街支行和信托局、邮汇局。②

二 行业制度的强制性变迁——公会协助政府战时金融监管

抗战以来,金融市场受战争影响较大,物价飞涨,通货膨胀,囤积居奇现象严重,银行公会作为银行业同业组织,自有稳定金融市场的责任。银行公会对战时银行放款监管,参与成立西京银钱业放款委员会,辅助西安区监理官办公处工作,并协助地方监管金融。

(一) 对战时银行放款的监管

抗战爆发后,国民政府鉴于物价日趋上涨,投机操纵愈演愈烈,通货膨胀日趋严重,加强了对银行的管理工作。1940年颁布《非常时期管理银行暂行办法》,并先后公布《管制银行信用放款办法》等,要求银行公会协助监管银行的放款业务。银行公会也参与监督银行业务等一系列管制措施。

---

① 《西京市银行商业同业分会第二届常务理事会第三次会议纪录》,1943年9月10日,重庆市档案馆藏,全宗、目录、案卷号50310-1-2107。
② 《财政部西安区银行监理官办公处1943年至1944年监理官银行工作报告》,陕西省档案馆藏,全宗、目录、案卷号37-1-20-1。

西北银行业制度的强制性变迁与区域经济变动（1930—1949）

1. 对银行信用放款的管制

抗战时期，为兼筹并顾，财政部于1942年5月21日公布了《管制银行信用放款办法》。其中第二条规定：对工商各业信用放款，数额在5000元以上者，应以经营本业厂商已加入各该业同业公会持有会员证，并取具2家以上曾在主管官署登记的殷实厂商，联名保证其到期还款，并担保借款系用于增加生产或购运必需物品销售者为限，放款期限最长不得超过3个月，每户放款不得超过该行放款总额5%，各户总计不得超过该行放款总额50%。① 其中对借款担保厂商加入该行业同业公会的规定，西京银行公会存在疑问。因为同业公会的发展以工商业发展为基础，西京市工商业的发展本来较沿海地区缓慢，虽然抗战爆发后，很多沿海企业纷纷内迁至陕西，陕西省的工商业发展出现短暂的春天，但就总体实力而言，两地区的工商业发展还是有相当差距，同业公会发展亦不平衡，现在却以同样的标准要求它们，有失公允。1943年6月11日，西京银行公会从本省省情考虑上呈财政部，认为如果担保的厂商仅在主管官署登记尚未加入该业同业公会应否准其作保呢？财政部接到呈文后，着手调查陕西省同业公会组织情况，根据陕西省社会处和西安市各级县县政府呈报"该市县重要工商业分别组织先竣，属于比较次要之工商业亦在积极组织中"。于是财政部在致西京市银行业同业公会的函件中明确答复："西安市各种同业公会业已组织成立，所有商民已一律加入该同业公会，借款厂商之保证人仅在主管官署登记，尚未加入同业公会，属本身尚未取得合法资格，自未便准属作保。之后银行公会致函各会员行一体遵照。"② 可见，西京银行公会作为陕西省的同业公会组织之一，站在同业公会的立场，力争降低工商业贷款门槛；但同时作为银行业的同业组织又

---

① 《管理银行信用放款办法》，1942年5月21日，中国第二历史档案馆、中国人民银行江苏省分行、江苏省金融志编委会：《中华民国金融法规档案资料选编》（下），档案出版社1989年版，第1101页。

② 《西京市银行业同业公会通知》，1943年6月11日，重庆市档案馆藏，全宗、目录、案卷号0310-1-2107。

第二章 战时陕西银行业制度与业务发展

必须严格遵守财政部颁发的《管制银行信用放款办法》，特殊地位决定其只能服从后者。财政部对放款办法中担保厂商资格的始终坚持，既表明政府严密监管金融的强硬态度，又增加了银行放款的安全性，杜绝了非法商人囤积居奇。

1943年9月14日，西安区银行监理官办公处收到财政部的电文中称："陕甘边远行庄，承做期汇，形成变相信放，助长标期黑息高利，有达数十分者，钱庄沿用旧时账簿无法检查，弊端尤多。"[①] 面对信放市场的混乱，七省限政会议热烈商讨并订定多项办法即：①银行期汇业务，应视同信放，依法送当地放款委员会审核。②取缔标期改用商业承兑汇票转向银行贴现，以杜绝买空卖空。③酌量提高国家银行存放款利率，责成各地的中央行依法挂牌公告，逾率者惩用，绝黑息而利回笼。④严禁行庄私给存款贴息。⑤严令各行庄一律加入公会并奉行部颁统一银行会计规程，违者勒令停业。对上述诸项办法的解读分别是：①关于银行经营期汇业务一节，前经财政部通饬西安区银行监理官办公处实际调查各地情形，报财政部核办。银行监理官办公处应即迅将调查情形报财政部，以凭统筹拟议管制办法办理。如送放款委员会审核。②关于提高国家存放款利率及杜绝黑息一节，早经财政部商请四联总处及中央银行办理，前为加强管制一般银行存放款利率起见，曾令西安银钱业同业公会对于同业间存放拟定日拆，报请当地中央银行核定办理。该项日拆并可作为一般利率依据。若有银行故意高抬利率，应由西安区银行监理官办公处严予取缔。③关于严令各行庄一律加入公会并奉行部颁划一银行会计科目一节，经财政部多次令饬各地银钱业同业公会强制执行，西安各行庄应一律加入同业公会。西安各银行加入银行公会以后，既受非常时期管理银行暂行办法约束，又受银行同业公会法限制。双重约束会使信放市场利息高涨之风有所收敛。至于奉行部颁划一银行会计科目，经由财政部通饬西安

---

① 《西京市银行商业同业公会通知》，1943年10月27日，重庆市档案馆藏，全宗、目录、案卷号0310-1-2107。

西北银行业制度的强制性变迁与区域经济变动（1930—1949）

各行庄自本年一月起实行。目前重庆市各行庄均已遵照办理，除重庆市以外，各地行庄因交通阻塞，时间所限，仍有未如期实行者，根据历陈困难情形，呈请暂予缓期。财政部以所请尚属实情，经饬西安各行庄自本年七月一日起，一律遵行。西安银行钱庄执行划一的银行会计科目后，其在信放市场按有统一执行标准，杜绝有些银行幕后操作。此外，在取缔银行经营比期或类似比期存放款，严禁行庄私给存款贴息等项亦作说明。西京银行公会接到该电后，"督导各会员行遵办"。① 自办法公布后，西京银行公会严格把关，监理官办公处积极督导，财政部密切监管。三者共同作用下，民间放高利贷者急于收回贷款，囤积居奇者乃相继出售存货，不久以后物价均趋低落。信放市场也渐趋稳定。

关于信用及抵押透支，都属于放款性质。其送放款委员会审核数额应如何规定，西京银行公会上呈财政部请求明示，财政部在函件中回复：所有信用及抵押透支，送审限额自应援照普通放款送审限额规定办理。凡透支契约订定透支最高数额满5万元者，须提经放款委员会审核通过，并经监理官办公处核定后，方得透支；不满5万元者，由各行庄事后报请放款委员会备核，1943年11月24日，西京银行公会接到通知后，立刻下发给会员行此命令并按要求遵照办理。②

2. 参与组织放款委员会审核放款

1942年11月，蒋介石致电财政部和四联总处："对于各商业银行，其业务如何分配，应由我政府统制规定，希望拟具办法实施为要。"③ 根据蒋介石的指示，财政部为实施金融政策，加强管制银行放款业务起见，特规定各地四联分支处会同当地银钱业公会组织放款

---

① 《西京市银行商业同业公会通知》，1943年10月27日，重庆市档案馆藏，全宗、目录、案卷号0310-1-2107。
② 《西京市银行商业同业公会通知》，1943年11月24日，重庆市档案馆藏，全宗、目录、案卷号0310-1-2107。
③ 《蒋介石为令统制商业银行业务代电》，1942年11月4日，《四联总处史料》（下册），第449页。

第二章　战时陕西银行业制度与业务发展

会。四联总处陕分处会同西京市银行公会和钱业公会于1943年3月5日成立西京市银钱业放款委员会。由陕分处主任委员任放款委员会负责人，银行、钱业公会理事长等担任放款委员。该会成立目的在于加强商业银行资金运用和审核所属行庄资金贷放。该委员会组织章程十三条，办事细则十六条都是根据财政部颁发各地银钱业组织放款委员会通则的规定订定，组织章程的主要内容包括：①该会的名称即西京市银钱业放款委员会。②该会的任务。主要包括审核各行庄的放款业务；考察各行庄的放款用途；调整当地的经济形势和农工商矿业状况；编拟各业资金贷放比例计划；报告审核及调查工作；其他财政部饬办及本区银行监理官委办事项。③该会决策层的产生及执行机制。本会设委员7人，内主任委员1人，由四联陕分支主任委员潘益民充任，副主任委员2人，由西京市银行业同业公会理事长贾玉璋及西京市钱业商业同业公会理事长分别充任，其余4人由银钱业公会推选之。其中，银行公会理事金城银行西安分行经理刘知敏，银行公会监事交通银行西安分行副经理刘钟仁，曾由银行公会推选担任该会委员。该会委员之任期除主任委员及副主任委员以本职更替而更选外，余均为一年连选以连任。该会每隔日开会一次，必要时得开临时会，均由主任委员召集之，开会时由主任委员主席。主任委员缺席时，得委托副主任委员1人为主席，主任委员公出时，须委托副主任委员1人代理其职务。本会开会时须邀请本区银行监理官办公处派员出席指导。④该会的内部组织下设总务、审核、调查三组，每组设组长1人，承正副主任委员之命处理本会事务，各组视事实需要得酌设办事员、雇员若干人分办各组事务。总务组掌理文书、会计及编拟议事日程，保管案卷等事务；审核组掌理审核放款业务，考查放款用途及编拟审核报告表等事务；调查组掌理调查当地经济情形及农工商矿各业状况，编拟调查报告表等事务。⑤该会经费。该会经费由西京市银行业同业公会及西京市钱业商业同业公会承担，其分担比例另定。该会章程如有未尽事宜，须提由公会通过修正，并自通过之日实行，报请

· 123 ·

西北银行业制度的强制性变迁与区域经济变动（1930—1949）

本区银行监理官转呈财政部备案。① 西京市银钱业放款委员会在组织章程和办事细则中一些未说明的问题，在放委会第一届委员会议上做了说明，如办公地址应设于何处？委员会开展工作即需经费，按照奉颁各地银钱业组织放款委员会通则第十条规定，应由各会员行庄分担？应如何分担？委员会常会日期及时间？通过委员决议规定为："暂借四联分处地址办公，由银行担任三分之二，钱业担任三分之一，每星期一、三、五午后二时开会"。②

西京银行公会及会员行与放款委员会联系密切，能够及时转达该会制度规定。1943年5月4日，西京银行公会通知包括上海商业银行在内的各会员行，转达放款委员会来函：该年3、4月份各行庄5万元以上放款未经审核者，统限于5月10日以前补送，从5月1日起必须遵章办理。最后银行公会要求各会员行查照办理。③

西京银行公会作为西京市放款委员会的组成成员之一，其内部专门成立小组委员会目的是审核西京银钱业放款委员会1943年下期经费预算并提供意见。该小组委员会成员由姬奠川、经春先、王萼楼、张六师、周敬远、姚伯言、李竞西组成，受西京银行公会第九次理监事联席会议的委托，于1943年7月13日上午在川康银行召集小组委员会，专门讨论西京放委会1943年下期经费预算并提出意见报告如下：一、根据四月来放款委员会实际经办之案件，认为现行分组办事之组织于实际上尚无此必要，且依照属会递转之程序于工作效率亦多影响。再则各组主管人员均系兼职，事实上对于职内事件亦碍难亲手处理，而将审核重任分置于低级办事人员，不但造成员额预算因之增多，预算因之膨胀，未能达遵原旨；且因承人员多未尽来，财政部设

---

① 《西京市银钱业放款委员会组织章程草案》，重庆市档案馆藏，全宗、目录、案卷号0310-1-2103。

② 《西京市银钱业放款委员会第一次委员会议议事日程》，1943年3月5日，重庆市档案馆藏，全宗、目录、案卷号0310-1-2103。

③ 《西京市银行业同业公会通知》，1943年5月4日，重庆市档案馆藏，全宗、目录、案卷号0310-1-2106。

第二章 战时陕西银行业制度与业务发展

立各地放款委员会对于银钱业扶持维护之意,于审核技术上多未适宜运用,至于人员愈多而最终之效果愈差。① 对于此项意见,小组委员会提出建议调整的方法如下:①取消分组办事之组织。②设立一高级专任人员,秉承委员会整理各项送审案件及办理日常事务,于开会时担任纪录,采各银行公会之秘书形式。③设立办事员二人受第 2 项所设专任人员的指挥,办理收发文书事项事务。④设立工友一人,信差一人。② 小组委员会提出的调整意见是从高效、节俭角度考虑,有利于集中人力办理放委会一切事项。二、依据第二项意见则员工薪金及办公设备等费均可得根本调整,至各员工待遇,在此生活高涨之时,既属完全专任自应从优拟定,可比照银行公会员工待遇办理。③ 员工待遇的提高可有效调节员工工作积极性。三、放款委员会职责在于,审核各承放行庄办理放款业务是否与财部规定相符,至于借款厂商内容、情形以及信用等项,各借款行事先既需详细调查,始允承借,而后填具申请书表,则放款委员会实无再行调查必要,以免重复、费时而杜日久流弊。即或放款委员会派员调查仅一两次之实地察看,结果自远不如各行自身与该借款户久有往来之确切调查,原预算书所列调查旅费事项似应删除。④ 小组委员会认为各银行钱庄借出款项时,对借户已进行详细调查并填写申请表,而且银行和借户长期合作,久而久之关系密切。放委会审核放款时对借户再一次调查,人力、物力方面有所浪费。如放款委员会和借款行庄保持密切联系,在对借户调查时互通有无,可避免二次调查时出现的资源浪费。四、放款委员会主任委员主持会务,对内对外自均烦琐,似应透支适当数额之使马费以

---

① 《西京市银行业同业公会第九次理监联席会议纪录》,1943 年 7 月 5 日,重庆市档案馆藏,全宗、目录、案卷号 0310 - 1 - 2107。
② 《西京市银行业同业公会第九次理监联席会议纪录》,1943 年 7 月 5 日,重庆市档案馆藏,全宗、目录、案卷号 0310 - 1 - 2107。
③ 《西京市银行业同业公会第九次理监联席会议纪录》,1943 年 7 月 5 日,重庆市档案馆藏,全宗、目录、案卷号 0310 - 1 - 2107。
④ 《西京市银行业同业公会第九次理监联席会议纪录》,1943 年 7 月 5 日,重庆市档案馆藏,全宗、目录、案卷号 0310 - 1 - 2107。

西北银行业制度的强制性变迁与区域经济变动（1930—1949）

酬劳庸。依照以上四项意见，估计下期开支转成都之放审会例约已增加一倍，如中、交、农、邮等行局果免担任，则各行负担已属甚重。对于西京小组委员会的审核意见报告书，西京银行公会第九届理监联席会议专门开会讨论并最终对审核意见进行公决：①原审查意见通过原则。②将审查意见辞句酌量润删，送请本会出席放委会代表委员，提供该会参考采纳。③请本会出席代表向放委会建议，本会对放委会经费负担拟援成都例，实与钱业公会交涉平均摊任。④三行一局对放委会经费是否负担，待新预算通过后再提讨论。[①] 西京银行公会本着对西京放委会高度负责的态度，专门组织小组委员会就放委会预算给出意见。小组委员会经过审核对部分放委会意见提出质疑，并由银行公会理监联席会议最后讨论决定是否送放委员参考、采纳。这是一种专业的做法。

1943年9月17日，放款委员会发来函件：十万元以下放款，应于每旬终了，填送旬报表连同申请书，送本会审核，并呈报监理官办公处转饬遵办。[②] 西京市银行商业同业公会第二届第二次理事会议上，理事们经过决议，批准放款委员会的函件，并转知各会员行按照会议决议一并遵照办理。

西京市银钱业放款委员会是审核西京市银钱业放款业务的专门组织。当放款超过限额时，就送交放款委员会审核，其实质是对放款人的限制。放委会主要针对银钱业三种对外放款方式即信用放款、抵押放款和贴现放款进行审查。送审办法有事前送审与事后送审两种。法令规定信用、抵押放款在十万元以上者须事前送经放委会核准后才可承放；十万元以下者则可由各行庄先行承放事后报会审核。至于贴现放款无论数额多寡均可由各行庄先行承放事后再送放委会审核。几个

[①]《西京市银行业同业公会第九次理监联席会议纪录》，1943年7月5日，重庆市档案馆藏，全宗、目录、案卷号0310-1-2107。

[②]《西京市银行商业同业公会第二届第二次理事会议纪录》，1943年9月17日，重庆市档案馆藏，全宗、目录、案卷号0310-1-2107。

第二章 战时陕西银行业制度与业务发展

月下来，一些工商厂号并未完全遵守政府法令配合放委会的审查，它们借法令的空隙"设某厂号，在一个月内分向十家银行各借放款限额以内之款以购货"。① 这样难免不生囤积居奇之弊，而放委会如果进行跟踪彻查，困难颇多。只有对借款人的借款总额上加以限制，才能从源头上堵住超额借款现象。如规定，每一厂号不得在一个月内向三家以上银行借款，其借款总额不得超过该厂号资本的两倍；在前期借款未偿清以前，不得再向银行借款。如此规定，则厂号每期借款所购货品，必须推销周转完备，这样防止囤积居奇，同时也增加银行放款保障。西京银行公会和西安区银行监理官办公处上呈财政部这一办法，并希望作为命令付诸实施，取得财政部的同意。财政部明令规定：同一厂商分向各银行借款，化整为零，企图逃避管制情事，应饬由放款委员会予以注意，必要时由该银行监理官会同当地主管官署对该借款厂商施行检查，严密考察其用途；"又各监理官办公处审核各行庄放款报表时，如发现某厂商借款逾期未还，一面仍继续贷出新借款，并应特加注意或会同主管官署施行检查，以资防范。西京银行公会支持财政部的命令并告知各会员行一并遵照"。② 这样，各厂商向银行借款如其用途正当，银行自可遵照现行法令予以贷放，不再予以限制以妨碍其事业之进行；如其用途不合规定，以借款来囤积居奇，银行自不予贷之并依法接受惩处。对银行放款业务的各项管制法令，意在使银行资金的运用纳入安全合理的用途，积极引导银行资金投向生产建设事业，活跃经济发展。

银行公会参与下的西京银钱业放款委员会成立一年有余，大约至1943年底审核各业贷放比例如下：工矿事业占60%；商业占30%；交通及公用事业占10%。③ 贷放比例大致适应当时经济状况，贷放的

---

① 《西京市银行商业同业公会通知》，1943年12月30日，重庆市档案馆藏，全宗、目录、案卷号 0310-1-2107。
② 《西京市银行商业同业公会通知》，1943年12月30日，重庆市档案馆藏，全宗、目录、案卷号 0310-1-2107。
③ 《银行监理官一年来的工作概况（续）》，《西京日报》，1944年2月26日，第3版。

西北银行业制度的强制性变迁与区域经济变动（1930—1949）

资金大量投放于生产建设事业，增加货物供应，保证抗日和经济发展的军需民用。

（二）辅助银行监理官办公处的工作

1. 银行监理官办公处的设置

面对抗战爆发后，国内经济状况混乱和萧条，国民政府为加强金融监管，在各重要都市设立了财政部银行监理官办公处。该部"为实施金融政策，加强管制银钱行庄业务，于重庆以外各重要都市设置银行监理官，并于各省省地方银行及重要商业银行设置派驻银行监理员"。[①]《财政部银行监理官办公处组织规程》内容包括：①财政部为实施金融政策，加强管制全国银钱行庄业务，于重庆以外各重要都市设置银行监理官由财政部部长派充之。监理官办公处定名为财政部某之区银行监理官办公处，其设置地点及管辖区域由财政部以命令定之。②银行监理官之职掌如下：a. 事前审核管辖区内银钱行庄放款业务。b. 事后抽查管辖区内银钱行庄放款用途。c. 审核管辖区内银钱行庄日计表及存放汇兑等表。d. 督促管辖区内银钱行庄提缴普通存款准备金及储蓄存款保证准备金。e. 检查管辖区内银钱行庄账目，并会同主管官署检查向银钱行庄借款厂商账目。f. 报告管辖区内银钱行庄业务状况。g. 调查报告管辖区内金融经济状况。h. 向部建议金融应兴革事项。i. 其他部令饬办事项。③银行监理官办公处设稽核及专员各若干人，由财政部长派充之监理官，负责指挥监督办理管辖区银钱行庄稽核事宜。④银行监理官办公处设办事员若干人，由监理官遴选，请财政部长核准后委派，承长官命令办理处内事务。⑤银行监理官办公处因事务必要得酌用雇员。⑥本规程所列人员名额，由财政部视业务繁简分别核定。⑦银行监理官办公处执行检查商业银行任务时，得就近借调国家银行人员协同办理。⑧银行监理官办公处办事细则另定之。⑨本规程

[①] 《通函第48号》，1942年8月14日，重庆市档案馆藏，全宗、目录、案卷号0310-1-2103。

第二章 战时陕西银行业制度与业务发展

自公布日期起施行。① 按照《财政部银行监理官办公处组织规程》的规定，1943年3月1日成立西安区银行监理官办公处。

陕西省银行前因西安小钞缺乏于1942年间呈准发行五元、十元定额本票500万，当时对于陕西省各县县银行，尤其是资本数额小的银行，抵押放款与信用放款业务限于资力，收益有限，维持开支甚难，不少县发生亏损，不得不另谋生财之道。恰逢允许银行发行小额本票，陕省财政厅规定数额不得超过实收资本的1/2，如实收资本40万者，即可发行本票20余万元。以各县来看，发行的本票纸质极不精良，花纹也不清晰，流转使用极易磨损，形式又极其简单，容易仿造，已在西安市小东门外安定里破获伪造陕西省银行本票窝点。在外县也不断发生伪造本票事件。陕西省各县银行虽然发行的数额不大，但如果全省合计起来，数目就相当可观。发行本票，固然可以补救各县小钞缺乏问题，但是其流弊也是显而易见的，破坏货币统一发行制度，扰乱市面金融，助长通货膨胀。政府对县银行的管理，虽然有省政府财政厅负主要责任，中央银行也设有县银行业务督导处，但因县银行分散各地，耳目难周，监督难以严密。西安区银行监理官办公处成立后，为保持票信起见，上呈财政部，财政部核准后转知一旦市面小钞数额过大，即行收销。西京银行公会的会员行陕西省银行拟定定额本票兑进后保管销毁办法，奉陕西省府核准后"自三十二年八月一日起由该行收兑，截至上年十二月底止，已收兑三百二十七万一千元，尚有定额本票一百七十二万九千元，未经收回，约占原发行额二分之一"。② 西安市银行监理官办公处一再严厉要求，加紧收兑，西京银行公会亦通知陕西省银行和其分行处一体收兑，期望短期内收清。西安区监理官办公处成立后，即请陕西省财政厅通知收销，又奉财政部训令，该处会同中央银行县乡银行业务督导处业务主任白

---

① 《财政部银行监理官办公处组织规程》，重庆市档案馆藏，全宗、目录、案卷号 0310-1-2103。

② 《银行监理官一年来的工作概况（续）》，《西京日报》，1944年2月25日，第3版。

· 129 ·

西北银行业制度的强制性变迁与区域经济变动（1930—1949）

荫波洽商改善办法并拟定本票收销办法四条，经转函陕省府通知各县县银行一体遵办，截至1943年10月底止"各县行本票余额达8942270元之巨，截至上年年底，仍有807万余元"。①监理官办公处函请陕省府，酌定限期通知各县县银行，迅将所发本票依限收销，以肃弊政。陕西省政府财政厅要求各县县银行于1944年2月底以前一律全部收销。

西安区银行监理官办公处成立后的工作之一是督促管辖区内银钱行庄提缴普通存款准备金。按财政部1943年1月7日修订后的《修正非常时期管理银行暂行办法》第3条规定："银行经收存款，除储蓄存款应照储蓄银行法办理外，其普通存款应以所收存款总额20%为准备金，转存当地中、中、交、农四行任何一行，并由收存行给以适当利息。"②并且将存款准备金于每年的三月、六月、九月、十二月月底依据该月存款总额调整一次。关于调整期内具体规定"各银行、钱庄缴存普通存款准备金，每届调整之期，应即于该月份终了后三日内，将应缴或应退之款，径向各该承办行洽明调整完竣。如系由总行或管辖行汇报汇缴者，应由该总行或受辖行于各该月终了后十五日内，将应缴或应退之款，向各该承办行洽明调整完竣。如有延不遵办情形，应由各承办行报明该受区银行监理官"③。函文发于1943年7月，当时本年3月底调整期限已过，6月底调整之期也已到，西京银行公会协助银行监理官办公处调查受辖区内各银钱行庄，"如有未依据3月底存款总额缴存准备金者，一律限于6月底调整期内依据该月底存款总额重行调整，如再有延不遵缴者，应即查明报部以凭核

---

① 《监理官成立一年来工作之概况（续）》，《西京日报》，1944年2月25日，第3版。
② 《财政部公布之修正非常时期管理银行暂行办法》，1943年1月7日，中国第二历史档案馆：《中华民国史档案资料汇编》第五辑第二编，财政经济（三），江苏古籍出版社1997年版，第23页。
③ 《西京市银行业同业公会通知》，1943年7月9日，重庆市档案馆藏，全宗、目录、案卷号0310－1－2107。

第二章 战时陕西银行业制度与业务发展

办,限三日内调整完竣。西京银行公会遵照监理官办公处的决定,转知会员行遵办。"①

财政部颁布的《修正非常时期管理银行暂行办法》中缴存存款准备金的规定对于银行公会会员行执行起来实属不易。因为通观世界各国的银行,将存款总额的20%作为存款准备金转存中央银行的情形十分少见,再加上战争状况下资金流动性增大,活期存款在银行存款中占大多数,银行不得不多准备现金,以备存户提存。这样一来,可供银行自由支配的金额本来就小,银行本身开支浩繁,现在加上20%的存款准备金,可活动资金更少,银行经营举步维艰。尽管如此,在银行公会下达指示后,会员行并未表示异议,一并遵照办理。但是中央银行对九月缴存的准备金不再只要求缴存存款准备金,连本票也计算到存款内要求缴交20%的准备金。银行公会不能接受并认为:"银行、钱庄收受普通存款,应按百分之二十交存贵行,作为准备并于每年三、六、九、十二月底调整一次,本市各行庄历经遵办无异。据各会员行庄纷纷报称:各行庄等此次根据九月底存款总额,向中央银行缴存准备金。中行拒绝收受坚称各行庄所出本票,亦应照存款计算,提存准备金百分之二十。行庄等以本市提存准备金,向来均以普通存款为限,本票一项因系暂时性质,并无提存之规定。此次中行新开此例,行庄等事前并未奉有关令。"② 因此银行公会一面上呈财政部请示,一面转知会员行:"在未奉明令以前,暂照旧案办理。"③ 西京银行公会认为:各行庄所出本票,除同业拆借多以本票开付外,其余均往来顾客,当时不愿提取现金,请由行庄开立即期本票,但最迟于第二天或最多一二天即经交换科转账。其性质与普通存款迥然

---

① 《西京市银行业同业公会通知》,1943年7月9日,重庆市档案馆藏,全宗、目录、案卷号 0310 - 1 - 2107。

② 《西京市银行商业同业公会通知》,1943年12月3日,重庆市档案馆藏,全宗、目录、案卷号 0310 - 1 - 2107。

③ 《西京市银行商业同业公会通知》,1943年12月3日,重庆市档案馆藏,全宗、目录、案卷号 0310 - 1 - 2107。

西北银行业制度的强制性变迁与区域经济变动（1930—1949）

不同，自应免予提存。不久后财政部函件回复道：嘱暂缓发还以资兼顾，故本期调整仍照以往标准，按其实际情形，决定其免缴或照缴。中央银行业务局之意，各行庄本票，除同业互相拆借款项自应免缴准金外，其余私人或公司、商号抬头如系即期，在数日之内自可不缴普存准金，倘系远期或定期在五日以上者，仍应照缴普存准金，以杜流弊。除暂时照旧案办理外，相应函请迅予核复以凭照办。对于财政部的答复，西京银行公会认为其从实际考虑，表示赞成并连同西安区监理官办公处一同函复中央银行称："各行庄本票除同业互相拆借款项自应免缴准金外，其余私人或公司商号抬头之本票如系远期在五日以上者，仍应照缴普存准金一节。经核尚无不合，应准照此试办，中央银行酌情形随时妥善改进。"[1] 银行公会转知各会员行一体遵照。可见，西京银行公会和西安区银行监理官办公处同心同力维护西京银行钱庄利益。

2. 对新设银行的限制制度

各国对于金融机构的监管，都是从市场准入监管开始的。"市场准入的监管意味着金融监管机关要从法律上对金融机构的经营资格、经营能力进行审查、确认和限制，赋予其相应的权利能力和行为能力。"[2] 银行作为近代金融业的核心，对它的登记注册有严格的章程要求，在抗战期间，国民政府根据时局变化对新设银行有所限制。财政部颁布了《非常时期管理银行暂行办法》第一条规定："银行除依照现行有关银行法令及原订章程经营业务外，并应遵照本办法办理。凡经营收受存款及放款、票据贴现、汇兑或押款各项业务之一而不称银行者，视同银行。"[3] 1941年12月9日国民政府公布了修正后的《非常时期管理银行暂行办法》与1940年8月7日公布的办法相比，

---

[1] 《西京市银行商业同业公会通知》，1943年12月3日，重庆市档案馆藏，全宗、目录、案卷号0310-1-2107。
[2] 张忠军：《金融监管法论——以银行法为中心》，法律出版社1998年版，第155页。
[3] 《财政部非常时期管理银行暂行办法》，1940年8月7日，中国第二历史档案馆：《中华民国史档案资料汇编》第五辑第二编，财政经济（三），江苏古籍出版社1997年版，第18页。

第二章　战时陕西银行业制度与业务发展

进一步限制新银行的设立，规定："自本办法施行之日起，新设银行除县银行及华侨资金内移请设立银行者外，一概不得设立。银行设立分支行处，应先呈请财政部核准。凡在本办法实施前已开业而尚未呈请注册之银行，应于本办法公布命令到达之日起1个月内呈请财政部补行注册。"[①] 1943年1月7日财政部再次公布了《修正非常时期管理银行暂行办法》第二条规定："自本办法施行日起，新设银行除县银行外，一概不得设立。银行设立分支行处，应先呈请财政部核准。凡在本办法实施前已开业，而尚未呈请注册之银行，应于本办法公布命令到达之日起一个月内，呈请财政部补行注册。"[②] 此次修正强调新设银行除县银行外，一概不得设立，原先许可设立的"华侨资金内移请设立银行者"此次不再提及。

究其原因，西京银行公会认为，当时对"华侨资金内移请设立银行者除外"规定的用意，原以为华侨在海外富有资金，自欧洲发生政府动乱以来，多次设法促令华侨资金内移，是为便利该项内移资金之运用，间接促进实业发展。因此于限制设立银行之原则下，仍准侨资内移设立银行，并自认为是因时制宜的办法。但当此办法公布后，正当日寇在太平洋发动战事，凶焰所及我华侨聚居最多之南洋，各属相继沦陷，华侨资金在沦陷区未及撤退者，业已想法汇出，资金内移已成过去。虽然美洲尚有华侨，但其资历不及南洋华侨之盛，汇款多系供给赡家之用为数不多，又以美洲安全之所，华侨在美继有余资。目前状况之下，亦少大量内移之事，加以我国银行设立已多，在此限制商业资金活动之际，对于新设银行也有更进一步严格限制之必要，基于以上理由，1943年初财政部将《非常

[①] 《国民政府公布之修正非常时期管理银行暂行办法》，1941年12月9日，中国第二历史档案馆、中国人民银行江苏省分行、江苏省金融志编委会：《中华民国金融法规档案资料选编》（上），档案出版社1989年版，第653页。

[②] 《财政部公布之修正非常时期管理银行暂行办法》，1943年1月7日，中国第二历史档案馆：《中华民国史档案资料汇编》第五辑第二编，财政经济（三），江苏古籍出版社1997年版，第22页。

西北银行业制度的强制性变迁与区域经济变动（1930—1949）

时期管理银行暂行办法》第二条第一项条文修正为"自本办法施行之日起，新设银行除县银行，一概不得设立"。可见对"华侨资金内移请设立银行"规定都是从能否运用华侨内移资金促进内地实业发展的角度考虑的。

3. 银行呈验资本

抗战前，财政部颁布了《银行注册章程》十二条，适用范围包括：凡开设银行经营存款、放款、汇兑、贴现等业务者；凡经营前项业务不称银行而称公司、庄号或店铺者均依本章程办理。其中对资本的验资注册做了如下规定：凡核准设立的银行应具备下列条件，呈财政部验资注册，发给营业执照后方可开始营业：（1）出资人姓名、籍贯、住址清册；（2）各出资人已交未交资本数目清册；（3）各职员姓名、籍贯、住址清册；（4）所在地银行公会或商会保结；（5）注册费。独资或其他无限责任组织的银行，还应具备其他条件资金。[①] 同年4月财政部又颁布了《银行注册章程实施细则》，该细则对银行呈请注册的主体资格、银行注册资本的核验、申报文件等做出了具体阐述。[②] 因此无论是《银行注册章程》还是《银行注册章程施行细则》的条款，都要求银行在注册时，对资本的核验有严格的流程。

抗战期间，西京银行公会接到财政部的训令并转知各会员行一并遵行：即"设立银行呈验资金，应依照银行注册章程及施行细则规定，将资金缴存当地中央银行，查验给证，呈部核办。在未设有中央银行地方，即由财政部指定其它银行负责查验"。[③] 查验资金的用意，一方面在证明设立银行并不以其他财产代替资本，更重要的是，查明

---

① 《财政部银行注册章程》，1929年1月12日，中国第二历史档案馆、中国人民银行江苏省分行、江苏省金融志编委会：《中华民国金融法规档案资料选编》（上），档案出版社1989年版，第561—563页。

② 《银行注册章程实施细则》，1929年4月20日，中国第二历史档案馆、中国人民银行江苏省分行、江苏省金融志编委会：《中华民国金融法规档案资料选编》（上），档案出版社1989年版，第564—565页。

③ 《西京市银行商业同业公会通知》，1943年12月28日，重庆市档案馆藏，全宗、目录、案卷号0310-1-2107。

第二章　战时陕西银行业制度与业务发展

各股东缴股时期及数目,以杜绝妄报股本。但在当时流转过程中,因为我国地方广博,交通不尽便利,缴验及核定发还资金,公文往返需时较多,所以对于银行资金的运用,充满不便。为确定考核银行股本的实收情形及便利资金运用起见,各地银钱行庄呈验资本,准送交当地中央银行存储,由中央银行尽快派员,到该申请验资行庄,查明资本账目,核对其传票及收股存根,其属于增资或补行注册者,同时亦将各该行庄整个资负情形详为检查,验明其所收股本无误,应即给予验资证明书并将存验资金先为发还,同时将申请查验行庄资产负债表、收股存根号数,列为清单,函送财政部备核,如当地未设中央银行者,仍由财政部指定其他银行,依照上述手续办理。可见,财政部比较注重呈送事项的程序,实际上强调了中央银行在查验资金方面的权威性。

三　协调地方当局管制金融法令的废止

中国地域辽阔,各地情形千差万别,如果仅仅依靠中央政府,有时对银行业的监管难免"鞭长莫及";更为重要的是也难以做到"因时因地"的针对性监管;再加上战争的特殊形势,此时作为省一级的地方政府在银行业监管方面发挥着重要作用。

抗战爆发后,物价急速上涨,人民生活困苦不堪。调查其原因:"主因实由于社会大量游资未能流入正途,奸巧之徒藉以囤积居奇遂致物价急遽波动,国计民生大受影响。"[①] 社会上拥有大量游资的人都不通过银行而是直接投放黑市,吸收高利,或从事金融方面的投机如买卖黄金或外币,遇有机会即做轻巧或贵重物品的囤积,这样做完全不利于银行业吸收存款运用于生产建设事业。结合前颁的陕西省平抑物价办法,根据目前市场实情,遵照国家总动员法和政府各项有关法令,陕西省政府(以下简称本府)为管制地方金融制定本办法。1942年12月制定的《战时陕西省管制地方金融暂行办法》十八条,

---

① 《陕西省公函》,1942年12月18日,陕西省档案馆藏,全宗、目录、案卷号32-1-17。

· 135 ·

▶ 西北银行业制度的强制性变迁与区域经济变动（1930—1949）

经省政府委员会第 142 次会议议决通过。具体内容如下：1. 凡在本省境内经营银钱业务者除法令另有规定外并应遵照本办法规定。2. 凡经财政部核准在本省境内设立的银钱业，应先向省府财政厅或所在地县政府呈验奉发营业执照或核准证明文件并填具申请登记书，经查核准予登记后方得开始营业。3. 在本办法施行前已开设之银钱业，应予本办法施行后由省府财政厅或所在地县政府通知限期补办登记手续。4. 银钱业经核准登记后应加入所在地银钱业公会。5. 银钱业公会对于新会员申请入会，应核验省府财政厅或所在地县政府所发登记执照始准入会。6. 银钱业公会每次会议记录应随时呈送财政厅查核。7. 银钱业资金运用及利率、汇水之升降必要时省府将加以管制。8. 银钱业业务状况应按月造具各项报表呈送财政厅查核，其表式由财政厅另定。9. 财政厅对银钱业所送报表认为不合或有疑义时，可随时令其更正、回复；必要时并派员检查其单据账簿及有关文件或库存状况。10. 银钱业变更名称、组织、地址，增减资本额，设置分支行处或合并停业时，应呈由财政厅或所在地县政府转呈省府咨转财政部核准；其经呈财政部核准者应将核准文件呈送省府财政厅查核登记。11. 银钱业以外普通公司商号不得兼营存、放款或汇兑业务。12. 中中交农四行所发钞券或省府省钞均应照票面额十足通用，不得分别大小票或区别版式地名贴水调换。13. 银钱业运送钞票至省外各地，应在起运前填写报告表呈送财政厅核准后方得运行。14. 银钱业承汇款项应记载汇款人详细住址。15. 凡违反本办法之规定，按其情节轻重分别依据妨害国家总动员惩罚暂行条例、修正非常时期管理银行暂行办法及财政部渝钱币字第 110 号代电规定取缔钞票贴水办法酌予惩处。16. 本办法第十条之规定，待财政部银行监理官办公处成立后即行废除。①《战时管制地方金融暂行办法》主要规范在陕西省境

---

① 《陕西省政府公函》，1942 年 12 月 18 日，《总处关于陕西省动员委员会、省政府制定管制金融暂行办法的来往电、函》（1942），陕西省档案馆藏，全宗、目录、案卷号 32 - 1 - 17。

第二章 战时陕西银行业制度与业务发展

内经营的银钱业营业资格、业务内容以及对违反规定的惩处等。

西京银行公会接到陕西省政府公函后并立即转知各会员行，可见对《战时管制地方金融暂行办法》这一政策，公会持肯定态度并积极执行。1943年1月9日，西京市银行业同业公会召开了第一届第四次理事会议，会中就财政厅要求银行公会按照省政府颁布的管制地方金融暂行办法办理，接着各会员行对限于一月十五日前履行该办法中所规定之应行呈报登记手续事项并进行了讨论，选出张六师、李竞西、王会先为银行公会代表同财政厅面洽。[①] 经过洽商，财政厅要求"除中、交、农系国家银行，准予向各总行请示核办外，其余各行既在本府营业，应受省府法令之管理，如有故违即行停止其营业"。[②] 对于省政府颁布的暂行办法，财政厅严格贯彻，银行公会各会员行认真执行，但中、交、农三行除外。可见当时国家银行在陕西的分支机构虽然分布于陕西省，办理与地方经济和金融的密切业务，但总归由国家执掌，由总行领导，有些时候可以越过地方的法令。银行公会代表李竞西还与财政厅主管洽谈了关于申请登记表等各种报表填报事宜，随后财政厅送来陕西省管制银钱业应填送报表一览表（见表2-15），银行公会在第八次常务理事会讨论并决定遵办。

表2-15　　　　陕西省管制银钱业应填送报表一览表

报表名称	填制办法	备改
登记申请书	依照填表说明逐项培训，应具条证书为实，适当商号方面银行同业公会保证	
运送钞票报告表	运现时必须填报	
存款月报表	可照部颁格式填列	

[①]《西京市银行业同业公会第一届第四次理事会议纪录》，1943年1月9日，陕西省档案馆藏，全宗、目录、案卷号72-3-87-1。

[②]《西京市银行业同业公会第一届第八次理事会议纪录》，1943年1月22日，陕西省档案馆藏，全宗、目录、案卷号72-3-87-1。

西北银行业制度的强制性变迁与区域经济变动（1930—1949）

续表

报表名称	填制办法	备改
放款月报表	照部颁格式填列	
汇出汇款月报表	每月依式填报一次	汇款月报非限于口岸汇款，内地汇款亦应填报
汇入汇款月报	每月依式填报一次	
月计表	每月填报一次	
损益月报	暂免填报	

资料来源：《西京市银行业同业公会通知》，1943年1月24日，陕西省档案馆藏，四行联合办事总处西安分处档案，档案号32-1-17。

表中申请书一节中"保证商号"一项，财政厅鉴于各会员行取保之困难"允予通洽改由银行公会负责"，银行公会也同意为会员行作保，以后各会员行填报申请书时，可将盖印、图记送到公会。[①] 银行公会要求会员行填报一览表，而一览表的填送内容中关于运送钞票的填报，使省政府能够把握市面现金的流通方向，可有效防止资金流入黑市，可以减少商业投机并在一定程度上阻止物价高涨。同时一览表还涵盖了银钱业经营的主要业务包括存款、放款和汇兑。从省政府方面而言，有利于对银行进行监管；但从银行方面而言，银行的业务量始终属于商业秘密，这样公之于众，势必带来银钱业的不满。

1943年2月16日，中中交农四行联合办事处总处西安分处函件强调："陕西省政府所订《战时陕西省管制金融暂行办法》规定，经查与四联总处及财政部的指令多所抵触，并请于该办法实施时四行不受限制。"[②] 四联总处西安分处认为暂行办法的第八、第十、第十四各条与四联总处及财政部的指示抵触，这三条分别就银行资金运用和利率的升降，银钱业所送报表，运送钞票出省方面加以管制，而这些

---

① 《西京市银行业同业公会第一届第八次常理会会议纪录》，1943年1月22日，重庆市档案馆藏，全宗、目录、案卷号0310-1-2107。
② 《中中交农四行联合办事处西安分处发陕西省政府函》，1943年1月11日，陕西省档案馆藏，全宗、目录、案卷号32-1-17。

第二章 战时陕西银行业制度与业务发展

一向由财政部规定,四联总处指示,现在两套标准四行当然不知所措,四行的西安分行都是西京银行公会的会员行,如果问题不及早解决,业务就难以开展,西京银行公会对此表示支持。省政府经过慎重考虑,在回函中说明:"中、中、交、农四行均系国家银行与一般普通银行情形自然不同,承请之处自应照办。惟关于登记一节,仍请转饬各该行,依照原办法规定填具申请登记书,迳送本府财政厅以备查改。"① 四联总处西安分处也欣然接受并转知西安四行,陕西省《战时管制地方金融暂行办法》施行过程可谓一波三折,不久后西安区银行监理官办公处成立,开始接办陕西省府前颁管制地方金融暂行办法所规定的事宜,并逐步废止了该办法,从月旬日计表填送就可见端倪。之前严格执行陕西省战时管制地方金融暂行办法的规定,监理官办公处成立后所有西安各银行填送的月旬日计表自不必继续填送,而是根据监理官办公处及西京银行公会的要求,"依照修正非常时期管理银行暂行办法规定,按期填送之存款、放款、汇款等报表,除中央银行应免送,中信、邮汇两局待另筹办法办理外,所有全国各企业行庄暨中国、交通、中农三行应遵照通案一体办理",② 不仅对月旬日计表的填送内容重加规定,而且国家银行(除一行二局外)也被重新纳入管理体制,管理范围扩大,西京银行公会最后转知各会员行庄并要求一体遵办。③ 这预示着地方颁布的陕省《战时管制地方金融暂行办法》将退出历史的舞台。1943 年 6 月 16 日,陕西省政府声称:本府前为管制地方金融期与本省平抑物价政策切实配合藉收宏效起见,业经遵照国家总动员法并依据中央各项有关法令,制定陕西省管制地方金融暂行办法 18 条,通行实施在案。现在,财政部西安区银行监理官

---

① 《陕西省政府公函》,1943 年 2 月 15 日,陕西省档案馆藏,全宗、目录、案卷号 32 - 1 - 17。
② 《西京市银行业同业公会通知》,1943 年 5 月 5 日,重庆市档案馆藏,全宗、目录、案卷号 0310 - 1 - 2106。
③ 《西京市银行业同业公会通知》,1943 年 5 月 5 日,重庆市档案馆藏,全宗、目录、案卷号 0310 - 1 - 2106。

> **西北银行业制度的强制性变迁与区域经济变动（1930—1949）**

办公处业经成立，关于本省管制地方金融事项已大部改由监理官筹划办理，所有本府前颁战时陕西省管制地方金融暂行办法自应请即日起予以废止。①

从暂行办法的颁布到最后废止大概经历了半年多时间，而且为协调各方关系其执行过程波折连连，分析造成其短暂生命的原因：第一，陕省府颁布之管制地方金融暂行办法与中央银行总处陕分处前陈陕省动员会议拟订之金融调剂工作实施办法草案内容大致相同与财政部颁管理银行法令又多抵触。第二，负责监理之西安区银行监理官已经派定，各项业务分别展开，陕西省政府自无另订单行法法规的必要。第三，陕省府颁布之管制地方金融暂行办法条文中也明确规定，监理官办公处一经成立该办法就立刻废止。

四 公会因应的各种摊认

1. 军麦事件交涉

抗战前期，作为西北大后方省份之一的陕西，在物力、财力方面做出相当可观的贡献。如在军麦方面，1940 年至 1941 年共征购 4232844 包（每包 200 斤）。② 1942 年度商购军麦原派 10000 市石，已交 1371 市石，欠交 8629 市石，照当时西安市价约计为欠款 17258000 元。③

1942 年 9 月西京市银行公会成立后，即面临军麦摊派承担问题。至 1942 年 11 月 20 日，银行公会曾 5 次致函市商会，表示因各会员行均有"特殊情形"，难以承担军麦摊派。但市商会专门复函催促缴纳。④ 银行公会对此次来函十分重视，曾专门紧急通知召开会议商议

---

① 《陕西省政府公函》，1943 年 6 月 16 日，陕西省档案馆藏，全宗、目录、案卷号 32-1-17。

② 郭琦、史念海、张岂之主编：《陕西通史》（民国卷 8），陕西师范大学出版社 1997 年版，第 235 页。

③ 《西京市银行业同业公会呈财政部西安区监理官办公处蔡光辉文》，1943 年 12 月 29 日，陕西省档案馆藏，全宗、目录、案卷号 37-1-21。

④ 《照抄西京市商会征字第 643 号来函》，1942 年 11 月 21 日，重庆市档案馆藏上海商业储蓄银行重庆分行档案，全宗、目录、案卷号 0310-1-2106。

第二章 战时陕西银行业制度与业务发展

对策。1942年12月，西京市银行公会开始改变策略，由婉拒转向酌予减少，可见公会面对这样的新问题正在摸索应对策略。其间该会曾再次致函市商会，请求该会理事长薛道五对所摊派军麦数额予以减少。12月14日，西京市商会致函银行公会答复道：对所摊数额6000包仍维持原数，并要求对所派军麦"勉力担负，以顾军糈"。① 在未定统一摊派比率并未征求银行公会同意承担的情况下，让刚成立的仅有16家会员行的银行业同业团体承担如此巨额的军麦，对银行公会及会员行造成极大的压力。银行公会决定于12月28日，由5位常务理事前往陕西省政府面见省主席熊斌说明困难情况，请求豁免。② 约1月后，省政府答复"碍难豁免"。③ 在向省政府求助遭拒的情况下，银行公会各会员行表示要向总行请示如何办理。④

同时，西京市其他行业同业团体也联合向国民政府农林部控告市商会理事长薛道五，认为其营私舞弊，摊派不公，并于1943年2月初向国民政府农林部呈文要求处理，反映薛道五主持的西京市商会营私舞弊、摊派不公。陕西省政府曾令市商会召开会员大会，寻求公平合理办法，后由市商会会员大会推选15人，组成市商会会员代表审核会展开审查工作。但该审核会仅审核市商会摊派依据数项，"即发现该薛道五实有浮派军麦，侵占麦款，盗卖军麦，即伪造编造公文书情事"。该审核会韩子安等控告呈文说明：1942年12月12日接省府府建四字第3411号指令："征购军麦，姑准照该会原议办法，赶速进行；至其他一切纠纷，仍应遵照前令，召开会员大会，讨论解决，以慰各业喁望。"该说明中也强调，"其实各

---

① 《西京市银行业同业公会第一届第六次常务理事会议纪录》，1942年12月18日，重庆市档案馆藏上海商业储蓄银行重庆分行档案，全宗、目录、案卷号0310-1-2106。
② 《西京市银行业同业公会第一届理事会第三次临时会议纪录》，1942年12月26日，重庆市档案馆藏上海商业储蓄银行重庆分行档案，全宗、目录、案卷号0310-1-2106。
③ 《西京市银行业同业公会第一届第二次监事会会议纪录》，1943年1月29日，重庆市档案馆藏上海商业储蓄银行重庆分行档案，全宗、目录、案卷号0310-1-2106。
④ 《西京市银行业同业公会第一届第五次全体理事会纪录》，1943年2月13日，重庆市档案馆藏上海商业储蓄银行重庆分行档案，全宗、目录、案卷号0310-1-2106。

> 西北银行业制度的强制性变迁与区域经济变动（1930—1949）

商等均知军麦事件关系抗战，至为重要，奉命摊派，均已依照自己应出数目缴纳清楚"。这也进一步表明当时市商会会员只是为追求摊认公平合理以便维持行业生存，更深知军麦摊认对支援抗战的重大意义。他们认为制造不公平者的责任在市商会，而该商会未能结清者，即来自新药业的市商会理事长薛道五，私减新药业及各大商资本额，造成不公平合理。若不偏袒，则追缴纠纷立解。而薛道五"乃怙恶不悛，一意孤行，幸省府明烛其奸，仍令召开大会"。市商会实无可推，只得于12月14日召集各公会代表，组成"西京市商会会员代表审核会"，当场推举李甘亭等15人为审核员；15日该商会总第189号函称：本会为审核三十二年度摊派款物办法，经第十五次大会决议：公推李甘亭、韩子安、张吉安、赵鉴三、包子俊、陈孝宽、李敬轩、胡炳南、刘海亭、周竹轩、陈永年、谢西林、邢文岱、曹镜三、姚子明等为各公会代表，并推韩子安为召集人。于12月22日在该商会开始审核，即由审核员15人中公推韩子安为审核主任，赵鉴三、张吉安为审核副主任，以利于组织开展工作。审核会认为该商会之所以惹起此纠纷之重大原因，莫过于四大问题：浮派军麦7000余包；侵占麦款已知者150万元；盗卖第二战区军麦；私减各大商资本，而以减少该新药业之资本为更多。问题之一是市商会各会员奉令摊认军麦5万石，先行摊派3万包一案，果发现该薛道五竟摊派至37000余包，多摊派7000包。有该商会派麦花名单可证（见表2-16）。

表2-16 西京市商会浮派军麦摊认数额（1943年1月）

公会名称	资本额折实（元）	按千分比额	派数（包）	备考
皮货	107666.66	503	151	每10包总派1402包
兴汉绸	30780.00	144	43	
证章业	2140.00	1	3	
寿枋	54610.00	2552	77	

第二章 战时陕西银行业制度与业务发展

续表

公会名称	资本额折实（元）	按千分比额	派数（包）	备考
帽业	89630.00	4188	126	九月二十一日按二科麦条更正减去5包该会原系131包
羊肉	11868.00	5550	17	
猪肉	31122.00	1454	44	
新药	328652.00	15358	461	
针篦	5990.00	28	9	
旅店	224710.00	10501	315	
醋房	46820.00	219	66	
香蜡	13020.00	609	18	
络子	14760.00	69	21	
铜器	63866.80	299	90	
百货	1003503.00	46894	1407	
绸布	1694371.45	7917.8	2375	
集货	516731.00	24147	725	
行栈	416066.67	101	303	
纸烟	626539.20	2928	828	
卷烟	68100.00	3182	96	
粗瓷	22930.00	562	32	
青磁	107400.00	19	151	
棉业	419421.00	196	59	
旧货	11100.00	519	16	
木业	168480.00	7877	236	
食粮	286980.00	1341	402	
细线	11540.00	54	16	
浴业	145700.00	681	204	
纽扣	4820.00	225	7	
人力车	115030.00	538	161	
理发	27891.00	13	39	
面粉	129600.00	6051	1817	
南货	304000.00	1421	426	

西北银行业制度的强制性变迁与区域经济变动（1930—1949）

续表

公会名称	资本额折实（元）	按千分比额	派数（包）	备考
估衣	46720.00	2183	66	
摊贩	20964.00	98	29	
纸业	236310.00	1104	331	
钱业	1801908.39	842	2526	
四区机械公会	705813.40	3298	99	
毛绒	25359.33	1184	36	
石匠	2680.00	123	4	
刷纸	1850.00	85	3	
铁行	34378.00	161	48	
酱货	305640.00	14282	429	
皮胶	10000.00	47	14	
盐行	867253.43	4053	1216	
铁货	46520.00	2714	65	
鞋行	27250.04	12340	382	
山货	298899.57	13874	416	
印刷	547406.00	25580	761	
缝纫	153340.00	7166	215	
成衣	15471.00	1235	22	
酒菜	266836.00	12470	374	
照相	88070.00	412	124	
水汗烟	9200.00	43	13	
茶商	70631.23	330	99	
煤炭	149554.00	699	210	
手帕	17640.00	83	25	
熟牛皮	367400.00	1697	509	
代售业	233080.00	1089	327	
国药	514560.87	2405	722	
石灰	3100.00	148	5	
酒菜	219102.74	10339	307	
转运	116260.00	5433	167	

第二章 战时陕西银行业制度与业务发展

续表

公会名称	资本额折实（元）	按千分比额	派数（包）	备考
清油	184044.00	8600	258	
糖房	7160.00	335	10	
各业工厂	146400.00	6841	205	
棉织工厂	324000.00	15141	454	
纺织业	5683300.00	26551	794	
首饰	76060.00	3554	107	
茶叶	157859.60	7377	221	
五金	409710.00	19146	574	
点心	227343.60	10624	319	
毡房	4040.00	189	6	
染房	65140.00	3044	91	
木器	86319.00	4034	121	
大华纱厂	2400000.00	11215	半数：3365 全数：16825	31年9月19日决议按暂担任一半如左数复工后仍交纳全数
利秦染厂	45000.00	21	63	
集成酸厂	96000.00	4486	135	
信托公司	100000.00	4673	140	
车华漂染厂	92160.00	4307	129	31年9月19日决议照原资本再打八折如左数
秦丰烟公司	320000.00	14954	449	
中南火公司	230400.00	10767	232	31年9月19日决议按照二十八万八千再打八折如左数
又兴马车厂	1000.00	467	2	
福乐利	500.00	234	1	
长城电解厂	240000.00	11215	336	
银行公会		按百分之二十	6000	31年9月19日议按加入
企业公司		按百分之二	600	31年9月19日议按加入
书业	404717.81	18915	567	

西北银行业制度的强制性变迁与区域经济变动（1930—1949）

续表

公会名称	资本额折实（元）	按千分比额	派数（包）	备考
大华纱厂系以半数计算		合计	34812包半	

资料来源：《韩子安等致农林部呈》，1943年2月2日，《陕西省韩子安等呈控西京理事长薛道五营私舞弊》，台湾"中央研究院"近代史研究所档案馆藏农林部档案，全宗、目录、案卷号20-11-138-16。

问题之二是侵占麦款案，系政府发给该商会军麦代借已有数宗，均未转发各商，其中经查有5万石代借150万元全被该薛道五侵占。问题之三是倒卖军麦一案，该商会曾购第二战区军麦2万包，并不分摊于各公会，竟私行倒卖，即国货公司曾假百货业公会名义串通该薛道五盗买此麦300包，以图渔利，现已经国货公司稽核顾汉三将此麦提去。问题之四是审核该新药业资本统计表，即资本调查表两种，复发现该薛道五有伪造资本调查表及编造文书情事。现分述如下：

（1）涂改资本统计表：审核会开始审核新药业统计表时，因发现涂改编造情形，当将该表两张拍照，如表2-17。

表2-17　　　　　　　　　　　　　　　　　　　　　　（单位：元）

企业名称	原资本额	首次涂改额	二次涂改额	最终改为额	商会核查人姓名	备注
华西制药厂	183500	50000		30000	阎鼎章	
中法药房	7000	3000			何定卿	擅自改为畅国昌
欧亚药房	40000	10000		2000		
六州药房	5000	2500		800		
亚洲药房	10000	5000				
光亚西药房	10000			0		
中亚药房	10000			0		
永兴药房	10000			4000		

第二章 战时陕西银行业制度与业务发展

续表

企业名称	原资本额	首次涂改额	二次涂改额	最终改为额	商会核查人姓名	备注
西北制药厂	200000	50000	150000	300000		第三次又改为50000元，又改为15元，因恐人攻击，改为列表额
五洲药房	7000	3000		2000		
惠东药房	50000	25000	15000	10000		
天平药房	10000	2000				
中国工业社	13000	5000				
合盛兴	200					属绸布业，调查其在南郊设有大工厂几处
同汇丰	81666.67	10000				属于行栈业

资料来源：《韩子安等致农林部呈》，1943年2月2日，《陕西省韩子安等呈控西京理事长薛道五营私舞弊》，台湾"中央研究院"近代史研究所档案馆藏农林部档案，全宗、目录、案卷号20-11-138-16。

（2）伪造资本调查表，编造文书：该商会去春调查各商资本，原系派人分路调查。例如，南院门系其职员何定卿调查，则南院门无论何业商号，均系该何定卿查明填表盖章。但该薛道五为私意减低各大商资本，擅自抽去原来之调查表，另换一伪造之调查表，但表上原调查人之私章不易补盖，乃另换一私人签名盖章。再如，欧亚药房开设于西京市南院门，当然系何定卿调查者，但南院门独欧亚药房一家，资本由4万元减少为2000元，调查表上之调查人，"则非何定卿而易为畅国昌矣"，审核会当即质问何定卿与畅国昌，均称确非原表，是其伪造，证据确凿。如此一类者乃新药业之各调查表以及各大商之已私减资本者之各调查表，没有不如是其伪造之大致情形。审核会还发现和华肥皂厂有调查表两张，一张上载资本10万元，系阎子卿调查；

西北银行业制度的强制性变迁与区域经济变动（1930—1949）

一张上载资本1000元，系王玉麟调查，两表所盖之和华号章，亦不相同，显然是该薛道五将该厂资本10万元私减为1000元，伪造此1000元之调查表，未及将10万元之真表抽去。① 另有秦丰烟草公司，资本额本为100万元，被薛道五私减为32万元；国货公司资本系60万，该商会调查为20万，私减为43200元；更有戏剧、汽车两业，以数百万之资本各当选为该商会理事，待摊派麦款，该薛道五竟私心袒护不认出分文。②

此上述各项略经审核，立刻发现诸多舞弊问题。待审核会正在拟详为审查之际，忽然接到市商会总字第六号公函，转来陕西省社会处指令取消审核会。这显然是市商会薛道五惧怕舞弊败露所要手段。据调查该商会向社会处所呈原文并未提及省府两次召开会员大会命令，社会处不明真相被其蒙蔽，故来令将审核会取消。审核会乃不得不质问该薛道五。其无颜面回答，四顾言他；审核会又将上述私弊公开询问，该薛道五无可再推，即将统计股主任金子嘉唤到，当经审核会质问，该金子嘉亦无法推诿，只得供出实情称："原来真表已被科长赵雄飞拿回家中，现存会者，均是改造。"该薛道五见其劣迹败露乃恼羞成怒，厉声宣称："凡西京市各商资本有错，我本人全负其责，你们已被社会处取消，无权质问会事。"盛气凌人，意欲吓退本会，勿使纠纷扩大，不有了结之期。但查会员大会乃奉省府命令召集，而以大会百数十人之众焉能审核案件？推选审核员15人，从事审核，乃依各种会议之法定程序办理，该薛道五岂不知此？然仍呈社会处取消本会者，实因该薛道五私弊重叠，不敢任本会继续审核，故做此反抗省府之举，推翻本会。鉴于审核未完，遇此阻挠，只得将已审核之各

---

① 《韩子安等致农林部呈》，1943年2月2日，《陕西省韩子安等呈控西京理事长薛道五营私舞弊》，台湾"中央研究院"近代史研究所档案馆藏，全宗、目录、案卷号20-11-138-16。
② 《韩子安等致农林部呈》1943年2月2日，《陕西省韩子安等呈控西京理事长薛道五营私舞弊》，台湾"中央研究院"近代史研究所档案馆藏，全宗、目录、案卷号20-11-138-16。

第二章　战时陕西银行业制度与业务发展

种假表，封存该商会，审核会暂行停止工作，以待后命。① 包括银行公会在内的会员行组织审核会审查出弊端种种，揭露了市商会摊认规则及行为的舞弊与不公平，给予商会理事长薛道五很大压力，造成市商会与商民矛盾一度尖锐，薛道五一度要求省政府减少军麦摊认数额等，但未获省地方当局批准，加上其他因素，②薛道五一度递交辞呈，但他的辞职行动对摊认公平及摊认比率调整交涉并未产生直接影响。

此后，陕西省政府对于未交军麦，仍严令迅即交清，并令市商会派员催收。1943年3月25日，市商会曾派员与警察局督察员张文华到会坐索。后经银行公会第11次常理会提请公决决议，即日召开理监联席会议订定办法，该会认为此事耽搁良久，省政府、市商会迭次催缴，不便再延，于是决定由公会事务所分别向各会员行洽催并函复市商会。③

但市商会对于历次摊派百分率初无划一规定，即如军麦一案延迟未决者，其主因在于此项摊派比率事先未取得银行公会同意，为解除将来各种摊派压力起见，该会认为应与市商会方面洽商固定比率，依照实际承担情形分配有当，决定5月14日（星期五）下午召开全体董监事临时共同会议。④

军麦摊派一案，因历久未决，而银行公会却接市商会通知，已将公会欠军麦798石拨交省会警察局充作4月份给养。市商会开始威胁将通知摊派认领机构直接联系银行公会，转向通过开空头支票形式下

---

① 《韩子安等致农林部呈》，1943年2月2日，《陕西省韩子安等呈控西京理事长薛道五营私舞弊》，台湾"中央研究院"近代史研究所档案馆藏，全宗、目录、案卷号20-11-138-16。
② 市商会组织方面归市党部领导，但业务上归省建设厅指导。薛道五担任市商会理事长初期，面临政府粮食统制办法过严，他认为应适当顾及粮商与民食供应，并与建设厅长凌勉之发生意见分歧与辩论，提出辞职却未获批准，后请假3个月未入商会办公，商会改选仍被推举为理事长，但其仍坚辞不就。而军麦摊认仍未全部完成，还留有尾数。后经省政府一官员劝其就任，薛氏以免除军麦摊认尾欠为条件，得到答应后到商会就职。引自剧位亭《西安市商会、同业公会概况》，中华文史资料文库编写组编《中华文史资料文库》第十四卷，经济工商篇，中国文史出版社1996年版，第581—583页。
③ 《西京市银行业同业公会第一届第二次全体理监事临时联席会议纪录》，1943年4月2日，重庆市档案馆藏，全宗、目录、案卷号0310-1-2106。
④ 《西京市银行业同业公会第二次临时常理会纪录》，1943年5月10日，1943年4月2日，重庆市档案馆藏，全宗、目录、案卷号0310-1-2106。

·149·

西北银行业制度的强制性变迁与区域经济变动（1930—1949）

放矛盾，给银行公会施加更大压力。之后数日，警局一再派警员前往公会坐催极其紧迫，难于应付；银行公会曾提请 1943 年 5 月 10 日临时常理会公决，经决议转提临时理监事会共同商讨如何办理，由全体常务理事先向省警察当局说明此案真相，再转省政府粮政局陈述困难请求豁免，再与市商会洽定今后本会各项负担之合理比率。① 但警察局没有耐心观听市商会和银行公会的这场拉锯战，只知道欠交警局的军麦是由银行公会承担，至于为什么由银行公会来担当？该项承担是否合理？警局认为没有必要也没有兴趣知晓。1943 年 6 月 8 日，省警局叶新甫组长、张文华督导员两次来公会传知二事。即一是征用车骡借垫款项银行公会还须承担 45 万元并于 7 日内缴清；拨局军麦即日缴交。二是贷款办法局方不能接受。经呈杨理事长批准于 6 月 9 日上午 9 时召开全体会员行经理紧急会议。会议决议：①车骡借垫款项应待市商会将全市摊派比率表抄到后再行议数认额。目前除已缴数外，不另担任。②军麦摊派除先已缴交 300 包外，再行垫借 800 市石。③麦价假定为每市石 800 元，合 64 万元，暂由公会事业费基金中借用。④此项借款期限 30 天，届时无论已否奉到各总行答复，应由借款会员银行负责缴清。⑤归清借款时应附给利息，利率转保管委员会议定之。⑥国营行局依照政府命令免予摊认，退会之会员行不再摊认，前次已交之会员行不再摊认。⑦军麦现品由会付款，市商会托购转交警察局。⑧缴纳垫借军麦同时由会推定代表，请省府粮政局社会处主持，并向市商会洽定本会担任各项摊派之标准及在全市总数中之比率。⑨推定严懿卿、贾瑞芝、杨朗川、王宝康、经春先、刘钟仁为请愿及交涉代表。⑩与市商会之交谈应声明国营行局不能负担地方摊派事。⑪各会员行应照实于 12 日前函款到会。②

---

① 《西京市银行业同业公会第六次临时理监事联席会议纪录》1943 年 5 月 14 日，1943 年 4 月 2 日，重庆市档案馆藏，全宗、目录、案卷号 0310 - 1 - 2106。
② 《西京市银行业同业公会军麦摊派第二次紧急会议纪录》，1943 年 6 月 9 日，《一九四四年西安分处委员会 231 至 257 次会议纪录与日程》（1944 年 6 月 27 日—12 月 26 日），陕西省档案馆藏，全宗、目录、案卷号 32 - 1 - 44。

第二章　战时陕西银行业制度与业务发展

但摊派比率问题悬而未决，事实造成市商会及其认领摊认机构会给公会以很大压力。市商会将矛盾下放，在摊认任务未确定的情况下，又将银行公会未摊认任务通知陕西省高等法院，声明银行公会摊认任务由陕西省高等法院认领，即由银行公会摊认该院暨所属机关1943年1月、2月、3月份员工食粮。高等法院接到此讯后，甚至多次派员洽领并限银行公会在该年8月30日以前扫数交清，并称"由西京市商会转拨贵会照付小麦1200石，后准贵会本年8月27日发（二）字第五号函复，以商会摊派比率问题，已催请财、建两厅厅长提前仲裁。一俟仲裁竣事，自当从速奉洽，并致函两厅长；后奉建设厅陈厅长9月1日函，并未仲裁结果；后经与公会理事长王宝康协商，商会摊派比率问题另案解决，同意先付小麦1200石"。但摊认比率及任务未定，银行公会及会员行难以交出。高等法院派员提取仍未拿到。于是，1943年9月28日接受摊认的陕西省高等法院再限西京银行公会10月10日交清军麦。① 该法院来函强调："此项食粮关系员工生活甚巨，而9月已终，加上物价高涨，生活穷困。员工临此困难实无法维持，法院也将无以为继。限于本年10月10日以前将上项食粮扫数清交，以应急需。"该院最后威胁道，倘再逾期拖延，将依法办理。市商会借拟接受摊认的省高等法院给银行公会施加很大的压力。

据所见史料，市商会为迫使银行公会接受摊派任务，在将银行公会及会员行摊认推向省高等法院的同时，还曾导演另一闹剧，即曾通知第五救济区、黄河水利委员会等认领单位，银行公会及会员行为其军麦摊认机构。于是，黄河水利委员会曾向省警察局控诉银行公会"欠缴军麦"，结果法院司法科送到银行公会传票一张，迫使该会径向法院"豫审庭"投案。②

---

① 《高等法院再限十月十日交清军麦电》，1943年9月28日，陕西省档案馆藏，全宗、目录、案卷号37－1－21。
② 《摊派交涉备忘录》，1943年9月10日，第一号，陕西省档案馆藏，全宗、目录、案卷号37－1－21。

· 151 ·

西北银行业制度的强制性变迁与区域经济变动（1930—1949）

但银行公会除应付黄河水利委员会外，还再次复函省高等法院声明态度。1943年10月4日西京银行公会回复高等法院：市商会此项摊派，"手续不合法，自属未能处理。摊派标准失当，于理自属不公。本会缴纳食粮已为市商会划拨其他单位，致使纠纷迭起。敝会主张谨守法定程序及维护事理公正，一面多次与市商会交涉提出异议，请重洽商；一面致函各机关申明不能清交。并另派代表请求省府给予仲裁，但终无结果"。其中责任全在商会。法院"虽提10月10日前交清，但敝会认为仍应以仲裁结果为准"。① 这在当时被称为"军麦事件"。银行公会并非推卸此项摊派责任，从1942年军麦的缴交情况，可以明显看出，在1943年10月29日理事会谈话会议上报告称："交付市商会300包，又付审计处173市石强'代金'，又付购麦现款798石，托商购交省会警局，内中除已陆续付警局照收之数外，尚有已购未交在蔡家坡转运之一百数十包，于月前被宝鸡专员公署误为它积，曾遭扣麦押商。本会据警局先后派员来会声明经过后，曾先后函达专员公署及粮政局证明并呈请物管会批准放行，经即转知警局派员赴宝领取。"② 而且积极应对"军麦事件"，银行公会想要的只是合理、合法、可行的摊派比率而不是拒绝摊派。

1943年11月25日，陕西省建设厅、财政厅裁定银行公会军麦摊认比率为5%。接到裁定后，银行公会及会员行表示接受；并在为顾及市商会是否接受这一裁定的情况下，委托该会军麦小组委员会详密研究决议如下：①按照5%的比率勉为接受，除第一次缴交413石强（省行摊），第二次798石（警局收），第三次173石强（审计处收），总计1384石外，拟请决议续缴1116石，市商会派拨超过此数之部分，拟请退回该会另办。②应续缴之军麦现品市价如何拟托会员陕西

---

① 《本会（西京市银行业同业公会）复高等法院代电》，1943年10月4日，陕西省档案馆藏，全宗、目录、案卷号37-1-21。
② 《西京市银行商业同业公会理事会谈话会纪录》，1943年11月4日，重庆市档案馆藏，全宗、目录、案卷号0310-1-2107。

第二章 战时陕西银行业制度与业务发展

省银行派员详细调查,报知常理会,以便购缴。③为对外保持本会信誉,对内免除今后麦价高涨之损失起见,拟请决议由会遵照10月13日第2届第1次理监联席会议讨论事项第八案决议第三项,中、交、农、陕西行、河北省五行由会函请,即将二次基金照额交会。第四项二次基金收足,仍不够用时,由公会向中、交、农、外省各会员息借临时暂欠款项补足其数额由常理会核定。各会员行级数即日先行借足200万元,预备支用一旦清算终了,多退少补。④小组委员会建议,全会分配此项购粮用款之标准,拟照粮政年度(1942年10月1日起至1943年9月30日止),分为12个月份,按各会员行开业月份之先后及在会级数比例,分担之。⑤小组委员会所建议之分配标准,系以全体会员负担为原则,其他情形未便置议,应由理监联席会议决定之。① 关于西京银行公会1942年度军麦摊派各会员行应该担负的标准,按以下原则办理:①由全体会员行负担。②照粮政年度(自1942年10月起至1943年9月底止)分为12个月份,按各会员行开业月份之先后,及在会级数比例分担之。③匡计公式为:凡为本案所用款项,于案结时,总计数额以各会员行应认共计总级数除之,求得每级应付款额,再各以各行应认之级数乘之求得各行应担款数,日后收取分别归垫。②计算结果如表2-18:

表2-18　　　西京市银行商业同业公会1942年度
军麦摊派各行负担明细

行名	级数	年月	应担月份	月份乘级数	应续缴数2087石 实物(石) 金额(元)	备考
陕西省银行	7	1942.9	1,2	84		
长安县银行	1	1942.9	1,2	12		

---

① 《军麦摊派小组委员会报告书》,1943年11月29日,重庆市档案馆藏,全宗、目录、案卷号0310-1-2107。
② 《西京市银行公会军麦摊派小组委员会会议纪录》,1943年11月25日,重庆市档案馆藏,全宗、目录、案卷号0310-1-2107。

西北银行业制度的强制性变迁与区域经济变动（1930—1949）

续表

行名	级数	年月	应担月份	月份乘级数	应续缴数2087石 实物（石）	金额（元）	备考
中国银行	7	1942.9	1，2	84	249 06	368817 12	
交通银行	7	1942.9	1，2	84	249 06	368817 12	
中国农民银行	7	1942.9	1，2	84	249 06	368817 12	
上海银行	4	1942.9	1，2	48	142 32	210652 64	
金城银行	4	1942.9	1，2	48	142 32	210652 64	
永利银行	4	1943.7	3	12	35 58	52688 16	
四明银行	4	1943.1	9	36	106 74	158064 48	
亚西银行	4	1943.1	9	36	106 74	158064 48	
兴文银行	4	1943.2	8	32	94 88	140501 76	
川康银行	4	1943.1	9	36	106 74	158064 48	
通商银行	4	1943.3	7	28	83 02	122939 04	
建国银行	4	1943.4	6	24	71 16	105376 32	
美丰银行	4	1943.2	8	32	94 88	140501 76	
工矿银行	4	1943.9	1	4	11 86	17562 72	
裕华银行	3	1942.9	3	36	106 74	158064 48	
农工银行	3	1942.9	3	36	106 74	158064 48	
甘肃银行	2	1943.1	9	18	53 37	79032 24	
河北银行	2	1942.9	1，2	24	71 16	105376 32	
绥远银行	1	1943.8	2，2	5	5 93	8781 36	经决议照入会月份核计
合计				704	2087 36	3091038 72	

附记：1. 全市派额 50000 石。2. 本会认派额（5%）2500 石。3. 第一次缴交 415 石。（陕省长安县）4. 本表分配之实物，系自 2500 石，总额中减去第一次缴交之 413 石，计应续交 2087 石，按照决议分配标准，即计算公式分配于陕西省银行、长安县银行以外之各会员。5. 每级应任实物 2965 石，金额 439068 元。6. 购麦用款总额及历次购麦单价请查阅通知。

资料来源：《西京市银行商业同业公会第二届第二次理事监事联席会议记录》，1943 年 11 月 30 日，重庆市档案馆藏，全宗、目录、案卷号 0310 - 1 - 2107。

2. 摊派比率交涉

西京市商会对于银行公会，一向以全市摊派总额的 20% 摊派。这

第二章 战时陕西银行业制度与业务发展

种摊派造成的结果是，银行公会各会员行包括中、交、农、邮汇局及各省、县银行分支处上半年 10 余单位下半年 20 余单位全体会员奉总行分拨营运资金总额 400 余万元，决算时各单位盈利均甚微薄，甚有亏折者，均陈报有案。而西京钱业同业公会登记之商号为 64 家，报请备案资本达到一千三四百万元，其所负摊派比率仅为 8%，为什么西京市商会对银行公会和钱业公会的摊派比率差异如此之大？再加上西京银行公会各会员行既须在市商会担任摊派又须独立应付各机关、各法团及社会上之捐募，是无论罄其营运资金甚至合并全部盈利来缴纳恐怕都不足以满足各方。上述可知西京银行公会处境艰困之深。

分析其原因在于：一是市商会对于银行公会的摊派比率不依资历，不问盈余，不符合法规手续，任意估定为全额 20% 有失公允；二是西京市商会所任全省摊派额数为 8%，8% 的摊派都摊在会商号（约 6000 户）身上，全市居民无一分责任，未入会商号（亦约 6000 户）也无一分责任，事实有失公平；三是各机关、各法团及社会各方非但不了解银行业务本已有其推行国家金融经济政策的巨责；非但不了解银行因同属商业机构已在市商会分担不合理的责任，依然要求银行公会单独另负力所不能胜之募纳，有失公理。因此银行公会不断与市商会通过函件来讨论摊派比率问题，市商会的回复却总是避重就轻。

1943 年 6 月 9 日来件继则曰：除银行公会及企业公司外均按资本多寡平均分摊。6 月 14 日来件，这次非但语句含混，且先后不同。对于此项答复，银行公会只得认为该会不欲求得合理解决或不能提出合理方案。①

不久后，四联总处令银行公会的会员行中、交、农三行不准担任，西京银行公会转知市商会后，市商会自行将比率改为 15%，并告知以后之各项摊派，公会依此为准。而这是银行公会及会员行无法

---

① 《摊派比率仲裁节略》，1943 年 9 月，陕西省档案馆藏，全宗、目录、案卷号 37-1-21。

西北银行业制度的强制性变迁与区域经济变动(1930—1949)

接受的。在1943年8月22日西京市银行商业同业公会第2届会员大会上,市商会代表雷启哲做出答复:"对于贵会困难问题方面,我愿意贡献一点意见,在抗战期间是应该有力的出力,有钱的出钱,才是报效国家。关于摊派的问题,贵会一再向商会申述自己的困难,而商会亦有困难的地方,即如各会员的资本而论,根本未得彻底而精确的调查,摊派自然发生困难,商会自改选后新会长即力求摊派的公允,竭力为各会员谋福利。惟改选伊始,一切均尚未步入正轨,致贵公会方面之摊派问题,仍未解决,不过不久之后,商会对贵会摊派问题,当有解决。"① 市商会虽体谅银行公会的困难,也主张面对外敌入侵应有钱出钱、有力出力;认为银行公会、商会均有自身困难;而银行公会提出的进行资本调查也难以做到彻底、精确,这实际是造成摊派不公之因;但该代表表示市商会新会长上任后,会考虑会员利益及摊派公平。而事实上,市商会会长薛道五不无给银行业多增加摊派之意。而这会难以答成双方满意的摊派比率。但如果摊派比率问题无限制拖延下去尤其是军麦摊派比率,会导致抗战救援工作无法正常展开。

而之后市商会并未解决对银行公会会员摊认比率问题,银行公会又面临陕西地方当局的催缴压力。1943年8月25日,陕西省政府曾训令市商会催促各同业公会按规定期限购足军麦。② 接着,市商会即转达省政府8月25日训令,限令两月内交清。③

来自各方的压力不断增加。为尽快解决,1943年9月银行公会对于此项比率有以下五点质疑:①20%及15%,系以何为根据?②商会发来通知均称"除银行公会外各业以资本计",为何银行公会不能

---

① 《西京市银行商业同业公会第二届会员大会纪录》,1943年8月22日,重庆市档案馆藏,全宗、目录、案卷号0310-1-2107。
② 《省府令市商会转各公会依期购足军麦训令》,1943年8月25日,陕西省档案馆藏,全宗、目录、案卷号37-1-21。
③ 《市商会致西京银行公会函》,1943年8月25日,陕西省档案馆藏,全宗、目录、案卷号37-1-21。

第二章 战时陕西银行业制度与业务发展

以资本计？为何将其除外？③各项摊派为何均经市商会自决，而不依合理手续取得银行公会同意？④即以1942年度军麦为例，所派总数依照限价购缴，都需款800余万元。事实上焉有如此负担能力？⑤国营三行在银行公会之负担级数为八十五分之二十一，会员邮汇局以同属国家资本，嗣亦奉令免担，其在会级数为八十五分之六。两计应免去八十五分之二十七。何以仅免去二十分之五？提出五点质问，表明银行公会领导人对市商会的独断专行非常愤慨。最后，银行公会还声明，这些是在寻求摊认比率合理与能够承担。这次质问之后，银行公会还曾多次向市商会声明异议。①乃经月余时间，始见市商会答复初则曰：以各业资本多寡为比率。

但摊派比率问题的悬而未决，事实造成市商会及其接受摊认机构会给公会以很大压力。市商会将矛盾下放，在摊认任务未确定的情况下，向陕西省高等法院声明，由银行公会摊认该院暨所属机关1943年1月、2月、3月份员工食粮。于是，1943年9月28日接受摊认的陕西省高等法院再限西京银行公会10月10日交清军麦。②该法院来函强调："该院最后威胁道，倘再逾期拖延，将依法办理。"市商会借拟接受摊认的省高等法院给银行公会施加很大的压力。

但银行公会再次复函声明态度。1943年10月4日西京银行公会回复高等法院：市商会此项摊派，"手续不合法，自属未能处理。摊派标准失当，于理自属不公。本会缴纳食粮已为市商会划拨其他单位，致使纠纷迭起。敝会主张谨守法定程序及维护事理公正，一面多次与市商会交涉提出异议，请重洽商；一面致函各机关申明不能清交。并另派代表请求省府给予仲裁，但终无结果"。其中责任全在商会。法院"虽提10月10日前交清，但敝会认为仍应以仲裁结果为准。"③西京银行公

---

① 《摊派比率仲裁节略》，陕西省档案馆藏，全宗、目录、案卷号37-1-21。
② 《高等法院再限十月十日交清军麦电》，1943年9月28日，陕西省档案馆藏，全宗、目录、案卷号37-1-21。
③ 《本会（西京市银行业同业公会）复高等法院代电》，1943年10月4日，陕西省档案馆藏，全宗、目录、案卷号37-1-21。

西北银行业制度的强制性变迁与区域经济变动（1930—1949）

会的答复不是推卸市商会的此项摊派责任，而是期望在摊认比率及任务方面合理、合法、公平、可行。

银行公会为减轻压力，促使军麦等摊认问题得到合理解决，还曾呈文财政部西安监理官办公处声明态度。该会旨在请求市商会订立合理、合法、可能承担之摊派比率。公会认为，所谓合理，即应根据各业资力以为摊派比率；所谓合法，即应履行法定程序以确定摊派数额；所谓可能，即应参照资力，使之可得继续生存，为国家负做长远之贡献，而不可使之一蹶不振。①

但对于西京银行公会的诉求，不少地方人士却不理解，一味认为银行作为金融机构有钱就应当多出，银行公会作为银行业的同业组织更应该首当其冲。但这种观点忽略了银行的独立经营性质及其自身运转机制；漠视银行公会会员经营中的极大风险性。因为令银行无限度地多摊多认，事实上既不利于对抗战的持续支持，更不利于银行业的正常发展及风险防范。因为银行作为金融机构为授受信用之营业，以法定利率授受存户，以法定利率授予贷者。其本身资力，应以其资本为准，至存户之款，乃银行以支付利息的形式借贷而来，"焉能妄行支用，致破毁信用市场之机能"。②

因此，针对一些人士的误导及市商会难以彻底精确调查资本的理由，西京银行公会的要求是可以通过准确调查资本额确定摊派比率，以合法程序来确定摊派数额。按照西京银行公会以资本额来确定摊派比率的设想，西京市各业的资本究竟有多少？因为银行公会成立较晚，对其他行业未及调查，并不知确切数字。在多次请求市商会明示也毫无结果的情况下，西京银行公会建议采取措施，提出设法普查西京市各业资本；该会认为即使无法即日实施，也应由主管机构先从陕晋税务管理局抄录各业申报直接税时的资本额，各业直接税如无从查核者，则应依其事业主管机构的备案文件为准。公会的规划是，从主

---

① 《摊派比率仲裁节略》，陕西省档案馆藏，全宗、目录、案卷号 37-1-21。
② 《摊派比率仲裁节略》，陕西省档案馆藏，全宗、目录、案卷号 37-1-21。

第二章 战时陕西银行业制度与业务发展

管机构抄得此项数字后，即发交市商会及各业公会，依之而确定各业之摊派比率。查直接税局要为政府机关，资本额系各行号自行申报。依此为根据，自属公允。在市商会一再拖延下，为促成准确调查或到税务机构抄录资本额，西京银行公会专门致函财政部西安区监理官办公处诉说苦楚，期望该处代向财政部反映。① 最后该公会甚至表态称：基于强烈的国民义务和报国热忱，希望早日解决摊派比率问题，以救济抗战时期的军需民用。以此作为出发点，不惜再三自损，"愿将全市所估2亿资本总额以对折计，愿于普查或抄录资本数额工作未完成前，先行缴纳"；银行公会"愿于此项工作完成后，照实调整"。② 接着，西京银行公会还在致财政部西安区银行监理官办公处监理官蔡光辉函中公布全体会员行资本金。该会所属会员共21单位。其资本数额均曾经呈请财政部批准，设行时陈明备案。分列各会员行之资本如表2-19：

表2-19　　　　　　银行公会会员资本额调查　　　　　　单位：元

行别	资本额	备改
中国银行	1000000	雍行辖区共奉拨500万元陕行实拨百万元
陕西银行	500000	资本总额1000万元呈部准分拨53分支行处
长安县行	500000	
交通银行	300000	
上海银行	300000	设行劝期为5万元本年呈准增加
建国银行	300000	
通商银行	250000	
永利银行	250000	
邮汇分局	200000	
四明银行	200000	

---

① 《财政部西安区银行监理官办公处据西京银行公会呈复各项摊派摊借详细情形转呈财政部公函》，1943年11月6日，陕西省档案馆藏，全宗、目录、案卷号37-1-21。
② 《摊派比率仲裁节略》，陕西省档案馆藏，全宗、目录、案卷号37-1-2。

西北银行业制度的强制性变迁与区域经济变动（1930—1949）

续表

行别	资本额	备改
农工银行	100000	
金城银行	100000	
裕华银行	100000	
亚西银行	100000	
川康银行	60000	
兴文银行	50000	
美丰银行	50000	
河北省行	50000	
农民银行	300000	
甘肃银行	30000	
绥远省行	20000	

资料来源：《摊派比率仲裁节略》，陕西档案馆藏，全宗、目录、案卷号37-1-21。

从表2-19可知西京银行公会会员行（21行局）资本额计476万元整。西京银行公会声称：假定照全市资本总额1亿元计，应负担全市4%。与钱业公会资本额一千三四百万元而负担8%看来似属尚欠公允，但银行公会自愿放弃此项争议。西京银行公会认为依照全市4%之比率，今日以前所有各项摊派自愿即日缴纳清完。并答应在全市资本额调查结束时，如银行公会应负担超过4%，自当加重责任，决不规避。但也要求在无其他合理证明前，市商会所派各项摊派数额应请将所发单据收回另拨，不得再以政府的名义搪塞银行公会。对于银行公会的建议，市商会代表雷启哲在出席1943年8月22日西京市银行商业同业公会第二届会员大会时做出回应，虽体谅银行公会的困难，并表态促成双方满意的摊派比率。[1]但如果摊派比率问题无限制拖延下去尤其是军麦摊派比率，会导致抗战救援工作无法正常展开。

---

[1] 《西京市银行商业同业公会第二届会员大会纪录》，1943年8月22日，重庆市档案馆藏，全宗、目录、案卷号0310-1-2107。

第二章　战时陕西银行业制度与业务发展

因此，西京银行公会第二届常务理事会上任后，改变了以前单方面和市商会来往函件洽商摊派比率问题的策略，而是与有关各方面洽商全市摊派比率问题，包括省派仲裁人财政、建设两厅厅长，市商会负责人薛道五主席，谢鉴（鉴）泉代主席，主管官署当局西安区银行监理官蔡光辉，社会处陈处长及洽领军麦之高等法院，第五救济区，黄河水利委员会等机关负责人多次商讨。西京银行公会为求各会员行担负公平，曾派西京银行公会理事王宝康、经春先、姚伯言、郭鹏飞、王萼楼、郑瘠生、张六师组成军麦摊派小组委员会与各方洽定军麦摊派比率问题。经过多方交涉，多次会议商讨，初步达成理解与共识，最后综合各方意见，1943年11月22日西京银行公会军麦摊派小组委员会上就军麦摊派一案初步达成一致意见，事务所报告中称："刻奉陈、周两厅长仲裁长官11月18日来函，嘱勉认全市5%"，即西京市1942年度商购军麦总派数为50000石，该会摊认5%计应交2500石，除先后缴交总计1384石外，尚应续缴1116石。银行公会决定按此尽快办理。① 银行公会认为，就摊派比率问题与有关方面交涉甚多，反复不断，其中幸得陕西省政府，公会理事长、常理会多方交涉，地方仲裁长官贤明英断，以5%定案，公会即为接受。但在西京市银行商业同业公会理事会谈话会上，常理会提出："本会摊派比率问题，前经仲裁长官规定为5%，经已报请讨论并经决议勉为接受。竣闻市商会常委会对于仲裁规定仍不接受，并拨定为7.5%。银行公会知晓后，立即请示仲裁长官主持公道。同时，银行公会决定4%请求系照所估全市资力再行对折计算而得，已属加倍负担，前议勉认5%实为遵照长官指示，不惜困难力求解决。今商会若再增加决不承认。"② 银行的经营应以推行政府金融政策、经济设施为根本方针。比如调剂

---

① 《西京市银行公会军麦摊派小组委员会会议记录》，1943年11月25日，重庆市档案馆藏，全宗、目录、案卷号0310-1-2107。时任陕西省财政厅厅长为周介春。
② 《西京市银行商业同业公会理事会谈话会记录》，1943年10月29日，重庆市档案馆藏，全宗、目录、案卷号0310-1-2107。

西北银行业制度的强制性变迁与区域经济变动（1930—1949）

盈虚、稳定市场、劝募公债、推行节储、吸收游资、扶持建设等"均其于战时对国家独任之巨责而为他种商业所无者，本职已艰，余力已少，聚精瘁神独恐贻误，若竭泽而渔后患何堪"。① 银行公会认为近两年来，西京市各项摊派捐为数甚巨，摊派比率原经周、陈两厅长裁定为负担全市5%，摊派军麦问题解决后，遵行未久，各同业公会要求市商会改定本会担负全市摊派比率为7.5%，以致争议重起，经多方折衡，银行公会会员大会多次激烈讨论，财、建两厅长复为仲裁，最终以6.25%成为定案。② 银行公会态度强硬，反应迅速，期望最终得以解决。当时陕西省政府经调查后也明令：西京市商会为属会会员悉力确尽其对国家应负责任与义务外，不再增加其本业以外负担。所有一切摊派免予征课，市商会切实遵照仲裁长官所规定，将所有摊派悉照全市商会认额5%计数，其中如遇有各会员，奉行主管机关命令，如四联总处之于中、交、农三行；各省政府之于省、县银行，不准支付某项摊派时，应由5%总额内比例扣除，不得视为欠交。③ 至此，历时一年有余的摊派比率交涉终于尘埃落定。这是银行公会不懈努力的最佳结果，不仅有助于以后减少面临摊认任务时的交涉麻烦，并奠定与政府、商会等有关各方关联协调的良好基础，而且有助于银行公会会员行力所能及地支援抗日战争，尽到银行业同业团体的政治与社会责任。

3. 车骡借款

抗战时期，战时后方运输是决定胜负的重要条件之一，而车辆和骡马作为物力方面的支持也发挥着重要作用。车骡借款成为西京银行公会应摊的派额之一。1943年4月20日，陕西省政府接到军事委员

---

① 《西京市银行业同业公会呈文》，1943年12月29日，陕西省档案馆藏，全宗、目录、案卷号37-1-21。
② 《财政部西安区银行监理官办公处据西京银行公会呈复各项摊派摊借详细情形转呈财政部公函》，1943年11月6日，陕西省档案馆藏，全宗、目录、案卷号37-1-21。
③ 《西京市银行业同业公会呈文》，1943年12月29日，陕西省档案馆藏，全宗、目录、案卷号37-1-21。

第二章 战时陕西银行业制度与业务发展

会委员长蒋介石来电:"为加强各兵站输力输具,饬陕西省征购大车1000辆,车带全付挽具。乘挽马(即骡)2100头,规定车每辆按3000元发价,乘挽马每头按2000元发价,每车并附征驭卒2名,限本年4月底征齐缴用。"① 陕西省政府按照该省各县市1943年第1期的军事征发,平均摊配,配定西安市应缴大车80辆,乘挽马(即骡)1188匹。根据电文所给的价格计算,政府要求西京市内各公会、行厂、企业及公司先行借款200万元以资购买,将来若有结余另行退还;若不足再补借款。西京银行公会担任全数的15%即30万元。4月23日,西京银行公会召开第四次全体临时理监事会议专门讨论此事,理事长、常务理事都认为摊派比率不合理,要求与市商会洽商后再做决定。由于这批车骡急需派上用场,最终银行公会与市商会洽定"先行借款20万元,按照85权分配、收取"②。通知各会员行并由会员行陕西省银行代收。一周内市商会曾3次派员会同警察局警官前来该公会索要,仅收9万余元,不到商定借款数额的一半。1943年5月8日公会理事长贾玉璋签署的西京市银行业同业公会紧急通告,催促各会员行将所担任额度尽快缴交。正在银行公会各会员行遵办期间,接到第八战区朱长官电:"各省历次征送军用车辆,多以坏车充数,致接收仍不堪使用,耗材误事莫此为甚。"③ 要求此次,按照八成新以上车辆征交,以坚固耐用为先。

　　陕西省政府在征集车骡借款期间,西京银行公会会员行应摊派额迟迟未缴或者征送的车辆以次充好,究其原因,西京银行公会认为市商会一向加于本会的各项摊派从来未经本会同意,此次的车骡借款摊派比率亦是。15%的比率对于战时西京银行公会来说负担过重。为求

---

① 《西京市银行业同业公会通知》,1943年4月20日,重庆市档案馆藏,全宗、目录、案卷号0310-1-2106。
② 《西京市银行业同业公会第14次常务理事会议记录》,1943年4月30日,重庆市档案馆藏,全宗、目录、案卷号0310-1-2106。
③ 《西京市银行业同业公会通知》,1943年6月30日,重庆市档案馆藏,全宗、目录、案卷号0310-1-2107。

▶ 西北银行业制度的强制性变迁与区域经济变动（1930—1949）

将来各项摊派公正起见，西京银行公会方面曾要求一合适、固定的比率。这一比率如何规定，西京银行公会常务理事会同市商会商定今后摊派按照银行公会各会员行资本总额和参照其他商业同业公会例核实计算。但这毕竟没有作为书面协议发挥约束作用，以至在不久后的再次摊派认定中引起争议。

1943年第1季（1、2、3月份）军运车辆差价1440万元加上杂费57.6万元，共1497.6万元。市商会接到省政府通知摊定，随即召开第19次会员大会向银行公会派借15%即224.64万元。银行公会也召开第10次理监事联席会议讨论，会上首先推选王萼楼、王宝康、杨朗川、刘钟仁、经春先为交涉代表①；其次会议经过决议认为，公会负担比例最高额不得超过5%。若国营行局在会不负担时，应将最高额改为3%或4%。会后交涉代表与市商会恰议。但因陕西省政府警察局多次发令速缴，与市商会商议又暂无结果，遂决定于1943年7月17日下午召开各会员行经理紧急会议讨论，经过决议：①依照全市总额10%缴纳。②限两日内（19日）各会员行速将应缴物款交公会转解。② 西京银行公会在维护自身艰难发展和支援抗战军需之间不断努力，最终倾向从抗战大局考虑。

战争爆发后，物价不断高涨，从西京市军事征用委员会的办公清册可见"造送购骡168头，需款268.965万元；车80辆，需款74.4万元；挽具80付，需款9.6万元；办公人津贴，需款3.202万元；办公费，需款908元"。③ 征用车骡借款按先前的200万元，远远入不敷出，经会员大会决议，再向会员行续借100万元。

抗战期间，西京银行公会在物力和财力上积极支持，对陕西的贡

---

① 《西京市银行业同业公会第10次全体理监事会议记录》，1943年7月13日，重庆市档案馆藏，全宗、目录、案卷号0310-1-2107。
② 《西京市银行业同业公会通知》，1943年7月17日，重庆市档案馆藏，全宗、目录、案卷号0310-1-2107。
③ 《西京市银行商业同业公会通知》，1943年8月31日，重庆市档案馆藏，全宗、目录、案卷号0310-1-2107。

第二章　战时陕西银行业制度与业务发展

献相当可观。举几个统计数字即可看出，物力方面，从抗战开始到1943年6月6日止，车辆：征雇及临时支应军用大车，共11.556万辆（发价约288.9万元，地方赔价约4333.5万元）；骡马：征购及征雇军用骡马等共190.7982万匹（发价约6111.9143万元，地方赔价约14056.88万元）；牲畜：征购支应军用驴牛等共80051万头（发价约328.2047万元，地方赔价约5831.5103万元）；马秣：征购草共16562.4469万斤，料共5431.6446万斤（两项合计发价约3377.4357万元，地方赔价约11474.6076万元）；材料：征用各种军事材料共价37358.6207万元（发价约8172.1967万元，地方赔价约29186.424万元）；燃料：征购军用燃料共3101.2245斤（发价约341.7594万元，地方赔价约1208.7972万元），后两项的统计数字截至1943年4月，少算两个月但大体是一个统计阶段。① 1945年第二届第二十三次理监事联席会议后市商会所派的预屯马秣价款等共计为300余万元，若透支款额为每级2万元，则仅172万元。仍不敷开支，拟将透支款额改为每级5万元以利支付，是否最终以每级3万元改订达成一致再议。

4. 军事借款及捐认

抗战时期，河防工事的建设既有利于作为天然屏障保护陕西不被日本人侵犯，又有利于农田灌溉保证粮食供给。因此河防工事借款西京银行公会竭力筹措，但到1943年9月9日，河防工事借款500万元到期并未归还。西京银行公会会员行陕西省银行转函陕西省财政厅要求催还河防工事借款款项，在两者双管齐下后悉知"河防借款系分配各县偿还，现仅汇到八万余元"。② 西京银行公会在面对借款无法按期偿还，资本缺乏的情况下，还要不断摊认来自各方面的款项。据

---

① 郭琦、史念海、张岂之主编，李振民：《陕西通史》（民国卷8），陕西师范大学出版社1997年版，第234—235页。
② 《西京市银行商业同业公会通知》，1943年10月27日，重庆市档案馆藏，全宗、目录、案卷号0310-1-2107。

西北银行业制度的强制性变迁与区域经济变动（1930—1949）

资料显示截至1943年10月，市商会通知银行公会欠该会摊派款项共2449805.83元，①西京市城防核心工事款原派18万元，已交10万元，欠交8万元；鞋袜劳军代金原派22.5万元，欠交22.5万元；归还河防工事工料费借款原派10.3928万元，公会因此系向同业借款500万元，尚未如期归还。今竟于特别借款之外再责以巨大负担，故不再认同该会所谓欠交数目。②自身发展实属艰难和不易，但仍然想方设法支持抗战。西京银行公会每遇到各种摊派款项，每笔都大约在百万，故每月如有数笔摊款时，透支款额则不敷开支。仍需向各会员行收取现款支付，因此在1945年第二届第二十三次理监事联席会议上，提议将款额改为每级5万元。大多会员不赞同，最后决议改为2万元。③

西京银行公会成立于抗战时期，在特殊的战争形势下积极支持和参与抗战救济活动义不容辞。1942年11月上旬中国滑翔总会滑翔机劝募委员会陕西分会发函："滑翔机捐献运动在全国各省市业已普遍展开，各界人士无不一致响应热烈赞助，用能于最短期内获得美满成绩，奠定滑翔基础。"陕西省奉令原以劝募滑翔机捐筹募国币150万元，购献滑翔机50架为目标，劝募工作进行以来，宣传活动比比皆是，但西京市各界并未甚大响应。为求该运动顺利推行，劝募委员会特制定有优惠政策的劝募办法，①中国滑翔总会滑翔机劝募委员会（以下简称本会），为推行劝募工作订定本办法。②本会劝募滑翔机数额暂定为500架，每架以国币三万元为准则。③凡地方团体或个人捐献一架者，由会发给奖状；捐献五架者，由总会发给奖状；捐献十

---

① 具体情况如：军用车骡征购价款原派450000元，已交103482元，欠交346518元；救济河南入陕难民费原派27000元，公会因同业总捐已达400000元强，各行分别捐款亦约100000元强，故不再认该会摊派，该会指为欠交27000元；军用征雇车辆差价原派2246400元，已交579040.17元，欠交1667359.83元。

② 《西京市银行业同业公会呈文》，1943年12月29日，陕西省档案馆藏，全宗、目录、案卷号37-1-21。

③ 《西京银行商业同业公会第2届第23次理监联席会议记录》，1945年6月29日，陕西省档案馆藏，全宗、目录、案卷号42-1-13。

第二章 战时陕西银行业制度与业务发展

五架者，呈请国民政府颁发奖状。④凡地方或团体及个人捐献足一架者，即以该地之名或团体及个人名义命名。若筹足多架者，命名由捐献之地方团体及个人自行拟定。⑤劝募工作应在全国各地同时发动。⑥劝募时间暂定于1942年4月4日开始，1942年10月10日结束。必要时，得酌量延长之。⑦各地捐献金额均由本会或各省分会预先指定当地国家银行及中央信托局代收，转解本会（转解金额办法另定）。⑧本会每月月终将劝募金额及已制成的滑翔机数目、名称汇集公布于《中央日报》并在广播电台广播。⑨各省所捐献之滑翔机备为各该省练习备用。⑩本办法由本会决定并呈报中国滑翔总会备案施行，修正时亦同。该劝募办法很快由中国滑翔总会滑翔机劝募委员会陕西分会发给西京市商会，市商会又发给了西京银行公会。银行公会通知会员行："推行劝募滑翔机工作并转发中国滑翔总会滑翔机劝募办法一份，嘱转知各会员行一致参加，完成劝募目标。"[①] 这是滑翔总会原来的计划与安排。西京银行公会只是转知会员银行捐助滑翔机。虽然劝募办法一定程度上很吸引人，但是战时捐献飞机不是光有一腔热情就行，需要有雄厚的实力。劝募委员会制定的劝募办法中，以团体或个人的名义捐献飞机，着实有些牵强。毕竟只有财富丰厚的个人和资历雄厚的团体组织，抑或经济宽裕的地方才有捐献的资格，是否不捐献还要看对方的意愿。但事实上西京市银行业从1943年才开始起步捐献，而且并未捐献滑翔机，而捐助的是飞机。

整个劝捐活动办下来收效并非十分理想，而前线战争吃紧，战争装备急需，为扭转这种不利局面，西京市内掀起了一元献机运动，银行公会会员行为响应该项运动，决定在同业聚餐会上商议共同捐献一架飞机，约折合15万元；公会还订于1943年9月20日下午4时在中中交农联合办事总处西安分处开会，商讨分担数额问题。9月20日西京市银行界一元献机会议召开，西京银行公会会员行积极参加，

---

① 《西京市银行业同业公会通知》，1942年12月29日，重庆市档案馆藏，全宗、目录、案卷号0310－1－2106。

西北银行业制度的强制性变迁与区域经济变动（1930—1949）

出席代表包括陕西省银行代表王会先、上海商业储蓄银行代表经春先、山西省铁联合办事处代表马玉章、河南农工银行代表郭鹏飞。会上通过决议：西京银行公会会员行共献机一架，折合法币15万元，具体各会员行担任款额如下：

表2-20　　　　　西京银行公会会员行献机捐款统计

代表银行	担任款额（法币元）
陕西省银行	25000
中国银行	20000
中央银行	20000
交通银行	20000
中国农民银行	20000
上海银行	10000
金城银行	10000
河南农工银行	8000
山西省铁联合办事处	6000
裕华银行	5000
河北省银行	3000
长安县银行	3000
合计	150000

资料来源：《西京市银行界一元献机会议记录》，1943年9月20日，重庆市档案馆藏，全宗、目录、案卷号0310-1-2077。

西京银行公会在自身艰难发展情况下还积极筹措资金支援抗战，参加社会救济活动，实属难能可贵。从会员行担任的一元献机款项分配来看，陕西省银行作为本省实力最强的地方银行，摊派款项数额居于首位。其次，国家银行和商业银行在抗战救济活动中也贡献不小。

除了西京市银行界搞得如火如荼的一元献机运动外，陕西省政府也受中国航空建设协会陕西省分会的请求，在陕西全省境内各县推行一县一机运动，并兼办西京市一县一机运动劝募事宜。其中，银行公会最终也承担一定金额。当时,中国航空建设协会陕西省分会作为陕西全省一县一机运动推广的主要单位,不久召开筹备会议,并通过了该分会组织规程、办事细则及西京市一县一机运动各级劝募队组设办法。会议决议责成陕西省会警察局劝募支队为西京市一县一机运动的劝募单位。中国航空建设协会陕西省分会会议还做出决议,由全省共捐献飞机41架,捐额820万元。西京市应担任10架,捐额200万元。陕西省会警察局劝募支队接到西京市应捐献飞机10架,捐额200万元后,立刻按照西京市一县一机运动劝募办法,即按商七成、民三成标准,商户以纳营业税额为比例;民户则平均分担于各镇保甲;至于机关学校,则听任自由捐献;给西京市所在的公会、行局、企业、公司下达任务"除由本市各商、住户担任劝募捐款180万元外,其余20万元应请由西京银行公会担任"。① 实际捐款情况是,1943年10月29日,西京市银行商业同业公会全体理事谈话会议上决议:"一县一机募款,事关国家空军实力之增强,各行自应踊跃认捐,惟来年本会负担奇重,力与愿违,兹勉认10万元。"② 虽然只劝募了预定目标的一半,西京银行公会已属尽力而为。

5. 救济难民费

战争时期物价飞涨,经济萧条,工业萎靡不振;百姓的生活更是食不果腹,以至还有从外省逃难到陕西的大批难民流落街头,一时间难民问题相当突出,陕西省政府也竭力解决。陕西省政府成立全省赈务委员会,由凌勉之任主任委员。凌上任后就到达银行公会,称奉省主席熊斌面谕"西京市附近各难民收容机构及儿童院所备口粮已空,亟待购办。目前拟从银行公会垫借150万元"。银行公会作为金融机构,在战争时期,以国家利益至上,有钱出钱、有力出力满足军需和

---

① 《西京市银行商业同业公会通知》,1943年11月2日,重庆市档案馆藏,全宗、目录、案卷号0310-1-2107。
② 《西京市银行商业同业公会全体理事谈话会议记录》,1943年10月29日,重庆市档案馆藏,全宗、目录、案卷号0310-1-2106。

民用，不会以任何方式拖延。但银行公会实属困难，借款收回遥遥无期，利息更不用期望，还要摊派诸如军麦借款、车骡借款、河防工事借款，等等。对救济难民借款实在无法拿出，相信全省赈务委员会能理解西京银行公会的难处。1943年4月29日，市商会通知当年应认救济难民费为全年28万元，照15%比例，由银行公会摊认2.7万元。1943年4月30日，西京市银行业同业公会第十四次常务理事会议召开，在会上常务理事展开热烈讨论，最终认为"本会对救济难民捐款已多，此项摊派不能再认，应予婉拒"。[①] 西京银行公会不是不愿摊认担承，而是此前各种摊派、捐募繁多负担奇重。此时，银行公会及银行业自身生存艰难，实在无力接受此项摊派。

第五节　省银行及商业银行的业务

一　存款业务

陕西省银行成立后，本着扶助地方经济建设、调剂地方金融的宗旨，在全省范围内广设分支机构，扩大活动范围。尤其是在地方政府政策的指导和规范下，通过自身的积极经营运作，1932年省银行共有分支机构21所，公积金及盈余131458元，到1933年分行处有28所，资产总额达5910076元[②]。

因为陕西省银行在资金筹措方面一直困难重重，故非常重视组织公私存款。当时的西安市况是，经济枯竭，百业凋敝待兴，市面资金多集中于东部地区，所以存款无多。陕西省银行肩负调剂地方金融、服务陕西社会的责任。该行积极吸纳社会游资提高存款金额，为银行其他业务的展开提供了客观条件。1931年起该行存款金额持续上升，

[①] 《西京市银行业同业公会第十四次常务理事会议记录》，1943年4月30日，重庆市档案馆藏，全宗、目录、案卷号0310-1-2106。

[②] 西安市档案局、西安市档案馆编：《陕西经济十年（1931—1941）》，1997年版，第291页。

第二章 战时陕西银行业制度与业务发展

1933年存户总数828户，较上年增加了644户。[①] 存款金额的日益增多，促使银行寻找更多的资金出路，以达到资金融通、活跃经济的目的。很多有识之士已经认识到，银行业务的重心应放在投资生产事业上，以积极稳妥的方法，投资发展，建设地方事业，为社会谋取公共利益。存款概况如表2-21：

表2-21　　20世纪30年代前期陕西省银行存款统计　　单位：法币元

项目 年份	定存	活存	特别往来存款	储蓄存款	合计
民国二十年		1697552	135116	153761	1986481
民国二十一年		678120	151905	38186	868212
民国二十二年	283	585405	188779	5013	779480
民国二十三年	148991	2111973	362590	22827	2646382
民国二十四年	74790	1828446	729054	69045	3258811
民国二十五年	30488	4275513	862446	152275	5320722
民国二十六年	40647	3303994	1864669	113268	5322579

资料来源：《陕西金融志资料》卷221/64号。上表为年末余额。

表2-22　　　　陕西省银行历年存放款数字　　　　单位：法币元

种类 年份	存款	放款
1931	81065358.62	11166939.09
1932	217540751.26	20025815.68
1933	94685747.36	15062831.66
1934	82310921.43	26627805.77
1935	143768417.09	40524456.35
1936	148056257.98	46710637.45
1937	88233388.76	44346121.10

[①] 陕西省档案馆藏，全宗、目录、案卷号22-1-117-1。

西北银行业制度的强制性变迁与区域经济变动（1930—1949）

续表

种类 年份	存款（元）	放款（元）
1938	115563774.56	4653974102
1939	207031887.36	56199656.93
1940	325809333.77	107851085.04
1941	550954718.38	184600005.78

资料来源：《陕西经济十年（1931—1941）》，第294页。

从上表2-22可以看出，1931年开始至1941年陕西省银行的存放款数额逐年上升。其中存款递增幅度较大，但是放款数额在当年存款中所占的比例也逐渐加大，甚至高达百分之五十。如此数额庞大的放款支出用于何处，难道仅仅是用于供养军需，补贴财政吗？带着这一疑惑，笔者对陕西省银行的放款业务也做了简单的调查。

二 放款业务

放款业务是金融业尤其是银行业服务于经济建设的重要渠道，也是扩大银行资本的有力方式。据陕西省银行1933年业务状况报告统计，该年普通工商业放款，增全额20.83%；机关欠款，减全额15.31%，同业减全额5.51%。[①] 因为陕西灾荒严重，急需救济扶助，所以省行尽力减轻利息，量力贷放，意在直接促进工商业的发展，以间接辅助农村经济的周转。以城市居民和小工商业者为对象的贷款属于小宗贷款，放款额度最初为5—50元、51—300元，后放宽至500元。[②] 还款方式有两种：整借整还的，限期半年，月息九厘；分期还款的以一年为期，月息八厘；押品以易于出售的货物、存折、有价证

[①] 陕西省档案馆藏陕西省银行档案，全宗、目录、案卷号22-1-117-1。
[②] 陕西省地方志编纂委员会编：《陕西省志·金融志》，陕西人民出版社1994年版，第291页。

第二章 战时陕西银行业制度与业务发展

券、房地产为限。①还在西安委托富秦钱局成立小宗贷款部,拨划资金10万元用于专业营办。很大程度上扶助了小工商业者和城镇居民,方便了群众。

农业放款从1934年开始,对各县农村进行了投资,由于当时资本力量有限,未能规模化进行。但在一定程度上间接辅助了农村经济的复苏。

一般来说,工业和金融业的发展速度与发展水平总是相辅相成的。在社会积累水平低下、经济发展落后的陕西,银行的投资成为兴办近代工业的重要资金来源。为扶持工业建设和发展工业生产,陕西省银行力所能及地对陕西地区的众多工商企业进行了投资。故放款总额1934年起逐年增加,计1934年2662780577元,1935年4052445635元,1936年4671063745元。②以该行1933年业务状况报告为例,其存、放款业务状况如表2-23至表2-26:

表2-23　　　　　陕西省银行1933年存、放款余额

	内容	存款余额(元)	较1932年增减
存款余额	活期	11141997.68	减1383075.18
	定期	123283.00	减84002.40
	其他	7021700.61	增4824779.85
	总余额	18286981.29	增3357702.27
放款余额	活期及透支	19127144.04	增4263463.74
	同业	6486133.17	减518208.06
	定期	377410.00	减460280.00
	其他	34970.00	减269239.31
	总余额	26025657.21	增3015736.37

资料来源:《1933年陕西省银行业务状况报告》,陕西省档案馆藏,全宗、目录、案卷号22-1-117。

---

① 中国民主建国会陕西省委员会、陕西省工商业联合会合编:《陕西工商史料》第二辑(金融专辑),1989年印,第158页。
② 西安市档案局、西安市档案馆编:《陕西经济十年(1931—1941)》,1997年版,第291—293页。

▶ **西北银行业制度的强制性变迁与区域经济变动（1930—1949）**

表2-24　　　　陕西省银行1933年存、放户性质百分比

年份	存款			放款		
	机关存款	工商业存款	团体及个人存款	机关放款	工商业放款	同业
1932	65.30	23.36	11.34	64.56	5.00	30.44
1933	47.27	45.55	7.18	49.25	25.83	24.93

资料来源：《1933年陕西省银行业务状况报告》，陕西省档案馆藏，全宗、目录、案卷号22-1-117。

表2-25　　　　　　陕西省银行放款统计　　　　　　单位：法币元

年份	放出总数	年终余额	定期放款余额	活期放款余额	定活中商业放出总数
1931	24269402	3403044	209800	3146154	1588940
1932	22705521	2603423	1000	2601423	902950
1933	16224380	1881951	56350	1825401	377410
1934	29352165	3395281	1092360	2110355	1163811
1935	35942870	4160191	984713	2494750	2106069
1936	39354333	7191958	812977	5717586	1777858
1937	32823782	7635321	554193	6305223	1510849

资料来源：中国民主建国会陕西省委员会、陕西省工商业联合会合编《陕西工商史料》第二辑（金融专辑），1989年印，第163页。

表2-26　　　　　　陕西省银行放款统计

类别 年份	抵押放款		农村放款		小宗放款	
	放出总数	余额	放出总数	余额	放出总数	余额
1931	162430	47000	468000	合1		
1932	223700		771000	合2		
1933	34970	200	500000	合3		
1934	115976	104076	132515	62755	25736	25736

第二章 战时陕西银行业制度与业务发展

续表

类别 年份	抵押放款 放出总数	抵押放款 余额	农村放款 放出总数	农村放款 余额	小宗放款 放出总数	小宗放款 余额
1935	253925	120510	194966	69595	91088	35822
1936	386950	263720	846146	261568	365152	136406
1937	655450	472220	565463	180072	417645	123602

注：合1为1934年与合作局协作自放348000元，合放125000元。

合2为1935年与合作局自放446000元，合放175000元。

合3系与合局及银团合放。

资料来源：中国民主建国会陕西省委员会、陕西省工商业联合会合编《陕西工商史料》第二辑（金融专辑），1989年印，第163页。

随着存、放款金额的逐年增加，社会各种闲散资金通过银行存款业务聚集起来，扩大省行本身营运资金的来源，便于其灵活运用，通过放款的方式用于社会经济各部门的开发，服务社会，促使生产和金融业共同发展。这就为抗战爆发以后省行继续存放业务，并扩大放款额度，开展其他业务奠定了基础。

陕西省银行的放款业务从类型上说主要是信用放款和抵押放款，该行对这两项业务均按照财政部颁发的《管理银行信用放款办法》及《管理银行抵押放款办法》予以开展。但是陕西省银行办理抵押放款时，允许以鸦片即特货为押品，这就在一定程度上造成了陕西鸦片种植的泛滥。陕西省银行放款的种类有：①小宗放款。自1934年8月1日起办，对象为有正当职业的城市居民和小工商业者。最初放款额度为5—50元和51—300元，随后根据社会发展需要将最高限度放宽至500元。其中整借整还，限期半年归还，月息按照九厘计算；分期放款，限期一年归还，月息则按照八厘计算。此项业务于西安市内，由陕西省银行委托富秦钱局设小宗贷款部办理，省内其他各地则由当地陕西省银行分支机构予以办理。②工商企业放款。财政部曾颁布《小工业贷款条例》，用于扶持各种民营工业发展。省银行成立后就将其放款重点放在扶持工业建设和发展生产方面。曾经对华峰面粉

· 175 ·

西北银行业制度的强制性变迁与区域经济变动（1930—1949）

公司、大华纱厂、西北制药厂、成丰面粉厂、克山炼油厂、西北机器厂、华胜烟草厂、西北电池厂、东华漂染厂、新亚酒精厂、工合西北办事处等单位均有放款，这对于发展地方工业起了一定作用。

抗日战争中省银行为各战区提供购粮款 420 万元，贷给陕西物资调运处 190 万元、战时煤炭统销处 50 万元，对支援抗日战争和后方物资供应做出重要贡献。

三 汇兑业务

"汇兑为银行主要业务之一，处理之迟速，足以影响行誉。"① 随着经济的发展，城市之间的经济联系日渐加强，进出口商业的集散、工农业产品的销售以及工业原料的采购等都需要以资金的流动为基础。因此，各大城市之间，特别是大城市之间的资金流量都很庞大。一般银行均利用自己的分支机构，揽收汇款，积极开展汇兑业务。

发展汇兑业务的首要条件是建立广泛的分支机构。因为分支行较多的银行，其汇水兑换收益丰厚，而且银行分支行机构之间的资金和现金余缺能得到良好的调剂，也会进一步充实银行资金并增强实力。此外，由于陕西省银行还代理金库等业务，如果此项汇兑业务顺利开展，不仅节约了资金调转而且也避免了由此产生的一些不必要的麻烦，还在一定程度上提高了行政效率。所以陕西省银行对此很重视，作为一项关键措施认真抓好。

陕西省银行成立之初先在省内物产丰富及货物集散地区设立分行处，沟通汇兑；次要地区则选择合适的时机予以筹建分支行处进行业务开展。为了军需及经济发展的需要，陕西省银行先后也在外省设立了分支行处。例如，1937 年与陕北地方实业银行签约通汇，1939 年与绥远省平市官钱局，甘肃、青海、宁夏、四川各省银行签约通汇，又在全国各大商埠设有办事处或汇兑所，基本构成全国通汇网络。汇

---

① 陕西省银行经济研究室编：《陕西省银行志》，1942 年版，第 118 页。

第二章　战时陕西银行业制度与业务发展

兑以信汇、电汇、票汇为主。省外汇兑多为商业资金，省内含有财政款项的上解下拨。由于战争的影响，陕西省银行汇兑区域以本省和西北邻近各省为主。比之同时期的甘肃省银行而言，陕西省银行的汇兑业务还不是很发达。下附陕西省银行主要通汇地点（见表2-27）。

表2-27　　　　1939年陕西省银行主要通汇地点表

通汇地点	每日介款限度	运费	手续费	备考
西安	数目不拘	一元	五角	直接通汇
汉中	一万	三元	五角	直接通汇
三原	五千	二元	五角	直接通汇
凤县	五千	三元	五角	直接通汇
宝鸡	一万	二元	五角	直接通汇
渭南	五千	一元	五角	直接通汇
咸阳	五千	一元	五角	直接通汇
兴平	三千	三元	五角	汉中转汇
武功	三千	三元	五角	汉中转汇
陇县	三千	三元	五角	汉中转汇
邠县	三千	三元	五角	总行转汇
长武	三千	三元	五角	总行转汇
乾县	三千	二元	五角	总行转汇
商县	三千	五元	五角	总行转汇
大荔	三千	七元	五角	总行转汇
安康	五千	十元	五角	直接通汇
白河	五千	四元	五角	安康转汇
城固	五千	四元	五角	汉中转汇
西乡	五千	四元	五角	直接通汇
韩城	五千	二元	五角	总行通汇
蒲城	五千	五元	五角	总行通汇
周至	五千	二元	五角	总行通汇
石泉	二千	七元五角	五角	汉中转汇

· 177 ·

西北银行业制度的强制性变迁与区域经济变动（1930—1949）

续表

通汇地点	每日介款限度	运费	手续费	备考
汉阴	二千	七元五角	五角	汉中转汇
沔县	二千	七元五角	五角	汉中转汇
宁强	二千	八元五角	五角	汉中转汇
天水	五千	六元	一元	总行转汇

资料来源：陕西省银行经济研究室编《陕行汇刊》第3卷第10期，1939年。

从上表不难看出，陕西省银行的汇兑业务主要倾向于省内汇兑，而且省内各地不同区域的汇兑费用也是不尽相同的。其中关中地区费用基本一致，大都可以直接通汇或者从陕西省银行总行进行转汇；而陕南各区县费用比关中地区则较高，且需要从汉中转汇。虽然陕西省银行业务发展受自然环境等客观因素的影响，但是也可以在某种程度上证实陕西省银行的确在省内发展得不平衡，也反映了其在陕西省内的经济控制能力和范围。但就国家银行在陕汇兑业务而言，则数额巨大。据统计，1942年西安汇兑业务总额2725920000余元。[1]

四 商业银行的业务

商业银行以金城银行业务发展最快。金城银行西安办事处在原潼关办事处基础上，于1935年4月20日迁至西安。[2] 1935年双十节正式开业，刘纯中任经理，隶属郑州分行。1940年12月改为支行，隶属重庆管辖行。[3] 至1945年已下设宝鸡、汉中、平凉、天水办事处。以西安支行为西北区管辖行。[4] 刘纯中改任金城银行总行专员兼太平保险公司经理，刘纯中，四川省内江人，与1941年12月接任经理的

---

[1] 《四联总处一年来办理内汇情形》，《金融周刊》第4卷第4期，1943年。
[2] 中国人民银行上海分行金融研究室编：《金城银行史料》，上海人民出版社1983年版，第251页。
[3] 《小四行在西安》，《西北经济》第1卷第1期，1949年。
[4] 中国人民银行上海分行金融研究室编：《金城银行史料》，上海人民出版社1983年版，第695页。

第二章　战时陕西银行业制度与业务发展

刘知敏为同胞弟兄。1946年3月该支行升格为西安分行。金城银行刘经理在西安审慎度势，稳健经营，因而"在西北经济的展拓方面确实尽了调节与辅助的责任"。"金城对西北的开发抱着莫大的雄心。他们有鉴于西北交通的梗阻以及实业的没落，所以他们投资于交通，努力于实业。"[①] 主要业务与义务如下：

（一）放款业务

至1944年6月金城银行西安分行（简称陕行）向陕甘实业公司贷放1460万元，向西北垦殖社贷款225万元，渝行代陕行放久大（精盐公司）100万元。其中金城银行陕行贷放房东张镕120万，系以陕行所租行屋作抵；其余各项放款均经收回；"惟陕甘公司及垦社放款，虽嘱由敝处经放，实等于钧处运用"；[②] 该行给予陕甘实业公司贷款有商业投机贷款性质。至1944年10月初，陕甘实业公司仍欠陕行24103080元。该公司主要经营商品运销囤积，并设有毛纺织厂及制革厂。[③] 但平凉尚有放款200万还未到期，亦系陕行放款。[④] 至1944年7月，金城银行西北各行处放款3671万元；[⑤] 据记载1944年下半期金城银行汉中办事处放款平均每月余额为600万元，全部收益近200万元。[⑥] 另外，至1944年5月底，平凉办事处还从陕行暂借资金1150万元，办理汇兑业务，用于暂贷平凉商人赴陕采购货物，赚取汇费；当时金城银行西安支行尚欠各同业800余万元。[⑦] 至所有放

[①] 《小四行在西安》，《西北经济》第1卷第1期，1949年。
[②] 《刘知敏致戴自牧函》，1944年7月5日，中国人民银行上海分行金融研究室编：《金城银行史料》，上海人民出版社1983年版，第701页。
[③] 《刘知敏致戴自牧函》，1944年10月3日，中国人民银行上海分行金融研究室编：《金城银行史料》，上海人民出版社1983年版，第745页。
[④] 《刘知敏致戴自牧函》，1944年7月5日，中国人民银行上海分行金融研究室编：《金城银行史料》，上海人民出版社1983年版，第701页。
[⑤] 《陕行致渝总处电》，1944年8月1日，中国人民银行上海分行金融研究室编：《金城银行史料》，上海人民出版社1983年版，第701页。
[⑥] 《汉中办事处徐朝鹤致戴自牧函》，1944年12月2日，中国人民银行上海分行金融研究室编：《金城银行史料》，上海人民出版社1983年版，第702页。
[⑦] 《刘知敏致戴自牧函》，1944年5月30日，中国人民银行上海分行金融研究室编：《金城银行史料》，上海人民出版社1983年版，第701页。

西北银行业制度的强制性变迁与区域经济变动（1930—1949）

款均经全部收回，为求准备充实及便利起见，金城银行西安支行将多余头寸拆放同业县银行另户 500 万元，周息 2 分 4 厘，借以弥补付出利息。"本期全部收益，或可敷开支而略有余。"① 四明银行在发展放款业务方面认为，物价高涨，致囤货盛行，一般工商业仅可能利用资金囤积货物，因而银钱业贷款为各界所欢迎。银行押放业务因受管制关系颇难承做。一般客户及银行方面为避免麻烦，手续多为避繁就简，承做信用放款，且大都以贴现买汇方式处理。据统计四明银行西北各行 1943 年放款数额以是年 12 月底余额为准（第 195 页），计为贷款一三五户，其中：四明银行陕行放款 14321235.75 元，贷户 53 户；四明银行宝处放款 902178.50 元，贷户 18 户。②

（二）存款

四明银行在西安存款业务方面感到，同业日见增多，而市上囤货风盛，工商各业仅存表面繁荣，资金来源极为有限。各行处拉找存款均感困难。同业为竞揽存款，多有暗中贴息做法，且获知有账外存款者，行方、存户合作兼营他业以图厚利。四明银行西北各行处 1943 年存款总额以是年 12 月底余额为准，计为 51882466.93 元，存户为 1415 户，内有四明银行陕行存数 19880083.50 元，存户 540 户；四明银行宝鸡办事处存款 124139.24 元，存户 180 户；四明银行洛行存款 21585390.26 元，存户 357 户。另外，也可将以下资料作为参考。四明银行兰州分行存款 11048387.65 元，存户 205 户；四明银行平凉办事处存款 425359.31 元，存户 133 户；③ 储蓄存款业务方面，1942 年以来物价骤涨，囤积风盛，即储户个人亦莫不如此，加上钱业利

---

① 《汉中办事处徐朝鹤致戴自牧函》，1944 年 12 月 2 日，中国人民银行上海分行金融研究室编：《金城银行史料》，上海人民出版社 1983 年版，第 702 页。

② 宁波帮博物馆编，张跃编：《四明银行史料研究》，宁波出版社 2018 年版，第 195—197 页。四明银行兰州分行放款 95251817 元，贷户 41 户；四明银行平处放款 758000 元，贷户 8 户。

③ 宁波帮博物馆编，张跃编：《四明银行史料研究》，宁波出版社 2018 年版，第 195—197 页。

高，银行吸收储蓄存款均感困难，尤以定期储蓄存款难以吸纳。四明银行所辖行处储蓄存款总数至1942年12月底，共计4460813.27元，有413户，内中四明银行西安分行2624272.79元，属于西安分行区域管辖的洛阳分行1626115.10元，兰州分行210425.38元，平凉办事处和宝鸡办事处因开业较迟，并为节省开支尚未举办。至于储蓄放款，仅行承做存单质押放款一笔，计16000元整。各行储蓄业务均系由营业方面行员兼办，并未单独开支。至于损益情形，四明银行西安分行收益为202745.79元，利息支出为108524.46元，纯益为94221.33元。洛行收益588514.70元，利息支出为194234.82元，纯益为394279.8元。兰行收益15057.88元，利息支出为14349.77元，纯益为708.11元，合计各行储蓄部分方面，纯益共为489209.32元。①

善于开展存款业务的金城银行，至1944年7月，金城银行西北各行处存款5946万元；联行存26万元；库存2375万元。至1944年11月底，西安支行商业部存款已达2000万元，储蓄部存款为120万元；"惟存款增多付出利息较大"。② 1944年3月4日开业的华侨兴业银行兰州分行，当日共收存款565户，总计存款5.1392亿元，据说打破当时商业银行存款纪录。③

（三）缴纳存款准备金及其他业务

根据1940年非常时期管理银行暂行办法，商业银行须向中央银行及驻在地中央银行或国家银行缴纳二成存款准备金，仅上海商业储蓄银行西安分行即缴存中央500余万元。上海商业储蓄银行除办理催还农贷资金事宜外，继续办理存款、押汇、贴现放款以及活

---

① 《四明银行西安分行及所辖行处1943年度营业总报告》，1943年，上海市案馆藏四明银行档案，全宗、目录、案卷号Q279-1-146-14；引自宁波帮博物馆编，张跃编撰《四明银行史料研究》，宁波出版社2018年版，第195—197页。

② 《陕行致渝总处电》，1944年8月1日，中国人民银行上海分行金融研究室编：《金城银行史料》，上海人民出版社1983年版，第701—702页。

③ 《调查：西北各地金融经济动态及市况：兰州（三月份）：华侨兴业银行兰州分行本月四日正式开幕》，《雍言》第4卷第4期，1944年。

西北银行业制度的强制性变迁与区域经济变动（1930—1949）

期抵押、抵押透支、信用透支、汇兑等业务，业务对象多为棉商、陇海铁路公司（水陆联运）。汇兑方面，四明银行西北各行处汇兑多以渝、蓉、陕、洛为集数地。其中，平凉汇兑有一特点，即标期说。所谓标期——以每月阴历二十五日银行在平凉收，每月初在西安先交，开标常在月底以前，每月开标一次，以阴历次为标期名称，如三月份称三标，四月份称四标。据记载1943年三标作价为每千八十元。陕西省银行出1300万元，甘肃省银行出900万元，中国通商银行出700万元，市场需要约每标五千万元，同业经营无竞争现象，四明银行托甘省银行代理收解。五标处210万元，到大部例汇划抵。当时一般商业银行目标均集中于平凉标放。1943年7月间，国家总动员会沈秘书来西北，对于平凉标期表示不满，各银行因此停做。据统计1943年，西北各行处汇兑业务，四明银行方面汇出汇款总额89905094.49元。汇入汇款总额99472341.28元。[①] 可见当时汇兑业务还是较为繁忙。

　　抗战时期陕西银行业发展迅速，不仅成为区域经济发展的主要标志之一，而且成为抗战大后方陕西省发展经济的非常重要的资金来源。该时期陕西银行业的业务经营，成为区域经济由平时经济向大后方战时经济转型的重要推动力，从而有力促进包括工矿业、农业在内的战时区域经济的恢复与发展。而银行业机构的设立及执行政府金融政策法规制度，为实现区域金融制度现代化也发挥着关键作用，从而带来战时区域经济的深刻变动。

[①] 宁波帮博物馆编，张跃编：《四明银行史料研究》，宁波出版社2018年版，第195—197页。

第三章 战时甘肃银行业业务的广泛开展

第一节 存款业务

一 中央银行在甘肃省的存款业务

1933年12月4日中央银行兰州分行成立,成立之前"已函请财政部分别谘令甘肃各机关将公款悉存本行矣",并欲将"存款分立银本位币及兰洋两户,以示区别"。① 中央银行兰州分行的存款业务是从机关存款开始的,并且在存款方面主要经营机关存款和行员存款。为了吸收行员存款,1933年11月中央银行在第二届行务会议上议定"行员活期存款改为月息七厘,半年定期改为月息八厘,一年定期改为月息一分",以上"惟须以行员本人名义存款,并由本人签字支取为限",这样的原则对积累资金甚好。"惟行员存款,活期及定期两项合并之数不得超过该员历年所得薪俸、津贴年金及年终津贴之总数"。② 即便如此,存款规模仍甚微。

存款业务扩大、数额增加主要依靠同业与机关存款等。直至20世纪40年代中央银行在甘肃省的存款业务才逐渐扩大起来。此时的

---

① 《关于拟筹备兰州支行计划分别核示函》,1933年8月,甘肃省档案馆藏,全宗、目录、案卷号56-1-29。
② 《关于增加行员优利存款利率的函》,1933年11月,甘肃省档案馆藏,全宗、目录、案卷号56-1-29。

▶ 西北银行业制度的强制性变迁与区域经济变动（1930—1949）

存款构成以同业存款和活期存款为主。以中央银行武威分行为例，在 1940 年上期该行共收定期存款 9100 元，同业存款最高 461580 元，最低 32666.01 元，活期存款最高 382903.31 元，最低 9700 元。[①] 至 1941 年上期，与前期相比，活期存款业务略有增加，定期存款与前期相仿；下期活期存款急剧收缩，定期存款稍有减少；同业存款，因四行轧现，无甚出入。到 1942 年上期，活期存款略有反弹，定期存款增加两倍多。这一阶段定期存款来源主要是商号和个人，活期存款的主要来源是军事机关和商业个人；下期存款业务继续发展。

表 3-1　　　　中央银行武威分行 1943 年上期存款分析

科目	种类	本期最高额	本期最低额	本期决算日余额	上期决算日余额	增或减	比较增减数
定期存款	商业个人	134500.00	11500.00	113000.00	11500.00	增	101500.00
活期存款	军事机关	3326744.18	134606.91	134606.91	64641521	减	511808.30
	中央机关	24968.04	60429.22	60429.22	56246.82	增	4182.40
	地方机关	4237.51	17466.85	17466.85	39.78	增	17427.07
	商业个人	501899.07	154767.62	154767.62	375435.39	减	220667.77
	合计	3857848.80	367270.60	367270.60	1078137.20	减	710866.60
暂时存款		137893.56	1050.00	1050.00	550.00	增	500.00
同业存款	中交农三银行	2059638.22	0.22	556551.90	2079638.22	减	1523086.32
	省县银行	1438.05	388.27	493146.05	1438.05	增	491708.00
	合计	2061076.27	388.49	1049697.95	2081076.27	减	1031378.32

资料来源：《中央银行武威分行 1943 年度上期营业报告》，甘肃省档案馆藏，全宗、目录、案卷号 52-2-278。

由表 3-1 可看出，到了 1943 年上期，总体来看存款业务有所收缩。1942 年下期，存款亦有减少。其主要原因有两个，一是中交农

---

① 《中央银行武威分行 1940 年上期营业报告》，甘肃省档案馆藏，全宗、目录、案卷号 56-1-44。

第三章　战时甘肃银行业业务的广泛开展

三银行的同业存款大量减少，二是"农民（银行）存款息较高，纷纷转入农民（银行），本行存款因而降低"。① 可见，当中央银行不保持其超然地位，经营一般银行业务时，不可避免地会同其他银行存在同业竞争。1943年下期，同业存款自10月份以后，每日均有收付，业务上传票张数为三十至五十，除了定期存款和中央机关有所减少外，其他均有增加。值得注意的是，武威分行的定期存款所占比例一直减小，其他的分行（如岷县分行）甚至都没有定期存款。活存比例逐渐增加，定存比例逐渐减少，致使银行的存款质量逐渐下降，社会投机风气于此可见一斑。中央银行武威分行是中央银行在甘各分支机构的一个典型代表，其他分行存款业务发展情形与之相似，总体来看稳步发展。

二　中国农民银行、中国银行等在甘肃省的存款业务

中国农民银行一向对于商业方面采取紧缩政策，各项贴放均属少数，这自然不利于吸收商业存款。对于商业存款的吸收，"全凭感情联络"，② 因而存额较少。然而，农行兰分行对于各军政机关联络不遗余力，各方观感亦较其他各行为优，所以，军政机关存于农行兰分行者数额逐渐增多，户数亦有所增加。由表3-2可见。

表3-2　　　　中国农民银行兰州分行历年存款统计　　　　单位：元

		活期存款	定期存款	特别活期存款	同业存款	合计
1938年	上期	3675379.94	121746.17	469283.57	243970.27	4510379.95
	下期	1908919.40	311614.57	455353.58	523294.68	3199182.23
1939年	上期	2098945.58	1295658.26	435378.26	1945076.46	5775058.56
	下期	2144315.68	794465.11	473959.17	1380384.75	4793124.71

---

① 《中央银行武威分行1942年度下期营业报告》，甘肃省档案馆藏，全宗、目录、案卷号52-2-278。
② 《中国农民银行兰州分行业务报告书》，1942年8月，甘肃省档案馆藏，全宗、目录、案卷号55-1-75。

· 185 ·

西北银行业制度的强制性变迁与区域经济变动（1930—1949）

续表

		活期存款	定期存款	特别活期存款	同业存款	合计
1940 年	上期	2145834.56	566845.52	318558.43	1697927.95	4729166.46
	下期	5539616.03	525820.40	377546.58	188362.45	6631345.46
1941 年	上期	10339221.57	169575.62	1194969.29	1675623.91	13379390.39
	下期	11003100.66	1304127.35	1657364.97	7455080.82	21419673.62
1942 年	上期	13452795.03	60018.27	5647768.30	12305317.66	31465899.26

资料来源：《中国农民银行兰州分行业务报告书》（1942 年 8 月），甘肃省档案馆藏，全宗、目录、案卷号 55-1-75。

中国农民银行兰州分行的存款，从性质上看，大致可以分为四类，即活期存款、定期存款、特别活期存款以及同业存款。在抗战时期，物价日渐高涨，牟利甚厚，存款数额逐年增加已有困难，吸收定期存款尤其不易，故定期存款一直较活期存款为少。活期存款大多系军政机关，所存数额较大，存取也多。特别活期存款共 4000 户，其中合作社公积金 3000 户，普通存户 1000 户。数量可观的合作社公积金存入农行兰分行，自然与它扶助合作社，与合作社来往甚密分不开。由于农民银行与其他银行来往越来越多，同业存款所占比例逐渐增大。

这一时期的中国银行兰州分行的存款业务若从存款来源上看，呈现出和中国农民银行兰州分行相同的特点，即资金大部分来自军政机关。这种现象的出现，大概有三个方面的原因，一是社会资金缺乏，银行难以从社会中吸收大量资金；二是社会上囤积成风，人们手中即使有盈余资金，由于物价高涨的速度越来越快，资金都流向了囤积居奇；三是，银行固然起到了为军政机关保管资金的作用，但是不能排除一部分机关存款是想通过银行寻求出路，以获取可观的回报。

四明银行兰州支行的存款储蓄业务为该行主要业务，专注吸收各种存款，唯因行业间竞争颇烈，不易吸收（见表 3-3、表 3-4）。

第三章　战时甘肃银行业业务的广泛开展

表3-3　　四明银行兰州支行1943—1944年各种存款统计　　（单位：元）

科目	1943年度下期	1944年度上期	1944年度下期
定期存款	1050000	1160000	3420000
甲种存款	64930035.87	85433148.64	159152102.66
乙种存款	1626842.35	5262963.96	21261474.10
通知存款	9393587.24	19383286.17	10844002.02
合计	77000455.46	110539398.77	194678478.78

注：引自宁波帮博物馆编，张跃编《四明银行史料研究》，宁波出版社2018年版，第205页。

1943年的存款种类，机关占30%，私人占50%，商号占20%，全年度平均存款额在2000万元以上。

表3-4　　四明银行兰州支行历期各种储蓄存款统计　　（单位：元）

科目	1943年度下期	1944年度上期	1944年度下期
活期储蓄存款	286481.40	229501.47	101522.10
活定两便储蓄存款	9764.43	90531.22	15500
定期储蓄存款	2000	53850	1342200
分期付息储蓄存款	57709.99	103900	—
特种储蓄存款	402.11	16000	105900
合计	356387.93	493782.69	1704622.10

注：引自宁波帮博物馆编，张跃编《四明银行史料研究》，宁波出版社2018年版，第205页。

1944年四明银行兰州支行储蓄存款数额，上期活期储蓄存款数额较1943年下期明显增加；1944年下期定期储蓄存款明显增加。但对商业银行而言储蓄存款经营不易。

三　甘肃省银行的存款业务

存款是银行一切活动之源泉，新生的甘肃省银行为了各项业务顺

西北银行业制度的强制性变迁与区域经济变动（1930—1949）

利开展，开拓业务，积极吸收社会各界闲散资金。甘肃省银行由于在甘肃省内广设分支机构，深入甘省各个地区，这当然方便其广泛吸收社会资金，所以，甘行在存款方面取得相当的成果，由其 1939 年到 1945 年历年存款情况可见一斑（见表 3-5）。

表 3-5　　　　　甘肃省银行历年各种存款统计　　　　　单位：元

类别\表目\年期	定期存款	甲种活期存款	乙种活期存款	公库存款	暂收款
1939 年下期	19112.26	6907893.76	2143739.63	2026214.00	174848.60
1940 年上期	44663.50	4639580.10	3831947.93	—	316711.29
1940 年下期	35921.27	7955503.39	1425665.46	1145904.25	460990.32
1941 年上期	3044281.76	902614.96	796193.06	14248452.26	600011.59
1941 年下期	3021329.59	2486101.80	1134737.18	33108171.77	2707267.15
1942 年上期	25200.50	2191025.31	1315366.66	40376415.97	3271630.57
1942 年下期	29128.16	31986083.90	9607132.90	4609259.50	35622569.39
1943 年上期	5247172.10	78700478.64	18002054.06	1369999.70	36488505.58
1943 年下期	2206158.53	57887325.63	19563217.47	9772944.03	70518133.14
1944 年上期	4005902.00	110332955.86	27599996.71	41540163.11	152856882.35
1944 年下期	8071090.79	175625634.83	30381696.94	52249234.65	209078776.07
1945 年上期	20344035.07	229667525.46	48048596.62	134084859.91	914812139.20
1945 年下期	83267167.71	959926194.70	306909486.11	329718434.07	557015472.57

类别\表目\年期	同业存款	行员储蓄存款	本票	代收期付款项	总计
1939 年下期	1556207.11	9553.77	1397.60	179512.30	13018479.03
1940 年上期	2252756.81	15405.74	1004692.60	1841137.97	13946895.94
1940 年下期	1854759.88	26688.47	10752.81	593168.12	13509353.97
1941 年上期	2776723.43	41999.62	10805.06	225717.00	22646698.74
1941 年下期	5889872.43	57321.86	6159.70	656128.50	49067089.98

第三章　战时甘肃银行业务的广泛开展

续表

类别\表目\年期	同业存款	行员储蓄存款	本票	代收期付款项	总计
1942 年上期	22259710.94	79949.05	52945.18	351500.00	69923744.18
1942 年下期	12708954.34	102105.24	16563.11	522000.00	95203796.54
1943 年上期	26444067.74	129869.16	213243.60	1748115.66	168343506.24
1943 年下期	46399275.13	164178.93	574365.60	5887995.51	212973593.97
1944 年上期	118171108.99	196056.02	1142274.60	8163500.00	464008839.64
1944 年下期	101021531.53	181179.59	37081986.42	19885100.00	633576230.82
1945 年上期	90103708.39	146195.58	30684547.88	9382502.00	1477274110.11
1945 年下期	305248033.93		43704174.60	10000000.00	2595788963.69

资料来源：甘肃省政府统计处编：《甘肃省统计年鉴》，1948 年，第 13 页。

由上表可见，甘肃省银行存款业务的种类多、范围广，存款业务迅速发展。各年的存款来源，由于掌握资料所限，无法详知。然而，结合历年存款情况可以看出，各种存款所占比例波动十分剧烈，以甲种活期存款为例，1939 年下期以及 1940 年上下期，甲种活期存款在存款总量中所占比例都比较大，分别为 53.06%、33.27%、58.89%，然而到了 1941 年上下期以及 1942 年上期，甲种存款在存款总量中所占比例便迅速下降，分别为 3.99%、5.07%、3.13%。各种存款比例剧烈变动的同时，各种存款数额也有极大变化，总体来看，几乎所有种类的存款数额都出现了急剧增长的态势。从存款总额来看，1939 年上期以及 1940 年上下期，分别为 1301 万元、1394 万元、1350 万元，波动情况还属正常。

第二节　放款业务

放款是银行的主要业务之一，调剂金融，繁荣市场，发展生产，皆仰赖于此。20 世纪三四十年代，各银行在甘肃省内的放款，主要

西北银行业制度的强制性变迁与区域经济变动（1930—1949）

为工商矿业放款及农业放款。甘肃省还未脱离传统农业社会阶段，农业经济是社会经济的主体，农业发展需要大量资金，各银行对农业也多次展开贷款活动。各行的农贷业务事项芜杂，下章专门论述，本节暂不讨论。

一 中国银行、中国农民银行、交通银行等的放款业务

由于甘肃省的工商业发展水平较低，四行机构未能遍布全省，尤其是在四行业务划分后，只有交通银行主要开展工商矿业、交通及生产事业贷款与投资，中央银行、中国银行及中国农民银行的一般放款业务不甚发达。

中国银行向来以抵押放款为业务主旨，致使商人难以利用贷款，大事囤积，中国银行的这种放款方式有益于抑制市场投机。中央银行及交通银行仿效中国银行，在40年代初期，形成了一个较为平稳的贷款风气。中国银行的抵押放款，"平均维持三百万元之数，月息九厘，旋改为一分二厘"[①]，由表3－6可以看出，中国银行的主要贷款对象为工商业，这也反映出中国银行与工商业结合较紧密，业务重心在于发展工商业，企图以工商业的发展来带动社会经济整体的发展。

表3－6　　　　兰州中国银行1942年上期放款统计　　　（单位：千元）

种类\金额\月份	一	二	三	四	五	六
军政机关	2350	1969	1828	762	762	807
工商业	22776	22924	23328	22307	21198	22566
个人	38	34	25	16	7	20
合计	25164	24927	25181	23085	21957	23393

资料来源：《兰州中国银行1942年度上期各月份放款统计表》，甘肃省档案馆藏，全宗、目录、案卷号56－1－116。

[①] 《中央银行武威分行三十年度下期营业报告》，甘肃省档案馆藏，全宗、目录、案卷号52－2－278。

第三章　战时甘肃银行业业务的广泛开展

中国农民银行兰州分行，对于商业放款也一并开展。直到1941年初，经四联总处总管理处核准，才酌予承做透支贴现押款等，承做后稍有成绩，1942年此项业务又经四联总处加以限制，故后来发展有限。农行兰州分行承做的活期信用透支，重点均在政府机关及工业水利方面，且每期均又增加；活期抵押透支业务直至1940年上期开始试做，此项业务进展较快；1942年以前，因兰分行未设立仓库，又恐承做商物押款太多，致使物价高涨，助长商人囤积居奇之风，故未敢大量承做；贴现业务由于风险缘故，也没有大量承做；信用放款以农业贷款占大多数，到1941年下期奉令划分农民信用放款。①

1942年7月之前，交通银行遵照财政部命令与中央、中国、中农三行在内地办理联合贴放。其贴放范围包括：各商业机构的抵押、各金融机构转抵押、工商票据债券贴现，以及财政部所令对于交通农工贷款。1939年11月，为了配合时局需要，交行所有贴放注重于抗战必要与生活必需的各业与物品。为了使款无虚放，贴放款限定以直接从事农、工、商、矿各业者为限。1942年后半年四行业务划分之前，交行放款业务除摊垫国库借款外，大部分侧重于联合贴放，且贴放数额，年见增高。② 四行业务划分之后，交行即专负协助工矿交通生产事业发展之责，诸凡有关民生衣食之生产事业，计为纺织、面粉、化学、矿产、钢铁、机械、交通公用等，皆为交行放款对象，故放款一项尤为交行业务重心③，国营事业贷款又为放款业务之重中之重。由表3-7可见，交行所贷予款项的国营事业几乎全为国营工业，且与国营事业订借的款项绝大部分都能兑现，这对于发展甘肃省的国营工业是大有帮助的。这些现代工业的兴起为甘肃经济带来了一派新气象。

---

　① 《中国农民银行兰州分行业务报告书》，1942年8月，甘肃省档案馆藏，全宗、目录、案卷号55-1-75。
　② 交通银行总行、中国第二历史档案馆编：《交通银行史料》第一卷（1907—1949）上册，中国金融出版社1995年版，第500页。
　③ 交通银行总行、中国第二历史档案馆编：《交通银行史料》第一卷（1907—1949）上册，中国金融出版社1995年版，第501页。

西北银行业制度的强制性变迁与区域经济变动（1930—1949）

表3-7　　　　交通银行在甘肃省投放国营事业款项清单

行名	借款户名	科目	订借总额（万元）	已放数额（元）
襄处	华亭电磁厂	押透	390	3748989.94
邠处	天水电厂	押透	1400	13500000.00
陇行	甘肃煤矿局	贴现	90	900000.00
陇行	兰州电池支厂另户	押透	90	875020.91
陇行	兰州电厂	押透	350	1500000.00
陇行	甘肃机器厂	押透	800	7482132.11
陇行	甘肃机器厂新户	押透	400	3573117.25
陇行	甘肃化学材料厂	押透	400	2100507.12
陇行	甘肃水泥公司	押透	250	2500000.00
陇行	兰州电厂	贴现	400	4000000.00
陇行	甘肃机器厂	押透	400	4000000.00
陇行	甘肃机器厂新户	押透	400	3964686.66
陇行	水泥公司	押透	250	2500000.00
陇行	兰州电池支厂另户	押透	90	603839.54
邠处	天水电厂	押透	1400	13109232.39
邠处	天水电厂	押放	1850	18500000.00
肃处	甘肃油矿局	押透	3000	—

资料来源：交通银行总行、中国第二历史档案馆编《交通银行史料》第一卷（1907—1949）上册，中国金融出版社1995年版，第517—518页。

由表3-7可见，交通银行在甘肃省分支机构抵押透支或抵押放款业务，均为服务于国营工业企业或其他工业企业，以促进地方工业生产建设，服务于地方经济社会需要。

四明银行兰州支行也曾开展放款业务。四明银行注意到"最近财部规定放款以生产建设为目标，以后业务应遵照办理。并拟提倡承兑、票据、贴现，活泼社会金融，以达通货收缩之效，预计全年放款总额1亿元，扶助政府完成经济建设政策"。1944年度四明银行兰州支行业务恪遵财政部各项法令，为调剂后方金融稳定市况起见，除普通业务外，其最注重者则为生产与建设两部分范围内之投资，如兰州

第三章 战时甘肃银行业业务的广泛开展

市历史上著名的烟叶、木业、炼铁、纺织业投资总额已达 3000 万元以上，均秉承部颁法令及总行预定营业计划办理。① 具体如表 3-8：

表 3-8　　　　四明银行兰州支行历期各种放款统计　　　（单位：元）

科目	1943 年下期	1944 年上期	1944 年下期
定期放款	1465000	1650000	1315000
定押透支	3930000	4941000	5070000
活存透支	4814615.90	7640438.53	17485967.19
买入汇款	3400000	75584290	38100000
合计	77000455.46	110539398.77	194678478.78

注：引自宁波帮博物馆编，张跃编《四明银行史料研究》，宁波出版社 2018 年版，第 205 页。

从以上所列表格可见，四明银行兰州支行放款数额 2 年间总体连续增加。

二　甘肃省银行的放款业务

甘行在成立之初，放款业务与平市官钱局时代相比迅猛发展。按照梁敬锌的计算，1939 年下期放款总额，较之平市官钱局放款最多之一期 1939 年上期的放款总额，增加二倍又百分之二四，较之放款最少之一期 1938 年上期的放款总额，增加四十五倍又百分之一三；官钱局自 1938 年上期起至 1939 年下期止，其放款之总和不及省银行 1939 年下期放款总额的二分之一。②

甘肃省银行的放款业务是以扶植地方生产事业为主，为此，随时增加贷款，灵活营运，除了个别时期稍有减低外，大部分时期呈递增之势。现将历年来放款情况列于表 3-9：

---

① 宁波帮博物馆编，张跃编：《四明银行史料研究》，宁波出版社 2018 年版，第 202—203 页。
② 梁敬锌：《抗战三年来之甘肃财政与金融》，《财政评论》第 6 卷第 4 期，1941 年。

西北银行业制度的强制性变迁与区域经济变动（1930—1949）

表 3-9 甘肃省银行历年各种放款统计

年期	定期放款	定期质押放款	活期质押放款	活存透支	活存质押透支	贴现	买入汇款	生产事业投资	有价证券	出口押汇	存放同业	期收款项	未收应收款项	合计
1939年下期	4873632.00	2643568.27		1547190.77	7517701.20	257544.00	390210.00		539200.00		1512050.04		187506.22	19468603.10
1940年上期	3603366.00	2396894.26	30700.00	1645072.36	8522906.79	1054000.00	307450.97		642260.00	56670.00	3023786.32		1573869.02	22861975.72
1940年下期	4261872.91	4063496.89	22400.00	498387.65	6505057.26	65300.00	772763.37		679100.00	9800.00	5592638.81		2134946.66	24596763.55
1941年上期	3045822.24	11028987.10	41000.00	153,244.32	5365373.81	189550.00	3090300.00	2050000.00	662900.00	41600.00	5652535.89		1012772.00	32336035.36
1941年下期	657,753.00	17397790.06	31600.00	5273346.78	5791247.10	508500.00	365300.00	2050000.00	658949.00		18740969.30		3753400.00	55223855.54
1942年上期	710,348.84	14942614.41	28000.00	29706967.66	30611638.48	119500.00	285150.00	3800000.00	1233636.35		18525693.21		1281060.00	74508309.45
1942年下期	2354712.83	5367326.41		2867876.43	8964278.12	420000.00	4316000.00	1800000.00	14603942.21	453000.00	34269488.45	11893500.00	1346000.00	88656124.45
1943年上期	2629000.97	15929365.35		4266279.20	13214685.96	4035800.00	13093400.00	1800000.00	15137502.21	1230000.00	54531474.78	18619900.00	3469115.66	147956524.13
1943年下期	689525.00	29498380.90		3506290.31	12700807.97	5941500.00	25292300.00	1800000.00	22317851.77	130000.00	54553340.88	16799000.00	5767990.51	178996994.34
1944年上期	4953950.00	67991705.74		31877125.61	16232822.32	8750000.00	91586000.00	1809009.00	20207651.77	3530000.00	149636577.40	41245000.00	21540000.00	580386784.78
1944年下期	4753450.00	82835173.24		4183979.12	125069053.25	32500000.00	90044500.00	3800000.00	21064051.77	3715000.00	存放同业	期收款项	未收应收款项	合计
1945年上期	4445000.00	1290994173.24		35631179.06	160485098.33	389323000.00	1056700000.00	3800000.00	16395051.77	200000.00				
1945年下期	165360500.67	15500000.00		2168820.00	36637564.67	贴现	买入汇款	生产事业投资	有价证券	出口押汇				

资料来源：《甘肃省银行1946年度业务报告》，甘肃省政府统计处编《甘肃省统计年鉴》，1948年，第14页。单位（元）

· 194 ·

第三章 战时甘肃银行业业务的广泛开展

从上表可以看出，为了满足社会经济活动的需求，甘肃省银行的放款形式多种多样，且放款数额连年递增。1944年之前，递增数字颇为缓慢，1944年放款数额开始急剧增长，这是因为1944年之前甘行业务较稳健，1944年以后业务发展难以控制，呈现出畸形发展的态势。放款种类中，1941年以前以定期放款和活存质押透支为最多，到1941年定期质押放款忽取定期放款地位而代之，此种情形"实以商业经营渐渐走向投机，而银行放款则以风险过大，改用抵押所致"[1]。1943年，买汇业务发展迅速，1946年下期虽曾一度衰退，但1947年又迅速反弹。此项放款，由放款与汇兑两项业务联系而成，颇予工商业以最大之便利。1944年，贴现业务发展起来，1945年以后，一直占有较大份额，省银行票据业务的发展壮大，从此开始。1945年下期，为救济工商业，定期放款大量增加，1946年，则各项放款平均发展。

存款和放款业务相比较，1947年上期以前，放款数额多于存款数额，是因为1947年以前省银行业务以放款为主。此后放款数额少于存款数额，最少时期仅为存款的32%，这种现象"可能因存款之时间过短，无法利用，亦可能因放款利率之过低所致"。[2]

若将省银行历年放款结余列表，并以1939年年底之货币购买力为标准，折合列入，可以得到表3-10：

表3-10　　　　　　甘肃省银行历年放款结余比较

年期	放款结余（元）	1939年币值（元）
1939年下期	17229846.24	17229846.24
1940年上期	17622060.38	13555431.06
1940年下期	16190078.08	7769569.99
1941年上期	22955877.47	6558822.13

---

[1] 甘肃省政府统计处编：《甘肃省统计年鉴》，1948年，第5页。
[2] 甘肃省政府统计处编：《甘肃省统计年鉴》，1948年，第5页。

西北银行业制度的强制性变迁与区域经济变动（1930—1949）

续表

年期	放款结余（元）	1939年币值（元）
1941年下期	30025537.24	5774141.78
1942年上期	49667919.39	4917615.78
1942年下期	24743193.79	1455481.99
1943年上期	54398531.48	1532352.44
1943年下期	77758806.18	1333770.26
1944年上期	224921603.67	2164789.26
1944年下期	343101155.61	2358083.54
1945年上期	824848450.63	2217334.54
1945年下期	390070430.40	743699.58
1946年上期	5736877665.27	7129212.96
1946年下期	5887385388.61	3590525.94
1947年上期	20008974709.44	3598412.86
1947年下期	54819606217.26	1455510.14

注：上表放款结余中没有包括生产事业投资、有价证券、存放同业、期收款项、未收应收款项。

资料来源：甘肃省政府统计处编《甘肃省统计年鉴》，1948年，第4页。

由上表可见，账面营业额逐渐递增，而实际币值节节下降。从实际币值角度来看，自1939年后，放款数额渐少，1944年略有增加，为数甚微，1946年上期，增加较显著，但此后又迅速下降。此种情况"则系胜利之后，市场混乱，银行慎于风险，商业趋向稳健，一切资金均形呆滞所致，非常态也"。[①]

甘肃省银行1941年下期放款以定期抵押及存放同业为最多，两项占总额60.52%，活存抵押透支和各类事业投资次之，两项占总额14.79%，其他各类放款十分零散，所占比例极小，11种小工商业放款，仅占总额3.03%。1943年甘肃省银行总行在全年放款中，工矿业放款最多，占到42.57%，教育文化及公益事业放款居第二位，占

---

① 甘肃省政府统计处编：《甘肃省统计年鉴》，1948年，第5页。

到39.90%，交通及公用事业放款占第三位，计13.87%。至于农林部分，自中中交农四行专业化后，已成为中国农民银行兰州分行的营业范围，甘行正与农行洽商如何合作中，故贷款为数甚少。[①] 至此，我们至少可以说甘肃省银行的资金流向尚属健康。

1943年之后，甘肃省银行为了追求利益的最大化，其贷款业务开展的侧重点与社会需求、发展生产之间存在着严重的错位。根据财政部的规定，银行贷款主要用于支持工矿生产建设、交通公用事业和日用小商品生产等方面。但是，随着通货膨胀不断加剧，物价飞速高涨，生产建设投资周转慢，效益低，远不如商业投资利润大，甘行的大部分资金转而投向商业贷款，以获取高额利润。从表3-11不难看出这种趋向：从1943年到1947年工矿贷款的比重从42.57%下降到26.65%，交通公用事业贷款从13.87%下降到7.75%，而商业贷款从9.09%上升到48.17%（1945年为55.70%，1946年为56.69%）。甘肃省的商业并不发达，而甘肃省银行的商业贷款所占比例如此之高，不难看出，这一时期的银行业投机商业之风愈演愈烈。银行的这种投机活动不但不利于自己的长期发展，还给自身的业务经营带来了隐患，增大了贷款风险；不但不利于社会生产的协调发展，反而会造成社会生产生活和经济生活日益混乱。

表3-11　　　　　甘肃省银行历年各类贷款比重　　　　　单位：%

百分比＼年期＼种类	1943	1944	1945	1946	1947
工矿贷款	42.57	34.35	31.03	21.98	26.65
农林贷款	0.72	9.21	6.14	7.91	11.71

---

① 郭荣生：《五年来之甘肃省银行》，《财政评论》第12卷第6期，1944年。

西北银行业制度的强制性变迁与区域经济变动（1930—1949）

续表

百分比 年期 种类	1943	1944	1945	1946	1947
商业贷款	9.09	14.77	55.70	56.69	48.17
交通公用事业贷款	13.87	22.04	3.57	8.84	7.75
教育文化及公益事业贷款	30.19	18.44	3.08	1.61	5.28
个人贷款	0.06	0.02			0.01
其他贷款	3.50	1.17	0.48	2.97	0.43
合计	100	100	100	100	100

资料来源：王恭《建国前夕的兰州金融》，中国人民政治协商会议兰州市委员会文史资料委员会编《兰州文史资料选辑》第十辑，1979年印，第246页。

第三节 内汇业务

随着汇兑业务的推广，不需要现金的输运，银行就可以代理异地间的债权人和债务人了结其债务关系。甘肃省地域广大，但交通不甚发达，为了减少现金在异地间运输，汇兑业务亟待发展。甘肃省各地均有特产，若汇兑网络通畅，对流通各地特产将有极大帮助；甘肃省合作事业突飞猛进，各县间资金流通更加频繁，汇兑业务的发展能够降低资金流动所需费用，因此，工农业贷款利息可望降低；甘行代理公库，各县税费的缴纳或财政支付各项经费，也可依汇兑方法进行，这样不但节省时间，提高行政效率，而且还节省运费，降低政府的税收成本，可间接减轻人民负担；省际的通汇能够调剂省际资金供需，有利于土产对外运销，平衡甘省对外贸易。由于汇兑业务对社会经济生活有诸多益处，因此，汇兑业务颇受社会欢迎，甘肃省内各银行都承做此项业务。甘肃省的资金主要在省内或省际流动，与国际上的资金没有直接的往来，所以，甘肃省各银行的内汇业务一枝独秀，外汇业务则不见

第三章 战时甘肃银行业务的广泛开展

声色。

为了使银行汇往口岸资金服务于抗战,维持后方社会生活,1940年国民政府颁布的《非常时期管理银行暂行办法》规定,"银行承做汇往口岸,汇款应以日用必需及抗战必需品之款为限"。① 银行汇兑业务又常常会影响其存款情况,"大凡军饷及机关经费汇来时,存款数即形增加"。② 故银行发展汇兑业务,"并藉开存款业务之门径",并要求各行处"应利用此项汇费之收免,以为吸收存款之武器",对于能够招来汇兑及有利于其他业务的顾客,"其汇款之收费应予通融优待,以示互惠",并且"对于原有存户及该存户有关之个人尤应保持向来交谊,酌予优待"。③ 各银行为了发展汇兑,吸收存款,彼此之间以汇率为武器,不免展开竞争,致使"当地汇款收费……且无标准"。顾客为了节省汇费,其"凡千元以上之汇款,必先遍向各行问价,而后汇,或临时交涉,汇费减低。每一顾客,颇费口舌"。为了使汇兑业务有序进行,节省时间,中央银行希望"查照当地情况,规定本省外省汇率之区别,以求划一"。④ 1942年8月24日,中中交三行议订"本省每千元收汇费五元,外省每千元收汇费十元","甘省对主要各埠,如汇兰州每千元收六元,汇西安每千元十六元,汇重庆每千元收二十元"。⑤ 各银行联合制定统一汇率,有助于扭转各行局在汇款业务上的恶性竞争局面,使各银行承做汇款有章可循,汇款顾客不再无可适从,为节省汇费奔走于各银行之间。

---

① 《非常时期管理银行暂行办法》,甘肃省档案馆藏中央银行兰州分行档案,全宗、目录、案卷号52-1-422。
② 《中央银行武威分行1942年度下期营业报告》,甘肃省档案馆藏中央银行兰州分行档案,全宗、目录、案卷号52-2-278。
③ 《为规定商汇办法之汇兑业务的通函》,1940年8月18日,甘肃省档案馆藏中央银行兰州分行档案,全宗、目录、案卷号52-1-422。
④ 《中央银行武威分行1942年度上期营业报告》,甘肃省档案馆藏中央银行兰州分行档案,全宗、目录、案卷号56-1-44。
⑤ 《中央银行岷县分行1942年度下期营业报告》,甘肃省档案馆藏中央银行兰州分行档案,全宗、目录、案卷号52-2-263。

西北银行业制度的强制性变迁与区域经济变动（1930—1949）

一 中央银行等国家行的汇兑业务

国家各行局中中央银行兰州分行是甘肃省最早办理汇兑业务的银行。中央银行兰州分行在成立之初即做各地汇款，以调剂金融，使汇水不起巨大波澜，使地方金融不起意外恐慌，于商民活动加惠不少。兰州汇往天津、上海汇款，每千元收水恒达二三百元，到20世纪30年代中期，每千元汇水不过十余元。①

20世纪40年代以来，在甘肃的国家银行各分支机构的汇款业务可分为军饷、生产、商业、个人、政费、同业几个方面，主要同内地、口岸及重庆进行资金来往。随局势的变化，各种汇款的多寡及所占比例也经常发生变化。但总的来看，汇款数额逐渐增加，汇出较汇入为多，军政机关商业及个人汇款较多。

1941年上期中央银行武威分行汇出汇款总额为2644741.41元，其中以商业为主，所占比例高达96%；汇入汇款总额为2428204.08元，全系内地各行处委解，其中以军饷为主，所占比例达66%。② 至下期，汇出汇款、汇入汇款都增加近一倍。汇出方面，军款、生产资金及个人汇款都大幅增加，只有商业汇款略有增加；汇入方面各种款项都增长迅速。至1942年，由于"商界存汇多被中交所吸收"，"后以各处汇款限制极严，有时欲做而不能"，③ 1942年上期汇出减少三分之一，汇入与上期所差无几，总的来说，业务收缩。1942年下期之前，中央银行武威分行的汇入汇出款相差无多，1942年下期四行业务划分之后，汇解军政款项被列为中央银行的主要业务之一，由于军政汇款的带动，汇兑业务又活跃起来，汇入汇出都有较大发展。下期业务上来往客户，以军政机关及个人为多，商界汇款笔数较上期略

---

① 潘益民：《兰州之工商业与金融》，《中央银行丛刊》，1936年，第165页。
② 《中央银行武威分行1941年度上期营业报告》，甘肃省档案馆藏中国银行兰州分行档案，全宗、目录、案卷号56-1-44。
③ 《中央银行武威分行1942年度上期营业报告》，甘肃省档案馆藏中国银行兰州分行档案，全宗、目录、案卷号56-1-44。

第三章 战时甘肃银行业业务的广泛开展

增,汇入款项本期较上期增加三倍,以西安汇来款项最多,全系军饷;兰州次之,兰州汇来款项大半系各机关经费,及盐场公署脚价。①据统计,1942年华资银行兰州区汇款总额为423050000余元,②居西北各省会城市第二位,汇出款项本期较上期增加三倍,商款居多。至1943年上期,汇入汇款较前期增加二分之一,汇出汇款较前增加三分之一,汇款构成与上期类似;1943年下期,汇入政费激增,较上期增加七倍,其多数为运军粮脚价;该年下期,中央银行武威分行第一次出现同业汇出汇款150万余元。③在紧急时期,中央银行发挥了扶持救济同业的作用,对于树立中央银行的威信不无裨益。

四行业务划分后,中央银行武威分行汇入汇款一直多于汇出汇款,一定程度上弥补了甘肃省资金外流。但是,汇入汇款以军政性质居多,汇出汇款则以商业居多,这种资金来往显然不利于资金流入甘肃省的生产领域和商业发展领域。

国家银行在甘肃省的各分支行处,这一时期的汇款业务逐渐向中央银行集中,最终形成了以中央银行为主、其他银行为辅的汇兑局面。汇款项目以军政机关汇款和商业汇款为主,概因当时军政事务繁忙,以及国家四行各分支行处多设于商业较发达之地点。汇款范围狭窄,汇款质量低下,正是工农业不景气的折射。当然,甘肃省国家银行业的汇兑业务,一定程度上便利了抗战时期包括甘肃省在内的抗战大后方军政、生产资金调拨,以及西北对苏国际贸易的开展,一定程度上满足了抗战大后方行政、建设资金的需求。当然,银行业出于自身盈利的需要,也曾调拨商业贸易资金,表明抗战西北大后方经济以及商业贸易的紧密联系。

---

① 《中央银行武威分行1942年度下期营业报告》,甘肃省档案馆藏中央银行兰州分行档案,全宗、目录、案卷号52-2-278。
② 《四联总处一年来办理内汇情形》,《金融周刊》第4卷第4期,1943年。
③ 《中央银行武威分行1943年度下期营业报告》,甘肃省档案馆藏中央银行兰州分行档案,全宗、目录、案卷号52-2-278。

西北银行业制度的强制性变迁与区域经济变动（1930—1949）

二 甘肃省银行的汇兑业务

甘肃省银行在省内各分支行处达六十余处，为省内汇兑业务的推广创造了良好条件。至于省际汇兑，截至1939年年底，甘行与外埠同业协定互代收解契约者，计有陕西省银行与上海商业储蓄银行。甘行的前身平市官钱局在陕西既没有设立寄庄，也没有委托代理银行，以致陕甘两省间金融阻滞。甘肃省银行总行与陕西省银行总行约定直接办理通汇。但是，两行的各分支行处均深感省外款项代理收解由总行转理，不但信电转递困难，耗时过多，而且手续费也相应增加，顾客又多一层负担，甘行便于1940年4月与陕行磋商，要求根据实际需要增加通汇地点，不仅仅限于两总行间通汇。两行商定，甘行在兰州、天水、凉州、平凉、肃州、临洮、岷县、西峰镇、成县、徽县10行处，以及陕行的西安、汉中、宝鸡、凤翔、三原、渭南、咸阳7行处，彼此可直接通汇，其他分支行处可以托直汇行转汇。甘行为便利信托部在各省收购物资运销土产，平抑物价，并协助各地采购货物的商人往来收付起见，1939年6月与上海商业储蓄银行商洽办理通汇，规定双方通汇地点为重庆、成都、桂林、贵阳、昆明、上海、香港、兰州、天水、凉州、平凉、肃州、临洮、岷县。其他分支行处双方均可转汇，彼此直接开户存欠两方透支总额，各定10万元。至于港沪汇款限度，依照政府规定办理。双方签订合约，定于1939年9月1日起开始施行。[①] 此外，甘行还与河南省银行、重庆建国银行，以及贵州、宁夏银行订立通汇合约。抗战胜利后，除扩大汇款区域外，还在上海、南京等地分设机构，直接办理通汇，汇务日趋发达。

---

① 甘肃省银行编：《一年来之甘肃省银行》，甘肃省银行1940年印，第70、71页；黎迈：《甘肃金融业之过去与现在》，《西北资源》第2卷第2期，1941年。

· 202 ·

表 3 – 12　　　　　甘肃省银行历年汇款数额统计　　　　单位：元

年度	汇出汇款	汇入汇款	备注
1939 年（下期）	9946663.20	9480694.31	
1940 年	15957103.20	14913552.55	
1941 年	190803416.88	138858869.15	
1942 年	337308414.91	442406424.33	
1943 年	1411345575.59	1243543002.59	
1944 年	4437049699.37	3777430211.19	
1945 年	11842883560.09	10366127867.19	
1946 年	70415123551.54		自 1946 年起汇入汇款科目取消
1947 年	567117809499.46		

资料来源：甘肃省政府统计处编《甘肃省统计年鉴》，1948 年，第 12 页。

从表 3 – 12 可以看出，由于甘行分支机构渐多，汇兑区域也逐渐扩大，其汇兑业务亦逐渐繁荣，汇款数额连年增加。历年汇出汇款总体多于汇入汇款，甚至自 1946 年起汇入汇款科目被取消，没有了汇入汇款。这种现象也反映出甘肃省贸易处于入超地位。

至于汇率，1942 年 8 月之前"则均在千分之二十至千分之六十之间"。① 自 1942 年 8 月 24 日中中交三行议定汇率标准后，包括甘肃省银行在内的汇款汇率亦有所下降。以 1943 年为例，汇至西安、武威、平凉、酒泉四地的汇率普遍低于千分之二十。

表 3 – 13　　兰州市银钱业汇出主要四埠汇率统计（1943 年 1—12 月）

汇率　汇出地　月份	西安	武威	平凉	酒泉
1	1.00	8.67	6.00	17.00
2	3.00	8.00	6.00	16.00

---

① 甘肃省政府统计处编：《甘肃省统计年鉴》，1948 年，第 5 页。

西北银行业制度的强制性变迁与区域经济变动（1930—1949）

续表

汇率 月份	汇出地 西安	武威	平凉	酒泉
3	3.00	10.00	6.00	16.00
4	10.00	10.00	8.00	16.00
5	17.17	10.00	13.33	18.33
6	16.00	9.00	14.17	17.00
7	9.33	9.17	9.00	16.00
8	6.50	9.67	8.00	16.00
9	6.00	7.50	13.50	14.45
10	4.50	6.50	11.50	13.80
11	3.33	6.00	10.00	14.00
12	8.00	5.83	11.50	15.75

注：1. 本表对汇出地点之选择及汇率行情均根据本市一般银钱行庄额率；2. 以每月第一周之汇水平均率为准；3. 四行汇率通常较本表水平略低；4. 按每千元计算汇水，单位为元。

资料来源：《函送汇率统计表及推行储蓄数额表的函》，甘肃省档案馆藏中国通商银行兰州分行档案，全宗、目录、案卷号58-1-74。

甘肃省各银行汇率普遍降低的同时，我们从上表还可以看出，其一，不同地区对资金的需求状况是不同的。大部分时间里西安对资金需求较少，酒泉对资金需求较烈，这种现象可以反映出西安资金比较充裕，酒泉亟待资金注入以发展生产。其二，同一地区的不同时期对资金的需求状况也是不同的。西安的总体态势是从年初汇率递增，到五、六月份达到最高，继而回落，五、六月份是西安亟待资金的时期；武威3月份到9月份对资金需求较烈，因为这一时期为农耕期间农业生产、收割需要资金来购置生产资料；汇至平凉的汇率与其他地区有所不同，一年中起伏较多；至酒泉的汇率常年保持在一个较高的水平，波动不大，可以看出，酒泉的资金需求状况变化甚微，急需资金注入，以活跃金融市场，促进生产活动顺利进行。

第三章 战时甘肃银行业业务的广泛开展

汇率高低反映出一个地方对资金需求的状况，一般来讲，汇出地对资金需求越强烈汇率就越高，汇率是调剂资金流向的杠杆之一。若某地区亟待外来资金的注入，那么资本这种供不应求的状况必然会抬高外来资本的价格。然而，资本的高价格在一定程度上是不利于资金流入资本稀缺地区的。因此，汇率的这种杠杆作用往往是不利于资本合理流通，不利于社会生产发展的。尽管如此，兰州与西安、重庆、成都、昆明、桂林以及平凉、武威、酒泉、宝鸡、咸阳、汉中、香港、上海之间资金的调拨，表明大后方存在统一的区域金融市场，表明抗战前线与后方内汇市场的密切联系，以及大后方经济贸易的紧密联系。

第四节 代理公库业务

一 中央银行代理国库业务

中央银行在各国家行局中地位特殊，与金融、财政政策关系最为密切，中央银行在甘肃省的各分支机构负有代理国库的特殊责任。中央银行兰州分行于1933年12月在兰州开幕后，即以代理国库、经收税款为重要业务，但甘肃省国税均为暂由地方政府留用，未解国库、中央银行兰州分行在甘肃代理国库有名无实，因此业务颇受影响。[1] 20世纪30年代初期，国民政府所发行之各种公债、库券、奖券等应付本息，因无经收机关，持票人颇受损失，后来由中央银行兰州分行代付，[2] 这对于树立政府信用，恢复持票人对中央政府的信任大有帮助。

1940年秋，中央银行武威分行增设，其办理国库力求改进，并且尽力"与稽征机关取得密切联系，对纳税人缴纳税款尤处之予以便利"。代理国库业务虽手续处理烦琐，但"因平时与政府各机关均能

---

[1] 潘益民：《兰州之工商业与金融》，《中央银行丛刊》，1936年，第164页。
[2] 潘益民：《兰州之工商业与金融》，《中央银行丛刊》，1936年，第165页。

西北银行业制度的强制性变迁与区域经济变动（1930—1949）

相互商讨",仍"收事半功倍之效"。① 因此,1941年上期国库收支又较前期激增。本期经收库款共计国币478921.15元,其中盐税为大宗,占岁入总量的58%;本期岁出计有补助支出、司法支出两类,共计国币68258.45元。至于各机关存款,只有地方法院等四户,存款随存随支。因3月底为1940年度国库收支结束日期,遵照财政部规定,均于3月底悉数转入收入总存款。②

武威专卖机关烟类专卖局武威办事处于1942年10月成立,成立之初因奉重庆总局令,以契约另有规定,将所取得专卖利益悉数存放中农行,后经中央银行武威分行再三交涉,始于1943年6月陆续由农行转解央行武威分行。1943年下期支出2418590.00元,比上期增加1103030.00元;普通经费存款137235.68元,比上期增加35660.81元;特种基金存款405752.57元,比上期增加111547.51元。③

表3-14　　　　中央银行武威分行1943年经收库款比较

科目	本期收入数（元）	上期收入数（元）	增或减	比较增减数（元）
田赋	239341.87	—	增	239341.87
契税及地价税	254985.69	122391.44	增	132594.25
所得税	3347053.92	137492.57	增	3209561.35
遗产税	28193.80	4209.00	增	23984.80
非常时期过分利得税	3908481.27	57949.81	增	3850531.46
营业税	2619497.64	845340.45	增	1774157.19

---

① 《中央银行武威分行1941年上期营业报告》,甘肃省档案馆藏中国银行兰州分行档案,全宗、目录、案卷号56-1-44。
② 《中央银行武威分行1941年上期营业报告》,甘肃省档案馆藏中国银行兰州分行档案,全宗、目录、案卷号56-1-44。
③ 《中央银行武威分行1943年上期营业报告》,《1943年下期营业报告》,1944年1月15日,甘肃省档案馆藏中央银行兰州分行档案,全宗、目录、案卷号52-2-278。

第三章 战时甘肃银行业业务的广泛开展

续表

科目	本期收入数（元）	上期收入数（元）	增或减	比较增减数（元）
印花税	19695.88	1600.00	增	18095.88
关税	105254.60	152086.40	减	42831.80
矿税	7693.56	4834.50	增	2859.06
货物出厂税	824358.05	1039734.45	减	215376.40
货物取缔税	154008.00	28109.10	增	125898.90
战时消费税	582175.52	336770.28	增	245405.24
盐专卖收入	640560.10	172870.00	增	467690.10
烟专卖收入	362641.24	4851704.80	减	4489063.56
惩罚及赔偿收入	12358.63	3460.84	增	8897.79
规费收入	7210.00	2480.50	增	4729.50
银行垫借款	1759969.08	804235.20	增	955733.88
收回各年度岁出款	7122.00	19355.70	减	12233.70
食盐战时附税	2156829.00		增	2156829.00
财产及权利之利息收入	1390.65		增	1390.65
财产及权利之售价收入		1930.00	减	1930.00
合计	17038820.50	8586555.04	增	8452265.46

资料来源：《中央银行武威分行1943年度下期营业报告》，甘肃省档案馆藏中央银行兰州分行档案，案卷号52-2-278。

从表3-14可以看出，中央银行武威分行代理国库的各项收入有增有减，然而，总的来看，经收库款还是大幅增加的，这主要是因为所得税、非常时期过分利得税、营业税及食盐战时附税大量增加所致。这也从一侧面反映了国民政府税种繁多，而且苛刻，甚至连人们生活必不可少的食盐都在收税之列。代理国库业务一方面为发挥中央银行经理国库职能；另一方面也为中央银行积累资金，有助于中央银行质押透支等业务的开展，也是发挥中央银行的职能。

二 甘肃省银行代理公库业务

1938年6月9日中央银行颁布公库法，甘肃省遵照规定，于1940年1月1日起实施公库制度，从1940年4月1日起，甘肃省政府指定甘肃省银行代理省库业务，甘行代理公库业务从此开始。

1. 代理省库

甘行被指定代理省库后，甘行即以兰州分行代理省库总库，天水、平凉、临洮、凉州、肃州、岷县6分行为分库，定西、静宁、泾川、榆中等22办事处，以及武山、夏河、清水3汇兑所为支库，并新添西和、景泰、华亭、海原、文县等5支库，合计1总库6分库30支库。1940年各月代收款额为36969940.20元。① 政府的收支系统调整后，田赋、省税归并中央统一征收，省库已不再需要，遂于1942年2月底结束，并代理国库业务。

2. 代理县市库

1940年4月1日甘行开始代理县库，共36处，市库仅兰州一地，1940年8月起实施，代收款额639680.37元。② 自1942年度起增设县库较多，这是因为，国民政府为改进地方自治财政，1943年财政部令甘行积极推进县库建设。至1943年底，甘肃县市公库已完成60处，较财政部预定进度还要多四处。③ 县市公库设立情况如表3-15所示。

从表中可以看出，甘行建设县市库的成果是十分可观的，截至1944年甘行已经建立起覆盖全省的完备的县市库网络，为改进甘肃省政府财政自治，便利省政府的财政工作奠定了良好的基础。

---

① 郭荣生：《五年来之甘肃省银行》，《财政评论》第12卷第6期，1944年。
② 甘肃省政府：《甘肃省银行概况》1942年第2期，第17页。
③ 郭荣生：《五年来之甘肃省银行》，《财政评论》第12卷第6期，1944年。

表 3-15　　甘肃省三年预定完成县市公库网分期进度数目

年度	预定完成期	设库县份	已完成数目
1942 年	第一期	兰州市、皋兰、定西、临洮、永登、渭源、陇西、岷县、平凉、静宁	左列十县市已如期完成,唯以兰州市库于 1943 年 11 月奉令转交市银行
	第二期	庆阳、泾川、天水、秦安、徽县、礼县、临夏、甘谷	左列八县已如期完成
	第三期	武都、武威、张掖、酒泉、成县、固原、榆中	左列七县已如期完成
	第四期	靖远、安西、敦煌、西和、海原、清水、武山、景泰、夏河、华亭	左列十县已如期完成
1943 年	第五期	文县、通渭、临潭、镇原、会宁、高台、西固	左列七县已如期完成
	第六期	永昌、古浪、灵台、民勤、宁县	左列五县已如期完成
	第七期	两当、庄浪、临泽、康乐、康县	左列五县已如期完成
	第八期	民乐、洮沙、崇信、漳县、隆德	左列五县已如期完成
1944 年	第九期	山丹、金塔、正宁、永靖	山丹已提前完成
	第十期	玉门、化平、鼎新	化平已提前完成
	第十一期	宁定、和政、西吉、环县	和政已提前完成
	第十二期	合水、萧北、单民	

资料来源：郭荣生《五年来之甘肃省银行》，《财政评论》第 12 卷第 6 期，1944 年。

3. 代理国库

甘行代理国库自 1942 年 1 月开始，1942 年设甘谷、渭原、西峰镇等 32 处支库，1943 年又增设夏河、景泰、武山等 23 处支库。各代理支库，收付库款为数颇巨，计收入 56673939.37 元，付出 25594534.09 元。①

自 1946 年 7 月起财政收支系统恢复三级制，甘行仍代理国库、省库、县库业务，并指定兰州为总库。截至 1946 年年底甘行代理国

---

① 郭荣生：《五年来之甘肃省银行》，《财政评论》第 12 卷第 6 期，1944 年。

> 西北银行业制度的强制性变迁与区域经济变动（1930—1949）

库单位 61 处，代理省库分库 71 处，代理县库 66 处，代收库款 46 亿 9047 万余元，代付库款 57 亿 8477 万余元。① 1947 年因碧口办事处业务不振，国库支库随之裁去，省库碧口支库改由文县兼办，碧口县库也移交文县县库代办。1947 年，代理国库收库款 130 亿 8551 万元，付库款 100 亿 1145 万元，较上年度收款增加三倍以上，付款增加几近二倍；代理省库收款 694 亿 3505 万元，付款 687 亿 6404 万元，较上年度收款增加十二倍，付款增加十三倍；代理县库方面，共收税款 171 亿 9425 万元，共付各项经临费款 157 亿 7722 万元。② 可见，甘肃省银行的代理国库业务主要在于代理省库。

第五节 发行货币与领券业务

一 中央银行在甘肃省的发行业务

中央银行兰州分行成立之初就在甘肃省发行银元纸币及辅币券，无限兑现，中国、交通、中南等银行纸币，在兰州不能通用，中央银行兰州分行酌收贴水每元一二分，亦为兑现，外省旅客无不称便。③ 四行业务划分之前，市面上向有中国、中农及省银行券币之资流通，故而中央银行的本券发行未能有显著成绩。至 1942 年下期四行业务划分后，中央银行垄断了钞票发行权，因而加强了中央银行的核心地位。

中央银行武威分行 1940 年上期发行本券 120 余万元，辅币 4 万余元。此外，并收回破损券 3 万余元。④ 中央银行发行的辅券到处流通，行使便利，颇受社会人士欢迎，只是物价高涨，筹码转大，辅券用途渐少，且辗转收受，破损颇多。后来补充发行五十元及百元券，头寸已较前充裕，加上携带便利，人们争相使用，一元券多大量回

---

① 姜宏业：《中国地方银行史》，湖南出版社 1991 年版，第 386 页。
② 《甘肃省银行 1947 年业务报告》，甘肃省档案馆藏，记录数序号 3840。
③ 潘益民：《兰州之工商业与金融》，《中央银行丛刊》，1936 年，第 165 页。
④ 《中央银行武威分行 1940 年上期营业报告》，甘肃省档案馆藏中国银行兰州分行档案，全宗、目录、案卷号 56-1-44。

笼。中央银行武威分行 1941 年上期收回本券 120 余万元，内有一元券 20 余万元，辅券及破券 13000.00 余元。① 发行的大券在工商业较发达的城镇流通畅达，然在乡间流通不易，但乡民无视，每遇钞券稍见破缺，即不使用。因而中央银行岷县分行 1942 年下期收回 480 万元。② 这一时期收回的币券主要有两种，一种是来自工商业较发达城镇不适应流通的小额钞票，一种是来自乡村破损的币券。

中央银行垄断发行业务之后，发行日渐增加，以央行武威分行为例，1942 年下期发行 190 万元，1943 年上期发行增至 610 万元，较上期增加两倍有余。1943 年下期，因国库经收各种税款及储蓄方面均有激增，故发行减少。后因物价飞涨，商业交易收付数额过巨，大券较受欢迎，辅券用途无多，市上曾一度发生辅券不通行现象，初由农行券而起继及各行。经中央银行极力予以兑换，后旋即告息。③ 这也表明中央银行在通过集中发行权来调节武威及河西地区货币供应量，适当增加货币种类，满足区域经济社会的需要。

二 甘肃省银行的发行业务与领券

1. 发行业务

甘肃省银行成立之初承接甘肃平市官钱局原有资本 100 万元，发行额为 3825662.50 元（含有平市官钱局时代发行的 5 角辅币券 3597120 元，余系铜元券折合数，于 1941 年陆续收回）。改组成立该行后，发行 1447920 元，1939 年下期，又呈准财政部在甘加印蓝色券 500 万元，以资维持。在 1940 年到 1941 年全部发行。1940 年 4 月，行章修改，确定资本为 500 万元，并于 7 月增资 1500 万元，1941 年 6 月又增资 100 万

---

① 《中央银行武威分行 1941 年上期营业报告》，甘肃省档案馆藏，全宗、目录、案卷号 56-1-44。

② 《中央银行岷县分行 1942 年下期营业报告》，甘肃省档案馆藏，全宗、目录、案卷号 52-2-263。

③ 《中央银行武威分行 1943 年下期营业报告》，甘肃省档案馆藏，全宗、目录、案卷号 52-2-278。

▶ 西北银行业制度的强制性变迁与区域经济变动（1930—1949）

元，11月由公积金内提拨150万元，省股500万元，始经缴足，两年间又发行500万元，前后共计1000万元，均系平市官钱局五角券。①甘肃省银行的发行业务开展，尤其是增印辅币券，不仅是补充辅币不足的问题，也是在满足区域社会经济生活的需要。

2. 领券业务

甘行以甘肃省金融枯竭，筹码不敷周转，经依照领券规则，于1938年和1939年下期，先后呈请领用共1000万元。此项领券，第一期领券500万元，在1940年9月15日期满；第二次领券500万元，在1941年期满。至于领券准备，计现金准备200万元，股票及机车准备800万元，都按照规定缴足。②此项领券依照领券增营业务计划，妥为运用，该项业务原来计划分为十项，其业务项目及分配比例如表3-16所示。

表3-16　　　　甘肃省银行领券增营业务计划

项别	分配数额（法币，元）	所占比例
农押仓库之经营	200000.00	2%
农产品之储押	3500000.00	35%
种子肥料耕牛农具之贷款	100000.00	1%
农田水利事业之贷款	800000.00	8%
农业票据之承受或贴现	150000.00	1.5%
完成手续继续收益土地房产之抵押	250000.00	2.5%
工厂厂产之抵押	600000.00	6%
工业原料及制成品之抵押	3300000.00	33%
商业票据之承受或贴现	200000.00	2%
农林矿产及日用国货商品之抵押	900000.00	9%
合计	10000000.00	100%

资料来源：甘肃省政府编：《甘肃省银行概况》，1942年，第24—25页。

① 甘肃省政府统计处编：《甘肃省统计年鉴》，1948年，第1页。
② 甘肃省政府编：《甘肃省银行概况》，1942年，第24、25、26页。

第三章 战时甘肃银行业业务的广泛开展

上表各项业务，多依照计划实施，偶有以特殊原因或暂缓进行，或改变分配数目。此项领券计划中，农产品之储押与工厂厂产之抵押分别占35%、33%，于此可见，甘肃省银行在扶持社会经济发展方面，此时尚倾向于扶持农业和工业，对于缓解工农业资金紧张的局势大有帮助。

1942年4月，甘肃省银行又领券200万元。财政部为加强地方金融组织，入股300万元，至1943年上期始经缴足，前后共计集资300万元。到1944年，先后两次所领券1000万元到期归还，并开始收兑发行之票券。1945年票券收清，予以焚毁，并将先后三次所领之券2000万元全部归还。[①] 这表明甘肃省银行经营获利颇多，才会将所领巨额券币全部归还。

[①] 甘肃省政府统计处编：《甘肃省统计年鉴》，1948年，第2页。

第四章　20世纪三四十年代宁夏省银行业的业务开展

第一节　宁夏（省）银行的改组及业务经营

抗战前宁夏地区仅存的地方银行是宁夏省银行。1938年6月1日，马鸿逵将宁夏省银行改组为官商合办的"宁夏银行"，由"宁夏省银行"到"宁夏银行"仅一字的变动，表明该银行的性质已经由官办改为官商合办。新成立的宁夏银行有"官股（宁夏省政府）一百万元。此款由整理此钞盈余及省银行营业盈余项下拨付；全省绅商自动入股五十万元。共计基金一百五十万元"。① 在《宁夏银行章程》总则中规定，该银行以调剂本省金融、发展生产事业为宗旨，是依照当时颁布的银行法令和公司法股份有限公司的规定组织。

宁夏银行成立之初便成立了股东会，设立董监事会，官股董事人由省政府指派，商股董事人由股东会议就持有300股以上之股东中选举之，并报请财政部备案；官股监察人由省政府指派，商股监察人由股东会就持有150股以上之股东中选举之，并报请财政部备案。董事任期三年，监察人任期一年。官股董事监察人，得连派连任；商股董

---

① 《宁夏金融史——近代史料汇编》（上册），人民银行宁夏区分行金融研究所1987年内部印刷，第83页。

第四章　20世纪三四十年代宁夏省银行业的业务开展

事监察人,得连选连任。① 《宁夏银行章程》第二章第五条虽对股东有所规定:"本银行股本总额,定为法币一百五十万元,分为一十五万股,每股金额为一十元。除由省政府认入一十万股外,余金商民随意认购,但以中华民国国籍者为限。"② 但能够认购股本的股东非军政要员即省府委员或马鸿逵亲属(如马福寿、马如龙、马腾蛟、马鸿逵四妾刘慕侠、五妾邹德一),此外尚有部分地方著名商绅共30余人,总之全是官僚和资本家。

表4-1　　　　　　宁夏银行董事、监事简历

职务	姓名	简历
董事长	马鸿逵	省政府主席
董事	马宣三	省政府委员、前副行长
董事	王沛	政府委员、马私人医生
董事	徐宗儒	地主绅士
董事	李凤藻	地主兼资本家
董事	李云祥	前正行长
董事	海涛	民政厅厅长
董事	徐瑞鸿	军需处副处长
董事	里鸿飞	天成西经理
董事	王学伊	隆泰峪经理
董事	田生宝	合盛恒经理
董事	谢希泰	敬义泰经理
董事	李篙如	同心峪经理
董事	何义江	地主兼资本家
董事	张子修	百川江经理
董事	王超武	资本家

---

① 《第五章　董事会及监察人》第十八至二十条,引自《宁夏金融史——近代史料汇编》(上册),人民银行宁夏区分行金融研究所1987年内部印刷,第86页。
② 《宁夏金融史——近代史料汇编》(上册),1987年内部印刷,第83页。

▶ 西北银行业制度的强制性变迁与区域经济变动（1930—1949）

续表

职务	姓名	简历
董事	王含章	大地主、特务头子
监察长	赵文府	财政厅厅长兼军需处处长
监察人	张振海	马鸿逵账房管事
监察人	范有森	商店经理
监察人	乔森荣	商会会长
监察人	李斌	绅士
监察人	蔚敦道	省府秘书长
监察人	程福刚	军法处处长特务头子
监察人	何文钦	同心长经理
监察人	周静臣	地主绅士
监察人	黄本栋	省府会计处长

资料来源：《甘肃文史资料》（第十七期），转引自《宁夏金融史——近代史料汇编》（上册），人民银行宁夏区分行金融研究所1987年内部印刷，第91—93页。

从上表所列可见，宁夏银行董事长由马鸿逵兼任，显然是为高度集中银行的经营管理权力。宁夏银行总行设总经理、助理各一人，分别由前宁夏省银行正行长李云祥、马宣三担任。总行内设总务、业务、会计、仓库四科和储蓄部，各设主任一人，办事员、助理员、练习生各若干人分别办理各该科或该部事务。除省城的总行外，为了扩展银行的业务，宁夏银行经董事会决议，并呈请财政部核准，于本省境内设立分行及办事处或代理处。各分行设总经理一人，办事处设主任一人，并设办事员、助理员、练习生若干人办理各该分行、办事处事务。1941年6月，为了配合推行新县制，宁夏银行撤销了吴忠堡、中宁、黄渠桥办事处，在平罗、惠农两县之适中地区黄渠桥设平惠分行；永宁、宁朔两县设永朔分行于李俊堡；中卫、中宁两县设中卫分行；金积、灵武两县在吴忠堡设金灵分行；又增设了同心、磴口、陶乐、定远营办事处，此外还有兰州、西安办事处，至此，一个以省垣总行为中心向全省辐射的金融商业网络已全面形成。

第四章　20世纪三四十年代宁夏省银行业的业务开展

1942年5月1日，经宁夏银行董事会决议，银行增加资本为400万元，其中商股300万元，官股100万元，资本的雄厚必将大力推进业务的发展。[①] 1947年，国民党中央颁布《省银行条例》，财政部据此撤销了宁夏银行，继而组建宁夏省银行。至此，"宁夏银行"又重新更名为"宁夏省银行"，但董监事成员几乎未变，仍由宁夏地方军政要员统领。

国民政府时期宁夏地区各银行业务经营的重点是有所差别的。作为宁夏地方银行的宁夏银行除普通存放汇兑、代理省金库等银行业务外，还统购统销宁省特产并投资经办了一些工业企业；中国农民银行宁夏支行的业务以农贷为主；中国银行宁夏办事处经营的是普通的银行业务，包括办理储蓄、汇兑及存放款；中央银行宁夏分行管理其他银行，业务以代理国库及机关存汇款为主；交通银行宁夏办事处以扶植实业为主要业务。中、中、交、农四行联合管理处宁夏支处依照《中央中国交通农民四银行联合办事处支处组织章程》的规定行使职能。宁夏（省）银行业务如下。

（一）发行省钞

宁夏在1929年建省前属于甘肃辖区，当时市面流通的货币为"银元、铜元及平市官钱局之钱帖子"，[②] 这种无准备金状态的流通造成宁夏金融一片混乱。早在1927年，冯玉祥在宁夏设立西北银行宁夏分行，曾经发行西北银行钞票收回了部分无准备金的钱帖子。但在宁夏建省之初，西宁宁海军营长马仲英统率军队攻陷省城，劫掠了西北银行宁夏分行库存现金，直接导致西北银行券日渐贬值，宁夏省财力空虚。随着1930年西北军撤离宁夏，西北银行钞票变成一张废纸，宁夏省经济几乎进入停滞状态。

宁夏省主席马鸿宾建立宁夏省银行后，寄希望于发行省钞来满足

[①] 郭荣生：《中国省银行史略》，沈云龙主编：《近代中国史料丛刊》续辑，第19辑，文海出版社1988年版，第166页。

[②] 马鸿逵题：《宁夏省财政概要》，1940年，第1页。

西北银行业制度的强制性变迁与区域经济变动（1930—1949）

市场需求，解决政府财政危机。面对1929年国民政府经济委员会"地方新设银行不得发行纸币"的规定，他多次以"地处边陲，经济枯竭，无纸币集资周转"为由咨请政府变通办理宁夏纸币政策。经同意，宁夏省政府开始陆续发行省钞，"截至二十二年元月止，其发行者，计有十元、五元、一元之元票，五角、二角、一角之角票，临时维持券以及接受西北银行之旧钞票等，共洋一百二十二万零四百余元"。① 新发行之省钞虽然不能完全实现发行初衷，但在一定程度上暂时缓解了宁夏省资金融通困难、滞后局面。

1933年，马鸿逵主政宁夏后，鉴于市面流通货币票样杂乱，"此不仅适于奸人从中渔利之机，尤可造成金融之恐慌"，为避免造成省钞信用下降，"故欲彻底整理，必先从统一入手"。② 于是发行新省钞40万元，后又发行30万元，仅1933年就发行105万元。新省钞随同旧省钞以较大数量在市场上流通，并未达到预期以新收旧统一钞票的目的。1933年12月至1934年3月爆发孙殿英、马鸿逵大战，巨额的军费开支直接造成负债、省钞狂增、政府财政空虚，社会经济遭到严重破坏。宁夏省银行于1934年再次大量发行无准备金的新省钞，"当年发行新省钞155万元之巨，为各年度发行之冠"。③ 这样肆意滥发钞票必然导致物价飞涨、通货膨胀。面对金融紧缩状况，宁夏省银行拟定"凡商民借贷现款及军队汇兑，统由该行办理"。统一管理金融的办法对于稳定物价是有一定积极意义的，无奈各县征收税款时，对商人和农民以现洋征收而解缴省库为省钞，无形中致使现洋和省钞对比率发生很大波动，新省钞再次陷入贬值，宁夏省政府"遂于二十三年十一月，饬由财政厅规定征收省钞办法七条，通令各县政府暨各征收机关遵照办理，不得故蹈覆辙，致乱金融"。即"各征收机关及征

---

① 宁夏省政府秘书处编：《十年来宁夏省政述要》财政篇，第三册，宁夏人民出版社1988年影印，第277页。
② 宁夏省政府秘书处编：《十年来宁夏省政述要》财政篇，第三册，宁夏人民出版社1988年影印，第281页。
③ 姜宏业主编：《中国地方银行史》，湖南出版社1991年版，第541—542页。

第四章 20世纪三四十年代宁夏省银行业的业务开展

收分卡门口,一律系挂木牌,上书征收税款,一律收受宁夏省发行之省钞不收现洋等字样,永远悬挂,不准损坏……如有阳奉阴违,仍敢收现洋,查出处以枪决"。①

1938年初,宁夏省政府召集全省各界,组织成立金融委员会,经讨论决定,用禁烟委员会购存的大烟以高于原价八九倍的价格"提出八十四万四千二百余两,以法币市价变卖烟土,收回省钞三百四十八万五千四百九十元,悉数销毁"。②同年5月,省钞全部收购结束,至此结束了民国初年以来宁夏境内货币流通的紊乱状态,宁夏开始奉行国民党中央的法币制度,统一使用法币。同年6月1日,宁夏省政府主席马鸿逵从省金库中提取一百万元作为宁夏省政府的官股资金,将原隶属于中央的"宁夏省银行"改组为官商合办的"宁夏银行",其企业的性质决定了宁夏银行要在更大程度上扩大业务范围。截至1942年6月底,该行发行数额据推测在一百万元至二百万元之间,1942年底,存款六百余万元,放款一百余万元,汇入汇出各七八百万元,盈余一百七十余万元。③

(二) 专营商业(垄断皮毛经营)

在《宁夏银行章程》第三章"营业"第九条中明确规定了该银行的营业范围:经收各种存款、各种有抵押殷实铺保之放款、各种确实期票及税票之贴现、办理国内汇兑、储蓄业务(拨定资本,设立专部办理,其章程另定之)、与其他银行订立特约事件。并规定不得经营如下各项营业:购买非营业上必需之不动产、无抵押及无确实铺保之放款、以本行股票为担保之借款。④

---

① 宁夏省政府秘书处编:《十年来宁夏省政述要》财政篇,第三册,宁夏人民出版社1988年影印,第282页。
② 宁夏省政府秘书处编:《十年来宁夏省政述要》财政篇,第三册,宁夏人民出版社1988年影印,第285页。
③ 郭荣生:《中国省银行史略》,《近代中国史料丛刊》续辑,第19辑,文海出版社1988年版,第166页。
④ 《宁夏金融史——近代史料汇编》(上册),人民银行宁夏区分行金融研究所1987年内部印刷,第84页。

西北银行业制度的强制性变迁与区域经济变动（1930—1949）

自实行法币政策后，宁夏银行的业务由以前发行省钞及代理经营商业转变成专营商业的垄断组织，主要经营宁夏的土特产品。以低价大量收购民间的羊皮、羊毛、驼毛、大烟、枸杞、甘草等。1938年，马鸿逵以抗日救国名义将羊毛转化为军用物资，实行所谓的官方专买专卖制度，由军需处统制，通过地方税务局按照掌握的征款捐登记清册摊派征购，二毛皮和老羊皮每年征购1万张到2万张，前者每张2角至5角，后者每张1角至3角，价格十分低廉。为此，马鸿逵以宁夏省府主席名义发布训令："各商号所存羊毛均卖给银行，不得偷运包绥、天津销售，违者以资敌办。"① 借此训令，宁夏银行便垄断了宁夏的羊毛及土特产品收购，将土特产品装上马鸿逵特许的军车运往兰州、西安等地高价销售，然后再购买黄金、银元和布匹、纸烟、五金等宁夏境内短缺的商品在宁夏出售以牟取暴利。从西安、兰州到宁夏各市县，宁夏银行共设立分行及办事机构11处，北京、天津、上海、武汉、广州、包头都有专设机构，规定凡属银行经营的物资，一律列入统收范围，按官价收购，禁止民间买卖。② 一系列训令的出台及宁夏银行金融网络的形成，有助于巩固马鸿逵的军政地位，进一步加强了其对宁夏所辖各县区的监督和管理，其势力范围更是扩大到省域以外。

1938年，宁夏省政府受西北贸易委员会委托代购皮毛。当时，"凡地产皮毛区，北至阿额两旗，东至陶乐、鄂托克，南至同心、盐池，均设有收毛处，开始对毛皮进行统制收购"。③ 1939年，宁夏银行内部设立富宁商行掌管上述业务，营利甚丰。宁夏银行正是凭借省政府的训令并通过富宁商行，加强了对全省皮毛的统制收购，甚至猪鬃、肠衣也被列入统制范围。1942年宁夏银行接受财政部所属"复

---

① 云峰：《马鸿逵的秘密账号》，宁夏回族自治区文史资料研究委员会编：《宁夏三马》，中国文史出版社1988年版，第259页。
② 《宁夏工商史料》（第二辑），转引自《宁夏金融史——近代史料汇编》（上册），人民银行宁夏区分行金融研究所1987年内部印刷，第122页。
③ 姜宏业主编：《中国地方银行史》，湖南出版社1991年版，第542页。

第四章　20世纪三四十年代宁夏省银行业的业务开展

兴商业公司"委托，收购外销物资，办理宁夏羊毛收购运销事宜，年达200万斤。① 1943年，宁夏银行总经理李云祥，从富宁商行提出100万元的"酬劳金"作为马鸿逵的私股加入富宁商行，暗设代号"光明号"，账户独立，专营皮毛。1944年6月，宁夏省政府规定羊毛、羊皮、羊绒统一由宁夏银行收购，并制定八条奖惩办法。

宁夏省银行与西北贸易委员会联合对宁夏土特产品低价收购、高价卖出，直接控制着区域经济，获得大量外汇，却使物价攀升，一般百姓无力购买食粮及基本生活用品。

表4-2　　　　　1937—1942年省物价变动一览

种类		1937年	1940年7月	1941年3月	1942年
粮食单位：斗（40斤）	小麦	春季4元上下，秋季3元上下	每元仍可买面粉8—9斤	面粉涨至每元4—5斤	30元
	大米	春季6元上下，秋季4元上下	5—6元	10元以上	57—58元
燃料单位：斤	硬炭	7月，每元可买60—70斤	尚可买40—50斤	1月，每元只买10来斤	每元只能买到7斤或8斤
百货		较其他地方便宜，但仅布匹一项亦较七七事变前增加了数倍			

资料来源：《宁夏金融史——近代史料汇编》（上册），人民银行宁夏区分行金融研究所，1987年内部印刷，第105页。

由表4-2可见宁夏物价上涨、货币贬值的严重程度。马鸿逵的军政势力使得他可以宁夏银行的名义聚敛民脂民膏，老百姓所受的苦难可从现存的史料中获悉。

（三）放款（投资工业、办理农贷）

宁夏建省之初的工业基本上是小手工业作坊，有毡房、毯坊、皮坊、纸坊、粉坊、油坊、烧坊、碾坊、磨坊，还有木道铺、铁匠铺、木匠铺、鞋匠铺和泥水匠等。大部分生活用品和工业产品均要仰仗外

---

① 胡元民：《西北五省之金融业：金融实况》，《金融知识》第2卷第4期，1943年。

西北银行业制度的强制性变迁与区域经济变动（1930—1949）

界供给。

抗战爆发后，因交通阻塞常常造成货源中断，军需品和民用品变得更加紧张。马鸿逵看到百货因稀缺而更加昂贵，商人们趁此囤积居奇时，开始兴办宁夏的近代工业。"宁夏夙因交通不便，生产落后，自廿二年起虽经提倡，努力迈进，但多偏重于都市之繁荣。抗战军兴，货运停止，无论军需及日常用品大感缺乏，本省土产亦无法运销。因应需要，而甘草膏厂、毛织厂、棉织厂、火柴厂、酒精厂、面粉厂先后创立，惟以各项事业，均需大量资金与地方金融机关之辅助，故以上各厂，有的由银行出资经办，有的部分投资并招股份，先后分别开办。"① 20 世纪 30 年代前期至 40 年代初期，宁夏地区创办了 30 多家近代企业，共有 13 个行业。②

由宁夏银行独资创办的工厂大体状况如下：

（1）甘草膏制造厂：1926 年，芬兰商人维利俄斯利用宁夏丰富的甘草资源在贺兰县洪广营设立了甘草膏厂，产品行销国内外，年产约 100 万斤以上，获得大量利润。抗日战争爆发后，因运输困难、捐税过多等原因停产。③ 1940 年由宁夏银行在银川北门外八里桥创办"裕宁甘草膏制造厂"，又名"裕宁甘草公司"，资本 40 万元，后因产量过低无利可图，不久停办旋改为造纸厂。

（2）光宁火柴公司：资本 30 万元，1942 年上期开工，以军械处存储的军用物资硫黄、黄磷等爆炸物为产品原料，制成品驼牌火柴销往西安、兰州等地。

（3）大夏纺织厂 1942 年上期开工。

由宁夏银行合资创办的工厂计有：

---

① 《宁夏省政述要》（第三册），转引自《宁夏金融史——近代史料汇编》（上册），人民银行宁夏区分行金融研究所 1987 年内部印刷，第 105 页。
② 刘柏石：《宁夏银行的敛财术》，宁夏回族自治区政协文史资料研究委员会主编：《宁夏三马》，中国文史出版社 1988 年版，272 页。
③ 《宁夏工商史料》（第一辑），转引自《宁夏金融史——近代史料汇编》（上册），人民银行宁夏区分行金融研究所 1987 年内部印刷，第 110 页。

第四章 20世纪三四十年代宁夏省银行业的业务开展

表4-3 马鸿逵家族经营的企业统计

企业名称	董事长	董事或股东	地址	创建时间	资金	产品	停产时间	解放初期名称
宁夏电灯股份有限公司	马鸿逵	刘慕侠 邹德一 马宣三 李云祥	银川	1935.10	10万元			宁夏人民发电厂
兴复毛织股份有限公司	马鸿逵	刘慕侠 邹德一 马宣三 李云祥	银川	1942.1	13万元法币	毛纺、地毯		宁夏新华毛织厂
兰鑫炼铁股份有限公司	马鸿逵	马宣三 李云祥 李翰园	大武口攻黄沟	1943.2		铁锅、锹等	1945	
光华陶瓷股份有限公司	马鸿逵	马宣三 李云祥 马希贤 马义忠	大武口	1944.3	50万元法币	低档陶器	1949.6	宁夏新华陶瓷厂
宁夏制糖厂	马鸿逵	—	银川	1944	10万元法币	未成		

· 223 ·

▶ 西北银行业制度的强制性变迁与区域经济变动（1930—1949）

续表

企业名称	董事长	董事或股东	地址	创建时间	资金	产品	停产时间	解放初期名称
鸿丰烟草股份有限公司	刘慕侠	—	银川	1944		低档纸烟	1946	
光宁火柴股份有限公司	马鸿逵	马宣三 李云祥 刘慕侠 马希贤	银川	1942.6	60万元法币	驼牌火柴		宁夏新华火柴厂
德昌煤炭公司	马鸿逵	以马家"敦厚堂"号名义经营	磁窑堡	1943				宁夏新华第二煤矿
兰鑫机器厂	马鸿逵	刘慕侠 马希贤 李翰园 赵文府	银川	1944		制造、维修	1945	宁夏人民机器厂
利民机器面粉公司	马鸿逵	省政府与银行合办	银川	1942.8		双塔牌面粉		宁夏人民面粉厂

资料来源：《宁夏金融史——近代史料汇编》（上册），人民银行宁夏区分行金融研究所1987年内部印刷，第107页。

第四章　20世纪三四十年代宁夏省银行业的业务开展

（1）绥宁动力酒精厂：1942年4月，宁夏银行联合绥远省银行设立，资本80万元，日出酒精三四千加仑。

（2）兴夏织呢厂与宁夏地政局合办，宁夏银行投资30万元。

（3）宁夏电灯股份有限公司：1935年与商界合办，资金为银币10万元，由宁夏省银行与商户各投资5万元。① 该公司所有机械大部分都是当时国际不再流行的下线机器，其使用寿命已超过40年，所发电除供马鸿逵公馆、省政府、军政界的大官僚和几条大街的照明以外，一般老百姓家还是点的煤油灯或麻油灯。这个公司的董事会形同虚设，一切皆由马鸿逵控制。②

从马鸿逵所创办的轻重工业企业看（见表4-3），大部分是半机械或手工业生产，机器设备落后陈旧，原料匮乏，工业制成品粗糙质劣，现存文史资料中记载上述工厂对待员工苛刻辱骂，像奴隶一般看待，完全没有实行资本主义的雇佣关系，其管理模式是宁夏地区特有的封建军阀统治，这必然导致经营时间短暂。

宁夏省银行在马鸿逵的控制下成为其压榨百姓的工具，但其也实施过一些惠民政策。1934年，中卫县惨遭水灾，导致农民无法生活，宁夏省银行借款1万元资助农民生产，"借款每户自一元起至多不得超过三十元以上，第二年七月为归还期限，一律不取利息；借款人如到期不能归还者应由保人完全负责，如数填缴并由县政府负责督促"。③ 1935年初，"该行以农民平日需款，概乞恳于乡村富者，利息既重，期限又短，乃呈准马主席，准由省银行于农忙时酌定办法，投放无利之农村贷款，各县农民受惠不浅"。④ 1936年，宁夏省银行向

---

① 郭荣生：《中国省银行史略》，《近代中国史料丛刊》续辑，第19辑，文海出版社1988年版，第166页。
② 《宁夏工商史料》（第一辑），转引自《宁夏金融史——近代史料汇编》（上册），人民银行宁夏区分行金融研究所1987年内部印刷，第111页。
③ 杨鸿志署检：《宁夏财政年刊》，1934年，第130页。
④ 郭荣生：《中国省银行史略》，《近代中国史料丛刊》续辑，第19辑，文海出版社1988年版，第163页。

▶ **西北银行业制度的强制性变迁与区域经济变动（1930—1949）**

宁夏各县"发放无息农贷五万元"。①

1947年4月29日，国民政府颁布《省银行条例》，规定一省只设立一个省银行，执行统一的银行法并纳入国库。财政部据此通令撤销了宁夏银行，责成宁夏省政府重新组建宁夏省银行。1947年9月19日，宁夏省银行筹备委员会成立，具体办理成立省银行与富宁商行分设事宜。重新成立的宁夏省银行于1947年10月1日正式开业，额定资本法币10亿元，国库拨付9亿元，宁夏省各自治团体加入地方公股1亿元，由筹备委员会根据国民政府颁布的《省银行条例》制定《宁夏省银行章程》并报请财政部审核批准。1948年1月，筹委会结束，同时成立了宁夏省银行董监事会，董事长为马鸿逵，副董事长赵文府，常务董事马廷秀、李云祥、马宣三；监事苏杰三、马精若，常驻监察人王一勤，监察人王忠杰、乔月卿、李树元；总经理李云祥，副总经理马宣三、白霁云。②

富宁商行与省银行脱离，易名为富宁企业股份有限公司。宁夏省银行名义上与富宁公司分设，实际上却是两块招牌、两套账目、一套领导机构，各地银行分支行处仍以经营富宁公司垄断省内皮毛及土副特产业务为主，由宁夏省银行通过富宁公司独断对外进出口贸易。直到1949年9月国民党政权灭亡，马鸿逵逃离宁夏，宁夏省解放，宁夏省银行由中央人民政府接管。虽然宁夏省银行按章程规定按期召开股东会议、讨论银行业务、稽核账目、发放股息等，但一般的董监事和股东并不清楚宁夏省银行真正盈利多少，真实情况只有马鸿逵、赵文府、李云祥和马宣三四人知道，"一套是给股东们看的假账，另一套是给马鸿逵看的真账"。③ 马鸿逵对银行股东尚且隐瞒，可见其对宁夏省经济的独揽地位。现有的资料并不能提供宁夏省银行的真实业

---

① 永宁县志编审委员会编：《永宁县志》，宁夏人民出版社1995年版，第238页。
② 《宁夏金融史——近代史料汇编》（上册），人民银行宁夏区分行金融研究所1987年内部印刷，第138页。
③ 刘柏石：《宁夏银行的敛财术》，宁夏回族自治区政协文史资料研究委员会主编：《宁夏三马》，中国文史出版社1988年版，第274页。

第四章 20世纪三四十年代宁夏省银行业的业务开展

务状况，即使后来由中央银行宁夏分行统一管理宁夏省所有银行，宁夏银行每每以"情形特殊一切甚为秘密，故业务概况难能探悉"汇报中央银行总行。①

与富宁商行合为一体的宁夏（省）银行，实际上已成为以马鸿逵军政实力为靠山、以金融资本为后盾，垄断土特产品购销、经营商业、投资工矿企业为主旨的地方金融集团。这一当时宁夏唯一的地方垄断性金融机构，使民间工商业备受摧残并逐渐衰落，民间经济的发展受到巨大阻碍，广大农民失去了基本的生活资料甚至失去了最基本的生活保障，破产农民成倍数增加，民怨民愤随处可见。

但是，由宁夏银行放款创办的各种工业企业，毕竟使宁夏走上了现代化发展的道路，虽然企业存在规模小、资金短缺、设备简陋、经营管理不善、技术人员匮乏等诸多不足，却仍然推动了宁夏近代交通运输业和能源业的发展，拉动了近代宁夏社会生产力，出现了一批近代产业工人，促使宁夏由传统农商业社会向近代工商业社会转型，为当时宁夏及周边省区军民抗战提供了一些必需物资。省域内宁夏银行分支行处的设置，加强了省会与地方的政治经济联系，对宁夏地方经济建设也起到了不容忽视的积极作用。

此外，在宁夏银行之外，宁夏省政府还通过邮局办理节约储蓄业务。1940年宁夏省奉令先后组织省县节约储蓄机构后，即遵照国民政府颁发各种推行节约储蓄法令。

第二节　中国农民银行、中国银行、交通银行的普通业务

1942年以前，中国农民银行是四行二局发放农贷之代表行，中国农民银行宁夏支行专办农贷，但也办理存、放、汇业务。中国农民银行宁夏支行的资金来源为向该行办理农贷转质押及吸收存款，承做汇款。

---

① 《中央银行宁夏分行函送1948年下期营业报告》，中国第二历史档案馆藏，全宗、目录、案卷号三九六 11437。

西北银行业制度的强制性变迁与区域经济变动（1930—1949）

一 中国农民银行宁夏支行的普通业务

存款以活期存款及储蓄为主，尚有部分同业存款。中国农民银行宁夏支行1942年底存款余额为294万元，1943年底为868万余元，较上半年增长3倍。储蓄方面，1941年底各种储蓄余额为18万余元，1942年底为37万余元，1943年底为170余万元，较上年增长4倍多。在贴现业务方面，办理短期票据贴现，原核定款额每月30万元，后呈奉中国农民银行总管理处核准，增加为50万元；1943年3月间又复核准每月贴现买汇卖汇各100万元。汇兑业务方面，1942年汇出款总额为3900余万元，1943年度为3200余万元。① 放款主要是承做商业抵押放款。1940年，申请抵押放款额度100万元，核定额度仅为20万元；是年共发放合盛恒、厚记商行、晋泰西、百川汇等18家行号抵押借款48万元，以烟叶、布匹、茶叶作抵押物，期限均为三个月，月息一分三厘。② 该行承做抵押放款，一般贷款额与抵押品价值为二分之一左右，尚要提供可靠保证人。如合盛恒号经营烟叶布匹，开业已54年，资本70余万元，1940年盈利20万元，以价值五六万元的100箱烟叶作抵押，申请贷款3万元，保证人为长生涌号，该号资产32万余元。③ 1942年开始，中国农民银行总管理处批准宁夏支行每月可承做贴现20万元，期限最长为1个月，月息1分4厘。④ 1948年上期，放款27273395000元（农贷专业放款利率均为月息7分）。⑤ 向合盛恒号贷款，这可见传统与现代的关系，现代银行机构与传统商业各取所需，具有密切的资金融通联系。

---

① 黄煜源：《南经理秉方在本行纪念周报告"夏行最近工作概况"》，1943年3月7日，《本行通讯》第79期，1944年。
② 文中得到贷款的合盛恒、百川汇为当时宁夏晋商8家大商号中的两家。
③ 转引自《宁夏金融志》，第15页。
④ 转引自《宁夏金融志》，第127页。
⑤ 《中央银行兰州、西宁、宁夏、酒泉、迪化等分行营业报告（1948.8—11）》，中国第二历史档案馆藏，全宗、目录、案卷号三九六13389。

第四章　20世纪三四十年代宁夏省银行业的业务开展

二　中国银行宁夏办事处的普通业务

中国银行宁夏办事处的业务从 1939 年 10 月成立到 1940 年为初创阶段。中国银行本是指定经营外汇的专业银行。抗战爆发后建立的中国银行宁夏办事处单纯经营普通银行业务，与一般商业银行毫无二致。遇有国外华侨汇款，则由兰州分行国外部折算成法币，转汇中国银行宁夏办事处解付。①办理储蓄、汇兑及存放款方面，"最近放款额为九十五万六千元，其中商业放款占百分之九十，工业放款占百分之十，利率由月息一分二厘至一分五厘"。②经营普通银行业务方面，均以讲求经济实效为主旨，存放款利差一般在两倍以上，放款以抵押为主，抵押金额仅为货值三四成，并设专人检验。汇出款汇率虽有规定，但仍看本行头寸松紧、联行间利息负担状况上下浮动。放款以商户和小手工业及小商贩为对象，存款以揽收储蓄为主。承做汇款及吸收存款是该行资金的主要来源。③

1940 年底，存款 320 户，余额 36000 元，活期存款利率为周息 8 厘；抵押放款 41 户，余额 62000 元，放款利率为月息 3 分，当年纯益 23000 元。1942 年到 1943 年宁夏市面比较稳定，商人亦可辗转到天津、河南进货。此两年，汇出款和抵押贷款均有所增。1944 年底，存款 350 户，余额 94000 元，利率仍为周息 11 厘；抵押放款 52 户，余额 127000 元，利率为月息 9 厘，当年纯益 41000 元。④

1945 年抗战胜利后，宁夏市面经济骤变，歇业商家随之增加，各商号库存商品不足偿还银行贷款和商号间的互相拆借，市场一片混乱。中国银行宁夏办事处与贷款商号协商，将到期贷款延期三个月，

---

①　转引自《宁夏金融志》，第 116 页。
②　胡元民：《西北五省之金融业：金融实况》，《金融知识》第 2 卷第 4 期，1943 年。
③　转引自《宁夏金融志》，第 116 页。
④　转引自《宁夏金融志》，第 116 页。

> 西北银行业制度的强制性变迁与区域经济变动（1930—1949）

利息增加一分二厘。当年10月份以后，市场物价开始回升。秋雨过大，影响秋收，物价跳涨导致通货膨胀急剧发展，宁夏与华北、东北的交通时断时续，与归绥、包头、陕豫间交通又未畅通，市面的萧条使得该行的业务也受到顿挫。①

三　交通银行宁夏办事处的业务

1943年7月，交通银行宁夏办事处推销"特种有奖储蓄券"。1944年，举办工厂添购机器基金存款。②该行从本身的经济效益考虑，在1943年9月1日，向上级行所提交的营业计划中声称："惟自各行专业化后，我行扶植实业专责，各方期望殷切不言而喻。本省工业方面当局倡导推行不遗余力，雍行成立后，将来需要各方扶助之处，固不能不略事点缀，勉力以赴，而为顾及收益与当地商界取得联系，以吸收存、汇业务起见，酌做商业票据贴现、买汇等业务，实为本身营养之要素。"③

该行资金来源为承做汇款及吸收存款、汇费及联行息收入。1946年上期，交通银行宁夏办事处共有活期存款260506549.69元，定期存款474000元，汇入款项955691884.63元，汇出款项1224665523.51元。活期存款利率为周息8厘，定期存款利率为1分2厘至1分5厘。汇率与上期无大变动，重庆5‰，西安、兰州、成都、平凉均为8‰，陕坝10‰，迪化100‰，哈密90‰，其余各地20‰，京沪、平津各地20‰。④

1948年上期，交通银行宁夏办事处共有活期存款5220278046.55元，放款1000000000.00元，汇出144565837575.82元，汇入290 04248227.45元，亏1782212588.03元。活存利率自上期周息1

---

① 转引自《宁夏金融志》，第116页。
② 转引自《宁夏金融志》，第16页。
③ 转引自《宁夏金融志》，第131页。
④《中央银行宁夏分行1946年上期营业报告》，中国第二历史档案馆藏，全宗、目标、案卷号三九六13063。

第四章　20世纪三四十年代宁夏省银行业的业务开展

分2厘增至8分，奉令停做所有放款。汇率方面：京沪、平津、成都、昆明、太原、洛阳、开封及东北均为24‰，西安、重庆均为15‰，兰州为6‰，归绥为30‰，迪化为100‰，哈密为90‰，广州为80‰。① 因该行开支浩大，故本期亏损甚巨。

1948年下期，交通银行宁夏支行营业总额23534483.65元，共有活期存款59655.10元（活期存款利率自月息八分降至月息二分），定期存款及放款均无，汇出汇款2207608.00元，汇入汇款385314.00元，纯益3399.62元。②

第三节　中央银行宁夏分行及四联支处的职能调整

中央银行宁夏分行纯为国家银行，其业务方针与其他各国家行局库、商业行庄和省市银行大不相同，因受国民政府委托，负有调剂国家金融、管制银行业务、推行金融政策、配合政府法令等责任。"业务以代理国库及机关存汇款为主"，③ 此外还发行货币、代理中央信托局业务。具体如下：

第一，中央银行宁夏分行主要是实施对宁夏省其他银行的统一管理。

其一，收存各行庄存款准备金：

按照规定，其他国家行局头寸必须集中当地央行，宁夏其他国家行局、地方银行、商业银行均须根据其存款，按10%的比例向中央银行宁夏分行缴纳存款准备金，利率按月浮动。④

1941年，中国银行宁夏办事处、中国农民银行宁夏支行均能

---

① 《中央银行兰州、西宁、宁夏、酒泉、迪化等分行营业报告》，1948年8—11月，中国第二历史档案馆藏，全宗、案卷号三九六13389。
② 《中央银行宁夏分行函送1948年下期营业报告》，中国第二历史档案馆藏，全宗、目录、案卷号三九六11437。
③ 胡元民：《西北五省之金融业：金融实况》，《金融知识》第2卷第4期，1943年。
④ 转引自《宁夏金融志》，第127页。

西北银行业制度的强制性变迁与区域经济变动（1930—1949）

按照财政部命令按比率缴纳存款准备金，宁夏银行缴纳36.9万元，绥远省银行宁夏办事处缴2.7万元。① 宁夏商业行庄有大同银行宁夏分行、中国通商银行宁夏支行、绥远省银行宁夏办事处及宁夏省银行等4家，实际上政策并未完全执行，各行局虽有富余头寸，但想方设法逃避向央行集中头寸，虽然"暗查明洽亦难收相当成效"。②

其二，办理票据交换：

1944年9月1日，中央银行宁夏分行办理票据收解业务，参加交换的有中国、交通、农民三行及邮汇局。1945年上期，交换票据1569张，总金额514323.6万元，总差额347127.8万元。③

其三，管制利率：

宁夏无银钱公会，各行局均各视自己的头寸与联行资金占用状况，肆意变动汇率、利率，因此一般利率无固定标准，虽然四联总处宁夏支处曾有过统一规定，但中央银行宁夏分行的管制仍存在很大困难。因宁夏地处西北边陲，一切工商业均属落后，平时一般利率较内地其他各大都市低小，且自1948年币制改革后，利率降低幅度更大。为避免以后各行庄非法提高利率导致金融市面发生巨变，中央银行宁夏分行屡次报请国民政府"饬令当地迅即成立银钱公会，议定各项利率，再由本行审核公告，共同遵行并应定严惩条例以利市面而便管制"。④ 但实际上此议并未落实。

其四，检查省银行及商业行庄：

宁夏银行因受马鸿逵军政势力把持，业务经营情况不详，其他商业行庄属兰州区，每年普查均由兰州分行执行。据所见档案材

---

① 转引自《宁夏金融志》，第127页。
② 转引自《宁夏金融志》，第128页。
③ 转引自《宁夏金融志》，第128页。
④ 《中央银行宁夏分行函送1948年下期营业报告》，中国第二历史档案馆藏，全宗、目录、案卷号三九六11437。

第四章　20世纪三四十年代宁夏省银行业的业务开展

料显示，抗战时期四联总处、中央银行曾数次派员检查农贷等专案事项。

对国家银行及地方、商业银行实施管理，这表明中央银行宁夏分行在落实总行赋予的"管理的银行"之职责。

第二，独占货币发行。

自法币改革后，中国农民银行、中国银行、中央银行相继来宁设行，均办理发行业务，法币在宁夏流通开来。1942年底以后，中央银行开始独占发行，央行宁夏分行则承担法币在宁夏的发行。1946年上期，当地流通的货币均系法币、关金及该行少量的定额本票三种，因物价飞涨，1000元、2000元法币及50元、100元关金最普遍，50元、100元、500元法币及10元、20元关金均为找零之用。① 因此该行货币发行量激增。1948年上期，当地货币流通仅法币一种，"按目前发行趋势，万元面额中券及2万元券市面上确有充折不需用之演变，最适宜者为10万元以上各券"。② 1948年7月18日，中央银行宁夏分行发行关金1万元、2.5万元、5万元及25万元计4种面额的大钞。

从1942年底起，中央银行独占发行，才真正成为"发行的银行"。从表4-4看，40年代中央银行宁夏分行历年发行的法币有五分之三的年份未能收回。其中无疑有客观原因，如其他银行领券期限未到或同业质押透支未能按时收回。充足的货币在市场流通，虽说有助于调剂市面，促进社会生产发展，但货币的发行数量依据是社会经济发展的需要。币值的稳定又与社会的安定及区域经济的发展紧密相连。而从抗战结束后，连年发行未能收回的巨额累积，加上后来货币发行并未顾及这些因素，最后致使央行

---

① 《中央银行宁夏分行1946年上期营业报告》，中国第二历史档案馆藏中央银行档案，全宗、目录、案卷号三九六13063。
② 《中央银行兰州、西宁、宁夏、酒泉、迪化等分行营业报告（1948.8—11）》，中国第二历史档案馆藏中央银行档案，全宗、目录、案卷号三九六13389。

西北银行业制度的强制性变迁与区域经济变动（1930—1949）

表4-4　中央银行宁夏分行历年发行法币状况　　　　　　　　　　　单位：元

年度	上下期	本期发行总数	本期收回总数	本期净发行或收回总数	历年累计发行总数	历年累计收回总数	历年累计净发行或净收回数
1940	上	200000	—	200000	—	—	499000
	下	750000	451000	299000	950000	451000	499000
1941	上	3354000	520000	2834000	4304000	971000	3333000
	下	10022000	2800000	7222000	14326000	3771000	10555000
1942	上	12300000	1400000	10900000	26626000	5171000	21455000
	下	17810000	500000	17310000	44436000	5671000	38765000
1943	上	43959000	30300000	13659000	88395000	35971000	52424000
	下	31555000	35270000	（收）3715000	119950000.00	71241000	48709000
1944	上	71255000	44400000	26855000	191205000	115641000	75564000
	下	77550000	80700000	（收）3150000	268755000	196341000	72414000
1945	上	175600000	268200000	（收）92600000	444355000	464541000	20186000
	下	757790000	40000000	717790000	1202145000	504541000	697604000

资料来源：《中央银行宁夏分行函送1948年下期营业报告》，中国第二历史档案馆藏，全宗、目录、案卷号三九六11437。

· 234 ·

第四章 20世纪三四十年代宁夏省银行业的业务开展

的"发行的银行"之职能并未真正实现,最终成为导致物价上涨与通货膨胀的重要原因。

第三,代理国库。

中央银行宁夏分行自成立起,就努力倡导推行公库制度,但因宁夏地处边陲,观念较为落后,推行公库较为曲折。经过多年努力,大体得到地方当局及社会人士的认可,奠定公库基础。截至1946年,"一切均入正轨,收入经纳国库、支出依法支领已成习惯,军政机关之汇款转库",除当局机关及本省军款以特殊情形尚未转入外,其余各机关尚未有逃避库款者,"惟由其他各行局汇来之军政款转库者仍无一笔,此点似应严加改进以利库政"。①

表4-5　　　中央银行宁夏分行公库各项存款余额比较　　　单位:元

科目	1948年上期	1948年下期
普通经费存款	65145894986.70	296335.88
特种基金存款	52798295943.00	738506.12
合计	117944190929.70	1034842.00

资料来源:根据《中央银行兰州、西宁、宁夏、酒泉、迪化等分行营业报告(1948.8—11)》(中国第二历史档案馆藏,全宗、目录、案卷号三九六13389)和《中央银行宁夏分行函送1948年下期营业报告》(中国第二历史档案馆藏,全宗、目录、案卷号三九六11437)整理制作而成。

表4-5所列1948年上、下期存款数额明显不同,这与1948年下半年以金圆券代替法币有关。

---

① 《中央银行宁夏分行1946年上期营业报告》,中国第二历史档案馆藏中央银行档案,全宗、目录、案卷号三九六13063。

▶ 西北银行业制度的强制性变迁与区域经济变动（1930—1949）

表4-6　　　　　中央银行宁夏分行公库存款转移总额　　　　单位：元

科目	1948年上期	1948年下期
转出总额	114484797.00	63761.00
转入总额	681208084416.39	18632882.06

资料来源：根据《中央银行兰州、西宁、宁夏、酒泉、迪化等分行营业报告（1948.8—11）》（中国第二历史档案馆藏，全宗、目录、案卷号三九六13389）和《中央银行宁夏分行函送1948年下期营业报告》（中国第二历史档案馆藏，全宗、目录、案卷号三九六11437）整理制作而成。

表4-7　　　　　　　　　　经收库款增减

报告年度	比上期有所增加的科目	比上期有所减少的科目
1946年上期	所得税、非常时期过分利得税、营业税、印花税、货物税、契税、盐税、罚款及赔偿收入、财产孳息收入、银行垫借款、收回各年度岁出款	食盐战时附税、矿税、契税及地价税、遗产税、田赋
1948年上期	所得税、遗产税、暂收款、印花税、矿税、货物税、契税、地价税及土地增值税、罚款及赔偿收入、国有财产孳息收入、收回各年度岁出款、其他收入	捐献及赠与收入、银行垫借款、盐税、非常时期过分利得税

资料来源：根据《中央银行宁夏分行1946年上期营业报告》（中国第二历史档案馆藏，全宗、目录、案卷号三九六13063）和《中央银行兰州、西宁、宁夏、酒泉、迪化等分行营业报告（1948.8—11）》（中国第二历史档案馆藏，全宗、目录、案卷号三九六13389）整理制作而成。

表4-7所列1948年盐税等为经收减少科目，据史料记载，纳税人未能按期缴纳为原因之一。[①]

[①] 《中央银行兰州、西宁、宁夏、酒泉、迪化等分行营业报告（1948.8—11）》，中国第二历史档案馆藏，全宗、目录、案卷号三九六13389。

第四章　20世纪三四十年代宁夏省银行业的业务开展

表4-8　　　　　　　　　经付库款增减

报告年度	比上期有所增加的科目	比上期有所减少的科目
1946年上期	县市建设支出、分配县市国税支出、高级公粮支出、省市支出、补助支出、公务员退休及抚恤支出、社会部主管、司法行政部主管、粮食部主管、教育部主管、财政部主管	紧急命令拨付款、赈济委员会主管、卫生署主管

资料来源：《中央银行宁夏分行1946年上期营业报告》，中国第二历史档案馆藏，全宗、目录、案卷号三九六13063。

其中表4-8所列表明教育支出增加，这与该年宁夏地方中等教育建设较前加强有关。如1946年曾从国民政府得到拨款300万元，筹捐2400万元。①

经理国库标志着中央银行成为"政府的银行"，这不仅可沟通地方财政与区域金融的联系，使得地方政府财源与银行机构资金来源相连接，保证财政收入的有效集中保管和央行调剂金融、辅助财政的作用，而且促使中央银行宁夏分行掌握各机关闲散资金，调剂市面盈虚，为推行政府财政金融政策，为央行开展贴放、转抵押等业务提供充足周转资金，建立起一个有力而较为强大的区域资金协调机制。

第四，代理信托业务。

中央银行代理信托业务，从现有史料看开始于1945年。团体分红储款为发售存单的收入。自1947年11月开始办理至1948年2月止，减少2500000.00元，皆为到期取回本金，2月以后因购储下降以致发售无多。② 至1948年5月各地物价上涨风日剧，商民趋向抢购

---

① 《宁夏省政府工作报告》（1946年1—6月份），中国第二历史档案馆藏，全宗、目录、案卷号五699（1）。
② 《中央银行兰州、西宁、宁夏、酒泉、迪化等分行营业报告（1948.8—11）》，中国第二历史档案馆藏，全宗、目录、案卷号三六九13389。

西北银行业制度的强制性变迁与区域经济变动（1930—1949）

物资，以致物价波动较大，且以大钞发行亦连带发生影响，加之其他商业行庄利率较高，由过去月利贷款改为日折贷款，商人更感便利，而该处往来又见锐减。

1948年信托业务仍很清淡。自8月下旬使用金圆券后，在9月上旬稍见活动，每月平均存款数字均在3000元左右，后因银币出现，市场握有金圆券者均争相购存银元，于是存款数字又形下降，商品交易亦以银币为准。在11月中旬，本处奉令撤销乃通告各储户提清余存各款，至12月底，已大部提清。①

表4-9　　　　　　　中央信托局宁夏代理处业务概况

科目	1945年下期	1946年上期	1947年下期	1948年上期
活期储蓄	52311123.26	37583041.45	3492956.65	25850200.47
甲种储券	1539090.00	1570540.00		
乙种储券	535125.66	611954.86		
甲种储金	10518.10	17149.43	19292.78	20062.41
乙种储金	28818.66	32699.14	5039.36	5126.94
美金储券	1400.00	1400.00		
乡镇储券	55000.00	55000.00		
团体分红储款			8400000.00	5900000.00
合计	54481075.68	39871784.88	11917288.79	31775389.82

资料来源：根据《中央银行宁夏分行1946年上期营业报告》（中国第二历史档案馆藏，全宗、目录、案卷号三九六13063）、《中央银行兰州、西宁、宁夏、酒泉、迪化等分行营业报告（1948.8—11）》（中国第二历史档案馆藏，全宗、目录、案卷号三九六13389）和《中央银行宁夏分行函送1948年下期营业报告》（中国第二历史档案馆藏，全宗、目录、案卷号三九六11437）整理制作而成。

---

① 《中央银行宁夏分行函送1948年下期营业报告》，中国第二历史档案馆藏，全宗、目录、案卷号三九六11437。

第四章　20世纪三四十年代宁夏省银行业的业务开展

由表4-9可见，中央信托局宁夏代理处也办理推销储蓄券业务，这有助于吸收当时宁夏社会的游资，减缓宁夏物价上涨的剧烈程度。

第五，经营普通银行存、放、汇业务。

第一，存款方面：

1945年以前，该行所做存款有活期存款及同业存款两种，尚有部分暂时存款。活期存款包括中央、地方及军事在宁机关存款以及商号、个人存款，同业存款包括中交农三行、省县银行、商业银行和银行存款准备金。

1946年上期，活期存款总额1104532529.16元，较前期164829878.34元上涨939602650.82元（其中军事机关活存较前增加，中央、地方机关及商号个人活存均较前减少）。暂存总额35299800元，较前期2101885.50元上涨33197914.50元。同业存款总额1260857341.03元，较前期387139678.77元上涨873717662.26元，此项存款包括银行存款准备金258701733.32元，较前期40962729.86元上涨217739003.46元（活期存款及同业存款利率仍为周息8厘，银行存款准备金仍为2分）。本票总额57500000元，较前期64500000元减少7000000元。

1948年上期，因物价激涨，军费薪饷上涨，公教人员待遇每月调整指数上涨，通货膨胀社会需用筹码增大，各种存款均较上期增长。据1948年6月30日核算：资产合计225121262520.36元，纯损3789640510.64元，法币总数9009084591.00元，美金总金额600000.00元，纯金总数15399614.90元，现金合计9025084205.90元，同业质押透支（农行）10000000000.00元，同业质押放款（农行）18542000000.00元，应收利息711904666.67元，器具及设备余额2417125559.19元，联行往来999086458877.14元，暂付款4266864030.26元，预付费用931863357.78元，公库存款117944190929.70元，各项费用6181763558.39元。[①]

---

① 《中央银行宁夏分行1948年上期营业报告》，中国第二历史档案馆藏，全宗、目录、案卷号三九六（2）3239。

西北银行业制度的强制性变迁与区域经济变动（1930—1949）

表4-10　　　　　　　　　　1948年上期存款明细　　　　　　　　单位：元

种类 数额	定期存款	暂记收款	同业存款	存款准备金	本票
本期最高额	48081665392.53	12972449000.00	68600869300.71	2732935892.10	230000.00
本期最低额	355128266.68	610000.00	3652429156.61	438262115.19	230000.00
决算日余额	36551690959.80	696017183.82	24700429969.97	2190425297.07	230000.00
上期余额	394538249.67	23627489.64	5264978770.61	438282115.19	230000.00
增减幅度	（增） 36157152710.13	（增） 672389674.18	（增） 19435451199.36	（增） 1752143181.88	0
备注	共57户，其中军事机关28户，地方机关12户，中央机关14户，商号及个人3户，均为周息1分2厘		共8户，均为本埠，利率均为周息1分2厘，唯自6月起，国家行局为月息8分，其他省市及商行庄仍为周息1分2厘	共3户，大同、中国通商银行均为周息5分	因停发，从前所发未收回

资料来源：《中央银行兰州、西宁、宁夏、酒泉、迪化等分行营业报告（1948.8—11）》，中国第二历史档案馆藏，全宗、目录、案卷号三九六13389。

从表4-10可见，中央银行经营驻宁各军政机构定期存款业务，有经理国库的职能；以较低利率吸收保管同业存款，反映出中央银行宁夏分行与其他银行的业务联系；提取、保管存款准备金，成为实现中央银行成为"银行的银行"的主要工具之一，也是保护宁夏银行机构安全及区域金融市场稳定的有力工具之一。

另外，1948年下期，中央银行宁夏分行因奉令办理存兑金银业务，故有特种定期存款95户，除内有1户系宁夏指挥所外，其余94户均系个人姓名，共计金圆603455.00元，定期一年利息均为周息2分。活期存款共27户，计军事机关12户，中央机关5户，地方机关4户，个人6户，均为月息12分，本期最高额为3453075.86元，最

第四章 20世纪三四十年代宁夏省银行业的业务开展

低额为 16102.22 元，决算日余额为 1210737.76 元。暂计收款本期最高额 632688.52 元，最低额为 0.20 元，决算日余额 163055.49 元。同业存款共 8 户，均为本埠同业，利率均为月息 12 分，本期最高额为 2078614.79 元，最低额为 35023.85 元，决算日余额为 2078614.79 元。存款准备金共 3 户，计大同及中国通商银行二行，利率为月息 15 分，本期最高额为 38671.86 元，最低额为 1231.47 元，决算日余额为 38671.86 元。本票本期最高额及最低额并决算日余额均为 0.23 元，此乃过去所发之本票，币制改革后未再发行，亦无收回也。① 各科目原币余额：金圆 7751082.21 元，纯金 47037 两，银币 358.50 元，白银 1631.27 两；现金：金圆总数 143423.81 元；活存质押透支：中央银行宁夏分行员工消费合作社（不计息）金圆 82620 元。②

第二，放款方面：

1946 年，因各行局头寸均较宽裕，无放款。1948 年上期，同业质押放款共 3 笔，法币 185.42 亿元，利率月息 1 分 8 厘及 4 分 5 厘，本期决算日余额 185.42 亿元，较前 4.5 亿元增加 180.92 亿元。同业质押透支共 4 笔，均为月息 4 分，本期决算日余额 100 亿元，较前增长 100 亿元。③ 同年下期，无直接放款，同业质押放款共 6 笔，计金圆 13020.67 元，原为月息 4 分 5 厘，币制改革后减为月息 3 分，本期决算日余额为 13020.67 元。④ 上述放款均系中国农民银行宁夏支行农业贷款向该行办理转质押及按月向该行透支，均系四联总处核准专案并奉总行函电办理。"至其他放款及拆款等币制改革后，均奉令停止办理，各同业虽有请求办理拆款者，但以本行业务方针不

---

① 《中央银行宁夏分行函送 1948 年下期营业报告》，中国第二历史档案馆藏，全宗、目录、案卷号三九六 11437。

② 《中央银行宁夏分行 1948 年上期营业报告》，中国第二历史档案馆藏，全宗、目录、案卷号三九六（2）3239。

③ 《中央银行兰州、西宁、宁夏、酒泉、迪化等分行营业报告（1948.8—11）》，中国第二历史档案馆藏，全宗、目录、案卷号三九六 13389。

④ 《中央银行宁夏分行函送 1948 年下期营业报告》，中国第二历史档案馆藏，全宗、目录、案卷号三九六 11437。

> **西北银行业制度的强制性变迁与区域经济变动（1930—1949）**

同，为配合国家金融政策及推行政府经济法令并鉴地方环境均未允做。"①

第三，汇款方面：

1940 年上期，央行汇入汇款 2833.76 万元，汇出汇款 12437.06 万元。1942 年上期，汇入汇款 963.17 万元（均系由内地汇入），汇出汇款 472.93 万元（均系汇往内地）。1945 年上期，汇入款 2.8933 亿元。其中，汇入地点重庆占半数，西安、兰州、陕坝次之，其余有南郑、天水、宝鸡、平凉、凤翔等；汇出款 3.631 亿元。而汇出地点以重庆 2.3737 万元约占汇款三分之二，兰州、西安、平凉次之，其余有陕坝、宝鸡、长武、邻县、凤翔、天水、武威、酒泉、南郑、成都、贵阳、昆明。② 从抗战时期三年的汇兑业务可见宁夏与重庆及西北各地经济联系十分密切。

抗战胜利后汇兑业务明显增加。1946 年上期汇款较前期均有极大进步，其中：

（1）汇出总额 2362006182.93 元，较前期 58520363.29 元，增长 2303485819.64 元（按性质划分，其中同业汇出 1291400000 元占首位，商业汇出 721650900 元居次，军款汇出 80800477.17 元、政款汇出 18584894.83 元、个人汇出 249569910.93 元，较前期均有增长；按地点划分，重庆汇出 34221706.39 元，内地汇出 2327784476.54 元），汇出款汇率为西安、兰州、平凉 5‰，重庆、成都 8‰，其余 40‰。

（2）汇入总额 5736256551.14 元，较前期总额 1256154867.98 元，增长 4480101683.16 元。

---

① 《中央银行兰州、西宁、宁夏、酒泉、迪化等分行营业报告（1948.8—11）》，中国第二历史档案馆藏，全宗、目录、案卷号三九六 13389。

② 转引自《宁夏金融志》，第 128 页。

第四章　20世纪三四十年代宁夏省银行业的业务开展

表4-11　　　　　　　　1946年上期汇入款分析　　　　　　　单位：元

划分依据	科目	本期金额	上期金额	增减金额
按性质划分	军款	5076947519.08	860853268.69	增4216094250.39
	政款	525361766.88	210190358.12	增315171408.76
	商业	62320000	19055800.00	增43264200.00
	同业	50000000	137000000.00	减87000000.00
个人	21627265.18	29055441.17	减7428175.99	
按地点划分	内地	5678387283.25	882243499.70	增4796143783.55
	重庆	57869267.89	373911368.28	减316042100.39

资料来源：《中央银行宁夏分行1946年上期营业报告》，中国第二历史档案馆藏，全宗、目录、案卷号三九六13063。

从表4-11可见，1946年汇入款项数额排序，上期是军款、政款、同业、个人；下期是军款、政款、商业款项。这种排序也符合当时宁夏各社会阶层运用资金的需要程度。1948年，汇款汇出地区兰州最多，西安、重庆、成都等次之，其余甚微；汇入地区以兰州、京沪最多，归绥、西安、平津次之，其余甚微。1948年，汇入款项来自平津相对较少，与当时局势变化有关。1949年上期汇入款5801809.16万元（汇入地点以兰州、京、沪为最，广州、西安次之），汇出款87932.62万元。

表4-12　　　　　　　　1948年汇款明细　　　　　　　　单位：元

时间 科目	1948年上期	1948年下期	备注
汇出汇款	413693699613.99	9377736.48	汇率由平均为约15‰减少为10‰，均为同业汇出最多
汇入汇款	701715085770.12	1971720.78	上期军饷汇入最多，下期同业汇入最多

资料来源：《中央银行兰州、西宁、宁夏、酒泉、迪化等分行营业报告（1948.8—11）》，中国第二历史档案馆藏，全宗、目录、案卷号三九六13389。《中央银行宁夏分行函送1948年下期营业报告》，中国第二历史档案馆藏，全宗、目录、案卷号三九六11437。

西北银行业制度的强制性变迁与区域经济变动（1930—1949）

表4-13　　　1948年中央银行宁夏分行资产负债平衡表　　　单位：元

资产	1948年6月30日决算日金额	1948年12月31日决算日金额
现金	9025084205.90	218514.86
同业质押透支	10000000000.00	
活存质押透支		82620.00
同业质押放款	18542000000.00	13020.67
应收利息	711904666.67	1056.23
房地产及器具	2417125559.19	
器具及设备	2442278518.70	11408.90
减：备抵器具及设备折旧	25152959.51	8.38
联行往来	179226420700.56	7338330.50
其他资产	5198727388.04	86131.05
暂记付款	4266864030.26	65391.36
预付费用	931863357.78	20739.69
银行存款准备金	2190425297.07	38671.86
同业存款	24700429969.97	2078614.79
活期存款	36551690959.80	1210737.76
公库存款	117944190929.70	1034842.00
本票	230000.00	0.23
应付款项	43038278180.00	2621696.70
特种定期存款		603455.00
暂记收款	696017183.82	163055.49
合计	457908683906.97	15588295.47

资料来源：《中央银行宁夏分行1948年上期营业报告》，中国第二历史档案馆藏，全宗、目录、案卷号三九六（2）3239。

表4-14所列反映抗战胜利后中央银行宁夏分行经营的损益情形：

第四章　20世纪三四十年代宁夏省银行业的业务开展

表4-14　　　　　　　　　　损益明细表　　　　　　　　　单位：元

	科目	1946年上期	1947年下期	1948年上期	1948年下期
收益	联行息	109798924.60		取消	
	押放息				2448.94
	放款息		35730000.00	1345234666.67	
	经收公债手续费		285.68	未收	0.01
	经收税款手续费	2.08	1393.22	31808.80	3.21
	代收款项		0	18000000.00	821.20
	代理信托局业务手续费	196994.98	156610.08	273792.52	13.95
	汇费	11111292.51	196379656.64	3492069167.12	37071.47
	杂项收入	0.14	1000000.00	0	6.26
	合计	121107214.31	233267945.62	4855609435.11	40365.04
损失	存款利息	30163584.62	53336224.22	558526590.56	活存利息：147091.74　定存利息：2882.56
	存款准备金				2826.60
	同业利息	39280921.56	210785817.55	1695855150.26	72177.96
	各项费用	25748608.15	907359666.17	6181763558.39	184668.85
	四联支处经费	380108.33	10017022.68	47162663.64	338.62
	器具及设备折旧		24091389.80	24091389.80（因规定每年下期一次折旧）	
	提存奖金		198554812.00	本期无，规定每年下期一次提存	66374.13
	提存年金		78408370.32		55047.25
	提存福利金津贴		441336387.17		152623.09
	杂项支出	2740996	93072584.44	161941982.90	29844.79
	合计	98314218.66	2016962274.35	8669341335.55	713875.59

西北银行业制度的强制性变迁与区域经济变动（1930—1949）

续表

科目	1946年上期	1947年下期	1948年上期	1948年下期
损益	本期纯益22792995.65元，较上期纯损10961214.45元，有很大进步	本期纯损1783694328.93元	本期纯损3789640510.64元，较上期增计损2005946181.71元。系各项费用增长，利息支出增长，虽汇费及利息收入增长，兼之联行利息取消	本期纯损673512.55元，其主要原因仍系各项费用及利息支出、各项提存之支出为数甚巨，虽有汇费及利息收入之收益，然不及纯损科目增加之巨

资料来源：根据《中央银行宁夏分行1946年上期营业报告》（中国第二历史档案馆藏，全宗、目录、案卷号三九六13063）、《中央银行兰州、西宁、宁夏、酒泉、迪化等分行营业报告（1948.8—11）》（中国第二历史档案馆藏，全宗、目录、案卷号三九六13389）和《中央银行宁夏分行函送1948年下期营业报告》（中国第二历史档案馆藏，全宗、目录、案卷号三九六11437）整理制作而成。

  此外，还有四联总处宁夏支处的职责与业务。"卢沟桥事变"发生后，中国金融开始步入战时阶段。1937年8月15日，国民政府实施《非常时期安定金融办法》，1939年8月，由中央、中国、交通、农民四行在上海组成"四行联合办事处"。是年9月8日，国民政府又公布了《战时健全中央金融机构法纲要》，并改组了"四联总处"，蒋介石兼任总处理事会主席。1939年，中央信托局和邮政汇业局亦归"四联总处"管理。总处之下，各省市亦设立分支机构，以协调当地四行两局的行动，从而抑制其他商业行庄、地方银行及市场私人间的金融活动。

  四联总处宁夏支处的人员构成遵照1939年11月28日第十次理事会通过的《中央中国交通农民四银行联合办事处支处组织章程》

第四章 20世纪三四十年代宁夏省银行业的业务开展

第五条"本支处委员会由中、中、交、农四行各派代表一人或二人组织之。其一人须为各行主管人，另一人得由各行重要职员担任，并由委员互推一人为主任，陈报分处外，并转呈总处核派之"和第六条"本支处设文书、业务、会计、调查四组"的规定，① "推举央行经理田乔龄，办事员薛鸿远，中行经理洪家寅，营业系长李纲，农行经理丁慕尧，会计主任朱汝伦等为委员会委员，并以田乔龄为主任委员，薛鸿远兼领文书组长，洪家寅兼领业务组长，朱汝伦兼领会计组长，李纲兼领调查组长。"② 在1940年6月间的一次中中交农四联总处理事会议议事日程中记载，计划讨论宁夏中中农三行电请合组成立四联支处，请核定案。宁夏中央、中国、农民三行先后成立，同意拟请组成联合办事处，便利公务，三行来电请示，经征询中中农三总行意见，均表同意。③ 会议决议照办。1940年8月1日，中、中、交、农四行联合办事总处宁夏支处成立，办公地址设于中央银行宁夏分行内。"宁夏支处八月一日电，已于本日成立，并由陇分处备案。"④ 该支处成立伊始，因交通银行及中央信托局在宁夏尚未建立机构，所以只有中央、中国、农民三行参加。1940年9月四联总处批准宁夏支处组成人员，中央银行宁夏分行经理田乔龄，宁夏支处委员会委员兼主任委员；中央银行薛鸿远为委员兼文书组组长。中国银行宁夏支行经理洪家寅，宁夏支处委员会委员兼业务组组长；中国银行李纲为委员兼调查组长。中国农民银行宁夏支行经理丁慕尧，宁夏支处委员会

---

① 重庆市档案馆、重庆市人民银行金融研究所合编：《四联总处史料》（上），档案出版社1988年版，第125页。
② 《中中交农联合办事总处陇分处总字第334号函》，1940年8月19日，中国第二历史档案馆藏，全宗、目录、案卷号五八五1559。
③ 《中中交农四行联合办事总处第三十三次理事会议议事日程》，《中中交农四行联合办事总处第三十三理事会议纪录》，1940年6月5日，中国第二历史档案馆编：《四联总处会议录》（三），广西师范大学出版社2003年版，第392、461页。
④ 《中央、中国、交通、农民银行联合办事总处第四次理事会报告事项之十五》（1940年8月15日），中国第二历史档案馆藏，全宗、目录、案卷号五八五1559。

· 247 ·

西北银行业制度的强制性变迁与区域经济变动（1930—1949）

委员；中国农民银行宁夏支行朱汝伦为委员兼会计组长。[①] 这样，宁夏支处开始开展工作。同年，交通银行、中信局陆续参加，1943年，遵照《三十二年度储蓄业务计划纲要》第四项的规定，并经该年四联宁夏支处第一次委员会会议通过，宁夏支处增设储蓄组，由南秉方兼任该组组长。[②] 1944年又增加了邮政储金汇业局兰州分局宁夏办事处。

1944年经过召开委员会议讨论改组事宜，推选洪家寅为业务组长，戴丹书为会计组长，邵光涛为调查组长，南秉方为储蓄组长，其文书组长一缺因原任薛洪远患病不能兼顾，推萧祖荫暂代。1945年，原办事员张乃湘为文书，郝增良为会计，另荐邮汇局会计卢忠椽兼任。[③] 截至1946年，支处委员因人事调动有所变迁，但主任委员一直由田乔龄担任，后田乔龄因患脑溢血病逝，暂由该支处各委员轮流主持处务；后经该处第六次委员会议决议公推中央银行宁夏分行经理程家鹏为该处主任委员，总处1947年2月18日联一第21号电"准予照办"。[④] 1947年5月29日，四联总处秘书处函达邮汇总局宁夏支处，准予宁夏邮局退出四联支处。

四联总处宁夏支处的职责，根据1939年11月28日第十次理事会通过的《中央中国交通农民四银行联合办事处支处组织章程》第三条有关支处职能的规定，中、中、交、农四行联合办事处宁夏支处应办理总处交办事项；办理联合贴放、投资、汇兑事项；办理发行、储蓄及收兑金银事项；办理金融经济之调查事项等其他关于金融事项。[⑤] 四联总处，每分配宁夏四行二局的任务，一般是由总处一方面

[①] 《中中交农四行联合办事总处第四十六次理事会议议事日程》，1940年9月12日，中国第二历史档案馆编：《四联总处会议录》（五），广西师范大学出版社2003年版，第223页。

[②] 《宁夏四联支处设立储蓄组接收劝储分会的呈文》，中国第二历史档案馆藏，全宗、目录、案卷号五八五1559。

[③] 《四联总处宁夏酒泉等15支处会计人员任免（1944年8月至1945年7月）》，中国第二历史档案馆藏，全宗、目录、案卷号五八五2273。

[④] 《程家鹏为宁夏支处主任委员（1947年）》，中国第二历史档案馆藏，全宗、目录、案卷号五八五1559。

[⑤] 重庆市档案馆、重庆市人民银行金融研究所合编：《四联总处史料》（上），档案出版社1988年版，第125页。

第四章　20 世纪三四十年代宁夏省银行业的业务开展

通知各该行局的领导行、局即总行局，另一方面下达宁夏支处分摊以及需要共同承担的任务。中、中、交、农四联总处宁夏支处协调四行二局工作，促进联合行动。支处费用由各行局分摊，每星期六召开例会一次。各行局每到月终，均须将当月存放款利率及汇率呈报四联宁夏支处，如有过高或过低现象，须在例会中讨论公决，以求彼此步调一致，当然，四行二局虽有一致决议，但实际上金融市场的存放利率尚不完全受其制约。

另外，四联总处在抗战时期也是农贷最高审核机构。如 1940 年 11 月 26 日，四联总处收到中国农民银行总处函称："为宁夏省政府请纺织生产贷款，已准在该省农贷一百万元内划拨廿万元贷放……查此项贷款首在发展农村副业，裨益抗建，所送计划为甚要。"① 1941 年 1 月 28 日，四联总处收到中国农民银行总管理处陈送的宁夏省政府办理纺织生产贷款实施办法，经查核尚无不周，准予按此办法实施。同年 3 月 16 日，经总处核准，四联总处宁夏支处允准中国农民银行宁夏支行在该年度宁夏省 100 万元农贷指标内拨出 20 万元用于纺织生产贷款。

再如，1942 年 4 月，受四联总处宁夏支处代管的绥远省银行特种存款准备金由宁夏四联支处处理；普遍存款准备金向中央银行宁夏分行缴存，并向其报送定期业务报表。② 另据 1947 年 10 月份宁夏支处工作报告，该月份各行局均未办理贴放业务。农贷方面，该月份共放出农业生产贷款 17187 万元，共收回 90.8 万元，结余 67544.32 万元；该月份共放出农业推广贷款 4000 万元，共收回 441.63522 万元，结余 6600 万元；该月份共放出农村副业贷款 700 万元，共收回 65 万元，结余 1822 万元；还开办有汇兑，或定期存款业务。③

---

① 《四联总处办理中农交行与宁夏省纺织生产贷款来往文书（1940 年 12 月 9 日至 1941 年 10 月 1 日）》，中国第二历史档案馆藏，全宗、目录、案卷号五八五 2859。
② 转引自《宁夏金融志》，第 15 页。
③ 《宁夏支处 1947 年 10 月份工作报告》，中国第二历史档案馆藏，全宗、目录、案卷号五八五 2185。

▶ 西北银行业制度的强制性变迁与区域经济变动（1930—1949）

中央、中国、交通、农民四行分支行处在宁夏的设立均有其深刻的政治、经济背景。国家资本银行在宁夏的建立，旨在执行国民政府颁布的一系列金融政策、法令、办法，以强化其对宁夏地方银行及商业银行的控制。但是唯一的地方银行宁夏银行却凭借兼省主席、董事长于一身的马鸿逵的军政势力，使得业务经营完全不受中央银行管制，其所处的特殊地位无疑也在一定程度上削弱了四大银行对宁夏金融的管理。统受国民政府控制的四大银行也不受宁夏地方军政当局制约，保持着业务经营上的独立性。国民政府时期宁夏货币银行制度建设，反映了区域金融制度建设的现代化历程，同时又呈现出自己的地方特色。抗日战争爆发后至新中国成立前，宁夏银行业家数的增加无疑为区域经济建设中的资金融通也做出了一定贡献。

第五章 青海银行业制度的初创及金融现代化的尝试

青海银行业兴起于20世纪40年代中期，主要业务开展在抗战胜利前后，因而专列一章讨论。由于近代青海社会经济发展缓慢，银行金融体系的建设与完善与其他西北省区相比，也较为滞后，目前的研究成果有：翟松天著《青海经济史》（近代卷）[①]；魏永理著的《中国西北近代开发史》[②]；还有崔永红等著的《青海通史》[③] 均提及国家银行在青海的设立，但就各行业务经营状况，并未做出详细说明。另见拙文《20世纪40年代青海少数民族聚居区域的新式农贷》[④]。但未见专文涉及该论题。本章拟运用各种未刊档案及文献资料，从国家银行在青海分支机构及省银行、商业银行的设立和业务开展入手，进一步探讨20世纪三四十年代青海近代银行体系的建立及业务经营，以期有助于青海银行业史、金融史乃至青海近代经济史的研究。

为促进青海省农贷业务，为中国农民银行西宁支行等金融机构在青海办理农贷等顺利开展业务，青海省政府也采取了一些金融辅助或救济措施。首先是建立合作社组织。为了促进全省合作事业普遍开展，青海省政府曾招揽并组织训练合作干部人员，至1944年初在游

[①] 翟松天：《青海经济史》（近代卷），青海人民出版社1998年版。
[②] 魏永理：《中国西北近代开发史》，甘肃人民出版社1993年版。
[③] 崔永红等：《青海通史》，青海人民出版社1999年版。
[④] 见拙文《20世纪40年代青海少数民族聚居区域的新式农贷》，《青海民族研究》2013年第3期。

西北银行业制度的强制性变迁与区域经济变动（1930—1949）

牧地区组设畜牧生产合作社37社，消费社18社，乡镇社2社，共57社，社员19551人，股金649510元；1945年增加乡镇合作社161家，社员24619名，股金14381360元，使得蒙藏民众，"大感便利"。至1945年，先后在湟中、乐都、民和、互助、大通、湟源等六县设立县合作指导室；并派员协助已成立合作指导室依法指导组织西宁乡镇合作社42社，社员3639人，股金3057010元；乐都县21社，社员3600人，股金1815000元；民和县22社，社员5505人，股金3928990元；湟源县10社，社员1780人，股金210540元；互助县36社，社员4861人，股金25911.80元；大通县32社，社员5234人，股金2967640元。合计青海省共组社161社，社员24619人，股金14381360元。① 1946年，省政府又派省合作指导室主任、指导员依法成立西宁、化隆、循化、同仁、丰源、贵德、海晏、都兰、共和等县合作指导室，委派各室指导员及主任。同时，从1946年3月起，省政府还派工作人员前往化隆、循化、同仁、湟中、亹（门）源、西宁等市县乡镇社34社，区合作社5社，消费社1社，生产社1社，保社2社等，共计组建各类合作社44社，社员18369名，股金额为10704500元。② 虽因经费不足难以全面展开工作，合作社分布范围不广，社员人数不多，但还是在一定程度上方便了农贷业务的开展。接着，是发放实物贷款。为此曾增加政府仓储额度。1938年以前，仓存粮仅7860公石，"省府一面严加整顿，追还民欠，一面将行政罚缓，农灾赈款，一律拨归各县仓，增购存粮，每年春放秋收"，至1942年共有储粮59200余公石，至1944年贷出总额74938公石。③ 1944年，省政府继续向国民政府呈请核发灾区急赈款，收到拨款64万元，于1945年4月分给西宁、大通、互助、贵德、循化等县购粮赈济。④

---

① 青海省政府秘书处：《青海省政府三十四年度政绩比较表》，1945年编印，第28页。
② 青海省政府秘书处：《青海省政府三十五年度政绩比较表》，1946年编印，第30页。
③ 青海省政府秘书处：《青海省政府工作报告》，1944年5月编印，第5、4页。
④ 青海省政府秘书处：《青海省政府三十四年度政绩比较表》，1945年编印，第18、21页。

第五章　青海银行业制度的初创及金融现代化的尝试

1945 年，青海省政府曾收到国民政府运销及副业贷款 200 万元，但均挪作农业生产贷款。①

第一节　中国农民银行西宁支行的建立及业务

中国农民银行成立初期主要集中办理全国农贷与土地金融业务，但在青海省主要业务如下：

1. 收兑

西宁支行设立起初以收兑金银为主要业务，中国农民银行首先提出在法币 1 元、5 元、10 元票券上加盖藏文数字，使其在蒙、藏牧区流通，企图以此来吸收白银和银元。后随着中行、央行分支机构的设立，各行于收兑金银业务，颇尽全力，以为于战时经济最易见时功。据四行联合办事总处西宁支处 1940 年度工作报告中提到"农行于四月以前共收 2320141 市两，中国银行由金矿需要兑 166000 市两，中央银行自四月至十二月间，共收兑 5231418 市两"。② 可见，作为当时青海地区为数不多的国家银行分支机构，鉴于中央政府考虑在青海设立机构的最初动机，收兑金银也曾是农民银行的主要业务之一，但后来由于银行系统的内部分工，中央银行逐渐成为收兑金银的主要机构，而这对于推行法币制度至关重要。

2. 存款储蓄

民国时期，国民政府为维持庞大的军政开支和聚敛财富，极力倡导存款储蓄，但由于青海地区贫穷落后，广大群众生活艰辛，存款储蓄量很小。存款业务种类计有公库存款、银行同业存款、中央银行准备金存款以及其他存款。存款资金主要来自军政机关和事业单位的经费、工商企业业务周转金、银行间往来资金及少量个人资金。

---

① 青海省政府秘书处：《青海省政府三十四年度政绩比较表》，1945 年编印，第 28 页。
② 《中央、中国、交通、农业四联行西宁支处 1940 年度工作报告》，青海省档案馆藏，全宗、目录、案卷号 27 - 永久 - 2。

▶ 西北银行业制度的强制性变迁与区域经济变动（1930—1949）

青海各银行开办的普通储蓄种类主要有定期储蓄、活期储蓄和定活两便储蓄。1936年省政府先后通令开办工商储蓄、工人储蓄，为使工人储蓄收到实效，还饬令各工厂成立工人储蓄会。1938年12月，中国农民银行西宁支行按照国民政府公布的条例，开办节约建国储金储蓄，法币一元开户，期满3年提取本息，区分甲乙两种：甲种储蓄填发存折，随时加存，3年期满提取本息；乙种储蓄填写存单，划分零存整付、整存整付、存本付息3种。1939年9月起，相继开办节约建国储蓄券储蓄，属定期储蓄性质。期满后支付利息和红利，认购时预支利息，划分甲乙两种储蓄券。同时还开办有奖储蓄券、美金节约建国储蓄以及乡镇公益储蓄等。① 可见，农民银行开展的储蓄业务，在早期没有其他金融机构的情况下，业务活动相对比较活跃。

1940年，青海省成立节约建国储蓄劝储委员会，各地成立相应劝储组织，中国农民银行西宁支行增设储蓄部，而后由于抗战所致通货膨胀，人民生活困苦，无力储蓄。1943年3月，青海省政府颁布《青海省推行节约建国储蓄办法》，收到一定效果，如表5-1。

表5-1　青海省节约建国储蓄劝储委员会1943年12月储蓄月报　　单位：元

储蓄种类	中央银行	中国银行	农民银行	邮政储蓄汇业局	合计
节建储金	655000		337163		992163
节建储券	11520300	11062200	9205544	30427488	62215532
美金储券	1000000	417040000	11340000		429380000
普通定储	44003	40000	3154200		3238203
普通活储	3427721	2612630	102331687		108372038
支票储金				205300000	205300000
合计	16647024	430754830	126368594	235727488	809497936

注：本表转引自青海省地方志编纂委员会编《青海省志·金融志》，黄山书社1997年版，第106页。

---

① 青海省地方志编纂委员会编：《青海省志·金融志》第三章存款储蓄，黄山书社1997年版，第105页。

第五章　青海银行业制度的初创及金融现代化的尝试

由表可见，农民银行的节约建国储蓄相对于央行、中行较少，仅以普通活储、定储为主。

表 5-2　　　　　　　　　历年存款数字比较

年期 \ 项目	存款	备考
1938 年上期	76457	单位
1938 年下期	232268	
1939 年上期	150117	
1939 年下期	346970	
1940 年上期	371685	
1940 年下期	519945	
1941 年上期	1148058	
1941 年下期	440800	
1942 年上期	649330	
1942 年下期	1895988	
1943 年上期	1909195	放款包括农业放款在内
1943 年下期	1603599	〃
1944 年上期	765195	〃
1944 年下期	14211706	〃
1945 年上期	9376276	〃
1945 年下期	6696074	〃
1946 年上期	41443263	〃
1946 年 9 月底止	12246232	7、8、9 三月存款平均余额为 34389662 元

资料来源：《中国农民银行西宁支行 1939 年至 1947 年度业务报告》，1946 年 10 月，青海省档案馆藏，全宗、目录、案卷号 23－永久－9。

至 1948 年，中国农民银行西宁支行每月办理储蓄不过 10 笔，遂于当年撤销了储蓄部。

3. 发行货币

近代以来，青海没有独立的金融体系，一直从属于甘肃，1927年甘肃省银行在西宁设立办事处，这是西宁出现近代银行机构的开端，尽管银两本位制的地位逐渐为银元所取代，但市面上银元缺少，货币紧张，流通仍有困难。1935年11月4日国民政府推行"法币政策"。1938年西宁支行成立时，作为当时西宁唯一的国家银行，因此还代理起中央银行经理国库业务，同时还具有发行货币的职能。1940年6月，中国农民银行西宁支行在该行发行的各种钞票正面加印藏文金额数字，并印发了藏文说明书，从此法币开始流入高原牧区，但是牧区的主要货币仍是银元。1942年，国民政府将钞票发行权集中统一于中央银行。[①]

4. 放款业务

中国农民银行西宁支行发放贷款始于1943年，该行曾先后发放过普通农贷、畜牧贷款、大型农田水利建设贷款等。各类农贷的发放由银行同青海省政府签订贷款合约，协商确定发放贷款的地区、用途、额度、利率和贷款的期限，银行按照契约的规定拨款给省政府生产合作处，由生产合作处负责贷款的具体发放和催收，银行只负有限的监督职责，贷款利息除银行规定的利息外，生产合作社另外加收管理费用。关于农业生产贷款及畜牧业贷款，现在新发现档案史料青海省政府工作报告记载，1945年曾派员赴各县发放农业生产贷款1200万元，其配额至西宁、乐都、民和、湟源县各乡镇社；并呈请延期偿还上年畜牧贷款1000万元一年，且办理手续，并令蒙藏各旗族缴纳利息。[②] 农业生产贷款及畜牧业贷款具体笔者已有专文论述，因而单就农田水利贷款进行论述。

20世纪40年代青海省的农田水利贷款有大型与小型之分。在大

[①] 《西宁分行三十三年度下期营业报告》，《营业报告》，1945年6月，青海省档案馆藏，全宗、目录、案卷号三九六（2）337（3）。

[②] 青海省政府秘书处：《青海省政府三十四年度政绩比较表》，1945年编印，第29页。

第五章　青海银行业制度的初创及金融现代化的尝试

型农田水利贷款方面，青海省政府一方面继续向国民政府寻求在经费和技术上的支持和帮助，另一方面开始着手实施具体的兴修水利的计划。1939 年，青海省政府向国民政府赈济委员会报送了青海各县兴修水利的计划，请求拨款，后以没有得到答复而作罢。1941 年，鉴于曹家堡滩荒芜已久，可以开垦利用，青海省政府建设厅出面，向国民政府行政院水利委员会申请在互助县境内兴修曹家堡渠水利工程，1943 年经批准，该项目开工建设，此外，还派出三位工程师，进行勘察设计，协助做好修渠准备工作。① 为筹集充足资金，1944 年青海地方当局曾从国民政府水利委员会获准贷款 4000 万元。② 1944 年，经四联总处批准，中国农民银行西宁支行与青海省政府签订《曹家堡水利工程贷款合约》，其中经四联总处核准，以九成贷放，③ 1944 年最初发放互助县曹家堡水渠贷款 1350 万元，月息二分五厘，分 4 年还清，半年结息一次，未清利息并入贷款本金。④ 另有一成垫头 150 万元由省政府自筹，⑤ 该款另一说由水利委员会拨付。⑥ 1944 年 9 月先行贷放 1500 万元。⑦ 该省曹家堡渠工程 1945 年贷款总计 46972018.51 元。⑧ 因工程费超支，1945 年、1946 年追加贷款两次，

---

① 青海省政协文史资料委员会编：《青海文史资料选辑》第十一辑，1983 年版，第 148 页。
② 《33 年度政绩比较表》（1944 年至 1945 年 8 月），台湾"中央研究院"近代史研究所档案馆藏，全宗、目录、案卷号 20 - 00 - 62 - 04 - 07。
③ 《中国农民银行西宁支行公函》，1944 年 9 月 27 日，青海省档案馆藏，全宗、目录、案卷号 23 - 永久 - 63。
④ 《四联总处编制 1945 年 5 月份农贷及投资种类月报表》，1945 年 5 月，中国第二历史档案馆编《中华民国史档案资料汇编》第五辑第二编，财政经济（四），江苏古籍出版社 1997 年版，第 250—251 页；青海省地方志编纂委员会编：《青海省志·金融志》，黄山书社，1997 年版，第 196 页。
⑤ 《中国农民银行西宁支行公函》，1944 年 9 月 27 日，青海省档案馆藏，全宗、目录、案卷号 23 - 永久 - 63。
⑥ 《青海省政府公函》，1944 年 9 月 9 日，《省政府、建设厅、中国农民银行总管理处关于曹家堡农田水利贷款问题的电函》，青海省档案馆藏，全宗、目录、案卷号 23 - 永久 - 53。
⑦ 《33 年度政绩比较表》（1944 年至 1945 年 8 月），台湾"中央研究院"近代史研究所档案馆藏，全宗、目录、案卷号 20 - 00 - 62 - 04 - 07。
⑧ 《中国农民银行西宁支行三十四年度农贷报告》，《中国农民银行西宁支行三十四—三十六年度农贷报告》，青海省档案馆藏，全宗、目录、案卷号 23 - 永久 - 66，第 3 页。

· 257 ·

西北银行业制度的强制性变迁与区域经济变动（1930—1949）

共计法币 5500 万元，1947 年又追加贷款法币 315000000 元，月息三分五厘，规定分 3 年还清。① 另见表 5-3：

表 5-3　　　　农田水利工程芳惠渠贷款进度　　　　单位：元

年份		1944	1945	1946	1947
核增贷款		150000000	250000000	30000000	350000000
贷款垫头	放出	13500000	22500000	24000000	315000000
	收回			5677761.48	13581205.46
	放出	1500000	2500000	3000000	35000000
	收回				1960000
利率		25%	同上年	同上年	35%
期限		1946年6月底开始偿还，每半年还款一次，至1949年全部还清	同上年	同上年	1948年6月底开始偿还，每半年还款一次，计划至1950年底全部还清
贷款息转入本金额		1220333.33	9751685.18	113497300	
贷款本身余额		14720333.33	46972018.51	65294257.03	480210351.57

资料来源：《西宁支行三十五年度农贷报告》《中国农民银行西宁支行三十四—三十六年度农贷报告》，青海省档案馆藏，档案号 23-永久-66，第 21 页。《四联总处致中国农民银行总处函》，1945 年 5 月 25 日，《本处关于西康、青海、宁夏、甘肃、湖北省农田水利贷款问题与行政院水利委员会、行政院秘书处、财政部、中农行总处、鄂省府来往函电》，1945 年 1 月 16 日—10 月 30 日，中国第二历史档案馆藏，全宗、目录、案卷号 五八五 3209；《青海（省）农贷总案》，1947 年 5 月—1948 年 10 月，台湾"中央研究院"近代史研究所档案馆藏，全宗、目录、案卷号 19-00-00-035-02。

利用上述贷款，曹家堡水利工程计划起自湟水北岸的韵家口，引湟水流经付家寨、小峡、高寨，到曹家堡滩东头泉水弯止。1944 年 9 月，该渠开始动工兴建，到年终时，基本完成渠道的土方工程。由于

---

① 青海省地方志编纂委员会编：《青海省志·金融志》，黄山书社 1997 年版，第 196 页。

第五章 青海银行业制度的初创及金融现代化的尝试

工程技术人员的失误，次年返工重修。1946年，继续修建渡槽、桥梁、涵洞等工程。直到1947年9月，正式举行放水典礼，该工程终于宣告全线竣工。"据当时统计，芳惠渠全长二十一公里零七百米，挖土方十八万多立米，砌渠岸二百余米，历时四年修成，灌溉面积达一万三千亩。"[1] "放水经过甚佳，所有附近荒地均可灌溉，昔日荒凉不毛之地，今已变成肥沃农产之区矣。"[2]

继芳惠渠之后，中国农民银行西宁支行又于"民国37年发放湟中平安水利工程贷款法币480亿元，规定3年还清，月息七分。每半年结息一次转入本金，计收复息"[3]。平安渠道总渠的建设速度颇快。该渠道于1948年"六月开工，十一月全部告竣，计灌二万市亩"[4]。可以看出，中国农民银行提供兴修水利方面的贷款，在很大程度上支持了青海地区各项水利事业的发展。

表5-4　　　　　　　历年放款数字比较　　　　　　单位：千元

项目 年期	放款	备考
1938年上期	103000	
1938年下期	3000	
1939年上期	6540	
1939年下期	268792	
1940年上期	20650	
1940年下期	18343	
1941年上期	107570	

---

[1] 青海省政协文史资料委员会编：《青海文史资料选辑》第十一辑，1983年版，第149页。
[2] 《西宁支行三十五年度农贷报告》，《中国农民银行西宁支行三十四—三十六年度农贷报告》，青海省档案馆藏，全宗、目录、案卷号23-永久-66。
[3] 青海省地方志编纂委员会编：《青海省志·金融志》，黄山书社1997年版，第196页。
[4] 《省政府关于报送修正畜贷合约的函及民国37年的农贷报告》，1943年9月至1947年9月，青海省档案馆藏，全宗、目录、案卷号23-永久-63。

西北银行业制度的强制性变迁与区域经济变动（1930—1949）

续表

项目 年期	放款	备考
1941 年下期	698464	
1942 年上期	1955578	
1942 年下期	3301825	
1943 年上期	19306108	放款包括农业放款在内
1943 年下期	20156495	〃
1944 年上期	20125860	〃
1944 年下期	36458812	〃
1945 年上期	71971166	〃
1945 年下期	73288803	〃
1946 年上期	82565865	〃
1946 年 9 月底止	179105283	放款仍包括农贷在内

资料来源：《中国农民银行西宁支行 1939 年至 1947 年度业务报告》1946 年 10 月，青海省档案馆藏，全宗、目录及案卷号 23 - 永久 - 9。

从表 5 - 4 统计可见，中国农民银行除在青海省办理农田水利贷款业务外，还办理商业贷款或向地方当局借款、临时透支。如马步芳控制的协和商栈曾拟向中国农民银行西宁支行借款 30 万元，该行经理熊琦答复"存款不足，难以应命"。马步芳认为熊有意抵触，请熊即到省府秘书处叙谈，熊只好应允借款 20 万元。[①] 另据记载在对中国农民银行西宁支行业务检查时，"据闻青海省政府马主席尝向当地央农两行临时借款数额三五十万元不等，期限三五日或十数日亦不等，我青行因地方情形特殊，于无法推却时亦偶与通融贷给，而处理办法则不走帐，以借条抵库，还时将借条收回，故在帐簿上毫无记录。"从 1944 年 7 月起，中国农民银行西宁支行与青省府订立 100 万元额透支户契约后，上述此类事项已甚减少。于是中国农民银行总行指出

---

① 中国人民政治协商会议青海省委员会文史资料委员会编：《青海文史资料选辑》第十四辑，1985 年印，第 181 页。

第五章 青海银行业制度的初创及金融现代化的尝试

"唯为防范万一计,似应请由钧处函告青行,如再遇此类借款,应设法婉却,以符规定"。①

第二节 中国银行西宁办事处的业务开展

中国银行西宁办事处主要办理汇、存、放款业务,1942年以前拥有发行货币权,1942年8月5日四联总处合秘稽字第26180号"四行放款投资业务划分"规定中国银行承做业务为:凡内地及进出口贸易事业,进出口有关工矿事业贷款之投资,办理外汇业务。② 但由于青海地区社会经济发展水平的滞后,这一业务在青海实际并未开展。

1. 汇兑业务

西宁办事处的主要业务是承做商业汇兑,因中国银行机构遍及全国,信用卓著,商人大都乐意到该行办理汇兑,故该行的汇兑业务颇为活跃。尤以汇款居多,承揽对象为湟中实业公司所属机构、各大商号及各机关。汇兑是异地之间货币资金的调剂与划拨,本质上体现着商品与物资的运动,其活跃程度又反映社会经济发展水平。据四行联合办事处西宁支处1940年度工作报告中指出:中国银行等三行全年经汇国内各地汇款,汇入总数为973万元,汇出总数为1125万余元,计出超152万元。其中,中行占汇出总数的50%,农民银行占32%,央行占18%。中行占汇入总数的43%,农行占32%,央行占25%。中行的汇兑业务在青海国家银行中占比重最大。以汇款地域言,汇入汇款以兰州、重庆、西安各地较多,汇出汇款以西安、兰州最多。就汇款性质言,汇入汇款、上交公库款项及各机关经费约占30%,输

---

① 《青行检查报告摘要》,1944年8月3日,中国第二历史档案馆藏,全宗、目录、案卷号三九九2588。
② 《第二章金融机构与队伍》,青海省地方志编纂委员会编:《青海省志·金融志》,黄山书社1997年版,第71页。

· 261 ·

西北银行业制度的强制性变迁与区域经济变动（1930—1949）

出货价及购办用款约占 60%，其他约 10%；汇出汇款计占 80% 以上，其他不足 20%。① 该办事处办理此项业务较为繁忙。至 1944 年 7 月，中国银行西宁办事处接受商业汇款，据记载在汇出余额 2000 万元中，以汇往中国银行西安分行 1200 万元为最大一笔，用于购买布匹、纸张。②

由于兰州、西安地处国际陆路交通运输线要道，特别是在抗战时期成为沟通重庆陪都、抗战前方与苏联之间的中转枢纽，在运输战略物资和开展对外贸易方面具有重要作用，因而成为汇兑业务的主要地区。可见，抗战时期虽然青海地区内汇刚刚起步，但是发展速度很快，业务活跃。

2. 放款

民国时期，青海省仅有电厂、火柴厂、面粉厂等少数机器工厂，银行发放少量工业贷款。1939 年 6 月，青海省参加国民政府参政会第二次大会的参政员会上提出在西宁建设发电厂的提案获得通过。同年 7 月，国民政府资源委员会派工程处副工程师孙运璇来青海，与青海省政府商办建设发电厂事宜，几经磋商后，于 1940 年 4 月 17 日正式签订合约，由资源委员会投资 27 万元（法币），青海省政府投资 13 万元（法币），共 40 万元合资兴建西宁电厂。1940 年 10 月 15 日，西宁电厂正式成立，1941 年 2 月 8 日 29 千瓦柴油发电机组正式发电，青海省开始有电。③ 1944 年初，中国银行西宁办事处为电厂发放贷款法币 100 万元，贷款期限 18 个月，月息二分，按季度结息。同年 7 月，增加贷款法币 1900 万元，期限 2 年，月息 3 分。④ 1946 年四联

---

① 《中央、中国、交通、农业四联行西宁支处 1940 年度工作报告》，青海省档案馆藏，全宗、目录、案卷号 27 - 永久 -2。
② 《财政部兰州区银行监理官办公处检查中国银行西宁办事处业务报告及有关文书》，1944 年 2—8 月，中国第二历史档案馆藏，全宗、目录、案卷号三（6）2897。
③ 青海省电力工业志编纂委员会编：《青海省电力工业志》，当代中国出版社 1996 年版，第 16 页。
④ 青海省地方志编纂委员会编：《青海省志·金融志》第四章工商业贷款，黄山书社 1997 年版，第 141 页。

第五章　青海银行业制度的初创及金融现代化的尝试

总处批准中国银行给该厂贷款 600 万元。从 8 月 1 日开始利用该笔资金，至 1946 年 3 月 8 日，西宁电厂尚有借款利息 1369038.35 元未曾偿还。[①] 1947 年中央银行西宁分行对工矿企业的贷款余额仅法币 49 万元。[②] 可见，国家银行与资源委员会、地方政府联合投资创办工矿企业，一定程度上促进了青海省电力事业的进步，中国银行西宁支行逐渐成为青海地区工商业放款的主要金融机构，促进了近代青海工商企业的发展。

中国银行放款以商业为主，贷款形式有信用放款及抵押放款，该处押贷款总额一度曾达数百万元之巨，仓库有八所之多。抗日战争期间，官营资本企业协和商栈和德兴海商号垄断青海贸易事业，但也需要资金融通。如协和商栈曾为筹措军需粮款，马步芳急不可待，又派员向中国银行西宁办事处经理翁文律处洽商借款 40 万元，翁经理回复："一、借款向总行请示批准后才能办理借款。二、总行批准后尚需抵押品作保证，否则按规章不能交付。"马步芳即以沙金一千两作为抵押品。中国银行由于头寸不足，只借给 30 万元。[③] 另私营大商号仅数十家，批发为主，兼营零售，每户资金不过数十万元；其他商号资金微薄，经营范围有限。但每遇进货旺季资金周转困难，始相互拆借或向银行申请贷款。由于市场物价不稳，为避免亏损，商号多囤积货物，伺机出售。为适应商户需要，中国银行等着重发放商业贷款。贷款的主要种类有：（1）信用贷款，按照双方贷款契约贷款，用于商号临时资金周转，期限一般 1 个月。（2）活存透支贷款，双方订立限额贷款合同，限额以内由借款户随时借款和归还，贷款期限一般不超过 3

[①]《西宁电厂向中国银行借款案》，1944 年 6 月 2 日—1946 年 3 月，台北"国史馆"藏，全宗、目录、案卷号 003—00001—5502A。

[②] 青海省地方志编纂委员会编：《青海省志·金融志》第四章工商业贷款，黄山书社 1997 年版，第 141 页。

[③] 中国人民政治协商会议青海省委员会文史资料委员会编：《青海文史资料选辑》第十四辑，1985 年印，第 181 页。

西北银行业制度的强制性变迁与区域经济变动（1930—1949）

个月，贷款对象主要为商号，还包括少数机关、学校等。约1944年7月，中国银行西宁办事处向该处消费合作社办理活存透支33871.14元。[①]（3）质押贷款，贷款户的商品、物资交银行作抵押，贷款期限一般6个月，除贷款利息外，银行另收仓储保管费。除上述贷款外，尚有押汇贷款等。中国银行西宁办事处重点开办质押、押汇贷款业务，质押品仓库达8处之多，1942年质押贷款总额164万元，质押商品总值418万元。中国银行西宁分行通过开办同业透支、同业质押、拆放以及票据再贴现业务支持各家银行发放各种贷款。此外，还有贴现放款。据四行联合办事处西宁支处1940年度工作报告中指出："金融业除三行外，各地兑换店之有钱庄性质者亦绝无一家，固是贴放业务除中国银行经营少数货物押放外，其他皆无法举办。中行贴放押放对象为日用国产货物，总额最高时在二十万元左右，最低价二十余万元，时期限定三月，于融洽商市，调节供需，颇具效力。"[②] 约1944年7月，中国银行西宁办事处向该处消费合作社办理活存质押透支50000元，月息4厘；中国银行向西宁电厂办理活存质押透支896773.85元，透支限额1000000元，月息2分。[③] 由此可以看出，贴放业务成为中行西宁支行的一大优势业务，在活跃市场资金融通方面起到了积极作用。

1947年，市场物价不稳，各家银行停止发放新贷款，逐步回收到期贷款。至1948年，通货膨胀加速，除个别贷款外，其他贷款停办。发行金圆券后，各项贷款均告停办。

[①] 《财政部兰州区银行监理官办公处检查中国银行西宁办事处业务报告及有关文书》，1944年2—8月，中国第二历史档案馆藏，全宗、目录、案卷号三（6）2897。
[②] 《中央、中国、交通、农业四联行西宁支处1940年度工作报告》，青海省档案馆藏，全宗、目录、案卷号27-永久-2。
[③] 《财政部兰州区银行监理官办公处检查中国银行西宁办事处业务报告及有关文书》，1944年2—8月，中国第二历史档案馆藏，全宗、目录、案卷号三（6）2897。

第五章　青海银行业制度的初创及金融现代化的尝试

表5-5　　　　　1938—1947年青海省银行业贷款统计　　　　单位：元

行名	成立时间	工业贷款	农业贷款	商业贷款	其他贷款
中央银行西宁分行	1940	—	—	—	—
中国农民银行西宁支行	1938	0	0	421000000	0
中国银行西宁支行	1939	102000000	0	0	0
青海省银行	1945	404915690	0	1076093569	99388085
青海实业银行	1947	—	—	—	—

资料来源：刘永干《西北区银行动态之偏向》，《西北论坛》创刊号，1947年。

第三节　中央银行西宁分行的业务经营

西宁分行的主要业务是发行货币，办理存款、储蓄、汇兑、放款、收兑金银，代理信托、国库业务，办理公款存汇、对同业的拆放、贴现，重质押业务，利用发行货币的业务对同业进行资金调拨。这些业务中主要是办理对军政费用的汇解业务（即国民政府财政部拨给当地军政费用由中央银行国库汇来）。

1. 存储及放款

按照国民政府公布的公库管理办法和规定，中国农民银行西宁支行和中央银行西宁分行先后代理全省国库的收付和存款。

1940年8月起中央银行西宁办事处执行国民政府财政部《非常时期管理银行暂行办法》，开办银行存款准备金（后称保证金）存款。各银行缴存存款准备金的比例由季末改为按日调整，同年中央银行西宁分行代理中央信托局开展储蓄。[1]至1944年下半期，中央银行西宁分行最高时拥有同业存款1800余万元，最低时为160余万元，决算日余额为470余万元，较上期增加40余万元；其中存户主要为驻青中央机构，占整个存户72%多，商户、个人占5%弱，地方机构

---

[1] 青海省地方志编纂委员会编：《青海省志·金融志》第三章存款储蓄，黄山书社1997年版，第105页。

· 265 ·

西北银行业制度的强制性变迁与区域经济变动（1930—1949）

占2%；活期存款达470余万元，暂时存款余额4800余万元，较上期增加500余万元；本票余额1000余万元。①

1947年11月起改为省市银行按活期存款的12%和定期存款的8%缴存准备金。

1946年7月，国民政府制定《军政机关存汇办法》，规定军政机关汇入的汇款一律存入经办国库的银行，其他银行不得接受。1947年，国民政府行政院公布金融业务管制办法，规定中、中、交、农四行、中央各库、局同业间的存款一律存入中央银行，不得转存省市银行或其他商营钱庄。青海的中央银行依照规定经办国库存款，组织银行的存款准备金存款，青海省银行依靠代管省库等特殊条件，得以广泛组织存款。由于青海实业银行统揽湟中实业公司所属各单位经营资金，存款来源相对稳定，因而农民银行、中央银行所能吸收到的存款资金有限。② 1948年8月，停发法币，改为金圆券，财政经济状况逐渐恶化，货币贬值，银行存款急剧萎缩。同年年底，中央银行西宁分行停办储蓄代理业务，停办时储蓄存款仅10.4元。

表5-6　　　　　青海省1948年6月银行存款余额　　　单位：万元（法币）

银行名称	合计	活期存款	定期存款	公库存款	同业存款	存款保证金
中央银行西宁分行	3711686	287170		3114871	215248	94397
青海省银行	706525	544928	834	75583	85180	
青海实业银行	93906	55528	36839		1539	
合计	4512117	887626	37673	3190454	301967	94397

注：本表转引自青海省地方志编纂委员会编《青海省志·金融志》第三章存款储蓄，黄山书社1997年版，第104页。

---

① 《西宁分行三十三年度下期营业报告》，《营业报告》，1945年6月，中国第二历史档案馆藏，全宗、目录、案卷号三九六（2）337（3）。

② 青海省地方志编纂委员会编：《青海省志·金融志》第三章存款储蓄，黄山书社1997年版，第105页。

第五章 青海银行业制度的初创及金融现代化的尝试

从表 5-6 中可以看到存款业务方面，主要由中央银行与省银行承办，由于省银行业务相对灵活，存款来源相对较多，因而普通的活期、定期存款均明显高于中央银行分行。

该期放款较前期略有增加，其中青海省政府订立活存质押透支额由 90 万元增至 150 万元，四十集团军透支 200 万元均以领库款随时支用。1944 年上期西宁分行单独发放活期质押款项 2680568.83 元，下期发放 1372021.72 元，较上期减少 1308547.11 元。

2. 汇兑

据统计，该分行 1944 年下半期汇出 605 笔，较上期减少 5 笔，汇出总额 160000000 元多，为上期总额 181%，以地方划分汇往内地接近 68%，汇往重庆占 32% 强；以种类划分有军饷占百分比接近 5%，政费多于 4%，同业占 28%，商号占 39%，个人则占 24%；汇入汇款 130000000 元多，为上期总数 232%，以地方划分汇自内地占 45%，汇自重庆占 55%，以种类划分军饷占百分比 27%，政费占 48%，同业占 16%，商号占 5%，个人占比重大于 4%。①

该行 1948 年上半年业务报告中称：本期汇出汇款共 223 笔，总金额 1574948292.88 元，汇往地点以兰州最多，西安次之；汇入汇款 340 笔，总金额 2203073781.62 元，以军饷为最多，汇入地以广州为最多，上海次之。② 这些数字可以反映出青海地区央行西宁支行汇出、汇入的情况，这一时期汇入款大于汇出款，主要由于军费及党政经费占绝大多数，而且战时与战后汇入款项地点发生明显变化。

3. 货币发行

据四行联合办事总处西宁支处 1940 年度工作报告中指出，全年度三行发行处总数共为 7155000 元，各行数额计：中央银行为

---

① 《西宁分行三十三年度下期营业报告》，《营业报告》，1945 年 6 月，中国第二历史档案馆藏，全宗、目录、案卷号三九六（2）337（3）。

② 全国政协文史资料委员会编：《中华文史资料文库》第 14 卷，经济工商编，中国文史出版社 1996 年版，第 145 页。

西北银行业制度的强制性变迁与区域经济变动（1930—1949）

4185000元，占58.50%；中国银行为580000元，占8.10%；中国农民银行为2390000元，占33.40%；钞券发行均有60%，系依赖收兑全额而流出，其他40%为汇款之入超，国库之支出及押放用款等项。"央行五十元、一百元大券，初次流通时，每有付出不久，即来兑换较小面额钞券之现象及转债时日"，持券人感觉携带资金行使方便，目前已在市面普遍行使。① 另据记载，央行西宁分行1940年净发行4085000元，1941年净发行3449500元，1942年净发行13715000元，1943年净发行53070500元，1944年净发行169928000元。1944年下半期发行额为162000000元，收回发行数为8700万元，净发行额为7500万元。②

可见，央行成为货币发行的主要机构，而且货币流通方面，央行也是采取必要的措施，如大小票的兑换问题，在很大程度上方便了经济往来。

1948年法币崩溃，改发行"金圆券"，原指望向美国借款，后因杜鲁门政府"停止援助"而落空，致使"金圆券"在既无充分准备，又在支付大量军费的压力下，超发行70%（原定发行20亿，到1948年11月已发行34亿），故金圆券发行仅一年就垮台了。1948年8月进行币值改革，公布全国在8月23日发行金圆券。规定"法币"300万元兑金圆券1元，并欺骗人民公布了金圆券法定含金量为纯金4.4434公毫，由政府铸造交由中央银行发行（意思是金圆券采取的是十足准备制，金圆券可以兑现，即兑成"金圆"），群众信以为真。西宁是9月1日开始发行的，那天群众拿着白银、银元拥到中央银行争兑"金圆券"，当天就兑进了白银2372市两，银元6196元。但金圆券贬值速度比法币更快，仅10个月时间，即贬值2.5亿倍，金圆

---

① 《中央、中国、交通、农业四联行西宁支处1940年度工作报告》，青海省档案馆藏，全宗、目录、案卷号27-永久-2。
② 《西宁分行三十三年度下期营业报告》，《营业报告》，1945年6月，中国第二历史档案馆藏，全宗、目录、案卷号三九六（2）337（3）。

第五章　青海银行业制度的初创及金融现代化的尝试

券几同废纸。据中央银行西宁分行卷档案记录，至 9 月 30 日共兑进黄金 17087 盎司，白银 124876.58 市两，银元 157769.5 元，为什么当时西宁收兑的黄金数量如此微小，据中央银行西宁分行于 1948 年 9 月 26 日电报总行秘书处电文中称："……收兑以来黄金最少，白银较多，推厥原因，似为未改币制前，当地条金黑市市两价在银元 120 元以上，沙金 110 元以上，改币后每市两按金元 200 元收兑（8 月 20 日公布的兑换率每银元 1 元兑给金圆券 2 元），成色为千分之千，定价稍低，折色损失，故请兑者寥寥。白银不便行使，久为窖藏，几同废物，定价每市两兑金圆 3 元，较银元稍高，故请兑者甚踊跃……"① 由于黄金收兑数量的减少，致使金圆券不可避免地出现贬值，引起物价上涨，不利于社会秩序的安定。

4. 代理信托业务

中央银行西宁分行还代理中央信托局业务。信托业务范围较广，但在西宁除办理储蓄业务外，其他业务始终未能开展。1945 年到 1946 年上半年期间，储蓄业务曾一度繁忙，因那时正值青藏公路修建，从内地来青参加修筑公路的工程技术人员甚多，这些人将一时未能汇走的薪金收入，纷纷存入中央银行。

第四节　青海省银行、青海实业银行的建立及业务

国家银行逐步涉入青海地区，这让马步芳家族感到惶恐不安，随着西北地区政局的稳定和经济的开发，地方省银行得以逐步建立，并成为调剂地方金融，辅助西北经济建设的重要金融机构。马步芳在 1938 年 3 月被南京国民政府任命为青海省政府主席，他为了弥补自己的损失，极力谋求建立起由自己控制的金融机构。

1935 年，国民政府开始推行法币，此时正值青海省省钞财政维

---

① 全国政协文史资料委员会编：《中华文史资料文库》第 14 卷，经济工商编，中国文史出版社 1996 年版，第 145 页。

西北银行业制度的强制性变迁与区域经济变动（1930—1949）

持券垮台，发行财政维持券的青海省金库和青海平市官钱局也宣告撤销。青海省政府一面要求国民政府银行在青海设立机构，一面授意省商会向国民政府财政部提出，以青海盐税做担保，向上海银行借款，创办青海省银行。国民政府一直拖延到1940年，三大银行在西宁设立了分支机构以后，才以"兼顾中央法令和地方事业"为名，准予设立青海省银行，并确定该行为官（中央财政部）、商（地方募集）合营股份有限公司，期限30年。① 青海省政府又延至1944年始派员筹备，于1945年11月19日先行营业，1946年1月1日在西宁东大街正式成立，1946年3月在国民政府财政部登记注册，获批营业执照。② 该行本着"调剂本省金融，扶助经济建设，开发本省生产事业"的宗旨，先后办理存款、放款、汇款、现金收付、储蓄信托等业务。青海省银行成立时资本2000万元（法币），分为20万股，每股100元，由青海省政府承担官股1000万元，由财政部拨款，筹集商股1000万元，向社会募集。③ 因而，青海省银行具有官商合办的性质。该行最高权力机构为董事会与监察会，实行经理负责制，经理朱长玉负责组织实施和贯彻执行董事会决定的事情，并综理全部行务。其内部组织经理下设总务、会计、业务三个处及出纳科，从业人员约32人。④ 还曾设立青海省银行信托部。1948年又陆续在湟源、湟中、民和设立分行，在西宁乐家湾设办事处及兰州办事处5个分支机构。

---

① 崔永红等：《青海通史》，青海人民出版社1999年版，第713页。
② 《中央银行兰州区兰州分行检查青海省银行总行业务报告》，1947年10月30日，《央行西宁分行检查青海省银行业务情况报告及有关文书》，1947年2—12月，中国第二历史档案馆藏，全宗、目录、案卷号三（6）7106。
③ 《中央银行兰州区兰州分行检查青海省银行总行业务报告》，1947年10月30日，《央行西宁分行检查青海省银行业务情况报告及有关文书》，1947年2—12月，中国第二历史档案馆藏，全宗、目录、案卷号三（6）7106。
④ 《中央银行兰州区兰州分行检查青海省银行总行业务报告》，1947年10月30日，《央行西宁分行检查青海省银行业务情况报告及有关文书》，1947年2—12月，中国第二历史档案馆藏，全宗、目录、案卷号三（6）7106；全国政协文史资料委员会编：《中华文史资料文库》第14卷，经济工商编，中国文史出版社1996年版，第147页。

第五章 青海银行业制度的初创及金融现代化的尝试

另拟在兰州、西安、重庆、南京设立办事处。[①]

青海省银行重大事项均经马步芳主持的省政府委员会议议决,[②] 实际被地方当局视为省属地方金融机构,有地方军政力量的支持,凭借全省性官方金融机构的特殊地位,在青海省政府"统一收支,全盘运用"的名义下,以存款利息优厚和暗中津贴与允许存款者可以透支为诱饵,吸收地方所有事业费、周转金。马步芳决定利用省银行这一机构,与中央四大银行的分行分庭抗礼。例如,1948年7—8月,中国银行、农民银行在青机构存款利率均按各该行总行规定办理,活存同存月息20分,而同期的青海省银行月息为30分,币制改革后曾降至月息3到4分,到11、12月份又提高为30到70分不等。[③] 此外,青海地方特产皮毛、药材等均为官僚资本"湟中实业公司"垄断控制,其现金收付、款项往来、资金融通等均由省银行独揽,在代理全省各级金库的同时,常常以资金筹措困难、发展青海生产事业急需资金为理由,向中央银行等透支款,以及存放中央拨给的军政经费,因而,使得青海省银行资金来源有了很好的保证,积极承做押汇、买汇、贴现以及商号信用透支、黄金银元做抵押的放款等业务。

青海省的地方金融活动大部分被其控制,因而业务开展都优于其他各行,省银行的发展,在一定程度上,使得国家银行在青海各分支机构的业务发展受到了抵制。

表5-7　　　　青海省银行1946年9月份业务概况　　　　单位:元

放款		存款		汇款
小工商放款	5460000.00	甲种活期存款	634765650.02	75845200.00

[①]《青海省三十六年度工作报告》,台湾"中央研究院"近代史研究所档案馆藏,档案号20-00-62-5-4。

[②]《青海省三十六年度工作报告》,台湾"中央研究院"近代史研究所档案馆藏,档案号20-00-62-5-4。

[③] 姜宏业:《中国地方银行史》,湖南出版社1991年版,第623页。

· 271 ·

西北银行业制度的强制性变迁与区域经济变动（1930—1949）

续表

放款		存款		汇款
活存透支	71053184.99	乙种活期存款	26969825.07	
定期放款	196870000.00	定期存款	4622909.20	
定期质押放款	3100000.00			
合计	276483184.99	合计	666358384.29	75845200.00

注：引自《中央、中国、交通、农业四联行总处西宁支处关于汇款、征费、放贷、投资业务、农贷加息、投资贴放等办法、规则的函》，1941年1月至1948年9月，青海省档案馆藏，全宗、目录、案卷号27-永久-7。

由表5-7可见，其中放款种类较多，包括小工商放款、活存透支、定期放款、定期质押放款。

表5-8　　　　青海省银行1946年10月份业务概况　　　单位：元

放款		存款		汇款
小工商放款	6270000.00	甲种活期存款	467661114.09	78974200.00
活存透支	74141141.14	乙种活期存款	56559715.42	
定期放款	228680000.00	定期存款	8845616.04	
定期质押放款	5700000.00			
合计	314791141.14	合计	533066445.55	78974200.00

注：引自《中央、中国、交通、农业四联行总处西宁支处关于汇款、征费、放贷、投资业务、农贷加息、投资贴放等办法、规则的函》，1941年1月至1948年9月，青海省档案馆藏，全宗、目录、案卷号27-永久-7。

从表5-8中可以看出，1946年9月、10月份青海省银行的放款、存款、汇款业务较为稳定，数额大多处于增长趋势，该行放款总额为7亿余元，以商业放款为主，业务经营也获得一定收益，据记载，1946年全年纯益为3826365.80元。[①] 据文字档案和账表资料记

[①]《央行西宁分行检查青海省银行业务情况报告及有关文书》，1947年2—12月，中国第二历史档案馆藏，全宗、目录、案卷号三（6）7106。

第五章 青海银行业制度的初创及金融现代化的尝试

载，省银行在1947年2月前大宗业务是存、放款，其他如汇兑等尚不能经常承做。如1947年6月，该行也曾设法援引国家金融机构准予拆放省银行惯例，获准拆放4亿元，可由中央银行酌核办理。① 至1947年12月，该行普通商业放款为384028934.80元，约占放款总额49.46%；日用重要物品之运销事业放款291403759.39元，约占放款总额37.53%；工业放款63903206.15元，约占放款总额8.23%。另曾给予省政府借款210余万元，给予马步芳本人借款3500余万元。②

另据统计，1947年上期获纯益190万元，约至年底利息收入为72412342.3元；③ 1948年上期获纯益5500余万元法币，1948年下期获纯益164万金圆券，省银行得以继续开展业务，说明其有着相当丰厚的收益。④

青海省银行的成立，使国家银行在贯彻国民政府金融政策、法规、法令，沟通与地方政府和民间的联系时，有了中介机构。作为地方性银行，青海省银行能够得到地方政府的支持，其在为青海经济、金融发展中起过一定作用，但实际为马步芳操纵控制，因此，它为马步芳家族发展官营资本经济，垄断青海的经济命脉起了推波助澜的作用。

湟中实业公司成立后，为进一步扩大官营资本企业，壮大金融势力，控制青海经济，扩充自己的金融实力，1947年1月1日，马步芳以青海省无商业银行为由，经财政部批准、经济部登记，开办了青海省独资筹办建立的青海实业银行（又称湟中实业银行），其为股份有

---

① 《青海省三十六年度工作报告》，台湾"中央研究院"近代史研究所档案馆藏，档案号20-00-62-5-4。
② 《央行西宁分行检查青海省银行业务情况报告及有关文书》，1947年2—12月，中国第二历史档案馆藏，全宗、目录、案卷号三（6）7106。
③ 《央行西宁分行检查青海省银行业务情况报告及有关文书》，1947年2—12月，中国第二历史档案馆藏，全宗、目录、案卷号三（6）7106。
④ 姜宏业：《中国地方银行史》，湖南出版社1991年版，第624页。

西北银行业制度的强制性变迁与区域经济变动（1930—1949）

限公司形式，资本金为法币3000万元，分为3000股，每股1万元，商户大股东共10名，其中后来任该行董事长的马世俊认股1000股，1000万元；冶进玉认600股，600万元；马步丰认500股，500万元；马崇德认300股，300万元；马子仪认200股，200万元；陈彦、马奉先、马得福各认100股，各为100万元；孟全礼、武克瑞各认50股，各为50万元。其大股东为马步芳控制的"协和商栈"或湟中实业公司的负责人。该行营业期限30年，银行第一任经理为魏渝。[①] 总经理以下设总务组、业务组、会计组和经济研究室及专职秘书、稽核。青海实业银行的宗旨是"调剂本省金融，援助兴办事业，开发财源"，其具有官商资本合办商业银行的性质，但与地方当局关系密切。具体办理的业务有：存款、放款（以贷于省内工矿业、畜牧业及农田水利为原则）、投股（以投于省内生产事业为原则，但投资总额不得超过资本总额及公积金的1/2）、贴现及押汇、国内汇兑、承募各项生产事业之股东及公司债券、储蓄业务、信托业务，此外还受政府委托办理代理代募公债及还本付息等事宜。[②] 其中存款主要来自地方军政机关，如至1947年10月军政机构存款占该行存款总额68%，为492255184.46元；公营事业机构存款占总额27.89%，为201589933.51元。至1947年10月放款活透、定放、活放等共计850842850.72元，普通商业放款272269850.72元，该行还曾投资西北毛纺厂。[③] 总体来看，青海实业银行得到马步芳地方当局的支持，以及官营垄断资本经济实力的靠山，因而包揽了马氏家族工矿企业所有资金往来，承担着湟中实业公司的总出纳，成为马步芳争夺、掌握

---

① 《中央银行兰州区兰州分行检查青海省实业银行总行业务报告》，《央行兰州分行检查青海省实业银行业务情况报告及有关文书》，1947年11—12月，中国第二历史档案馆藏，全宗、目录、案卷号三（6）7107。
② 姜宏业：《中国地方银行史》，湖南出版社1991年版，第627页。
③ 《中央银行兰州区兰州分行检查青海省实业银行总行业务报告》，《央行兰州分行检查青海省实业银行业务情况报告及有关文书》，1947年11—12月，中国第二历史档案馆藏，全宗、目录、案卷号三（6）7107。

第五章 青海银行业制度的初创及金融现代化的尝试

青海金融市场的有力工具。

银行成立时值大规模内战时期，国内经济动荡，金融市场波涛迭起，"法币"急剧贬值，人心惶恐。青海实业银行利用市面两种货币比价的起落，以法币低价收进银元，又高价抛出，或收进银元再贷放出去，而将法币调往西安、兰州同业。[1] 至1947年底，利息收入达152158807.66元。[2] 实业银行一方面控制了市场货币比价，打击了国民政府法定货币的流通；另一方面使自己获得了巨额利润。

表5-9 青海省1947年青海地方银行与中央银行
商业贷款余额比较 单位：万元（法币）

银行名称	信用贷款	活存透支	质押贷款	同业透支	同业质押	同业拆放	票据贴现	合计
中央银行西宁分行				2000	49000			51000
青海省银行	7258	28734		13091		15263		64346
青海实业银行	35000	10000	5000				5000	55000
合计	42258	38734	5000	15091	49000	15263	5000	170346

资料来源：《第四章工商业贷款》，《青海省志·金融志》，黄山书社1997年版，第142页。

表5-9可见，中央银行西宁分行因职能所在，业务相对单一；青海地方银行在资金融通方面业务繁忙，业务手续相对简便，这一方面有助于业务开展与资金融通，同时也存在一定风险。

虽然青海省银行、青海实业银行是受马步芳的行政控制，用以对

---

[1] 姜宏业：《中国地方银行史》，湖南出版社1991年版，第628页。
[2] 《中央银行兰州区兰州分行检查青海省实业银行总行业务报告》，《央行兰州分行检查青海省实业银行业务情况报告及有关文书》，1947年11—12月，中国第二历史档案馆藏，全宗、目录、案卷号三（6）7107。

西北银行业制度的强制性变迁与区域经济变动（1930—1949）

付国家银行在青海的垄断地位，但在一定程度上也活跃了青海地区的金融市场，有助于工商业的资金融通。

表5-10　　　　　　青海银行业1947年贷款统计　　　　单位：元

行名	成立时间	工业贷款	农业贷款	商业贷款	其他贷款
中央银行西宁分行	1940	—	—	—	—
中国农民银行西宁支行	1938	0	0	421000000	0
中国银行西宁支行	1939	102000000	0	0	0
青海省银行	1945	404915690	0	1076093569	99388085
青海实业银行	1947	—	—	—	—

数据来源：刘永干《西北区银行动态之偏向》，《西北论坛》创刊号，1947年。

20世纪30年代，青海省仅有省金库、官银钱局及甘肃省银行驻青海办事处等资金保管或金融机构。虽然近代青海银行业无论是从资金规模还是从营业范围来看相对较小，出现也较晚，但毕竟步入了近代金融的行列，反映了金融机构和组织由传统向现代化的演变，在某种程度上适应了实业开发和商业发展的需要，也在近代青海社会经济的开发中起到了重要作用。20世纪三四十年代国家银行各分支机构、省银行在青海地区的建立及业务开展，使得青海省逐渐形成了国家银行、地方银行乃至于中央银行、专业银行、省银行的现代银行体系，这成为青海省银行业制度现代化建设的主要标志。无论是中央银行及各专业银行，还是省银行都积极广泛地开展业务活动，经营货币发行、存款、工农商业放款、汇兑、经理国库等多种业务，不仅促进了法币制度在青海省的推行，而且为青海社会经济融通资金提供方便，更在很大程度上促进了地方社会经济的恢复与开发。这不但有助于在战时紧急状态下加强对青海金融的统制与调剂，而且成为国民政府实

第五章 青海银行业制度的初创及金融现代化的尝试

行战时金融管理体制的重要步骤之一，是巩固西北边疆在金融方面的重要举措。从起初马步芳集团对于国家银行业务开展的排斥、干扰，到逐步与各国家银行发生业务联系，到后来自己控制省银行及商业银行，这也反映出地方对中央应对策略中的排斥、合作、争夺的轨迹以及既存在矛盾又相互合作的两个面相。无论是国民政府在青海组建的各国家银行，省府投资设立的省银行、地方实业银行，从根本上看，都是服务于国民政府统治的，是国民政府维护统治、维持军政费用支出、发行货币、控制与争夺金融市场的重要工具。

第六章 制度调整下的战后银行业对区域经济的维持

抗战胜利后,由于政局动荡、连年战争,物价飞涨,国民政府加大对金融机构的管理与调整,货币贬值,加上金圆券改革的失败,导致经济运行的环境不佳,银行机构一方面要应对法规制度的变动与金融监管;另一方面放款工农业,维持自身的生存,这也维持了区域经济的运行,延缓了区域经济更快走向崩溃。

第一节 战后银行业制度的调整与完善

一 《财政部管理银行办法》

抗战胜利后,相关法规对银行的业务范围作了进一步调整和规范。1946年4月17日,财政部公布的《财政部管理银行办法》共27条,具体规定如下:

1. 商业银行的概念界定及经营业务,凡经营收受存款及为放款、票据贴现、汇兑或押汇各项者,为银行;收受存款而不称银行者,视同银行。

2. 银行除下列附属业务外,不得兼营他业:买卖有价证券;代募公债或公司债;仓库业;保管贵重物品;代理收付款项。银行未经批准,不得买卖外汇及生金银。此外,银行不得为商店或他银行、他公司之股东,但经财政部之核准,得投资于生产建设事业;银行不得

第六章　制度调整下的战后银行业对区域经济的维持

直接经营工商事业，并不得囤积货物，或设置代理部、贸易部等机构，或以信托部名义代客买卖货物，或进行其他投机买卖行为；银行不得收买本银行股票及承受本银行股票为质押品，除关于营业上所必需之不动产外，不得买入或承受不动产；因清偿债务受领之本银行股票，应于4个月内处分；受领之不动产，应于1年内处分。银行服务人员不得挪用行款，或以贷放方式利用行款，违者以侵占论罪。

3. 对银行经收普通存款业务缴存准备金作出具体规定：①活期存款，缴纳存款准备金总额15%—20%；定期存款缴纳该存款总额7%—15%。②前2种存款最终缴纳准备金率，由中央银行根据金融市场情形，与财政部会商核定。

4. 该办法规定商业银行贷款对象如下：①农工矿生产事业；②日常重要物品运销事业；③对外贸易重要产品运销事业。同时强调银行对于前项业务贷款之数额，不得少于贷放总额50%；银行对于农工矿商放款，应以合法经营本业者为限，当地有同业公会者，应以加入各该公会者为限。该项规定旨在促使银行运用资金扶植生产建设事业，扩大生产规模，平抑物价，减缓通货膨胀严重程度。

5. 对银行违反规定的惩罚、银行账目记载均作出若干规定。[①]

该法旨在加强对金融业的业务管控，有助于控制物价上涨迅猛势头。

二　1947年新《银行法》

1947年新《银行法》的颁行有一个过程，各地银行业曾提出不同意见，建议修改。至1947年5月初，新《银行法》草拟完成。5月3日，立法院向国民政府呈送新的《银行法》，请国民政府行政院公布实施。但正在审核办理期间，国民政府文官处转呈国防最高委员会秘书厅来函，表示奉该会常委会决议，认为立法院审议中之《银行

[①] 中国第二历史档案馆编：《中华民国史档案资料汇编》第五辑第三编，财政经济（二），江苏古籍出版社2000年版，第2—5页。

▶ **西北银行业制度的强制性变迁与区域经济变动（1930—1949）**

法》，尚未经国防最高委员会常委会核定原则，而且该法内容与行政院原拟草案亦多出入，应将该法原则核定后方可公布。① 但要求对银行法的修改意见及请愿活动日渐增加，鉴于来自各方的压力，身为立法院长的孙科并未得到包括蒋介石在内的国民政府高层的支持，于是在1947年8月上旬曾向蒋介石递交辞呈，蒋介石为此甚为恼火。② 但迫于压力及国防最高委员会秘书厅来函等因，国民政府行政院国务会议第八次会议决议，交经济审查委员会审查。而该经济审查委员会详加商讨后认为，银行法全文与政府方针及当时所行所谓"经济紧急措施方案"，"尚无甚出入，故无另订立法原则重行起草条文之必要，本法似可公布施行"。③

1947年9月1日施行的《银行法》共十章119条。具体规定如下：

（一）定义

对银行的名称及银行主要及附属业务范围界定如下，主要业务部分：①收受各种存款；②票据承兑；③办理各种放款或票据贴现；④国内汇兑；⑤特许经营之国外汇兑；⑥代理收付款项。附属业务部分：⑦仓库及保管业务；⑧买卖有价证券及投资；⑨代募或承募公债、公司债及公司股份；⑩特许买卖生金银及外国货币；⑪受托经营财产。对一些银行业务专业术语做出界定。

（二）通则

该《银行法》对银行注册章程做出具体规定：

银行注册登记制度。规定凡欲设立银行者，应列出或呈交下列各

---

① 《国民政府颁布银行法令稿》，1947年9月1日，中国第二历史档案馆编：《中华民国史档案资料汇编》第五辑第三编，财政经济（二），江苏古籍出版社2000年版，第12—13页。
② 《蒋介石日记》，1947年8月10日，星期日，第46合11折，日记手稿藏美国斯坦福大学胡佛研究院档案馆。蒋还以为孙科辞职是假，要挟当局退还兰妮财产是实。
③ 《国民政府颁布银行法令稿》，1947年9月1日，中国第二历史档案馆编：《中华民国史档案资料汇编》第五辑第三编，财政经济（二），江苏古籍出版社2000年版，第27—32页。

项，并报政府主管机关核准营业登记，即银行名称及其公司组织之种类；资本总额；业务种类及范围；营业计划；本行及分行所在地；发起人姓名、籍贯、住址及履历。

（三）中国银行业机构分类

将银行机构分为商业、实业、储蓄银行及信托公司和钱庄五个类别，并分别规定了各自的业务范围，具体如下：

1. 商业银行得经营下列业务：①收受普通活期、定期存款；②办理各种放款或贴现；③票据承兑；④办理国内汇兑；⑤经中央银行特许办理国外汇兑；⑥代理收付款项；⑦买卖公债、库券及公司债；⑧办理与其业务有关之仓库或保管业务；⑨投资于生产、公用或交通事业；⑩代募公债、公司债及公司股份；⑪经中央银行特许收受外国货币或买卖生金银。

再者，新的《银行法》还对商业银行办理信用、抵押放款期限及总额以及购买股票总额在银行存款总额中所占比重，商业银行就所收存款向中央银行缴存保证准备金、付现准备金比率也做出具体规定。

2. 实业银行得经营下列业务：①收受普通活期、定期存款；②对农工矿及其他生产、公用或交通事业，办理各种放款、票据承兑或贴现及汇兑；③代工矿业及其他生产、公用或交通事业办理收付款项；④代工矿业及其他生产、公用或交通事业募集股份或公司债；⑤买卖公债、库券、公司债及其他债券；⑥办理与其业务有关之金库或保管业务；⑦投资于农工矿业及其他生产、公用或交通事业；⑧办理国家银行指定代理之业务。

同时，新的《银行法》还对实业银行办理抵押放款期限及总额以及购买股票总额、对实业运用资金总额在银行存款总额中所占比重，实业银行就所收存款向中央银行缴存保证准备金、付现准备金比率也做出具体规定。

3. 储蓄银行得经营下列业务：①收受活期储蓄存款及通知储蓄存款；②收受整存整付、零存整付、整存零付及分期付息之定期储蓄存款；③收受普通活期、定期存款；④办理各种放款；⑤办理国内汇兑；⑥代理收付款项；⑦买卖公债、库券及公司债；⑧办理以有价证券为担保之放款；⑨办理与其业务有关之仓库或保管业务；⑩办理生产、公用、交通事业及有确实收益之不动产抵押放款；⑪购入他银行承兑之票据；⑫以本银行定期存款为担保之放款；⑬代募公债、库券及公司债。

4. 信托公司得经营下列业务：①管理财产；②执行遗嘱；③管理遗产；④为未成年人或禁治产人之财产监护人；⑤受法院命令管理扣押之财产及受任为破产管理人；⑥收受信托款项及存款；⑦办理信托投资；⑧代理发行或承募公债、库券、公司债及股票；⑨承受抵押及管理公债、库券、公司债及股票；⑩代理公司股票事务及经理公司债及其他债券担保品之基金；⑪代理不动产生息收付事项；⑫代理保险；⑬管理寿险债权及养老金、抚恤金等分期收付。

5. 钱庄的业务，则规定为"依照各地钱业习惯，经营商业银行业务"。

强调钱庄兼营商业银行以外的银行业务需经主管官署核准。在钱庄资金运用方面，规定钱庄的准备金、抵押放款参照第三章商业银行有关条款进行，信用放款所占存款总额百分比不得超过50%；钱庄改组为银行应按其业务及公司种类，提前向主管机构做申请变更营业登记事宜。

此外，该法还对外国银行在华登记、业务管理等作出若干规定。[①]

促使银行运用资金扶植生产建设事业，扩大生产规模，平抑物价，减缓通货膨胀严重程度。

6. 对银行违反规定的惩罚、银行账目记载均作出若干规定。[②]

[①] 《国民政府颁布银行法令稿》，1947年9月1日，中国第二历史档案馆编：《中华民国史档案资料汇编》第五辑第三编，财政经济（二），江苏古籍出版社2000年版，第12—32页。

[②] 中国第二历史档案馆编：《中华民国史档案资料汇编》第五辑第三编，财政经济（二），江苏古籍出版社2000年版，第27—32页。

三 再颁管制银行法令

抗战结束后，由于最高当局的直接关注，对现场检查工作重要性的认识进一步加强，措施也更为有力。1947年2月1日，蒋介石致财政部长俞鸿钧手令强调：对于国内各大都市银行、钱庄与商号等的来往账目，政府应照各国财政部管制各商行号汇款及检查其款项来源，使不正当与舞弊账目皆能了如指掌；必须如此，才能控制经济与金融，以杜绝所有弊端。目前政府对各银行虽有监督、查核办法，但事实上执法极为松懈，此事务须认真办理，借以防止其经营投机及不正当之业务，以免扰乱金融。希参照美国FBI之经济调查办法，研拟具体实施方案呈核。[①]

接到蒋介石手令后，财政部一面表示，关于美国联邦调查局（FBI）是否有经济调查办法的规划，其内容如何，现尚缺乏具体资料以为依据，现除一面陆续搜集该项FBI经济调查办法资料，再凭遵谕研讨。同时，财政部长俞鸿钧立即组织草拟加强金融管制办法，并于1947年2月27日财政部就加强金融管制向蒋介石递交所拟方案：财政部呈称：管制社会金融，以管制银行业务为主，管制银行业务以管制银行资金的来源及其运用为主；金融市场瞬息万变，管制银行的主要手段应是规划统一会计制度，统一其记账程序及业务手续，进而稽查账目，审核其凭证以及银行之定期报表。对于银行账目检查，财政部向蒋介石说明，目前规定对银行账目的检查，有普查、抽查及专项检查三种。其中，普查每年举行一次或两次，抽查或专案检查均根据银行业务登记结果及呈控案件随时举行；平时则经常根据银行定期报表，随时稽核银行业务之动态及静态；在会计处理及账务记载上，则订有划一银行会计科目及统一银行会计制度，督责遵行，已收相当成效，舞弊账目已渐被稽核。接着，财政部呈上依据已颁布管制银行

[①] 《财政部呈》，1947年2月27日，京钱庚二字第1709号，中国第二历史档案馆编：《中华民国史档案资料汇编》第五辑第三编，财政经济（二），江苏古籍出版社2000年版，第74页。

西北银行业制度的强制性变迁与区域经济变动（1930—1949）

法令所拟具加强银行管制实施方案。该办法要点如下：

（一）加强银行资本来源考核

1. 严格推行银行存户使用真实姓名限制条例，违者罚处，以杜绝银行不正当资金之来源，或隐匿投机业务资金；查对汇款来源，以杜绝银行假名汇划；考核汇款厂商业务，并严禁商业银行套用国家银行头寸及国家银行暗营存放商业银行业务；请行政院重申取缔普通公司、商号吸收存款前令，以免游资脱离银行流入黑市，以收正本清源之效。

2. 考核汇款业务，具体包括追究汇款可疑客户；严格取缔套用国家银行之汇款；严格取缔普通公司、商号吸收存款。

（二）加强银行资金运用之考核

1. 严格审核投资业务，除确属生产事业，并为建国时期政府奖励举办者外，一律不准银行投资入股。

2. 严格执行贷放对象，督责银行资金贷放，以生产事业及运销事业为对象，违者依法惩处。

3. 严格取缔银行开展投机业务，即直接兼营商业及投机买卖；严格实行抽查制度，对银行业务有欠正常者，随时进行抽查，必要时会对某一行庄连续抽查。此外，还要从严惩处账务舞弊，严格取缔地下钱庄。同时还需加强银行管制机构及联系配合工作。[①]

该加强管制金融业务办法转至陕西省，中央银行西安分行率先督促在陕各银行实施。对于1946—1947年度银行检查工作，该行早已加紧展开，"因赖省政当局劝导之周详，管制之严密，以及一般物价尚鲜波动，仅棉花节节上涨，由每担20余万元已涨到40余万元，因此布匹也随之上涨"。中央银行西安分行较为尽职尽责，随后表示对于所颁布的加强金融业务管制办法规定各项，"仍当特加注意认真检

[①] 《财政部呈》，1947年2月27日，京钱庚二字第1709号，中国第二历史档案馆编：《中华民国史档案资料汇编》第五辑第三编，财政经济（二），江苏古籍出版社2000年版，第73—81页。

第六章 制度调整下的战后银行业对区域经济的维持

查,期纳各行庄业务于正轨"。①

上述法令旨在管制金融,防止金融业投机经营,以防危及区域经济维持与整体经济的快速崩溃。

第二节 战后陕西银行业对区域经济建设的扶持

一 现代金融机构成为区域经济调剂的支柱

抗战胜利后,陕西省金融业已有相当规模。银行家数增多及银行存款增加,成为促成区域金融核心的重要标志之一。就银行家数而言,至1947年西安已有银行机构29处,银号钱庄61家;而陕西省全境国家银行设有38家分支机构,陕西省银行已设有66家分支行处,其他地方银行6家,各县设县银行79家,银号钱庄共67家,商业银行21家,代理保险公司7家,共计有金融机构305家处。② 这里需要指出的是,西安市区银行机构数量虽小于钱庄银号数量,但银行资本金雄厚,一家国家银行资本金有的2000万元,有的数百万元,而大的一家钱庄最初资本金仅3万—5万元不等;当然,各钱庄、银号资本金像银行资本金增加一样,随着盈利的增多,其资本金也有不同增加;如据记载,1942年陕西钱庄业61家资本金共计1801908.39元,平均每家资本金在30万元左右。而西安银行业21家,资本金大约30000000元,每家资本金平均为150万左右。③ 另从陕西全境而言,银行家数远大于钱庄家数,现代银行机构家数231家,现代金融机构238家,钱庄为67家。另据统计,截至1946年6月底,陕西省银行及上海、金城等17家华资银行存款总额为7905874895.56元,

---

① 《中央银行西安分行陈报西安市办理禁止黄金外币买卖暨加强金融业务管制情形函》,1947年4月15日,京钱庚二字第1709号,中国第二历史档案馆编:《中华民国史档案资料汇编》第五辑第三编,财政经济(二),江苏古籍出版社2000年版,第82—83页。
② 黎小苏:《从数字看陕西》,《西北通讯》第2卷第1期,1948年。
③ 《陕西省韩子安等呈控告西京理事长薛道五营私舞弊》,1943年2月,台湾"中央研究院"近代史研究所档案馆藏,全宗、目录、案卷号20-11-138-16。

西北银行业制度的强制性变迁与区域经济变动（1930—1949）

隆远银号、敬胜丰、西北通济信托公司等 61 家钱庄银号及信托公司普通存款为 2695475201.52 元。① 再者，据记载，截至 1944 年陕西省有典当行仅 4 家。而中国农民银行西京分行及陕西省合作事业管理处直接联系的乡村合作事业方面，相关办理机构中有县联合社 33 家，乡镇社 861 家，社员 740500 名，保合作社 2712 家，社员 651420 人，社员社 1142 家，社员 1206019 人，另有专营社 700 家，社员 7579 人。② 以上可以想见，到底是银行业，还是钱庄业、典当行对社会经济发挥作用更大。这里并不是说研究银行业就谈银行业作用如何巨大，并不是说研究什么就出于情感而不是出于史实得出结论，而是应对自己所研究课题的历史定位，依据历史事实作出客观估计与恰如其分的评价。

从 1945 年底至 1946 年初，西安市面稳定，游资充斥，海上交通渐次恢复，西安各银钱行庄存放款及汇兑业务颇为发达，社会上认为不稳妥的行为力求改进或调整人事，或增加资金，业务方面颇有长足进展。具体而言，如 1946 年上期华侨兴业银行经惨淡经营，存款也增至 1900 余万元，准备申请恢复票据交换。③ 以下为中国银行 1945 年 12 月上旬部分存款业务情况（见表 6-1）：

表 6-1　　中国银行西安分行负债明细表（1945 年 12 月 8 日）　　单位：元

定期存款	金额
144 龚启英 3 年 18/5/31 到期 10%	1000
333 王作田 4 年 29/6/31 到期 10%	200
411 张鹤仙 1 年 20/10/29 到期 7%	100
492 蒋雅记 2 年 12/10/30 到期 8%	107.68
512 孙允标 1 年 9/4/34 到期 14%	2000

---

① 《西京市银号钱庄三十五年六月底普通存款一览表》，《西安分行三十五年上期营业报告目录》，重庆市档案馆藏，全宗、目录、案卷号 0282-0001-00037。
② 黎小苏：《从数字看陕西》，《西北通讯》第 2 卷第 1 期，1948 年。
③ 《西京市各银行三十五年六月底普通存款一览表》，《西安分行三十五年上期营业报告目录》，重庆市档案馆藏中央银行档案，全宗、目录、案卷号 0282-0001-00037。

第六章 制度调整下的战后银行业对区域经济的维持

续表

定期存款	金额
517 李家琦 1 年 24/8/33 到期 16%	2343.33
523 新华泰 1 年 8/2/35 到期 35%	100000
525 田训然 3 个月 27/12/34 到期 30%	190000
526 边粉姣 4 个月 27/1/35 到期 36%	110000
527 丁培之 3 个月 27/12/34 到期 36%	120000
528 张达 3 个月 28/12/34 到期 30%	400000
529 谦泰丰 3 个月 28/12/34 到期 30%	100000
530 林华容 5 个月 28/2/35 到期 30%	120000
531 薛道五 3 个月 28/12/34 到期 36%	2000000
532 马子芳 3 个月 2/1/35 到期 30%	148400
533 余镇潘 3 个月 4/1/35 到期 30%	10000
535 郝子宣 3 个月 4/1/35 到期 35%	600000
536 史纪五 3 个月 5/1/35 到期 30%	200000
537 白连山 3 个月 6/1/35 到期 30%	70000
538 张体义 3 个月 8/1/34 到期 30%	350000
539 军政部第一会计分处福委会 3 个月 8/1/35 到期 35%	500000
540 丁培之 3 个月 8/1/35 到期 35%	550000
541 颜刊会 3 个月 9/1/35 到期 35%	1000000
542 刘惠华 3 个月 11/1/35 到期 30%	580000
543 陈寿萱 3 个月 11/1/35 到期 25%	150000
544 荀长海 3 个月 11/1/35 到期 30%	60000
545 董德庵 3 个月 12/1/35 到期 25%	150000
546 谭克勤 3 个月 13/1/35 到期 25%	50000
547 友新贤 3 个月 13/1/35 到期 25%	30000
548 唐效良 3 个月 13/1/35 到期 25%	50000
549 陶文灿 3 个月 13/1/35 到期 25%	500000

西北银行业制度的强制性变迁与区域经济变动（1930—1949）

续表

定期存款	金额
550 钱贡珍 3 个月 13/1/35 到期 25%	100000
合计	8244151.01

资料来源：陕西省档案馆藏，全宗、目录、案卷号 31-1-405-2。

至 1946 年 6 月底，上海银行西安分行普通存款额为 259140696.87 元，金城银行西安分行普通存款额为 896589804.93 元，陕西省银行普通存款为 3063086858.93 元。① 另如上所述，据统计至 1946 年 6 月底，陕西省银行及上海、金城等 17 家华资银行存款总额为 7905874895.56 元，隆远银号、敬胜丰、西北通济信托公司等 61 家钱庄银号及信托公司普通存款为 2695475201.52 元。②

央行西安分行发行业务方面，据统计 1946 年与 1947 年共发行 243422898 元，平均每月为 10142620 万元；1948 年上半年共发行 1182215856 万元，平均每月高达 197035910 万元，比 1939 年增长 394071 倍。该行发行的法币面额也有极大的变化。1941 年角券占发行总额的 0.31%；一元、二元券占 7.76%；五元、十元券占 84.21%；五十元、一百元券占 7.72%。至 1946 年，其比例是：五十元和一百元券占 0.01%，四百元券占 0.11%；五百元券占 4.13%；一千元券占 87.52%；二千元券占 8.23%。③

二 管理区域金融市场

（一）对西安银钱业的调查

据中央银行西安分行 1945 年 7 月对西安省银行及商业银行家数

---

① 《西京市各银行三十五年六月底普通存款一览表》，《西安分行三十五年上期营业报告目录》，重庆市档案馆藏，全宗、目录、案卷号 0282-0001-00037。
② 《西京市银号钱庄三十五年六月底普通存款一览表》，《西安分行三十五年上期营业报告目录》，重庆市档案馆藏，全宗、目录、案卷号 0282-0001-00037。
③ 陕西省地方志编纂委员会编：《陕西省志·金融志》，陕西人民出版社 1994 年版，第 109 页。

第六章 制度调整下的战后银行业对区域经济的维持

调查，共有总行3家，即陕西省银行总行、河南农工银行总行，以及河北省银行总行，内中河南农工银行总行，以及河北省银行总行，系于豫战紧张时撤退至此，据称对外并不营业；又有分行12家，支行1家，办事处6家，分理处1家，共计23家。抗战胜利后，河南农工银行总行，以及河北省银行总行相继复员，遣返冀豫，中国通商银行西安分行东门分理处已予裁撤，实际抗战胜利后银行家数为20家。银号、钱庄共计63家，多为无限公司，有限公司仅德泰祥银号等14家。业务方面各行庄在抗战期间，均甚发达，至8月中旬日本投降，金融市场陡起巨变，各行庄所放之款，大率不能及时收回。而各种存款，无论到期与否，均纷来提取，初尚勉力应付，继而周转失灵，异常紊乱，挤兑导致华侨、大同、建国等行，以及恒义丰、天德福、义胜祥、利昌、敬义丰、长庆义、志盛裕、德昌、积义兴、义和泰、裕诚、复兴泰等庄号，先后陷入危急或停滞状态，德昌、裕诚两银号终因亏损过巨无力偿债，先后倒闭，当时本负责行除委派各检查人员加紧普查外，并另行指定专人负责调查各行业动态，随时报告以明情况。各级检查人员，尚能辛勤服务、认真检查，闻见所及罔不尽力检举，无或疏漏。之后国民政府财政部根据中央银行西安分行报告，将隐匿资负的庄号经理送请当地法院讯办，勒令遴选他人接充该号经理并整顿账务者，计有德昌银号3家；当检查时遇有情形复杂须赴有关各方分别调查核对者，亦必于最短时日检查完成，"俾符规定期限，所有西安被检查各行庄，如能恪遵守各项规定及财政部训令各点切实改进，则基础自可日趋健全，业务亦将渐纳正规，前途自可蒸蒸日上也。"[1] 这可从中看出中央银行检查职能的宗旨，在于市场秩序正常化前提下的行业经营。此外，该行还对西安银钱业同业公会加以调查。西安市银行公会有会员行19家，理事长原为中国通商银行西安

---

[1] 《中央银行西安区负责行1945年下期检查总报告》，《中央银行关于西安区负责行1945年下期检查总报告》，1945—1946年，中国第二历史档案馆藏，全宗、目录、案卷号三九六（2）11994。

西北银行业制度的强制性变迁与区域经济变动（1930—1949）

分行经理王宝康充任，至 1945 年 11 月间改推陕西省银行总行经理薛嘉万继充。钱业公会原有会员庄号 64 家，另有通济信托公司，以其兼办存放款业务，故亦加入该公会；但裕诚银号及德昌银号，已于 1945 年内相继倒闭，该公会时任理事长为义兴源银行经理谢鉴泉。西安市银行公会、钱业公会主要业务为办理、协调财政部及其他主管机关令饬事项执行、实施。[①]

（二）资金来源及运用的检查

这也是中央银行管理金融市场的职责之一。至 1945 年西安市各行庄之资金来源，除所集资本或总行所拨营运基金外，多系吸收存款，由性质言，以活期存款为最多，就种类言，除陕西省银行总行以政界为大宗外其余各行庄以个人存款为多数，其次为商业，又其次则为工业，至军政两界存款除少数银行仍收有一部外，其余银行钱庄多未吸收，各银行之资本，除开业时由总行调来营运基金外，未见有增加，银号钱庄则间有呈请财政部增资者，大部分均系原资少有变动。再其公积金，除陕西省银行列有 3000 余万元外，其他分支行处均未见提现，而银号钱庄，除隆达、合隆义、荣盛福、宏蚨鸿、兴源、万成泰、恒义丰、丰盛泰、中兴外，其余均有提存，数额最多者，为自积永银号，计 400380.56 元，最少者为德义隆银号，仅 971.97 元。又西安银钱业联行往来，检查银行方面，除中国工矿银行西安分行，河南农工银行西安办事处，河北省银行西安办事处，绥远省银行西安办事处，云南兴文银行西安办事处，列有贷方余额外，其余分支行处之余额，均在借方，数额最大者，为陕西省银行总行，计达 564110000 余元，次为四川美丰银行西安分行，计有 286690000 余元；银号钱庄方面，除德泰祥银号，宏蚨银号借方列有余额外，余以未设分号，故均无往来。又西安银钱业同业往来，借方余额，以河南农工银行西安办事处为

[①]《中央银行西安区负责行 1945 年下期检查总报告》，《中央银行关于西安区负责行 1945 年下期检查总报告》，1945—1946 年，中国第二历史档案馆藏，全宗、目录、案卷号三九六（2）11994。

第六章 制度调整下的战后银行业对区域经济的维持

最大，数达 844950000 余元；次为上海商业储蓄银行西安分行，数达 378970000 余元；又次为陕西省银行总行 349450000 余元为小，再次甘肃省银行西安办事处 87740000 余元，又次为永利银行西安分行，65650000 余元。至于该银钱业行庄存款数额，各银行下半年一般较上半年倍增，而银号、钱庄则下半年反较上半年为少。究其原因，由于日本无条件投降，金融与物价发生急剧波动，各银号钱庄大多资本较小周转欠灵，平时贪图高利之存户，至是纷纷提现，改存较为殷实之银行，一时少数银行存款突增。①

对资金运用的调查，西安各行庄资金运用，银行则多兼做信用与质押放款，银号、钱庄则多偏重于信用放款。探其原因，乃是银号、钱庄大多业务较简，放款数字亦较小，且以营业地点小，并未设置仓库，如做押放则押品不易保管，信用放款中以活放、定放、活透、贴现数字较多，买汇极少，押抵放款中则以活押、定押、押透较多，押汇最少。至于贷款放款对象，各行庄大都偏于商业，工矿次之，军政机关又次之，投资于生产事业者，为数至微。当中央银行兰州分行在检查各行庄账目时，列有投资数字者：仅有陕西省银行总行、建国银行西安分行、永丰明钱庄、志盛通银号、同益丰银号、德庆祥银号、永兴庆银号等七家，以陕西省银行总行数额最大，计有 195 万元，以永丰明钱庄为最小，计 550 元；按投资性质分类以工矿类为最多，其次为商业，证券种类计有美金同盟胜利公债，美金节约建国储蓄券，美金建设公债，国际甲种节约建国储蓄券，国际同盟胜利公债，乡镇公益储蓄券，戊种统一公债，第一期军需公债，粮食库券，美金汇票，黄金存单，特种有奖储蓄券等类。② 具体见下表 6-2。

---

① 《中央银行西安区负责行 1945 年下期检查总报告》，《中央银行关于西安区负责行 1945 年下期检查总报告》，1945—1946 年，中国第二历史档案馆藏，全宗、目录、案卷号三九六（2）11994。

② 《中央银行西安区负责行 1945 年下期检查总报告》，《中央银行关于西安区负责行 1945 年下期检查总报告》，1945—1946 年，中国第二历史档案馆藏，全宗、目录、案卷号三九六（2）11994。

西北银行业制度的强制性变迁与区域经济变动（1930—1949）

表6-2　　1945年度下期西安市银钱行庄各项有价证券数额

行庄名称	证券类别	金额（元）	检查日
陕西省银行总行	救国公债、戊种统一公债、第一期军需公债、美金建设公债美金节约建设储蓄券建国美金节约储蓄券、粮食库券、同盟胜利公债、美金汇票国际甲种节约建国储蓄券乡镇公益储券	3245639.34	7月27日
中国通商银行西安分行	美金汇票、胜利公债、建国储蓄券、乡镇储蓄券	3773868.40	12月8日
上海商业储蓄银行西安分行	乡镇公益储蓄券	682000.00	12月8日
金城银行西安分行	美金同盟胜利公债、美金节约建国储蓄券、美金建设公债、国币甲种节储券、同盟胜利公债券、乡镇公益储蓄券	2474705.58	8月10日
四明银行西安分行	节约建国储蓄券、甲种建国储蓄券、同盟胜利公债、乡镇公益储蓄券	913560.00	12月8日
川康平民商业银行西安分行			11月26日
建国银行西安分行	国币公债券、乡镇公益储蓄券	892000.00	12月8日
亚西实业银行西安分行	甲种储蓄券、同盟胜利公债	233500.00	12月8日
大同银行西安分行	美金节约建储蓄券、美金储蓄券、同盟胜利公债、建国储券	133700.00	11月26日
华侨兴业银行西安分行	乡镇公益储蓄、节约储蓄、同盟胜利公债、黄金存单	12809800.00	9月6日
永利银行西安分行	节约建国储蓄券、胜利公债	782500.00	8月10日
四川美丰银行西安分行	甲种节约储券、乡镇公益储蓄券、同盟胜利公债	1426111.00	11月26日
中国工矿银行西安分行	同盟胜利公债、乡镇公益储蓄券	983000.00	11月30日
山西华裕银行西安分行	有奖公益储蓄券储券、节约储券、甲种储券、同盟胜利公债、公益储蓄美金储券	525080.00	11月30日
河南农工银行西安办事处	乡镇公益储蓄券	52500.00	12月1日

第六章 制度调整下的战后银行业对区域经济的维持

续表

行庄名称	证券类别	金额（元）	检查日	
陕西省银行西安东关办事处			11月13日	无
河北省银行西安办事处	乡镇公益储蓄券甲种储蓄券	441800.00	8月23日	
绥远省银行西安办事处	节约建国储蓄券、同盟胜利公债、乡镇公益储蓄券	270500.00	12月1日	
甘肃省银行西安办事处	节约建国储蓄券、同盟胜利公债、美金节建储券、美金同盟胜利公债	802800.00	11月26日	
云南兴文银行西安办事处	同盟胜利公债、节约建国储券、乡镇公益储蓄券	1007000.00	8月23日	
义兴源银行	节约建国储券、同盟胜利公债、救国公债、乡镇公益储券	414390.00	11月23日	
永丰明钱庄	救国公债、战时公债、甲种建储券、同盟胜利公债、有奖储券	197417.80	10月4日	内有中央储蓄会储券收据四纸计560.00元

资料来源：《中央银行西安区负责行1945年下期检查总报告》，《中央银行关于西安区负责行1945年下期检查总报告》，1945—1946年，中国第二历史档案馆藏，全宗、目录、案卷号三九六（2）11994。

由上表可见，银行业在抗战时期资金不少用于购买国债有支持抗战作用，但也可见其资金运用的迹象，这也反映出国民政府在战后整理国债迟缓的问题。

至于同业及联行往来情形，银行类着重于存放同业及调往总行运用，而银号钱庄则于头寸紧迫时亦往往向银行拆借。据中央银行西安分行副经理袁行泽报告，各银行分支行往往以所收大量存款调至总行运用，其在当地放款数字反较微少，如遇当地金融或物价市场发生剧烈波动，总行则调拨不灵，一经挤兑即易至分支行陷入危机，且纵无

· 293 ·

西北银行业制度的强制性变迁与区域经济变动（1930—1949）

危机亦对当地生产事业无所裨益，更与设立银行意义不甚相符；似应切实规定，凡各银行分支行所收存款，必须以半数以上投放于当地生产建设事业，以策安全而利生产，因而改进各银行分支行资金运用业务势在必行。① 若论投放总额，在各银行则一般下期较上期为增；在银号钱庄，则下期较上期为减。究其原因，乃抗战胜利后物价惨跌，各银号钱庄存款数字骤减，故放款亦少；而各银行则因存款增加，故放款亦较多。至银行业等对于当地生产事业与物价的影响，因各行庄放款多偏于商业，故一般工矿等生产事业较商业为逊色，"商人周转灵活，势必转以购货，奸商难免有运用借款，囤积居奇情事，故商业放款过多亦刺激物价上涨之一因也。"②

抗战胜利后，对金融业实施管理的仍是财政部、中央银行及其各地分行，另有四联总处及各地分处。

（三）存款准备金缴纳管理

在存款准备金缴纳管理方面，中央银行在抗战胜利后继续督促监管存款准备金缴纳。截至1945年11月底，上海商业储蓄银行西安分行缴纳存款准备金59217713.87元，此系11月底调整之数。③ 中央银行西安分行作为西安区负责行，1945年曾对西安市各银钱行庄缴存准备金进行检查，发现以下问题：其一，"往往有稽延缴存或设法避缴情事，在银行方面，则每于月终增加本票或汇出汇款数字，在银号钱庄则隐匿存款私自经营他业"。按照规定银钱行庄之资金运用，应以投入生产建设事业暨产销押汇增加货物供应为原则，但西安市各银行则多以所收存款，存放发行行或同业，银号钱庄则多偏重营做商业

---

① 《中央银行西安区负责行1945年下期检查总报告》，《中央银行关于西安区负责行1945年下期检查总报告》，1945—1946年，中国第二历史档案馆藏，全宗、目录、案卷号三九六（2）11994。

② 《中央银行西安区负责行1945年下期检查总报告》，《中央银行关于西安区负责行1945年下期检查总报告》，1945—1946年，中国第二历史档案馆藏，全宗、目录、案卷号三九六（2）11994。

③ 《中央银行西安分行检查上海银行西安分行报告书》，1945年12月10—17日，陕西省档案馆藏，全宗、目录、案卷号31-405-1。

第六章 制度调整下的战后银行业对区域经济的维持

放款。各银钱行庄旨在减少缴存普存准备金数额。各行庄放款利息，较普存准金利息，往往高出数倍，故各行庄每多设法逃缴准金，或隐匿存款数字，或在月终设法将存款假借存户名义，转开本票。"如普存准金率酌予减低，则各行庄以无多损失，当不设逃缴，斯以避免另立帐目之一法也。"① 其二，贴现票据按照票据承兑贴现办法第二条之规定，应随附合法商业行为证件，而行庄承做贴现亦多未取具。其三，"机关存款各银行仍间有收存者，而记名堂名存户亦尚有未予通知洽改真实姓名者，本负责行派员检查时一经发现，均于报告书内详细叙明，并经财政部先后令各行庄分别纠正矣。"此外，对会计科目之应用与处理，除少数银行尚未能依照改正外，所有银号钱庄多已遵照暂行银行统一会计制度之规定办理。② 1947 年下半期存款准备金共 126 户，均为年息 2 分。最高为 15310910977.52 元，最低为 5838206892.98 元。决算日余额 15310910977.52 元，较上期最高数增 9480989963.88 元。③

抗战结束之后，国民政府为加强信用管理，于 1946 年 4 月公布了财政部《管理银行办法》，规定"各银行的定期存款，应向中央银行缴存准备金 7%—15%，活期存款缴存 15%—20%"。④ 这样规定，活期缴纳存款准备金比率较高，意在防止提存及金融风险，保证银行业稳健经营。

1946 年 4 月 17 日，为适应管理银行需要起见，因 1931 年银行法未设定实行日期，国民政府财政部制定并颁行《管理银行办法》27 条，该法相当于银行法令，对银行的注册、开业，银行业务限制及处

---

① 《中央银行西安区负责行 1945 年下期检查总报告》，《中央银行关于西安区负责行 1945 年下期检查总报告》，1945—1946 年，中国第二历史档案馆藏，全宗、目录、案卷号三九六（2）11994。
② 《中央银行西安区负责行 1945 年下期检查总报告》，《中央银行关于西安区负责行 1945 年下期检查总报告》，1945—1946 年，中国第二历史档案馆藏，全宗、目录、案卷号三九六（2）11994。
③ 《中央银行西安分行营业报告 1947 年下期》，《1948 年上期营业报告》，1948 年，中国第二历史档案馆藏，全宗、目录、案卷号三九六（2）2315（1）。
④ 陕西省地方志编纂委员会编：《陕西省志·金融志》，陕西人民出版社 1994 年版，第 150 页。

西北银行业制度的强制性变迁与区域经济变动（1930—1949）

罚均作出若干规定。①陕西省银行业接到新法令后贯彻实施。但该项办法原系银行法未施行前之过渡办法。

1947年在推进政府金融政策，检查各行庄业务方面工作如是：至该年底已检查西安市银钱行庄及信托公司共为80家，其中在上期内已普查24家，其余56家在下半期检查完毕，经督饬各检查人员加紧检查，已于本期内如限完竣。另有自动抽查者18家，专案检查者11家。其在宝鸡、延安两地则委托各该地分行代为检查，计在本期内宝鸡检查银行银号3家；延安检查银行1家。至检查工作之主要任务，在新的银行法未公布前，系依照加强金融业务管制办法及管理银行办法各规定，分饬各检查人员切实注意：看是否将资金贷放于农工矿生产及日用必需物品生产，是否以对外贸易产品之运销事业为主要对象；而新的银行法公布后则密切注意其是否按照新规定办理。其各银钱行庄在经营及会计处理技术上错误，随后督导受检查行庄改正具报，经饬各检查人员按照规定，切实遵办。至1947年12月初，发现西安各行庄票据记录轧缺次数较多，且数目巨大，因而立即分派各检查人员前往永利银行西安分行等18家行庄详密抽查，注意其往来频繁之户，有无余额透支情事；其退票理由是否正当，资金运用是否合于规定，付现准备金是否充足，并将抽查结果，报由稽核处察转财政部核办。②

1947年还督察各行庄普存准备金缴纳情形。中央银行西安分行作为代表中央银行在西安区的负责行，曾对区内省县及商业行庄普存准金之督缴审核工作，仍有该分行检查科指定专人办理。其对当地各行庄存款准备金之调整缴存，历经督促依限调整并检查，最后由国民政府财政部核饬纠正。大半行庄，已遵照规定，于每月终了三日内前来中央银行西安分行调整缴存。其对区内设有承办行或委托承办行

---

① 《财政部关于公布管理银行办法令》，1946年4月17日，中国第二历史档案馆编：《中华民国史档案资料汇编》第五辑第三编，财政经济（二），江苏古籍出版社2000年版，第3—5页。

② 《中央银行西安分行营业报告1947年下期》，《1948年上期营业报告》，1948年，中国第二历史档案馆藏，全宗、目录、案卷号三九六（2）2315（1）。

第六章　制度调整下的战后银行业对区域经济的维持

者，如应送月报有延缓函送，或发生错误情事，并经随时函饬于月初寄出，并更正其错误，以昭殷实。其未设有承办行或委托承办行之偏僻县份，仍按稽核处1947年2月12日稽业合字第五号函之规定，督饬各该县银行，每三个月调整一次。1947年下半期内收缴存款准备金率仍系活存为15%，定存为10%。据统计，该年下半期7月份已缴定活存准金总额为7811418092.32元；至12月份则增至16232973550.42元，计增加二倍有奇。① 中央银行西安分行这时还曾对各银行存款保证准备金缴存情况进行督察，注意到1947年陕西各行庄对调整后的存款准备金常有过期缴存情况，便将违反规定过期缴存陕西各行庄名单列出上报财政部；财政部令饬纠正后，大半行庄已能够按时缴存。1948年上期中央银行西安分行在检查存款保证准备金缴存时敦促各银行钱庄按时缴存，并强调如有一再拖延缴纳者，会查明实情，报财政部议处；"至省市银行及商业银行设有储蓄部者，其应缴保证准备金，当遵照财政部财钱庚三256012.02代电明令各该行每月缴存一次，如系由总行代缴者，则注意其是否将总行代缴数额、行庄储蓄部账面列明"，以便查核。②

管制西安市银钱业放款利率方面，1947年4月1日，经负责行中央银行西安分行核定同业日拆每1000元为3元，放款日拆每1000元为3.8元。截至1947年7月7日据西安银钱两业公会函报因银根稍紧，议定同业日拆每1000元为3.8元，放款日拆每1000元为4.8元，于7月11日由中央银行西安分行挂牌通告。但从此后日拆利率月余或不到一月即有变动。当年9月30日西安银钱两业公会再次函报市面银根渐紧，议定同业日拆每1000元为4.2元，放款日拆每1000元为5.2元；再由本负责行于10月8日牌告。未及半月，10月

---

① 《中央银行西安分行营业报告1947年下期》，《1948年上期营业报告》，1948年，中国第二历史档案馆藏，全宗、目录、案卷号三九六（2）2315（1）。
② 《中央银行西安分行营业报告1947年下期》，中国第二历史档案馆藏，全宗、目录、案卷号三九六（2）2315（1）。

· 297 ·

西北银行业制度的强制性变迁与区域经济变动（1930—1949）

20日西安银钱两业公会再次函报银根转紧，议定同业日拆每1000元为5元，放款日拆每1000元为6.5元，西安分行于10月23日牌告。随后，该行将有核定利率情形，先后报准稽核处0722稽字第5032号代电及1025稽字第7102号代电暨1104稽字第7388号代电复准备案；并按每月填具逐日利率变动表，函报稽核处查核。随后，为维持所定利率，中央银行西安分行在核定牌告利率后，复分饬各检查人员切实注意。对有违反规定利率贷放者，即据实于报告书内叙明，由本负责行加具意见报请财部核饬纠正，以遵守规定利率。①1948年中央银行西安分行还继续对西安各银行钱庄存放款利率实施管理，强调制定程序是恪遵利率管理条例，由西安市银钱业同业公会随时斟酌金融市场情形，逐日拟定同业日拆及放款日拆，报经央行西安分行核定牌告施行。该行强调在检查各行庄时，如发现有于规定利息外以津贴赠予或其他给予方法吸引存款等情事，当报请财政部分别情节轻重，予以处罚纠正。②当时对于金融机构是否实施统一规定的存放款利率监管较为严格，这对于管控金融市场的存放款利率混乱至关重要。

1947年下半期，中央银行西安分行还曾查验西安各银号、钱庄及信托公司增资改组情形。中央银行西安分行验资手续由该行检查科负责。在检查科未成立前，原系由营业、会计两科会同办理。1945年7月初检查科成立后，该行即责由该科办理，曾于1945年以0706电报请中央银行业务局核备。至验资之报核程序，依据财政部1944年渝钱戊字第99661号代电饬令收存验资后，即派员到各该庄号检查验明实收资本无误后，发给验资证明书，即将资本发还应用。并将其资产负债表、收股存根清单，函报查核。中央银行西安分行最初以为此案既由财政部电饬遵办，为促进工作起见，即在派员验资后，按照

---

① 《中央银行西安分行营业报告1947年下期》、《1948年上期营业报告》，1948年，中国第二历史档案馆藏，全宗、目录、案卷号三九六（2）2315（1）。
② 《1948年上期营业报告》，1948年，中国第二历史档案馆藏，全宗、目录、案卷号三九六（2）2315（1）。

第六章　制度调整下的战后银行业对区域经济的维持

原电规定,检附表件,送报财政部查核。后来西安市各庄号多有增资情事,均系援案办理。但按照中央银行业务局1944年8月8日书秘字第一号通函所订办法第六点,应将查验情形,并由验资行庄具切结书,连同申请验资行庄所造股东名册等件,专函陈报中央银行秘书处,以凭转至财政部。后为郑重起见,秘书处考虑是否改为报请总行核转,1947年10月28日经电请稽核处对各行庄验资报告,应送由中央银行稽核处核转。于是从函到之日起所有验资案件,即报由稽核处核转。计在下半期内,有忠厚兴银号等9家,报奉财政部核准增资改组。其中忠厚兴银号、长春生钱庄、积庆福钱庄、利昌银号、和源昌钱庄、志盛裕银号、德义隆钱庄等8家,原均为无限公司,此次增资改组,奉准改为有限公司。至新增资本数额以和源昌钱庄9000万元为最多,利昌银号2480万元为最少。① 中央银行西安分行对银钱业庄号的增资改组及验资检查,促使部分庄号由无限责任公司改为有限责任公司,有助于西安银钱庄号的稳健经营及陕西金融市场的安全维持。

1947年9月1日,国民政府明令将前公布之银行法废止,同日并明令另行公布新银行法即日施行,前订之财政部管理银行办法亦应予以废止。1947年11月1日,西京银行公会转达该法令,通告各会员银行库及会计、营业科查照。② 20世纪40年代后半期,为控制金融以为巩固其政治统治,国民政府采取一系列管理银行政策法令。

1948年1月7日,财政部转发行政院关于《加强金融业务管制办法》法令16条。其中,该办法要求国家行局以执行政府政策为主要任务,并重申省市银行、商业银行遵守业务经营法令。③ 1948年1

---

① 《中央银行西安分行营业报告1947年下期》,《1948年上期营业报告》,1948年,中国第二历史档案馆藏,全宗、目录、案卷号三九六(2)2315(1)。
② 《西安市银行业同业公会通知》,1947年11月1日,陕西省档案馆藏,全宗、目录、案卷号43-1-6(3)。
③ 《财政部转发行政院关于加强金融业务管制办法令》,1948年1月7日,中国第二历史档案馆编《中华民国史档案资料汇编》第五辑第三编,财政经济(二),江苏古籍出版社2000年版,第3—5页。

·299·

西北银行业制度的强制性变迁与区域经济变动（1930—1949）

月下旬，中央银行西安分行已奉到加强金融业务管制办法，便于1月28日、29日分别召集各行庄负责人在该行开会，检讨过去政府所颁布管制办法，既已切实遵行，现在政府既加强金融管制，务使各庄切实遵行拥护国策，认真遵行，不得阳奉阴违，致干惩处。至于管制办法各条，该行担心各行庄或有未尽明了者，便由该行经理潘益民逐条宣读解释，以明确共同约束办法所规定如何使用。当潘益民讲到支票存户应取具保证一节，"各行庄有认为不免窒碍难行者，潘经理当时认为各行庄可开会商讨"。后经呈财政部核示，该部强调在未奉准修改之前，仍应照办，各行庄亦无异议。① 这也表明财政部、中央银行及其分行在监督、管理金融方面发挥着关键作用。

如上所述，也据档案材料记载，1948年上期中央银行西安分行实施检查初期，曾召集西安市各银行、银钱庄号负责人举行会议，宣示当局颁行加强金融业务管制办法宗旨，务使西安各金融机构更能共策共勉，拥护国民政府政策，稳定金融。而当检查时，亦曾督饬各检查人员对前颁加强金融业务管制办法规定各项，务须严格检查报告。具体检查内容如下：凡有市银行业务，则注意其放款对象是否以协助地方生产公用交通等实业发展为主；其一般商业款是否均已收回，所有多余头寸是否均存放于中央银行；如因事实需要对当地商业行庄短期拆款时，则是否以财政部1947年11月8日财钱庚一字第三八五六五号代电行规定之六项办法为限；其已与商业行庄订立通汇契约者，是否均已遵照财政部1948年1月1日财钱庚一字等四三六九六号代电规定，将存放款项悉数清结，并解除契约；报财政部侦查；凡商业行庄业务，则注意其信用放款及以不动产为抵押放款，是否不逾银行法有关条文所规定之限额；而在平时如发现各行庄票据交换记录，缺记次数较多，或数目较大及远票次数较多，或数目较大者，应当立即派员抽查；注意其客户有无解入其他行庄票据，在未兑收前即准抵现

---

① 《拥护管制金融　央行召集会商》，《西北文化日报》，1948年1月31日，第2版。

第六章 制度调整下的战后银行业对区域经济的维持

支用情事;如其退票全额占各行庄当日交换总额百分之五以上连续三次,应当要求检查人员严肃查明有无借辞退票,以图轧平交换差额情形;届时并应考核其使用远票之存款户,其住址及身份是否确定,有无同客户捏造名目作假,从事非法经营等情形,然后报财政部核办。[①]

此外,经检查发现陕西省军政机构公款存放于中国、交通、中国农民银行西安分行或中央信托局、邮政储金汇业局西安分局、中央合作金库西安分库等,按照《军政机关存汇办法》第三条规定,只有中央银行西安分行具有经理国库、保管公款的特权。因而中央银行西安分行要求在陕西省军政机关存款于非公库银行或代库行局营业部门之公款,应一律移存公库立户依法支用,四行局库绝对不得接受任何军政机关公款;并强调这是"中央最近明令规定切实办理",今后凡中、交、农三行,中信、邮汇二局暨中央合作金库所有收存军政公款,统应限期移送中央银行西安分行国库部分之立户依法支用;今后各行局库绝对不得继续收存公款,法重意长极应切实奉行。另外还需防止公款移送国库以后,各机关能否不再捏造化名转存各行局库暨商业行庄问题。"此种流弊,如不能彻底杜绝,仍为推行公库制度一大障碍。"因而中央银行西安分行1948年还曾准备通过其下属金融检查机构对国家行局金融机构及商业银行、钱庄存放公款、与中央银行西安分行争夺公库款项保管权进行切实认真检查,如发现有违规军政存款,应即检举纠正,以收宏效。[②] 上述监管对于维持陕西省区域金融秩序发挥一定作用。

三 陕西省银行业的放款业务

(一) 中国、交通、中央等银行的放款

抗战胜利后,国民政府将经济中心东移,转向沿海收复区及东北

---

① 《中央银行西安分行营业报告1947年下期》,《1948年上期营业报告》,1948年,中国第二历史档案馆藏,全宗、目录、案卷号三九六(2)2315(1)。
② 《1948年上期营业报告》,1948年,中国第二历史档案馆藏,全宗、目录、案卷号三九六(2)2315(1)。

· 301 ·

西北银行业制度的强制性变迁与区域经济变动（1930—1949）

地区，陕西社会经济发生突变，市面呆滞，工商交敝，1945年底才有起色。① 但企业及同业资金仍需供应。早在1945年7月中旬，四联总处西安分处即致电四联总处，请示核准交通银行西安分行向三原新记西北实业公司贷款由800万元增至2000万元，表示该分处起初并不同意。后要求交通银行备案调查该公司，并收到交行调查该公司情形材料，包括工矿调查表、资产负债表、损益计算表、增产计划表、组织系统表、章程、押品清单，借款归还办法，承还保证人各三份，调查报告二份。西安分处起初核准交行西安分行贷款给该公司800万元。但1945年8月23日，四联总处西安分处获得总处核准，同意交通银行向陕西三原新记西北实业公司贷款2000万元。② 约1946年3月，四联总处西安分处协调西安穗丰机器碾米厂贷款事宜，该厂经营碾米及磨面业务，需款周转，申请以机器、原料押借1000万元，经转准中交两行派员调查会拟意见，称该厂规模不大，但业务尚属活跃，拟可酌贷100万—200万元。后经西安分处会商准借150万元。最终经四联总处放款小组委员会核签意见准予照办。这项贷款实际由中国、交通两家银行承担。③ 大约在1946年初，中国银行西安分行奉四联总处第301次理事会核准，承做蔡家坡纺织厂押透2亿8000万元，业精纺织厂押透9000万元，对各该厂资金需要情况，中国银行总管理处根据西安分行报告，认为各该厂开锭数月需用棉1万担以上，按当时棉价，原批准贷款数额不够供应一个月原料，因而该行建议将该三厂押透额度，分别增为蔡家坡纺织厂6亿元，咸阳纺织厂4亿8000万元，业精纺织厂1亿4000万元，共计增加4亿5000万元。

---

① 《西安分行三十五年上期营业报告》，重庆市档案馆藏，全宗、目录、案卷号0282 - 0001 - 00037。

② 《中中交农四银行联合办事处西安办事处呈四联总处文》，1945年7月17日；《四联总处西安分处致交通银行西安分行、新记西北实业公司函》，陕西省档案馆藏，全宗、目录、案卷号32 - 1 - 76（1）。

③ 《中中交农四行联合办事总处理事会临时会议纪录》，1946年3月2日，中国第二历史档案馆编：《四联总处会议录》（四十五），广西师范大学出版社2003年版，第101页。

第六章　制度调整下的战后银行业对区域经济的维持

最后四联总处放款小组委员会签署意见拟准照办,也获四联总处理事会副主席孔祥熙批准办理。① 上述各厂建立即是中国银行投资的,因而维持它们的营业、资金问题也是中国银行亟待解决的。此外,宝鸡的申新纱厂自从花纱布局取消对棉花购买管制后,棉花需自购,原定押款额度不敷应用,要求增加数额。于是中国银行西安分行即与中国银行总管理处联系,报四联总处批准,给予宝鸡的申新纱厂四厂押透5000 万元,期限为 3 个月。② 当时资金缺口较大,也大约在 1946 年初,交通银行总处也致函四联总处,表示交通银行西安分行转来交通银行渭南支行函请,要求给予白水县新生煤矿公司请求以厂产、购料、设备为抵押借款 5000 万元,该厂资金薄弱,仍请准予借款;该次借款最终批准借款 2000 万元。③ 而中央银行西安分行因 1943 年业务划分,成为真正意义上银行的银行,负有调剂同业及社会资金需要职责。其中同业方面殷切期望央行办理拆放款项、再贴现转抵押贷款等业务。抗战胜利后中央银行西安分行办理上述业务手续繁杂,缓不济急,导致同业间高利拆借;后央行西安分行急谋改进,至 1946 年 6 月底放款 1170278568.82 元,较上期增加 11 亿多元;办理定存质押透支放款 2 万元,活存质押透支 970158568.82 元;拆放同业 2 亿元。央行西安分行单独放款 1170278568.82 元。④ 另据统计,1945—1948 年上半期央行业务数据如表 6 – 3:

---

① 《中中交农四行联合办事总处理事会临时会议纪录》,1946 年 3 月 2 日,中国第二历史档案馆编:《四联总处会议录》(四十五),广西师范大学出版社 2003 年版,第 190—191 页。

② 《中央中国交通农民四行联合办事总处第 306 次理事会议事日程》,《中中交农四行联合办事总处第 306 次理事会议纪录》,1946 年 5 月 16 日,中国第二历史档案馆编:《四联总处会议录》(四十六),广西师范大学出版社 2003 年版,第 236、289 页。

③ 《中中交农四行联合办事总处理事会临时会议纪录》,1946 年 3 月 2 日,中国第二历史档案馆编:《四联总处会议录》(四十五),广西师范大学出版社 2003 年版,第 222 页。

④ 《西安分行三十五年上期营业报告》,重庆市档案馆藏,全宗、目录、案卷号 0282 - 0001 - 00037。

西北银行业制度的强制性变迁与区域经济变动（1930—1949）

表6-3　中央银行西安分行1945年上期至1948年上期业务一览

单位：元

年别	类别	存款	放款	汇入款	汇出款	国库收入	国库支出	损益
1945	上	4849122322.95	58176613.79	17463412816.94	7617762716.32?	4734882662.98	4121908561.85	75831846.25
	下	16741616918.67	350329547.40	27615753715.43	15675091739.00	9015775076.45	7651587252.80	165459299.95
1946	上	26225594217.53	1170278568.82	89427910293.38	53459096968.76	23277561013.51	21350732790.10	733730676.56
	下	15819644455.58	2838500000.00	235650483400.50	138056647747.93	26886014071.50	22438181946.82	1710758726.22
1947	上	17146515512.80	30538718499.60	123375240315.55	118260951305.88	46216776319.90	39244956378.14	（损）9408519 95.21
	下	20991962028 5.17	64394697263.87	140151295985.25	30373394362 0.75	18121596407 7.32	164785267206.46	（损）3817043145.15
1948	上	405538966874 9.59	1193810004324 9.26	43234877699 92.30	238281057 94 30.38	23964920706 3.24	204437858110 2.09	56234818658.71

资料来源：潘益民《十三年来西安分行业务》，《中央银行月报》第3卷第10期，1948年。

· 304 ·

第六章　制度调整下的战后银行业对区域经济的维持

由上表可见,中央银行西安分行的各项业务也有连年增加,这有助于满足陕西省关中市场的需要。抗日战争胜利后,据统计,陕西省银行1947年底放款余额722亿元。其中农贷44亿元,公交事业10亿元,工矿273亿元,运销12亿元,商业183亿元,其他196亿元。次年改行金圆券,年末余额为34.55万元。虽然陕西省银行放款科目繁多,但无外乎就是小宗放款和大宗的工商业贷款。工商业贷款在陕西省银行的放款中一直居于首位。所以,近代陕西工商业所呈现的短暂繁荣离不开陕西省银行的有力支持。1947年,中国银行继续先后向其投资的雍兴实业公司下属蔡家坡、业精、豫丰纺织厂,咸阳打包厂、陇县煤矿、豫丰西北机器厂及合办的咸阳纺织厂办理贷款业务。

至于存放款利息,据记载,1945年下半期金融市场剧烈波动,利息之变动亦巨。存款利息,以月息计其活存7月为1分5厘至4分,8、9两月为1分至1分5厘,10、11两月为1分5厘至2分,12月1分5厘至3分。其定存7月为3分至5分,8月为5分至6分,9、10两月为2分4厘至3分,11月为3分至4分,12月为3分至5分。[①] 以日拆而论,7至9月为1元至3元,10月为1.2元至2.5元;又放款利息,以月息计算,其活放7、8两月为6分至7分5厘,9至12月份为6分至7分。[②] 究其存放款利息涨落变动原因,亦源自1945年8月抗战获胜后,物价骤跌,商业萧条,各存户纷纷提现,银钱行庄放款亦见紧缩,故存放款利息均趋减低;至11—12月间物价又逐渐回涨,"一般物资,复为银钱行庄所吸收,故存放款利息又形抬高。"[③]

---

① 《中央银行西安区负责行1945年下期检查总报告》,《中央银行关于西安区负责行1945年下期检查总报告》,1945—1946年,中国第二历史档案馆藏,全宗、目录、案卷号三九六(2)11994。

② 《中央银行西安区负责行1945年下期检查总报告》,《中央银行关于西安区负责行1945年下期检查总报告》,1945—1946年,中国第二历史档案馆藏,全宗、目录、案卷号三九六(2)11994。

③ 《中央银行西安区负责行1945年下期检查总报告》,《中央银行关于西安区负责行1945年下期检查总报告》,1945—1946年,中国第二历史档案馆藏,全宗、目录、案卷号三九六(2)11994。

西北银行业制度的强制性变迁与区域经济变动（1930—1949）

（二）中国农民银行西安分行的放款

中国农民银行西安分行在陕西省的农业方面最早可追溯到20世纪30年代初。抗战时期中国农民银行西安分行逐渐以农业方面为主要业务。① 抗战胜利后，在陕西中国农民银行西安分行继续办理农业放款。种类有工农业放款。其中农贷仍以粮食生产贷款为主，但有所调整，贷款略有侧重。

1. 农作物种植及植棉贷款

农村贷款发放方面，仍依靠各级合作社。截至1945年底，办理生产贷款者149社，贷款48004100元；另有109社经营棉花产销业务，1232523亩，获得植棉贷款944341400元；经营信用业务者431社，放款65378424元；另有7社经营土地信用者，贷入土地信用资金1897288元。②

农业生产贷款数额具体如表6-4：

表6-4 中国农民银行农业放款结余额（1945年1月至1946年1月）

省别 时间	陕西	甘肃	宁夏	青海
1945年9月	2176010	958127	34662	72845
10月	2353541	925526	28700	72845
11月	2258832	870294	21906	72845
12月	1110786	907386	17537	72972
1946年1月	1079040	878002	11509	72972

资料来源：《中农月刊》第7卷第4期，1946年；另见《中农月刊》第7卷第2期，1946年。

截至1946年6月，陕西省获得农业生产贷款6亿元，共分配给

---

① 书稿因篇幅关系，无法详述中国农民银行西安分行的20世纪30年代初至抗战时期农贷业务。
② 萧屏如：《陕西省合作事业之过去现在与将来》，《陕政》第7卷第9期，1946年。

第六章 制度调整下的战后银行业对区域经济的维持

陕西关中、陕南、汉中、陕北榆林各区69县区。① 据记载，这些贷款均得到发放，这在陕西省档案馆藏中国农民银行西安分行档案中已有统计记载。② 由上表可见，陕西农贷数额最大，接下来依次为甘肃、宁夏、青海。各省农贷月度结余情况也表明贷款得以发放。

其中据记载，1946年植棉贷款30亿元，由中国农民银行拨款20亿元，由财政部在军政部1946年度12月份军队被服预算内预拨10亿元，依照陕西省棉贷委员会规定，仍以1945年长安等21县109社登记水旱棉田1232523亩申请贷款，至1946年6月底，已发放第一批贷款约13亿元。贷款到期本息由陕西省政府负责催收，不得再行延期；同时规定中国农民银行贷放款项后，于1946年12月15日前负责交经济部价值10亿之棉花或现款，经济部于本年12月底负责交军政部价值10亿之布匹，中农行承贷20亿元，可按实际需要转向中央银行七折转抵押。③ 棉花生产在战后能获得更大利润，当然也有为军队服装提供布匹原料之目的，因而当局加大贷款力度。同时，陕西棉贷制度相关规定，也顾及中国农民银行之资金周转问题。

2. 水利贷款

1945年陕西省累计核定小型水利贷款36380000元；1946年该省核定额为114020000元，累计贷款144400000元，需要施工地点24处，受益田畴23194亩。④ 陕西水利贷款由省水利局使用。该局下设水工科、技术科、总务科等下属机构，技术方面设技正、洎惠渠工程

---

① 《中国农民银行农业贷款报告》，1946年上半期，《中国农民银行总处代购棉种籽民生事业农业贷款卷》（内有1943—1946农贷资料），1948—1949年，重庆市档案馆藏，全宗、目录、案卷号0284-1-87。

② 《三十五年度陕西省各县市局农业生产贷款额度一览表》，陕西省档案馆藏，全宗、目录、案卷号36-1-30。

③ 《陕西省政府工作报告案》，1946年4月—1947年1月，台北"国史馆"藏，入藏登录号014000000914A；《四联总处1946年重要工作报告》（1947年），中国第二历史档案馆编：《中华民国史档案资料汇编》第五辑第三编，财政经济（三），江苏古籍出版社2000年版，第377页。

④ 《各省小型水利贷款概况表》，重庆市档案馆藏，全宗、目录、案卷号0284-1-87。

西北银行业制度的强制性变迁与区域经济变动（1930—1949）

处总工程师（由该局总工程师刘钟瑞兼任），主任工程师，工程师多名。1946年贷款曾因不敷使用而续订《二次短期借款合约》。水利局前为赶修渭、沣、定、涝四渠工程，已于该年4月向中国农民银行西安分行洽借短期贷款160000000元。事实上，该年度陕西省水利贷款早经核定，相关贷款换文手续延未解决。①

至1946年6月，各该渠已将前项短期借款用罄，需款仍急迫切。于是，该局在6月中旬又向中国农民银行西安分行洽妥，续订第二次短期借款1亿元，合同条款主要内容如下：

借款总额为法币1亿元；借款用途限于渭、沣、定、涝等四渠赶修工程，一次拨清；借款利率为月息2分6厘，如以后农贷利率有变更时，仍得按照新规定办理。本合约有效期间，待渭、沣、定、涝等四渠增贷换文办妥后，由贷款内本息一次扣清即行作废。本年增贷换文如至本年12月底仍未办妥时，此次短期借款本息应由甲方以现金清偿。本条规定，亦适用于甲方前借1亿6000万元。本合同以乙方（陕行）所在地为履行地点。本合同如有未尽事项，悉依照乙方与陕西省政府1942年度及1943年度农田水利贷款合同办理。借款用途之分配，计渭惠渠4000万元，沣惠渠3000万元，定惠渠500万元，涝惠渠2500万元；至6月底已经如数分发各渠工程处具领使用。据统计，至1946年6月已领取水利贷款余额931893927.54元（包括前农本局贷款1000000元），经领垫头款余额为92760301.37元（包括前农本局贷款垫头1049864.97元），经领短期借款余额260000000元。合计经领各款余额284654228.91元。且已先后分发汉、褒、渭、沣、定、涝、泔、洛等八渠贷款与垫头。及又分发渭、沣、涝、定四渠短期贷款等三项余额。均与上开领入数字相同，收付相抵，并无余存。②
再如表6-5：

---

① 《工作报告》，1946年5—6月，中国第二历史档案馆藏，全宗、目录、案卷号三九九2716。
② 中国第二历史档案馆藏，全宗、目录、案卷号三九九2716。

第六章 制度调整下的战后银行业对区域经济的维持

表6-5 陕西省水利局农田水利贷款及工程总报告（1946年6月）

项目	受益田（亩）	工程费预算总数（元）	支用贷款（元） 5a	支用贷款（元） 5b	支用贷款（元） 5c	5c 合计	支用省方垫头款（元）	支用总数（元）
汉惠渠	100376	3531846.1	519866	2391980.1		2911846.1	620000	3531846.1
汉惠渠		32079525		28968655.13		28968655.13	3210971.77	32179626.9
褒惠渠	130000	4449864.97	480134	2855000		3335134	1114730.97	4449864.97
褒惠渠		5280000		4752000		4752000	528000	5280000
褒惠渠	162630	18000000		15822107.27		15822107.27	1827244.73	17649352
渭惠渠	230000	133977663.01		226355680.06		226355680.06	35837297.79	262192977.85
洋惠渠	40000	135848689.84		117330593.59		117330593.59	23473096.25	140803689.84
定惠渠	80000	57314127.7		93421547.13		93421547.13	10704919.39	104126466.52
涝惠渠	3000	86843749.8		119556364.26		119556364.26	13284040.47	132840404.73
沣惠渠		2100000		1890000		1890000	210000	2100000
洛惠渠				317550000		317550000	1950000	319500000
合计			1000000	930893977.54		931893927.54	927760301.37	1024654228.91

资料来源：中国第二历史档案馆藏，全宗、目录、案卷号三九九2716。

· 309 ·

西北银行业制度的强制性变迁与区域经济变动（1930—1949）

表6-6　至1946年6月陕西省水利局农田水利贷款回收、结余

项目	本月收回数（元）	本月支付数（元）	本月底至结余数（元）
储备材料款渠工程处			
渠工程处			
渠工程处			
预付暂付款项			
支用贷款总计	1191893927.54	（贷款）931893927.54	短期借款260000000
垫付本局处经费			
垫付贷款基金数		100000000	农行短贷260000000
存放银行	100000000	100000000	存款利息399415.88

资料来源：中国第二历史档案馆藏，全宗、目录、案卷号三九九2716。

至1948年，陕西水利贷款仍未停止。据记载，1948年陕西城关泮惠渠灌溉亩数163630亩，完成后年增粮16万市石，完成期限5个月，已拨工款2150000000元，内含涝惠渠2000万元，拟再分配工款80亿元，渠首及其他主要工程均已完工，仅余渠尾零星工程。大荔洛惠渠灌溉面积50万亩，完成后年增粮50万市石，完成期限6个月，已拨工款355132万元，拟再分配工款60亿元，主要工程均已完工，仅余支渠零星工程。[①] 另有陕西高陵、富平第二渭惠渠，灌溉面积15万亩，完成后年增粮、棉花750万斤，完成期限2年，拟分配工款100亿元，属于新开工程。[②] 抗战胜利后，陕西省在西北银行业业务经营中较为典型，一方面向工矿业放款，另一方面将侧重点放在农业及农业基础设施贷款，无疑有益于区域经济的维持与恢复。甘肃省情形也类似。

[①] 《财政部关于办理农贷概略稿》，1948年2月，中国第二历史档案馆编：《中华民国史档案资料汇编》第五辑第三编，财政经济（二），江苏古籍出版社2000年版，第988、993页。

[②] 《财政部关于办理农贷概略稿》，1948年2月，中国第二历史档案馆编：《中华民国史档案资料汇编》第五辑第三编，财政经济（二），江苏古籍出版社2000年版，第994页。

第六章 制度调整下的战后银行业对区域经济的维持

第三节 战后甘肃省银行业与区域经济的维持

一 国家银行在甘肃省的存款业务

抗战胜利后,为防止资金东移带来的问题,中央、中国、交通、农民银行继续在甘肃省开展银行存款业务。据1946年中央银行兰州分行对兰州18家行庄进行调查,这些行庄存款总数为29.3亿元,其中甘肃省银行一家存款数额即占一半,为14.96亿元。① 据统计,中央、中国、交通、农民银行也曾从地方企业取得存款,办理存款业务。如至1946年8月,中央银行兰州分行办理活期存款共461户,最高余额为8432740000余元,平均余额6414080000余元;同业存款共23户,最高余额9723660000余元,平均余额6410200000余元。公库存款共4户,最高余额13582700000余元,平均余额8828900000余元。② 至1946年8月,中央银行兰州分行办理黄金存款,最高余额2967余万元,平均余额2641余万元;定期存款,最高及平均余额均为297000余元。③

至1947年5月31日,甘肃兰州电厂在中央银行兰州分行存款16576.48元,在中国银行兰州分行存款12474.50元,在中国农民银行兰州分行存款1730.35元,在交通银行兰州分行存款2790772.24元;至1947年6月30日,除以上三行兰州电厂存款无变化外,交通银行兰州分行存款增加到134254030.42元。④ 战后国家银行在甘肃的分支机构办理的存款业务种类单一,主要是同业存款、公库存款,而

---

① 转引自杨重琦:《兰州经济史》,兰州大学出版社1991年版,第156页。
② 《中央银行兰州分行行务报告》,1946年8月,中国第二历史档案馆藏,全宗、目录、案卷号三九六(2)409(10)。
③ 《中央银行兰州分行行务报告》,1946年8月,中国第二历史档案馆藏,全宗、目录、案卷号三九六(2)409(10)。
④ 《兰州电厂现金结存及银行透支明细表》,1947年5月31日,台北,"国史馆"藏,典藏号003-010404-1660-0028。

且以活期存款居多，尽管如此该项存款业务仍至关重要，这也为国家银行放款业务维持积累了急需的资金。

二 甘肃省银行的存款业务

到1946年上期，甘肃省银行存款总额已高达62亿3910余万元，较上年下期总存款25亿9580余万元，增加36亿4330余万元。该年度下期总存款已高达135亿7660余万元，又较上期超过73亿3750余万元。[①] 伴随着甘行存款账面数额的激增，各类存款所占比例发生剧烈波动，这种现象恰反映出这一时期甘肃经济状况在迅速发生变化。

表6-7　　　　甘肃省银行历年各种存款统计　　　　单位：元

金额\科目\年期	定期存款	甲种活期存款	乙种活期存款	公库存款	暂收款
1945年上期	20344035.07	229667525.46	48048596.62	134034859.91	914812139.20
1945年下期	83267167.71	959926194.70	306969486.11	329718434.07	557015472.57
1946年上期	85809873.73	2815801345.02	571394720.36	751159517.56	1059101912.61
1946年下期	243885113.23	4985533216.95	963898543.61	1821099876.44	4407009334.50
1947年上期	115148000.00	9602567103.68	1016932795.99	1812780333.46	9159898343.82
1947年下期	2045796000.00	22539937741.32	2931568368.98	8763743212.88	27855022782.26
1945年上期	90103708.39	146195.58	80684547.88	9382502.00	1477274110.11
1945年下期	305248033.93		43704174.60	10000000.00	2595843963.69
1946年上期	943509758.19		9847092.72	2500000.00	6239124250.16
1946年下期	1086671059.94		45977689.48	22600000.00	13576674834.15

---

① 姜宏业：《中国地方银行史》，湖南出版社1991年版，第385页。

第六章 制度调整下的战后银行业对区域经济的维持

续表

金额\科目\年期	同业存款	行员储蓄存款	本票	代收期付款项	合计
1947年上期	5754903189.13		384704283.23	239500000.00	28086434049.31
1947年下期	13776346975.85		230197410.72	660000000.00	78802612492.01

资料来源：甘肃省政府统计处编《甘肃省统计年鉴》，1948年，第13页。

当时国民政府财政部规定商业银行不得吸收军政机关存款，但兰州市少数行庄仍有军政机关户名，多系尾数，未曾结清者。储蓄存款依法令规定，不得移作他用，而兰州市商业银行储蓄部之存款，有调拨银行部运用者，殊属违法。[1]

三　甘肃省银行业的放、汇款业务

抗战结束后，甘肃省金融资金运用之情形是，兰州市各商业行庄吸收存款，之后多做商业放款运用。据中央银行兰州分行调查1946年度各商业银行及省银行放款总额为13亿4500余万元，与上年比较约增1倍，其中以甘肃省银行放款最多，计达5亿6700余万元，约占放款总数24%，其次为甘肃省合作金库，计1亿6800余万元，约占12%，再次为兰州商业银行及四明银行，各达1亿1000万元，分别约占8%、5%。如就放款种类而言，则以商业放款占多数，计占70%，其次为工矿放款，计占15%，再次为其他放款，计占13%，至于农林、交通及教育文化之放款均不及1%，由此观之，生产事业放款为数不多，足见资金之运用，尚未纳入正轨。各行庄资金投资于证券者甚少，仅甘肃省银行持有救国公债、英金善后公债、同盟胜利公债、乡镇公益储蓄存款、节约储券、战时公债及1943年整理省公债等七种，计值国币1500余万元。[2]

---

[1] 中央银行兰州分行：《兰州市金融业概况》，《中央银行月报》第2卷第4期，1947年。
[2] 中央银行兰州分行：《兰州市金融业概况》，《中央银行月报》第2卷第4期，1947年。

· 313 ·

西北银行业制度的强制性变迁与区域经济变动（1930—1949）

而国家银行的放款则注意安全，引导甘肃省银行业规范经营，放款也是侧重投资实业。中央银行兰州分行放款种类方面，至1946年8月，有定期质押放款，计一户最高余额1600000余元，平均余额1600000元；活存质押透支，计一户最高余额4900000余元，平均余额4200000余元；存放同业，计一户最高余额635800000余元，平均余额394200000余元；1946年七八两月份银行垫借款共法币2233278808.02元。① 抗战胜利后，甘肃其他国家银行也力求向工业企业放款。如约1947年5月，交通银行兰州分行曾先后向兰州电厂契约透支3亿元。②

此外，同中国农民银行西安分行类似，中国农民银行兰州分行在甘肃省的农业方面最早也可追溯到20世纪30年代中期。抗战时期中国农民银行西安分行逐渐以农业放款为主要业务。③ 抗战胜利后中国农民银行也十分重视水利及农业贷款，而且贷款区域、种类逐渐扩大。④

（一）水利贷款

如前所述，抗战胜利后贷款区域重心转向沿海及沿江一带，但甘肃办理水利贷款，数字也较大。⑤ 具体如下：

甘肃水利贷款及相关农田水利工程在抗战时期已有一定规模。抗战胜利后，甘肃省于1947年3月成立甘肃省水利局，由国民政府行

---

① 《中央银行兰州分行行务报告》，1946年8月，中国第二历史档案馆藏，全宗、目录、案卷号三九六（2）409（10）。
② 《兰州电厂现金结存及银行透支明细表》，1947年5月31日，台北，"国史馆"藏，典藏号003-010404-1660-0028。
③ 书稿因篇幅关系，无法详述中国农民银行兰州分行20世纪30年代中期至抗战时期的农贷业务。
④ 《财政部上海金融管理局考查中国农民银行业务报告（节录）》，1947年11月19日，中国第二历史档案馆编：《中华民国史档案资料汇编》第五辑第三编，财政经济（二），江苏古籍出版社2000年版，第962页。
⑤ 《财政部上海金融管理局考查中国农民银行业务报告（节录）》，1947年11月19日，中国第二历史档案馆编：《中华民国史档案资料汇编》第五辑第三编，财政经济（二），江苏古籍出版社2000年版，第962页。

第六章 制度调整下的战后银行业对区域经济的维持

政院派黄万里担任局长，专门办理水利建设事宜。1945年甘肃省累计核定小型水利贷款29480000元；1946年该省核定额为60020000元，累计贷款89500000元，需要施工地点244处，受益田畴180238亩。[①] 1946年贷款见表6-8、表6-9、表6-10：

表6-8　　　　　　1946年甘肃省大型水利贷款概况

工程名称	贷款金额（元）	受益田亩	完工日期	备注
湟惠渠	12012738.72	1218690.00	1943年10月	
洮惠渠	12130000.00	7946.00	1944年4月	
汭丰渠	9880000.00	27000.00	1943年8月	
溥济渠	7957261.08	10000.00	1942年4月	
靖丰渠	181750000.00	35000.00	1945年4月	
永丰渠	245300000.00	20000.00	1947年6月	大部验收
肃丰渠	16300000.00	230000.00	1947年5月	
登丰渠	21260000.00	350000.00	1946年11月	
平丰渠	1700000.00	4500.00		
永乐渠	13000000.00	130000.00	1945年12月	
兰丰渠	26710000.00	46000.00		
		140000.00		
共计11处	695399999.80	2219136.00		

资料来源：《1946年各省大型水利贷款概况表》，1946年上半期，《中国农民银行总处代购棉种籽民生事业、农业贷款卷(1948—1949，内含1943年至1946年农贷资料)》重庆市档案馆藏，全宗、目录、案卷号0284-1-87。

其中，据记载，1946年甘肃省永丰、肃丰、永乐三渠共核定贷

[①] 《各省小型水利贷款概况表》，重庆市档案馆藏，全宗、目录、案卷号0284-1-87。

· 315 ·

西北银行业制度的强制性变迁与区域经济变动（1930—1949）

款1亿元。① 比较而言，当时该三渠贷款并未完全贷放。

表6-9　1945年底至1946年底甘肃等省小型水利贷款概况对照　单位：元

省别	1945年底止累计核定额	1946年核定额	1946年底止累计核定额	工程处数	受益亩数
甘肃	29480000	60020000	89500000	244	180238
陕西	36380000	114020000	16000000	24	23194

资料来源：《1946年各省小型水利贷款概况表》，1946年上半期，《中国农民银行总处代购棉种籽民生事业、农业贷款卷（1948—1949，内含1943年至1946年农贷资料）》重庆市档案馆藏，全宗、目录、案卷号0284-1-87。

小型水利贷款使得工程简便易行，需费不多，短期内即能收效，并引起农民兴趣，乐于从事该项工程。再者，甘肃水利贷款到1948年仍在进行，具体如表6-10。

该表中所列对洮惠、溥惠、汭丰、登丰渠贷款，只是用于对各旧渠进行维修工程。其他各渠中，肃丰渠于1943年设立工程筹备处，在主任原素欣主持和多方取得贷款资金支持的努力下，主要工程鸳鸯湖水库于1946年秋完工放水，投入使用。

另据记载，1948年甘肃省靖远源盛渠（靖乐渠）灌溉亩数2万，完成后年增粮2万市石，完成期限6个月，已拨工款10亿元，拟拨工款1520000000元。酒泉洪水坝工程灌溉亩数3.5万亩，完成后增粮8000市石。期限5个月，拟分配工款60亿元，属于新开工程。古浪柳条河工程，灌溉亩数15万亩，完成后年增粮3万市石，期限一年，拟分配工款752590万元，属于新开工程。② 据所见史料，上述拟

---

① 《四联总处1946年重要工作报告》（1947年），中国第二历史档案馆编：《中华民国史档案资料汇编》第五辑第三编，财政经济（三），江苏古籍出版社2000年版，第375页。

② 《财政部关于办理农贷概略稿》，1948年2月，中国第二历史档案馆编：《中华民国史档案资料汇编》第五辑第三编，财政经济（二），江苏古籍出版社2000年版，第993页。

第六章 制度调整下的战后银行业对区域经济的维持

表6—10 甘肃省1948年大型农田水利贷款概况

单位：元

县别	临洮	临洮	永登	泾川	永登	靖远	永靖	永靖	酒泉	合计
工程名称	洮惠渠	溥惠渠	湟惠渠	泂丰渠	登丰渠	靖丰渠	永登渠	永乐渠	肃丰渠	
施工起讫时间	1942.4—1944.5	1939.9—1942.4	1939.3—1942.4	1941.5—1944.4	1943.5—1946.11	1942.1—1946.8	1942.10—1947.6	1942.1—1945.12	1943.6—1947.5	
类支工程费（金元）	4533	2999	71301	13800	11233	67500	149080	38238333	9224809	47783588
收益田亩 种类	熟田	熟田	熟田	熟田	熟田	沙地不毛	熟田	熟田	熟田	
收益田亩 面积	30000	16500	10000	8726	2600	12000	8000	6000	173000	266826
每亩占摊派工程费（金元）	0.00015	0.00018	0.007	0.016	0.004	0.0056	0.018	6370	0.052	

·317·

▶ 西北银行业制度的强制性变迁与区域经济变动（1930—1949）

续表

县别	临洮	临洮	永登	泾川	永登	靖远	永登	永靖	酒泉	合计
工程名称	洮惠渠	溥惠渠	湟惠渠	沔丰渠	登丰渠	靖丰渠	永登渠	永乐渠	肃丰渠	
作物	小麦	小麦	小麦	小麦	小麦	小麦	小麦	小麦	小麦	
农产收益增益 亩产市斤 施工前	75	75	75	67.5	75	0	75	75	75	
施工后	225	180	225	150	150	120	225	225	225	
净增产量	150	105	150	82.5	75	120	150	150	180	
总增产量	4500000	1732500	1500000	719895	195000	1440000	1200000	900000	31140000	43327395
田价增益 每亩市价 施工前	1500	600	1500	800	1000	0	400	400	500	
施工后	3500	2000	3500	1600	2000	1200	2000	2000	2000	
增益	2000	1400	2000	800	1000	1200	1600	1600	1500	
总增益	60000000	23100000	20000000	6980800	2600000	14400000	12800000	9600000	259500000	408980800

共计11处

资料来源：《甘肃省1948年大型农田水利贷款概况表》，1946年上半期，《中国农民银行总处代购棉种籽民生事业、农业贷款卷（1948—1949，内含1943年至1946年农贷资料）》，重庆市档案馆藏，全宗、目录、案卷号0284-1-87。

· 318 ·

第六章　制度调整下的战后银行业对区域经济的维持

贷款水渠中，靖乐渠工程得以兴修，至1949年4月，工程贷款已经使用63.75%。① 事实上，抗战胜利后甘肃农贷以水利贷款为主，主要为建设农业基础设施以及提供农业生产服务。

（二）农业生产等贷款

至1946年6月，甘肃省获得4亿元，② 但总分配额有所变化。具体如表6-11：

表6-11　甘肃省农业生产贷款分县配额（1946年6月）　　　单位：元

县名	配额	县名	配额	县名	配额
皋兰	13000000	通渭	5000000	洮沙	6000000
兰州	4000000	酒泉	9000000	会川	4000000
湟惠渠	2000000	金塔	6000000	渭源	7000000
榆中	10000000	鼎新	6000000	陇西	11000000
定西	9000000	玉门	5000000	永昌	5000000
永登	11000000	安西	8000000	张掖	7000000
靖远	15000000	敦煌	7000000	民乐	6000000
会宁	8000000	边区6县	6000000	山丹	5000000
景泰	4000000	清水	5000000	临泽	4000000
文县	4000000	平凉	10000000	高台	5000000
武都	4000000	华亭	9000000	漳县	4000000
成县	4000000	化平	4000000	宁定	5000000
康县	4000000	崇信	6000000	和政	4000000
徽县	4000000	灵台	4000000	岷县	6000000
两当	4000000	民勤	4000000	西固	3000000
武威	8000000	临夏	6000000	泾川	6000000

---

① 逸萍：《兰州日报》，1948年4月20日、21日，第2版。《甘肃省永靖县永乐渠工程施工进度表》，1949年，重庆市档案馆藏，全宗、目录、案卷号0284-1-87。
② 《中国农民银行农业贷款报告》，1946年上半期，《中国农民银行总处代购棉种籽民生事业农业贷款卷1948—1949》内含1943年至1946年农贷资料，重庆市档案馆藏，全宗、目录、案卷号0284-1-87。

西北银行业制度的强制性变迁与区域经济变动（1930—1949）

续表

县名	配额	县名	配额	县名	配额
古浪	4000000	永靖	5000000	静宁	8000000
临泽	3000000	夏河	3000000	隆德	8000000
卓尼	3000000	临洮	13000000	庄浪	5000000
秦安	6000000	康乐	6000000	海原	4000000
固原	5000000	礼县	5000000	天水	8000000
西吉	4000000	西和	4000000	甘谷	6000000
武山	4000000				
合计	400000000 元				

资料来源：《中国农民银行农业贷款报告》，1946年上半期，《中国农民银行总处代购棉种籽民生事业农业贷款卷1948—1949》内含1943年至1946年农贷资料，重庆市档案馆藏，全宗、目录、案卷号0284-1-87。

由上表可看出，当时并未对与粮食生产直接相关的农业生产贷款停止发放，而是将农业生产贷款划拨相当巨大的数额，据记载，当年共给予甘肃省农贷为4193700000元，若对甘肃省各种贷款数额加以比较，1946年大型农田水利贷款为2738400000元，小型农田水利贷款为588300000元，农业生产贷款为400000000元，农业生产贷款居于第三位；此外，还有农产运销贷款为247000000元，农村副业贷款为140000000元，农业推广贷款为80000000元。[①] 事实上，四联总处对农业生产贷款一直给予相当数额划拨。这从1945年到1947年的生产贷款余额表6-12即可看出。

---

① 《四联总处1946年重要工作报告》（1947年），中国第二历史档案馆编：《中华民国史档案资料汇编》第五辑第三编，财政经济（三），江苏古籍出版社2000年版，第383页。

第六章　制度调整下的战后银行业对区域经济的维持

表6-12　中国农民银行在甘肃等西北各省农业放款结余额统计　　单位：千元

省别＼时间	陕西	甘肃	宁夏	青海
1945年	1110786	907386	17537	72972
1946年	3482415	3944378	88574	241051
1947年1月	4311390	4759174	76666	241051
2月	4237485	5293497	68690	390865
3月	5416490	7359982	61301	383505
4月	7001291	8627237	197118	538299
5月	23048374	10409081	552735	536739
6月	29980815	12015586	640833	573799
7月	38611648	17777198	1179507	573799
8月	41264767	19816971	1128755	573799
9月	42737968	21142952	648350	771219
10月	47470455	23036205	907746	771219
11月	59933197	25635846	1026248	765473
12月	48075496	28449580	1002654	852340

资料来源：《中农经济统计》第7卷第1期、第2期，1947年。

另外，部分农村副业贷款的用途，如表6-13：

表6-13　1946年上半年甘肃等省农村副业贷款额度用途分配　　单位：元

省别	配贷额度	用途
甘肃	14500000	办理棉毛棉纺织贷款1000万元、制革等贷款450万元
陕西	65000000	办理纺织、水利等贷款
宁夏	9000000	养羊、毛纺织及榨油等贷款
青海	2000000	办理农村手工业贷款

资料来源：《1946年各省农村副业贷款额度用途分配表》，1946年上半期，《中国农民银行总处代购棉种籽民生事业、农业贷款卷（1948—1949，内含1943年至1946年农贷资料）》，重庆市档案馆藏，全宗、目录、案卷号0284-1-87。

由上表可见，1946年上半期陕甘农村副业贷款划拨数额差距较

西北银行业制度的强制性变迁与区域经济变动（1930—1949）

大，而甘肃农村副业贷款主要用于毛棉纺织及制革方面，旨在充分利用当地自然资源，并符合地方生产发展及市场需要。

此外，从 1946 年 5 月起，农民银行还在甘肃省武威、永登等六县办理畜牧、籽种贷款、土地金融贷款发放业务。① 其中，土地金融贷款包括土地改良贷款。比如，农民银行还曾办理土地改良贷款，曾办理改良碱地放款，1947 年仍有放款余额 11 亿元，改良碱地 12 万亩。1947 年还曾在甘肃省湟惠渠办理扶植自耕农贷款。用于购置土地，配给农户耕种。② 各项贷款大半按贷款人实需之五成贷放，利息 4—5 分，期限 1—5 年，最长 10 年，其中甘肃之改良碱地放款，成效最为显著。③ 至 1948 年 8 月，中国农民银行在甘肃仍办理农业贷款业务，并在甘肃省酒泉、张掖县办理荒地开垦、垦殖贷款业务。④ 同时，1948 年上半年中央合作金库还在甘肃省武威、临洮、皋兰、渝中、兰州各地办理农业合作贷款，共计划拨 15586300000 元，借款合作社 73 家，借款人数为 3651 名。⑤

兰州市各华商行庄吸收之存款，多做商业放款之用，据中央银行兰州分行调查，1946 年度各商业银行及省银行放款总额为 13 亿 4500 余万元，与上年比较约增一倍，其中以甘肃省银行放款最多，计达 5

---

① 《甘肃省政府、社会处、武威、永登等六县政府关于贷预畜牧资金、核发畜牧籽种贷款、土地金融贷款、业务计划、储押贷款等的指令、训令、公函、呈》，1946 年 5 月 20 日—1947 年 12 月 25 日，甘肃省档案馆藏，全宗、目录、案卷号 9-1-673。

② 《财政部上海金融管理局考查中国农民银行业务报告（节录）》，1947 年 11 月 19 日，中国第二历史档案馆编：《中华民国史档案资料汇编》第五辑第三编，财政经济（二），江苏古籍出版社 2000 年版，第 966 页。

③ 《财政部上海金融管理局考查中国农民银行业务报告（节录）》，1947 年 11 月 19 日，中国第二历史档案馆编：《中华民国史档案资料汇编》第五辑第三编，财政经济（二），江苏古籍出版社 2000 年版，第 966 页。

④ 《农林部，甘肃省政府，省水利局，省地政局，农行兰州分行，酒泉，张掖县政府等关于荒地开垦，垦殖贷款问题的训令，代电，函，呈》，1948 年 2—8 月，甘肃省档案馆藏，全宗、目录、案卷号 26-4-216。

⑤ 《中央合作金库为检送该库 1948 年上期业务报告函》（1948 年 8 月 27 日），中国第二历史档案馆编：《中华民国史档案资料汇编》第五辑第三编，财政经济（三），江苏古籍出版社 2000 年版，第 25 页。

第六章 制度调整下的战后银行业对区域经济的维持

亿6700余万元，约占放款总数24%，其次为甘肃省合作金库，计1亿6800余万元，约占12%，再次为兰州商业银行及四明银行，各达1亿1000万元，分别约占8%、5%。如就放款种类而言，则以商业放款占多数，计占70%，其次为工矿放款，计占15%，再次为其他放款，计占13%，至于农林、交通及教育文化之放款均不及1%，由此观之，生产事业放款为数不多，足见资金之运用，尚未纳入正轨。各行庄资金投资于证券者甚少，仅甘肃省银行持有救国公债、英金善后公债、同盟胜利公债、乡镇公益储蓄存款、节约储券、战时公债及1943年整理省公债等七种，计值国币1500余万元。[①]

表6-14 甘肃省银行历年放款结余比较

年期	放款结余（元）	1939年币值（元）
1939年下期	17299846.24	17299846.24
1945年上期	824848450.63	2217334.54
1945年下期	390.070430.40	743699.58
1946年上期	5736877665.27	7129212.96
1946年下期	5887385388.61	3590525.94
1947年上期	20008974709.44	3598412.86
1947年下期	54819606217.26	1455510.14

附注：上表放款结余中没有包括生产事业投资、有价证券、存放同业、期收款项、未收应收款项。

资料来源：甘肃省政府统计处编《甘肃省统计年鉴》，1948年。

由表6-14可见，账面营业额逐渐递增，而实际币值节节下降。从实际币值角度来看，1946年上期，增加较显著，但此后又迅速衰退。此种情况"则系胜利之后，市场混乱，银行感于风险，商业趋向稳健，一切资金均形呆滞所致，非常态也"[②]。

[①] 中央银行兰州分行：《兰州市金融业概况》，《中央银行月报》第2卷第4期，1947年。
[②] 甘肃省政府统计处编：《甘肃省统计年鉴》，1948年，第5页。

西北银行业制度的强制性变迁与区域经济变动（1930—1949）

表6-15　　　　　　　甘肃省银行历年各类贷款比重

百分比　　年期 种类	1944年	1945年	1946年	1947年
工矿贷款	34.35	31.03	21.98	26.65
农林贷款	9.21	6.14	7.91	11.71
商业贷款	14.77	55.70	56.69	48.17
交通公用事业贷款	22.04	3.57	8.84	7.75
教育文化及公益事业贷款	18.44	3.08	1.61	5.28
个人贷款		0.02		0.01
其他贷款	1.17	0.48	2.97	0.43
合计	100	100	100	100

资料来源：王恭《建国前夕的兰州金融》，引自中国人民政治协商会议兰州市委员会文史资料委员会编《兰州文史资料选辑》第十辑，1979年，第246页。

1945年之后，甘肃省银行为了追求利益的最大化，其贷款业务开展的侧重点与社会需求、发展生产之间存在着严重的错位。根据财政部的规定，银行贷款主要用于支持工矿生产建设、交通公用事业和日用小商品生产等方面，但是，随着通货膨胀不断加剧，物价飞速高涨，生产建设投资周转慢，效益低，远不如商业投资利润大，甘行的大部分资金转而投向商业贷款，以获取高额利润。从表6-15中不难看出这种趋向：从1944年到1947年工矿贷款的比重从34.35%下降到26.65%，交通公用事业贷款从22.04%下降到7.75%，而商业贷款从14.77%上升到48.17%（1945年为55.70%，1946年为56.69%）。甘肃省的商业并不发达，而甘肃省银行的商业贷款所占比例如此之高，从此不难看出，这一时期的银行业投机商业之风愈演愈烈。银行的这种投机活动不但不利于自己的长期发展，还给自身的业务经营带来了隐患，增大了贷款风险；不但不利于社会生产的协调发展，反而会造成社会生产生活和经济生活日益混乱。

第六章 制度调整下的战后银行业对区域经济的维持

1946年中央银行兰州分行对兰州18家行庄进行调查，这些行庄存款总数为29.3亿元，其中甘肃省银行一家存款数额即占一半，为14.96亿元。银行的吸收存款业务发达，头寸比较丰富，故而放款业务也随之繁荣起来。以甘肃省银行为例，由表3-9可以看出，其放款业务迅猛发展，1946年中央银行兰州分行的调查显示，兰州各银行的放款总额为13.45亿元，甘肃省银行一家放款5.67亿元，约占42%。[①] 银行作为社会资金枢纽，一方面把社会闲散资金吸收聚集起来，另一方面又以放款的方式把资金投放于社会经济的各个部门，由此可以看出，甘肃省的借贷市场已经基本形成，对融通社会资金起到了举足轻重的作用。

四 汇兑及代理国库业务

兰州各行庄汇兑业务，分汇出汇款及汇入汇款两种，而以汇出汇款为多，因兰州的商品，大都来自上海或西安，须汇出货款以采购各种需要之商品。汇入之汇款则以迪化、哈密为多，因新疆所需之商品，均由兰州转运而去，是以兰州所收新疆汇来之款为多，甘肃主要出口之商品为水烟、药材及皮毛，因交通困难，外销数量日减，而运销外地之少量土产，亦多以之购买其他商品运销兰州，故以现款汇回兰州者绝少，各行庄汇出之款项，共计法币17亿2900余万元。汇兑业务方面，中央银行兰州分行在1946年应解汇款，据统计7月份计15400000000（迪/哈占2400000000元），8月份计18200000000元（迪/哈占4700000000元）；汇出汇款，7月份计7100000000元（同业调拨57亿元），8月份计106亿元（同业调拨61亿元）。[②] 其中以甘肃省银行汇出最多。据统计，甘肃省银行1946年上期汇出汇款总额为203亿9570余万元，较1945年下期几乎增加了3倍，1946年下

---

① 转引自杨重琦《兰州经济史》，兰州大学出版社1991年版，第156页。
② 《中央银行兰州分行行务报告》，1946年8月，中国第二历史档案馆藏，全宗、目录、案卷号三九六（2）409（10）。

西北银行业制度的强制性变迁与区域经济变动（1930—1949）

期汇出汇款总额高达 500 亿 1940 余万元，又较上期增加 296 亿 2370 余万元。① 如以汇往地别而言，甘肃省银行以上海、西安、重庆、天水、岷县等地为多。其次为本省各地汇款，绥远省银行汇出之款项则以归绥西安二地为最多，其他商业银行之汇款，均以汇往上海西安居多。② 其次为四明银行，计 9200 余万元，再次为亚西银行，计 1000 余万元，而以大同银行汇出最少，仅有 229 万 5500 元。

至于汇率方面，至 1948 年兰州市汇出汇款以西安、重庆、成都、上海为主要地区，本期汇率行局库系依照四联分处参照市场情形议定，西安由 5 元升至 7 元，重庆由 30 元升至 50 元，成都由 50 元升至 80 元，上海高至 140 元低至 20 元，实为申汇时松时紧所致。西宁、银川均为 10 元，广州、厦门因限制之故，汇率约为 100 元，其他各地均为 20 元至 70 元不等，至商业行庄则均以其本身头寸为转移，其汇率大都高于四联总处兰州分处议定汇率。③

表 6-16　　甘肃省银行历年汇款数额统计　　单位：元

年度	汇出汇款	汇入汇款	备注
1944	4437049699.37	3777430211.19	
1945	11842883560.09	10366127867.19	
1946	70415123551.51		自1946年起汇入汇款科目取消
1947	567117809499.46		

资料来源：甘肃省政府统计处编《甘肃省统计年鉴》，1948 年，第 12 页。

由于甘行分支机构渐多，汇兑区域也逐渐扩大，其汇兑业务亦逐

---

① 姜宏业：《中国地方银行史》，湖南出版社 1991 年版，第 385 页。
② 中央银行兰州分行《兰州市金融业概况》，《中央银行月报》第 2 卷第 4 期，1947 年。
③ 《中央银行兰州分行 1948 年上期营业报告》，中国第二历史档案馆藏，全宗、目录、案卷号三九六（2）1164（5）。

第六章 制度调整下的战后银行业对区域经济的维持

渐繁荣。从表6-16可以看出，历年汇出汇款都多于汇入汇款，甚至自1946年起汇入汇款科目被取消，没有了汇入汇款。这种现象也反映出甘肃省贸易处于入超地位。

中央银行兰州分行经理国库，早在成立之初即已办理。据记载，该行经理国库岁入部分，1946年7—8月两月份各项税收法币560659827.66元，计盐税占60%，货物税占18%，收回各年度岁出款占4%，印花税占7%，所得税占2%，营业税占2%，利得税占1%，其他捐款、赠与收入、规费、四训款、契税、地价土地增值矿税等共占6%。岁出部分，1946年7—8月两月份各项税出共国币2330535331元，计省市支出占67%，粮食部主管占7%，交通部主管占5%，教育部主管占3%，财政部主管占2%，司法部主管占4%，卫生署主管占1%，事业岁出占4%，紧急命令拨付款占4%，经济部主管占1%，其他农林社会外交部主管共占2%。[1] 公库存款方面，中央银行兰州分行截至1946年8月底，各机关在公库存款总额共国币11278608984.94元，计普通经费存款11198625313.62元，特种基金存款79305057.37元，保管金678613.95元。[2]

甘行代理国库自1942年1月开始，1942年设甘谷、渭原、西峰镇等32处支库，1943年又增设夏河、景泰、武山等23处支库。各代理支库，收付库款为数颇巨，计收入56673939.37元，付出25594534.09元。[3]

自1946年7月起财政收支系统恢复三级制，甘行仍代理国库、省库、县库业务，并指定兰州为总库。截至1946年年底甘行代理国库单位61处，代理省库分库71处，代理县库66处，代收库款46亿

---

[1] 《中央银行兰州分行行务报告》，1946年8月，中国第二历史档案馆藏，全宗、目录、案卷号三九六（2）409（10）。
[2] 《中央银行兰州分行行务报告》，1946年8月，中国第二历史档案馆藏，全宗、目录、案卷号三九六（2）409（10）。
[3] 郭荣生：《五年来之甘肃省银行》，《财政评论》第12卷第6期，1944年。

西北银行业制度的强制性变迁与区域经济变动（1930—1949）

9047万余元，代付库款57亿8477万余元。① 1947年因碧口办事处业务不振，国库支库随之裁去，省库碧口支库改由文县兼办，碧口县库也移交文县县库代办。1947年，代理国库收库款130亿8551万元，付库款100亿1145万元，较上年度，收款增加三倍以上，付款增加几近二倍；代理省库收款694亿3505万元，付款687亿6404万元，较上年度收款增加十二倍，付款增加十三倍；代理县库方面，共收税款171亿9425万元，共付各项经临费款157亿7722万元。② 可见，甘肃省银行的代理国库业务主要在于代理省库。

五 央行监督检查、管理职能

抗战胜利后，兰州市金融管制事宜，由该地中央银行负责执行，国民政府先后颁布的各项金融管制法令，虽然未能全部彻底实施，但各银钱业尚能遵守国民政府法令，切实奉行，就各项法令实施如下：③

财政部令各银行投资于生产建设事业者，应将加入该事业之公司或厂号之股本，呈报财部核准；各地放款利率应由各该地银钱业同业公会公议，呈报当地中央银行牌示公告，切实遵行，惟事实上兰市放款利率较央行公告者高出甚多，非法令所能生效；财政部规定各银钱行庄业务上所有往来客户姓名之记载，应以本名为限，并令切实遵行，各行庄尚能遵照办理，仅少数行庄仍沿用记名存户，已令更改；财部规定商业银行资金之运用，应以农工矿生产事业及重要日用品之运销为放款对象，并规定对外贸易重要产品之运销放款，不得少于放款总额50%，但兰市各行庄放款，仍以商业为唯一对象，约占放款总额80%，而投资于农工矿等生产事业者，为数甚微；兰市之行庄对质押放款之质押品，大多由出质人立具保管证代为保管，而依法令转移占有者甚少，故与法令不符。兰市行庄放款延期有达三次者，活

---

① 姜宏业：《中国地方银行史》，湖南出版社1991年版，第386页。
② 《甘肃省银行1947年业务报告》，甘肃省档案馆藏，记录数序号3840。
③ 中央银行兰州分行：《兰州市金融业概况》，《中央银行月报》第2卷第4期，1947年。

第六章　制度调整下的战后银行业对区域经济的维持

存透支有超过限额者，定期放款有预扣利息者，均与法令不合。① 至于放款利率，兰州市场有两种利率，一是银钱业公会每日公议后呈报中央银行核定的利率；二是银行钱庄按供求关系决定的实际利率。就后者利率而言，钱庄的存放款利率比普通银行高出一分以上。②

据统计，1946 年 8 月中央银行兰州分行存有银行存款准备金，共 34 户，最高余额 1035050000 余元，平均余额 872500000 元。至 1946 年 8 月，中央银行兰州分行对兰州市各行庄普查工作者，于上期赶办完竣，总报告正在赶编中，至外县检查工作因人员不敷调派，只就本行设有分行处委托检查，除平凉、天水、酒泉业经检查外，其宁夏、西宁一再电催，尚未据报；至抽查兰州市各行庄业务，因限于人事仅已查者为通商、四明二家，专业检查者甘肃省银行总行及绥远省银行兰州办事处二家。③

兰州市银钱业除三行二局及 1948 年新设立之中央合作金库兰州分库，外省市银行及商业银行钱庄共有 25 个单位，内绥远省银行兰州办事处及新疆商业银行兰州办事处只营汇兑，兰州市银行不归本分行检查，所有甘肃省银行甘肃省合作金库及商业银行钱庄，由于法币贬值物价狂涨之加速，一般人均不愿保持法币，故难于吸收存款，因而存放款业务日趋清淡难以维持账面，视其半年来营业总额较前期增大，实际乃法币贬值。为今之计，甘肃省银行 1948 年上期盈余最多，仅绥远省银行兰州办事处亏损 900 余万元，此外皋兰县银行业经筹备就绪，下期即可开业。④

票据交换方面，截至 1946 年 8 月底，加票据交换行庄 7—8 月两

---

① 中央银行兰州分行：《兰州市金融业概况》，《中央银行月报》第 2 卷第 4 期，1947 年。
② 中央银行兰州分行《兰州市金融业概况》《中央银行月报》第 2 卷第 4 期，1947 年。
③ 《中央银行兰州分行行务报告》，1946 年 8 月，中国第二历史档案馆藏，全宗、目录、案卷号三九六（2）409（10）。
④ 《中央银行兰州分行 1948 年上期营业报告》，中国第二历史档案馆藏，全宗、目录、案卷号三九六（2）1164（5）。

西北银行业制度的强制性变迁与区域经济变动（1930—1949）

表6-17　1948年上期兰州分行当地同业调查表

行庄名称	设立年月	主管姓名	主要业务	资本总额（元）	资金运用	汇兑业务	营业总额（元）	盈亏数额（元）
甘肃省银行	1939.6.1	刘望苏	代理国库及银行普通业务	800万	部分拆放同业	本省及陕西处重庆	总行46429.80	全体15831.06
甘肃省银行握桥办事处	1946.9.1	郭子荣	代理国库及银行普通业务	营运基金50万	部分拆放同业	本省及陕西处重庆	599331.28	3691.00
绥远省银行兰州办事处	1942.7.1	董双成	汇兑	400万	尚能依照规定运用	绥省行所在地	6207298245.72	亏9921922.84
兰州市银行	1944.1.4	马钟秀	代理市库及银行普通业务	营运基金15万	尚能依照规定运用	无	全体4911182618	653130
中国通商银行兰州分行	1943.1.11	郑子航	商业银行一切业务	20万	尚能依照规定运用	以上海汇款为大宗	11029453644240220	2557756342.74
四明银行兰州分行	1943.8.5	张嘉煦	商业银行一切业务	5000万	尚能依照规定运用	以上海汇款为大宗	58176647515 68.78	2196377 77.08
兰州商业银行总行	1943.1.30	陈昌明	商业银行一切业务	5000万	尚能依照规定运用	西宁迪化二地	10052334488 0115	1445872884.30

第六章 制度调整下的战后银行业对区域经济的维持

续表

行庄名称	设立年月	主管姓名	主要业务	资本总额（元）	资金运用	汇兑业务	营业总额（元）	盈亏数额（元）
山西裕华银行兰州分行	1942	王永祉	商业银行一切业务	100万元	尚能依照规定运用	以上海汇款为大宗	3170417694973.74	1456293100.16
永利银行	1943.9.8	陈信生	商业银行一切业务	500万	尚能依照规定运用		1932690776242.15	90276761.43
亚西实业银行兰州分行	1943.10	李慎修	商业银行一切业务	10万	尚能依照规定运用	同	72341203815.20	1936996011.69
长江实业银行兰州分行	1942.4.25	张云齐	商业银行一切业务	25万	尚能依照规定运用	同	216619234O375.42	3944485116.41
上海信托公司兰州分公司	1942.11.23	李康甫	同	营运基金400万		同	86026569355332.57	4866903679 4
大同银行兰州分行	1943.11.1	李正阳	同	营运基金25万	同	同	63414325O6591.40	1989833496.78
华侨兴业银行兰州分行	1944.3.4	黎子明	同	营运基金100万	同	同	74094763413 36.89	1382679 78.88
金城银行兰州分行	1947.3.15	刘郡武	同	营运基金10万	同	同	5519033637354.98	1615899245.43

· 331 ·

西北银行业制度的强制性变迁与区域经济变动（1930—1949）

续表

行庄名称	设立年月	主管姓名	主要业务	资本总额（元）	资金运用	汇兑业务	营业总额（元）	盈亏数额（元）
新疆商业银行兰州办事处	1948.1.1	吴蔺河	汇兑	营运基金	同	同	1127638371503.65	8691068862.10
天福公钱庄	1911.1.8	郑立樽	同	营运基金1000万	同	同	2610769804747.14	5899361172.99
义安隆钱庄	1916	刘环如	同	营运基金1000万	同	同	8366026658.00	585013399.04
德义兴钱庄	1935	吴荟守	同	营运基金3000万	同	同	4880487048306.62	66927790.17
魁泰兴钱庄	1937	张俑三	同	1000万	同	同	3514311126863	4277385 72.08
德盛恒钱庄	1937	薛远齐	同	7000万	同	同	2184806200911.66	518669141.04
宏泰兴钱庄	1935	萧紫鹤	同	3000万	同	同	8333964004.93	777538277.31
德泰祥银号兰州分号	1947.12.15	韩允忱	同	1000万	同	西安一地	142243752 78.46	154100420.82
甘肃省合作金库	1943.12.20	李治襄	实物贷放	2000万	除实物贷放外兼营商业放款	无	6899086008.13	149329376.19

附注：盈亏数额之未损盈亏者均为盈。

资料来源：《中央银行兰州分行1948年上期营业报告》，中国第二历史档案馆藏，全宗、目录、案卷号三九六（2）1164（5）。

· 332 ·

第六章　制度调整下的战后银行业对区域经济的维持

月份票据交换张数总计 9984 张。交换总额共 59902808131.71 元，交换差额共 33388670678.35 元，张数平均每日为 196 张，交换总额平均为 11745648653.28 元，交换差额平均为 654679817.22 元。[1]

表 6-18　　　　中央银行 1948 年 1—6 月份各种利率

月份 种类		1	2	3	4	5	6
核定利率	同业日拆	4.00	4.00	5.00	5.00	5.00	5.00
	放款日拆	6.50	6.50	7.80	7.80	7.80	7.80
市场利率	存款	420%	420%	375%	363%	360%	436%
	放款	450%	465%	465%	393%	390%	466%

资料来源：《中央银行兰州分行 1948 年上期营业报告》，中国第二历史档案馆藏，全宗、目录、案卷号三九六（2）1164（5）。

兰州市利率除由银钱业同业公会拟订送请中央银行核定者外尚有市场黑市利率。表 6-18 利率变动，1948 年上期利率仍按规定由银钱业同业公会于每月拟订送由中央银行兰州分行核定牌告。其中放款利率，一月、二月日拆六元五角，三月至六月日拆均七元八角，黑市利率平均一月份日拆十五元，二月份十五元五角，三月份十三元五角，四月份十三元一角，五月份十三元，六月份十五元五角四分。至于存款则较为稳定，较放款月息平均少三分，二月份少四分五厘。[2]

战后中央银行兰州分行发挥着监管职能，在存款准备金收缴、银行调查、票据交换及利率管控方面发挥着中央银行的监督、检查等职能。

---

[1]《中央银行兰州分行行务报告》，1946 年 8 月，中国第二历史档案馆藏，全宗、目录、案卷号三九六（2）409（10）。

[2]《中央银行兰州分行 1948 年上期营业报告》，中国第二历史档案馆藏，全宗、目录、案卷号三九六（2）1164（5）。

结　语

一　20世纪三四十年代西北银行业制度的强制性变迁历程

20世纪三四十年代西北银行业制度的强制性变迁可分为三个阶段，第一阶段为30年代前期，即至抗战爆发前，西北银行业制度的强制性变迁是在恢复地方治理与对边疆控制及恢复政治统治的背景下逐步展开的。具体方式主要是自上而下，在地方当局及中央政府推动下逐步展开的。20世纪20年代末30年代初，西北战乱不断，土匪横行，加上连年大旱灾，高利贷盛行，资金融通渠道主要是钱庄、商号、公会以及私人、军官等，资金融通渠道单一、闭塞，民间资金融通异常困难，地方当局恢复经济的措施因资金短缺难以实施，如陕西省地方官员杨虎城等曾前往上海邀请华商银行上海商业储蓄银行等抵陕设立分支机构，办理资金融通业务；甘肃省政府主席朱绍良及继任者在20世纪30年代初多次要求国家银行派分支机构进入甘肃。随着日本军国主义侵华步伐加紧，先后发动"九·一八"事变与"一·二八"事变，东南地区棉纺织工业原料缺乏，东南沿海的投资环境也令华商银行家担心，因而华商银行如上海商业储蓄银行、金城银行、浙江兴业银行等纷纷前往西北等地区设立分支机构，组织棉麦贷款银团，直接投资经营并收购棉花出售获利。国民政府建立后，忙于内战及围剿红军，镇压革命。但对西北边疆的控制及恢复政治统治也日益

结　语

提上日程。1933年废两改元及1935年法币制度改革，甚至国民政府又派军围剿在陕北的中国工农红军，远在西北各省的国民党军队的军费经理、收解也需要银行机构办理，因而国民党政权急需在西北陕西、甘肃、宁夏、青海等省设立国家银行分支机构，从1930年起，陕西省银行设立，随后有宁夏省银行等机构；1933年起，中国银行、四省农民银行（中国农民银行）、交通银行、中央银行先后在陕西、甘肃两省各地设立分支机构，并在陕与华商银行联合办理农贷业务，初步建立现代货币与银行制度，推出新的货币与金融管理制度，从而拉开了西北银行业制度强制性变迁的序幕。同时，20世纪30年代，国民政府也颁布1931年《银行法》、1934年《储蓄银行法》，逐步建立银行业监管制度。因而在20世纪30年代前期，西北各省银行业制度的建立与缓慢变迁，虽说一定程度上有华商银行主动前往设立分支机构，办理放款业务，均有一定的银行业制度诱致性变迁的因素，但总体而言，这一时期银行业制度变迁主要是地方当局及国民政府引导下的强制性变迁。

抗战爆发后，面对日本帝国主义的大举侵华，国家银行、华商银行机构纷纷内迁，1937年7月下旬，国民政府财政部设立中央银行、中国银行、交通银行、中国农民银行四行联合办事处，并在各地设立分支机构，1939年起，四行联合办事处改组为四联总处。之后四联总处西安分处、兰州分处、宁夏支处、西宁支处相继建立。同时，国家银行机构在陕西、甘肃设立分支机构家数逐渐增多，华商银行也纷纷前往陕甘等省建立分支机构，银行业制度强制性变迁的规模、力度在陕甘两省较前增大、增强。再者，20世纪30年代末40年代初，除宁夏省设立省银行外，中国农民银行、中国银行、中央银行分别在宁夏、青海省会宁夏城、西宁设立分支机构，建立起新的货币与银行制度。抗战防御、相持阶段，日寇加紧金融、经济侵略，掠夺物资，推销日伪货币，试图以战养战，以华治华，因而从1937年"七七事变"前后，中日之间的货币金融战也随即爆发，因而这就赋予大后方货币

· 335 ·

西北银行业制度的强制性变迁与区域经济变动（1930—1949）

与银行制度的强制性变迁及经济建设以争取民族解放战争取得伟大胜利、争取国家独立与民族解放的历史使命。为抵御日寇的金融、经济侵略，发展包括大西北在内的抗日大后方的金融，发展经济增加工农业生产，维持大后方人民生活与社会稳定，支援抗战，巩固后方，争取中华民族抗日战争的最终胜利，国民政府财政部于1938年8月拟定"筹设西南西北及临近战区金融网二年计划"，其中规定对于地点稍偏僻资金融通困难的地区，四行在短期内不能顾及，则责成各该省银行，尽快前往设立分支行处，以一地至少有一行为原则。1939年3月国民政府为加快推进地方金融，便召集各省地方银行及中中交农四行首脑人员，在陪都重庆召开第二次地方金融会议，试图促使各省地方银行为区域金融的中坚，国家银行的辅臂，试图借地方金融机构的力量推行中央金融政策，会议讨论如何发展经济力量，现有各省银行或地方银行应根据地方需要及投资环境，力谋省银行在本地健全组织，推广分支行处，并充实资本，拓展汇兑等业务，担负起发展大后方经济之重任。1939年初，国民政府财政部颁布《取缔敌伪钞票办法》。[1] 1939年9月8日，国民政府将中央银行、中国银行、交通银行、中国农民银行四行联合办事处，改组为四行联合办事总处，简称四联总处；该处还颁布《巩固金融办法纲要》与《战时健全中央金融机构办法纲要》，[2] 前者强调要吸收社会游资，以巩固法币信用；[3] 扩充金融网，具体是扩充西南、西北金融网，期望每县区设一银行，以活跃地方金融，发展生产事业；后者强调加强对四大国家银行的业务管理，充分发挥四大银行及四联总处在督导大后方各地四联支处、

---

[1]《取缔敌伪钞票办法》，1939年1月，中国第二历史档案馆编：《中华民国史档案资料汇编》第五辑第二编，财政经济（三），江苏古籍出版社1997年版，第151页。

[2]《巩固金融办法纲要》《战时健全中央金融机构办法纲要》，1939年9月8日，中国第二历史档案馆编：《中华民国史档案资料汇编》第五辑第二编，财政经济（三），江苏古籍出版社1997年版，第8—9页。

[3]《蒋介石日记》，1939年9月8日，星期五，第40盒第12折，藏美国斯坦福大学胡佛研究院档案馆。

结　语

各地四行分支行执行战时财政金融政策、法规方面所起的巨大作用。1940年1月，国民政府又颁布《县银行法》26条，[①]旨在强力推动银行制度深入大后方的县域乡村，旨在活跃农村金融，发展战时农业经济。对于包括西北各省在内的抗战大后方三年金融计划，蒋介石在1940年初已有关注。1940年2月间，蒋介石记录道：本月大事预定表，之十五是财政金融三年计划。[②] 3月31日及4月初，蒋介石两次提到要审核金融三年计划。[③] 蒋介石表示1940年3月底，四联总处会议召开，为适应业务上之实际需要，又增订"第二第三期筹设西南西北金融网计划"，其宗旨是加紧西南西北金融网的建立，此项计划也将西北作为专门建设的对象之一，并明确划分筹设期限，以1939年底完成者为第一期，1940年底完成者为第二期，1941年底完成者为第三期。其原则与任务如下：①原则可综合为以下各点：中中交农四行在西南西北设立分支机构，应力求其普遍。切勿陷于重复；凡与军事交通及发展工商业有关，以及人口众多之地，四行中至少有一行前往筹设分支行处；凡地位极关重要，各业均形蓬勃，而人口锐增，汇兑储蓄业务特别发达之地，得并设三行乃至四行，以应实际上之需要；已设有银行或商业银行之地，如无必须，四行可不必再往增设行处；因抗战关系使其地位益形重要之地，四行中应有一行前往筹设分支行处。②任务，可分为以下八项：努力收兑金银，厚积准备，巩固法币信用；努力推广储蓄，吸收游资，以供国防建设及生产事业之用；调整各地运存钞数额，以应军民需要，并推行小额币券，兑换破损钞券，便利民间交易；恪遵贴放原则，办理贴放；便利内地汇款，

[①]《国民政府颁布之县银行法》，1940年1月20日，中国第二历史档案馆编：《中华民国史档案资料汇编》第五辑第二编，财政经济（三），江苏古籍出版社1997年版，第10—13页。

[②]《蒋介石日记》，1940年2月29日，星期四，第40盒第18折，第一卷，藏美国斯坦福大学胡佛研究院档案馆。

[③]《蒋介石日记》，1940年3月31日，星期日，第40盒第19折，第一卷；《蒋介石日记》，1940年4月1日，第40盒第19折，第一卷，藏美国斯坦福大学胡佛研究院档案馆。

西北银行业制度的强制性变迁与区域经济变动（1930—1949）

防治资金逃避；努力办理农林工矿贷款业务；注意当地经济状况及物价指数，随时报告总处；邻近战区各行，应密切注意敌伪经济金融情形。① 该次计划较1938年西北金融网计划更进一步，所定原则更加明确，所定任务更为具体，非常有助于推动加快西北银行业制度建设的步伐。根据第二、第三期计划，在西北各省四行应筹设分支行处家数，其中第二期陕西省3处，甘肃省4处，共计7处；第三期仅甘肃省1处，其他省份均不再增设。但这一金融网建设远远不够。当时最高金融当局指出：一则各地符合上述标准应增设行处地方尚多；二则现已分设行处或为其本行规章所限，或限于旧习或缺乏合适人选，多数仅知办理普通存款、汇兑业务，"于发展地方生产事业，活泼地方金融之主要使命尚未能充分做到"，这是应切实计划改善的；三则各省地方银行虽也能努力筹设行处，但仅以代理省县金库为主要业务，尤其缺乏推进地方金融经济事业的能力，应由四行切实研究过去遭遇的困难因素及今后推进改善的办法，并提会讨论。② 可见当时金融网计划并未大力推进及完全落实。此外，根据上述计划及陕西省邻近战区，1940年陕西省政府还拟订《陕西省防止偷运法币资敌暂行办法》，③ 督促陕西省银行业、经济界防止商人、旅客携带大量法币进入沦陷区资敌。1942年9月，四联总处还专门制定扩展西北金融网筹设原则。1942年9月3日四联总处第240次理事会议通过"扩展西北金融网筹设原则"，这是专门针对推进西北金融网建设而拟订的第一个方案。其中规定筹设原则如下：之一是明确兰州为建设西北的出发点，四行在此原有之机构及人员，应逐渐加强充实，便于随时应

---

① 李京生：《论西北金融网之建立》，《经济建设季刊》第2卷第4期，1944年。
② 《中中交农四行联合办事总处理事会第三次会议纪录》，1939年10月5日，中国第二历史档案馆编：《四联总处会议录》（一），广西师范大学出版社2003年版，第25—26页。
③ 《蒋鼎文奉命拟定陕西省防止偷运法币资敌暂行办法代电》，1940年4月13日，中国第二历史档案馆编：《中华民国史档案资料汇编》第五辑第二编，财政经济（四），江苏古籍出版社1997年版，第473页。

结　语

付需要；之二是在陕西、甘肃、宁夏、青海及新疆五省境内，按照军事、交通等需要，应设法增设行处或作其他地点之布置增设，各行处应就本身主要业务，会同当地主管机关，派员实地调查后，斟酌认定进行筹设；之三是各行局新设行处或作其他布置而需要增添人员时，应就滇、浙、赣、闽等省撤退行处人员，尽先调用。① 这一扩展西北金融网的专项计划的提出，可见西北各省在包括银行业制度在内的金融制度建设较之西南各省仍有很大的空间，这一金融网建设计划的转变，其另一原因是1942年西南国际交通线中断后，西北的对外交通渐行重要，而且又为我国国防资源的重要蕴藏区域，一切亟待得到进一步开发；因而为发挥金融力量在实施国家政治、经济、国防政策方面的巨大作用，不得不加快西北金融网的建设步伐。

在抗战防御、相持阶段，尽管国民政府及地方当局加强引导，各国家银行也积极支持工农业生产，但华商银行及国家银行仍存在利用大量资金投资商业，囤积物资，加上包括西北各省在内的大后方社会游资充斥，仍存在高利贷趋利等严重问题，如宁夏省自抗战以来，物价上涨，"平均利润随之增高，市场利息自然照比例上升，迄今市面利息，多在月息七八分至十分左右，甚有高至二十分之时，经济贫困之农民，实无力负担如此高利"。② 另据档案材料记载，到1948年高利贷仍很猖獗，连马鸿逵的二公子马敦静亦放高利贷。为打击高利贷，积极引导金融机构业务经营趋于正常，还针对西北银行业业务监管颁布一系列法令。1940年国民政府财政部颁布《非常时期管理银行暂行办法》，随后又连年修订颁布实施，旨在强制性促使战时银行业制度规范化，银行业业务经营走向正常，以符合战时金融及战时经济统制的需要。1942年还曾采取进一步措施，监管银行在内金融机构。约1942年，还进一步颁布《加强管制银钱行庄原则》，规定如下：①财政部为加强管制银钱行庄业务，以保障人民权益起见，除原

---

① 李京生：《论西北金融网之建立》，《经济建设季刊》第2卷第4期，1944年。
② 董正钧：《宁夏农业经济概况》（上），《中农月刊》第8卷第2期，1947年。

西北银行业制度的强制性变迁与区域经济变动（1930—1949）

设省银行监理员外，特于重庆以外各省会地方或金融中心设置银行监理官办公处秉承财政部，办理审核当地及指定管辖区域内银钱行庄放款及稽查账目事宜；②银钱行庄接受存款办理放款，应恪遵非常时期管理银行暂行办法第十条之规定，按旬表报备核并应按日抄送日计表，呈核上项表报径送财政部；③在设有银行监理官办公处及其指定管辖区内者应加送一份由监理官办公处审核。①

1942年，财政部颁布《管理银行信用放款办法》和《管理银行抵押放款办法》，对银行信用、抵押放款安全作出若干规定。1942年1月，中央银行理事会又通过《中央银行办理票据交换办法》，在包括西北各省在内大后方由中央银行分支机构集中办理票据交换，监督商业银行业务；1942年财政部颁行《统一发行实施办法》，取消中国、交通、农民银行法币发行权，由中央银行独占发行。这些均是银行业制度强制性变迁的诸多表现。1943年，财政部颁布《非常时期票据承兑贴现办法》，并设立财政部银行监理官办公处制度，《设置银行监理官办公处办法纲要》，规定条文如下：①财政部为加强管制全国银钱行庄业务，在部内设置稽核人员负巡回稽核之责，并于重庆以外各重要城市设置银行监理官办公处负就地稽核责任，其设置地点暂定为成都、西安、兰州、金华、洛阳等16处，以后视各地金融发展情形逐步增设；②银行监理官办公处设监理官1人，稽核2名，专员及办事员各若干人，并得酌用雇员，其员额之多寡根据业务繁简由部酌定；③银行监理官办公处主要任务。如实现审核当地及其管辖区内银钱行庄放款业务等。② 财政部银行监理官办公处在西安等地设立，对银行业务监管发挥重要作用。1945年4月2日，行政院批准公布《财政部授权中央银行检查金融机构业务办法》，同时废止财政部银

---

① 《加强管制银钱行庄原则》，《国民政府银行法规（一）》，1942年4月16日—1945年1月11日，台北"国史馆"藏，典藏号001000005987A。
② 《设置银行监理官办公处办法纲要》，《国民政府银行法规（一）》，1942年4月16日—1945年1月11日，台北"国史馆"藏，典藏号001000005987A。

结　语

行监理官办公处制度，将检查金融机构业务的工作全部交由当地中央银行办理。[①] 中央银行西安分行这才独享具有对当地其他金融机构的监管职能。抗战时期，政府主导下的银行业资金运用制度，业务引导、控制及监管制度，较之抗战前发生诸多重大的变化，标志着中国包括西北在内的大后方金融制度变迁及金融现代化进程的步伐日益加快。

西北银行业制度的强制性变迁进程中，各省银行业的行政隶属、人员交流、制度传播也促进了各省银行业制度的建立与强制性变迁。抗战前陕西、甘肃两省国家银行设立机构较多，为银行业制度向西北其他省、县推广奠定制度、人力资源及经验基础；一些国家银行在陕西、甘肃设立区域行管理省内及外省银行分支机构，配置、调动重要人员前往下属行处任职，下属行处经验丰富人员也被调往中心行、区域行担任要职，如陕西省、甘肃省银行业一些人员调往宁夏省，宁夏省银行业一些人员调往中央银行兰州分行，推行银行业政策、法规、制度，华北、中原、东南沿海、华南、中南、西南战区国家银行、商业银行机构的撤退，部分业务经验丰富人员先后安排在西北各省银行机构。这些人员安排虽有派系背景，但也有不少具有博士、硕士或专业院校毕业人才担任重要职位，如潘益民、南秉方等，均发挥了极其重要的作用，这些均为西北银行业制度的强制性变迁做出了巨大贡献。

抗战胜利后，国民政府所属国家金融机构及华商银行纷纷东迁沿海地区，包括西北在内的西部金融机构继续营业。抗战结束后，国内市场物品供应较多，为实现一党独裁，国民党蒋介石不惜发动反共、反人民的内战。但随着内战爆发，国民党军需货物需求量巨大，原沦陷区接收工厂多停产、倒闭，交通断绝，乡村农产品无法供给到大城市，货物囤积倒卖物资严重，因而商业贷款迅速增加，于是市场资金

[①] 陕西省地方志编纂委员会编：《陕西省志·金融志》，陕西人民出版社1994年版，第27页。

西北银行业制度的强制性变迁与区域经济变动（1930—1949）

管理、银行业务监督即再度提上日程，1946年国民政府颁布《管理银行办法》，1947年颁布新的《银行法》以及《加强银行管制办法》，1948年再次颁布《加强金融业务管制办法》，逐步加强对银行业的管理，引导银行制度实施有助于工农业生产，有助于战后经济的恢复，以维持、巩固国民党政权的统治。因此，抗战胜利后西北银行业制度的强制性变迁，意味着银行管理制度更加完善，管理银行机构范围不仅有银行而且包括钱庄、银号，监督管理机构不再政出多门，只有中央银行及其临时派出监督机构实施监管。

总体而言，政府金融政策法规制度推动了西北银行业甚至金融制度现代化；银行业的设立也是西北区域金融变迁的主要表现；而金融监管才是金融平稳发展的主要保证。同时，银行业同业团体则在实施政府金融政策法规制度，实现区域金融现代化方面发挥着独特作用，银行公会及其会员行是执行、落实政府金融政策法规的关键媒介。而战时金融政策法规制度及金融监管的真正落实，更是实现金融现代化及平时金融、经济向战时金融、经济转型极其关键的推动力；而在政府金融政策法规下西北银行业金融业务较为广泛地开展，对于冲击高利贷市场，改变金融市场格局，引导资金投向抗战需要的工矿业及农业生产具有重大意义。

在西北银行业制度的强制性变迁过程中，中央金融势力的进入本身也并非一帆风顺，有银行机构领导人认识的迟缓、推脱，甚至惧怕风险的原因，有人事任用方面用人不当的原因，如20世纪30年代初的陕西省农业改进所负责人徐澄，40年代初中央银行西安分行经理马铎与中国农民银行宁夏支行经理洪家寅等均有吸食鸦片恶习，甘肃、宁夏等省一些银行机构工作人员工作态度懒散、懈怠。这些人员后来虽被及时调整，但仍在一定程度上影响银行业制度的强制性变迁。当然本书研究以后要在这方面多收集利用已有材料多作着墨。同时，因西北旧式金融业到20世纪三四十年代以民间高利贷为主，史料较为笼统，且已在其他课题有所涉及；西北各省的山西票号此时已经衰落，钱庄家数较少。而西北银行业制度变迁并非一帆风顺或经过曲折、艰难历程，在地方军阀控制的省份，反渗透的力量主要来自地方政府，来自旧式金融业的主要是市场竞争，而新式金融业渗透区域的逐渐扩大对旧式金融无疑是一种打击。至于中央金融控制青海、宁夏两省金融主要借助甘肃省，而实际上由于国家金融机构的设立，最初是先后在陕西、甘肃两省推开，尤其是在向青海、宁夏两省派出分支机构时，此前已在甘肃省设立分、支行，而且国家金融机构并不接受地方当局管理或领导。因而事实是，从甘肃省派出在宁夏、青海省设立的国家银行分支机构，当然也要接受国家银行甘肃省兰州分支机构的业务管理与人事安排。

当然，这种变迁中也存在多种因素的角力。南京或重庆国民政府在推动西北银行业制度强制性变迁进程中一直强调国家因素，强调中央银行以及其他国家银行在银行业制度强制性变迁中的主导作用，强调国家银行在推行银行业务制度促进区域经济发展的作用。但就是这样，在西北银行业制度强制性变迁进程中西北区域省银行与中央银行及其他国家银行的关系也至少存在 2 种以上类型，其中之一是，大体上由国民政府直接控制的省份，国家银行与省银行关系较为融洽，以能够保持银行业制度及业务的推进较为顺利；其中之二是，由地方军阀控制的区域，国家银行与省银行的关系也存在不大协调、融洽，甚至存在对立、矛盾甚至对抗，这样银行业制度的实施及业务推进受到影响，这也成为国民政府与地方关系是否协调、融洽的深刻反映。

此外，在西北各省银行业机构设立与布局有欠合理，也影响到银行业制度强制性地推广与幅度。虽说西北各省建立不少银行业机构，但中、中、交、农四行及商业银行之分布稍欠合理。而银行业制度在西北各省的推行，金融活动的活跃，重在较为普遍设立银行等金融机构。估计由于交通、市场与利润的考虑，在各省省会及一些经济、交通较为重要的城市，中、中、交、农四行多集中设立行处，而在一些穷乡僻壤，并未见银行机构的设立，因而难以充分发挥设立银行机构的效能，难以满足西北各省工农业生产的需要；如到 1943 年上半年

▶ 西北银行业制度的强制性变迁与区域经济变动（1930—1949）

为止，就地方金融网建设中的省县银行家数仍然不多，陕西省有县银行39家，省地方银行48家；甘肃省地方银行为45家，宁夏省为10家，新疆省37家，青海省还无地方银行设立，据资讯正在筹备设立青海省银行，已呈准财政部备案。① 而且开展各项业务，银行等金融机构相互往来业务频繁，区域金融中心西安、兰州与大后方金融中心重庆以及其他西南城市金融的紧密联系，最终形成区域货币拆借、内汇及新式农贷等统一的金融市场，这表明抗战大后方区域金融市场的密切联系，这就反过来促进了银行业制度在西北各区域的强制性推行与中国银行业制度向现代化演变的历史进程。

二 区域经济变动

现代货币、银行制度的创立。西北各省在北京政府时期曾有设立银行之尝试，但多为昙花一现或未承办成功。从20世纪30年代初开始，逐步建立现代银行、货币制度。

（一）西北区域各省新的银行业制度的建立及现代货币银行制度的推行

20世纪30年代初，在地方当局政策推动下，1930年12月，陕西省较早设立省银行，后来宁夏等省也先后设立省银行。比较早的还有1931年初马鸿宾在宁夏设立的宁夏省银行。但省银行不仅设立较少，而且为应付地方当局一时之需。30年代前期，鉴于市场投资与军费经办需要，加上政府当局政策引导，华商银行、国家银行先后到陕西、甘肃设立分支机构。据记载1934年蒋介石即考虑在甘肃设立四省农民银行分支机构，并同时考虑改四省农民银行为中国农民银行。② 以陕西为例，紧接着华商银行上海商业储蓄银行等组成银团办

---

① 李京生：《论西北金融网之建立》第2卷第4期，1944年。
② 《蒋介石日记》，1934年10月19日，星期五，第37盒第12折，美国斯坦福大学胡佛研究院档案馆藏。

理农贷，国家银行中国银行、交通银行、中国农民银行也参与办理，中央银行也曾予以支持，这样此期间初步形成商业银行、国家银行及省县银行相结合的银行业系统。1935年法币改革，现代货币制度逐步引入西北各省，其顺序大体先后为陕西、甘肃、宁夏、青海省，在西北结束了混乱的货币制度，建立起统一的纸币制度，表明现代货币制度在西北各省的逐步建立。这一切逐渐为西北四省社会经济恢复奠定基础，为西北四省参加抗日战争也做好货币、金融及管理方面的准备。抗战时期，陕西银行业初步形成国家银行为主体、省县银行及华商银行为两翼的银行业体系。据统计，至1942年5月，陕西全省已设立或正在筹备建立的县银行有40家，其中登记领照1家，开业23家，正在筹备者16家，陕西省县银行的筹建数额仅次于四川，居大后方各省第二位。[①] 尤其是中央银行制度在陕西建立起来，不仅具有管理银行、发行银行的特权，而且具有银行的银行、国家的银行以及票据交换中心等职能，并与其他国家银行业务制度、省县银行制度及商业银行制度相结合，这表明银行业制度在陕西省初步建立。这对于吸纳区域大量资金，用于战时经济建设意义巨大而深远。

（二）传统金融机构与现代银行机构并存，新式金融业也获得利润

从20世纪30年代初开始，西北各省高利贷盛行，商行、钱庄等发放高利贷。陕西、甘肃等省尤为严重。因而新式银行机构在陕甘宁青等省的设立，事实上占领一部分金融市场的份额，不无控制乡村游资、打击高利贷的作用。如1943年宁夏省试办实物贷放，即旨在减少农村游资，控制物价上涨，以免通货膨胀。[②] 随着整个抗战时期大后方资金融通需求的增加，加上抗战以来国民政府财政部颁布一系列法规，如1940年颁布的《非常时期管理银行暂行办法》有关将钱庄、银号等传统金融机构视同银行加以管理规定的引导，陕西省西安不少钱庄得以维持经营，甚至有一些新的钱庄纷纷注册登记成立。据统

---

① 《全国县银行分省统计表》，1942年5月，《金融周刊》第4卷第6期，1943年。
② 南秉方：《宁夏省三十二年度办理农贷之特点》，《塞上党声》1943年第11—12期。

西北银行业制度的强制性变迁与区域经济变动（1930—1949）

计，抗战爆发后在西安设立的钱庄有裕兴源、义兴源、元盛隆、同济丰、协义成、正义公、中和源、信孚号、永生祥、天德福、乾元号、志盛通、德泰祥、鸿兴源、敬胜和、积广福、合隆义、庆余号、裕诚号、德庆祥、顺兴通、恒余号、钱源号（15万元）、敬义丰、聚丰隆、中兴号、协丰泰、和盛协、恒义丰、仁记号、宏蚨号、丰盛泰、德义隆、永丰明、同益丰（20万元）、协和福、义胜祥。其中，至1941年底，西京钱业公会会员一共有63家，而在抗战爆发后至1941年成立者即达30余家，而且据记载，1941年营业状况，盈利多者数十万少亦三四万元。① 同时，从20世纪40年代起，一些钱庄还重新登记，改为股份有限责任公司。如西安仁记钱庄有限公司、西安志盛裕银号公司、利昌银号公司、兴隆信钱庄公司等。这说明在银行业制度强制性变迁的西北区域，传统金融机构正在向新式银行转变，新式资金融通机构在逐步增加，新式银行制度在逐步推广开来。这是银行制度现代化的标志，也是区域经济变迁的明显表现与强大推动力。当然，银行业也获取一定利润。1943年8月5日四明银行兰州支行在兰始行开业，业务并不十分活跃。1943年度下期，每月存款平均1283348.24元，放款平均数819889.14元。初到兰州，与外界往来尚少，存款当然不易吸收，放款业务以人地生疏，自应取谨慎稳妥为上策，第一届决算尚盈114373.61元。1944年上期业务日渐开展，活跃一时。1944年度每月存款平均数25434822.13元，放款平均数18437815.53元，上期决算盈余达1381987.51元，可差强人意，下期业务因受市面不景气，四明银行兰州支行主要的放款业务受其影响，且以物价继涨不已，对公家负担过重，开支较上期加倍余，因此下期决算盈余仅46576.31元。综观本行各年度业务之进度，循序推行业务，数量增大，如局势稳定，前途尚许乐观。银行业在抗战时期获取利润的例子甚多，不胜枚举。如1945年四明银行兰州支行损益

---

① 《西京市钱业商业同业公会会员一览表》，1942年1月20日，《陕行汇刊》第6卷第4期，1942年。

概况如下，收入部分，收入利息35600000元，汇水200000元，杂损益100000元，手续费1000000元，共计36000000元。支出部分，付出利息23000000元，各项开支12000000元，共计35000000元，纯益1000000元。①

再者，传统金融机构向现代金融机构的转变，新的金融制度在西北区域的逐步建立，最终规范经营，将资金投向抗战时期急需的工农业生产建设事业，西北区域借贷市场、贴放市场、内汇市场较为活跃，这符合国家战时经济与工农业的需要与银行业利益，但也经历着漫长、曲折的历程。

事实上，银行业制度的强制性变迁是西北银行业形成与发展的总体特征之一。总体特征之二是，各省银行业的发展历程也是中央政府、国家银行机构与地方当局金融博弈及双方此长彼消的过程。当然，若分省考虑银行业发展的差异性，则在前文已有陈述，就设立家数方面的差异性而言，即各省银行业中陕西省银行业机构设立最多，其次是甘肃省，再者是宁夏省、青海省；就银行业与地方当局关系而言，大体上银行业与陕甘当局关系更加密切，双方合作大于矛盾；而银行业与宁夏省、青海省地方当局关系方面，合作与矛盾并存，双方关系远远逊色于前者。

（三）区域工业经济的兴起

抗战前，西北工业厂家较少。但西北各省工矿业资源丰富，有待银行业肩负起放款、投资开发西北矿产资源的艰巨任务。抗战时期，西北工厂企业增加，达到数百家之多，这样带来的是资金需求急剧增大。仅以陕西省为例，1942年起四联总处贴放、审核委员会通过的在陕西省实施资金投放的部分厂家如下：重工业方面有西京机器修造厂、西北制造厂、西京建中机器厂、西安建国机器厂、耀县钢铁厂、西北电池厂、勉县民生煤矿公司、麟凤煤矿等；四联总处对重工业核

---

① 宁波帮博物馆编，张跃编撰：《四明银行史料研究》，宁波出版社2018年版，第202—203页。

西北银行业制度的强制性变迁与区域经济变动（1930—1949）

放的宗旨是，鉴于重工业一些工厂生产军火供应抗战，因而以协助重工业以利抗战建国为标准。[1] 轻工业中的面粉业有战干麵厂、华峰面粉公司、和合面粉公司、成丰面粉公司、宝成面粉厂、永丰面粉公司、西安泰华机器碾米厂、中原机器碾米厂等，轻工业造纸、出版印刷方面有大中华造纸厂、文化服务社等；纺织工业方面有中亚染织厂、西北毛织厂、大秦毛呢纺织公司、西安利民纺织厂、陕西郿县华新纱厂、兴华纺织公司、大成棉毛纺织厂、陕西企业公司被服厂等；民食、民生、交通运输方面有陕西平粜局、农本局、民生公司等，其他还有宝大酒精厂、华西化学制药厂、央行合作社、陕西省政府。至1942年底放款中主要为工矿业、文化事业、煤炭业、陕北平粜贷款等。这期间投资使得一些企业经营状况良好，资本金明显增加。如1941年3月西安和合面粉公司成立初拥有资本金10万元，[2] 至1947年，资本增加至100万元。[3] 西安和合面粉公司资本金增加了10倍。1940年中原机器碾米厂成立时资本金20万元。至1947年资本增加到50万元。[4] 其中若以棉纺织工业为例，详细情形如表7-1、表7-2：

表7-1　　　　　　　1936—1946年陕西棉纺织工厂创立情况

年份	厂家	设备变化及资金投入
1936—1946	大华纱厂	纱锭12000—25000—15000—21000枚，织机820台
1939	申新四厂	有20支纱锭14000枚，16支纱锭9000枚，织机300台

---

[1]《四联总处理事会第九十四次理事会纪录》，1941年9月11日，中国第二历史档案馆编：《四联总处会议录》（十），广西师范大学出版社2003年版，第513页。

[2] 徐滋叔：《和合面粉公司的创建》，政协西安市委员会文史资料委员会编：《西京近代工业》，《西安文史资料》第十九辑，西安出版社1993年版，第171页；西安市档案局、西安市档案馆编：《陕西经济十年（1931—1941）》，1997年版，第166页。

[3]《中央银行西安分行营业报告》，1947年下期，中国第二历史档案馆藏，全宗、目录、案卷号三九六（2）2315（1）。

[4]《中央银行西安分行营业报告》，1947年下期，中国第二历史档案馆，全宗、目录、案卷号三九六（2）2315（1）。

续表

年份	厂家	设备变化及资金投入
1940—1946	咸阳纺织厂	中国银行投资 600 万元，20 支纱锭 3400 枚，16 支纱锭 6600 枚，织机 150 台
1943	蔡家坡纺织厂	（属于雍兴实业公司）有纱锭 12000 枚
1939	业精纺织厂	（属于雍兴实业公司）有纱锭 2000 枚，织机 190 台
1943	泰华纺织厂	有纱锭 1500 枚，织机 80 台
1941	民康纺织厂	有纱锭 1000 枚，织机 100 台

资料来源：黎小苏《陕西可能成为西北棉纺织工业之中心》，《西北通讯》1947 年第 6 期。

表 7-2　　1936—1946 年陕西省机器纺织工厂产量统计

年份	厂家	已装锭数	实开锭数	每年出产纱件数
1936—1946	大华纱厂	25000 枚	21800 枚	13200
1939	申新四厂	25000 枚	23000 枚	16500
1940—1946	咸阳纺织厂	12240 枚	10000 枚	6200
1943	蔡家坡纺织厂	12200 枚	12000 枚	8500
1939	业精纺织厂	2000 枚	2000 枚	1200
1943	泰华纺织厂	1500 枚	1500 枚	500
1941	民康纺织厂	1000 枚	1000 枚	400
合计		94940 枚	79300 枚	52000

资料来源：黎小苏《陕西可能成为西北棉纺织工业之中心》，《西北通讯》1947 年第 6 期。

以上为陕西省工业发展的初步线索，这可谓西北工业兴起的标志性成果。但以上统计并不完整。另据统计，至 1943 年，陕西省向重庆国民政府经济部注册的工厂已有 247 家，资本金额共计 69330000 元，动力计 6965 马力。当时各矿商呈请领办各县矿产者 35 家，其中

西北银行业制度的强制性变迁与区域经济变动（1930—1949）

表 7-3　1937—1943 年陕西省机器工厂变动统计

单位：个、元

年份 类别	1937	资本数	1938	1939	1940	1941	1942	1943	年代不详	合计
机器业	5	2960000	2	5	4	15	8		9	29
冶炼业	0		1				1	1		3
纺织业	5	12380000	6	12	10	22	21	11	25	87
面粉业碾米业	2	880000	2	1	2	5	3	0		13
化学工业	3	680000	2	2	2	1	2	0	3	12
酒精工业	0		2	1	1	2	2			7
水泥工业	0		1							2
打包业	2	100000								2
火柴业	2	1600000	3		2		2		1	5
造纸工业	0									4

· 350 ·

结　语

续表

年份 类别	1937	资本数	1938	1939	1940	1941	1942	1943	年代不详	合计
玻璃业	2	50000					1			3
印刷工业	1					1	3			5
瓷器工业	0				1	2		1		3
烟草工业	0					2				3
制革业			1	4	1		2	1	3	12
制油工业	0						1		5	1
造冰业	1	42000								1
杂业	1		1	1	1		1	2	9	
合计							224			

资料来源：束云章《抗战以来之陕西工业概述》，《陕行汇刊》第7卷第7期，1944年。

西北银行业制度的强制性变迁与区域经济变动（1930—1949）

煤矿共占22家，铁矿5家，陶土矿3家，砂金、白金、硫、铜、锰矿各一家。① 这些工厂大部分都能配合着抗战，作应尽的努力，"业务上确极一时之盛，各厂盈利亦相当丰润，这的确是陕西机器业的黄金时代"。② 若依据区域工业发展规模，依次排序应该是陕西省、甘肃省、青海省、宁夏省。上述可见，陕西省工业初步形成体系，包括重工业、轻工业。其中重工业中的机器制造业、钢铁冶金工业具有较大规模；轻工业中的纺织工业、面粉工业规模在西北各省居于首位，共计100家，发展迅速。其中面粉厂，至1947年，西安和合面粉公司达资本100万元，内部设有总务、工务、营业三股，经极力改良，已跻身第四位；设备方面有煤气机一部，木炭引擎二部，仅有72匹马力，钢磨5部，附属机俱全，每日生产面粉约1000袋，麦皮100包。③ 机器面粉工业得到一定发展。排在第三位的是化学工业。

在甘肃省，其中甘肃矿业公司，四行计划投资100万元；甘肃水泥公司拟信用透支150万元，贴放审核委员会审核意见为以全部资产抵押可借100万元。④ 因官泉毛织厂请求，四联总处贴放审核委员会拟准贷放10万元。⑤ 抗战胜利后，银行贷款逐渐转向区域水利工程兴修及工农业经济需要。如1946年，四联总处兰州分处贷款给甘肃省有关农业机构。同时，大后方经过数年在政策与资金方面的投入，甘肃经济现代化逐渐起步。如曾有机器工厂为满足自己需要，曾为农业、农户制造工具，为农业恢复创造条件。

---

① 《经济摘报（三十三年二月至四月）：工业：陕西工业建设概况》，《贵州企业季刊》第2卷第2期，1944年。
② 王遇春：《陕西省机器工业概述》，《陕行汇刊》第9卷第1期，1945年。
③ 《中央银行西安分行营业报告》1947年下期，中国第二历史档案馆藏，全宗、目录、案卷号三九六（2）2315（1）。
④ 《四联总处理事会第一三四次会议议事日程》，1942年7月19日，中国第二历史档案馆编《四联总处会议录》（一五），广西师范大学出版社2003年版，第441、450页。
⑤ 《四联总处理事会第一三五次会议议事日程》，1942年7月23日，中国第二历史档案馆编《四联总处会议录》（一六），广西师范大学出版社2003年版，第46页。

结　语

三　区域经济逐步由平时转入战时，经济体制发生一定变动

对任何一个国家来说，一旦遭到外敌入侵，必须举国家之力抵抗外敌入侵，因而平时经济必须转入战时经济，实行金融、经济统制，以满足抵抗外敌入侵战争的需要。随着日本军国主义全面侵华战争的爆发，西北区域封建的自给自足的自然经济开始发生巨大变化，一方面，区域内日常生活用品短缺，急需开办更多的工厂，来满足区域社会的需要；另一方面，区域农牧产品逐步由过去的运往东部贸易转向中南部及西部。同时，这一区域农副甚至土特产品逐渐成为对外贸易的主要产品之一，甚至供应国防及支持中华民族的抗日战争。国民政府逐步采取的战时经济统制政策无疑推动经济体制由平时走向战时的变化进程。1937 年 8 月中旬，除在东南沿海、西南地区实施《非常时期安定金融办法》，限制提取存款，保护银行业以安定货币、金融外，还在陕西、甘肃等省实施《非常时期安定金融办法》，在西北各省的银行业针对游资充斥，高利贷严重的现象，积极吸收存款，积累战时经济建设资金，而银行业的资金尤其是国家银行资金被引导投入西北大后方的农业、工业甚至水利、交通等建设。抗日战争从防御阶段先后又经历相持、反攻阶段，战时补给、西北大后方资源的充分利用十分必要，因而西北大后方的经济即转入战时。而战时一些银行家也充分认识到生产建设的重要，如身为中央银行西安分行经理、四联总处西安分处负责人马铎曾撰文强调：组织农业合作社及"办理农贷，亦亟需并举之一要事也"。[①] 有论者则明确指出：西北战时金融的要求，不仅要运用金融力量，发动农工矿生产，增加国民收入，而且要节制商业资本的畸形发展，避免商人囤积居奇操纵物价的危险；

---

① 马铎：《增加后方生产与西北资源之利用》，《中央银行经济汇报》第 2 卷第 11 期，1940 年。

西北银行业制度的强制性变迁与区域经济变动（1930—1949）

因此，西北金融要担负起更重要的任务，就是要发展西北的生产。① 这一观点指明了战时西北金融的本质与根本任务。战时生产建设的政策导向侧重于工业、农业生产，战时补给、资源开发利用急需资金支持，各国家银行成为肩负这一艰巨使命的主要金融机构。可见，在货币借贷市场上，国家金融政策分配、调剂资金导向急需的工农业生产，成为战时银行业政策、制度建设的重要经验。再据1939年下半期的调查，包括信用、抵押、贴现等放款及往来透支4项，达15975280元，小工商业贷款864346元。至1940年上期，信用等四项放款增至16285428元，小工商业贷款已较前增加。据时人沈宗琳1940年调查统计，至1940年4月10日，兰州市各银行放款调查，信用放款为5530000元，生产放款为12000元，公共建筑放款25000元。② 可见，甘肃银行业投资放款连年逐步增加，放款侧重点缓慢转向生产建设事业。这进而表明战时国家金融机构的增加及职能的转变，带来战时经济体制的逐步变动。尽管这种转变艰难、迟缓，但非常值得当代货币借贷市场管理的深刻思考。

四 具有现代意义的西北金融、经济人才队伍的建立

从20世纪30年代起，地方、国家银行机构较多地在西安及周边县区建立。在此前后中国农民银行也到兰州设立分支机构，银行业制度的强制性变迁，促使具有近代意义的银行业人才队伍逐步在西北各省建立起来。上海商业储蓄银行的陆君谷、陈惕如、经春先、邹秉文等，中央银行的潘益民，中国银行的束土方（先后在南洋公学、京师大学堂读书，近代金融人才），中国农民银行的南秉方（留学美国获得芝加哥大学经济学博士学位）等，中国农民银行天水办事处主任颜其坤（国立武汉大学毕业）。曾任甘肃省建设厅长的张心一（据记载

---

① 张效良：《西北金融事业之战时的任务》，《西北经济通讯》第1卷第1期，1941年。
② 张效良：《西北金融事业之战时的任务》，《西北经济通讯》第1卷第1期，1941年。

为宁夏省人，清华大学毕业，后留学美国获得康奈尔大学农业经济学硕士学位，一度在金陵大学任教，曾在中国银行总行担任业务稽核），① 有些曾在大学任教或求学，有些有在海外留学经历；尤其抗战爆发后，从天津方面撤出的银行业骨干束云章、杨毓琇、严敦彝、杨浪川等来到西安，组建西京银行业同业公会，他们逐渐成为西北银行业的优秀人才。

五 抗战胜利后，工农业经济甚至整个经济逐渐走向衰落，但事实上支持或延缓了国民党政权的统治，客观上也为延缓、防止经济更快崩溃及起到维持军队、民众生活需要的作用

随着金融机构的东移与资金向东、中部移转，加上连年物价上涨、连年战争交通阻隔与政局动荡，西北银行业资金投入有所侧重，工业经济及整个经济开始衰落。这在一定程度上也是银行业制度发生变迁导致区域经济变动的重要原因。据记载，抗日战争胜利后，银行业除东迁移走资金外，1947年正式登记的各县工厂在陕西全省共58家，其中面粉工厂6家，机器铁工厂12家，纺织工厂19家，制革工厂3家，酒精工厂1家，打包工厂2家，火柴工厂3家，造纸工厂2家，榨油工厂1家，陶瓷工厂2家，其他工厂7家。西安市区内所设工厂，据1947年底调查，共有69家，其中有翻砂工厂1家，玻璃工厂4家，卷烟工厂3家，碾米工厂7家，棉纺织工厂6家，面粉工厂9家，三酸工厂1家，肥皂工厂5家，机器铁工厂9家，毛纺织工厂1家，染整工厂1家，印刷工厂16家，火柴工厂6家。省县合计共有工厂127家。② 可见各市县所设工厂以民用尤其是县乡经济、社会生

---

① 《徐堪徐柏园呈蒋中正四联总处暨中中交农四行邮汇局及各商业银行等重要职员名册与略历》，1940年9月7日，台北"国史馆"藏，典藏号002-080109-00015-004。
② 参考资料：《陕西工业近况》，《公益工商通讯》第4卷第3期，1948年。

西北银行业制度的强制性变迁与区域经济变动（1930—1949）

活需要为主，主要是轻工业，其中以棉纺织与面粉工业占有较大比重，这与两大工业原料来源有关，即陕西省为重要的棉花与小麦产地。当时生产棉花目的性较为明确，主要是满足军队的需要。如1946年，行政院秘书处曾接到通知，核办陕西省政府请拨陕棉增产资金30亿元。当时据悉陕西省棉花增产贷款自举办以来成效最著，抗战胜利复员建设刻不容缓，而当时收复区交通及乡村秩序尚未迅速恢复，战前主要产棉省区植棉面积一时难以增加，反而会有所减少，"而人民之需要反有增加，且管制政策既经取消国军服装用布标准复由十磅增至十六磅，用量增加需要尤切；况接收敌伪纱锭亟需原料，后方生产亦须维持；而美棉借款仅108万市担，仅敷三四十万纱锭之用。"加上接收纱锭已开工者达90万枚，显然不敷使用。而尚未接收者犹有数百万锭，棉花用量既较战时有巨额增加，筹划来源更不应该全仰仗进口，但又不能不预为准备。1946年陕西省政府请拨陕棉增产资金30亿元。当时陕棉年产数量战前曾有百万市担，至于品种品质，关中区全为美种4号斯字棉织维长度29分之32至1又1分之32寸，可供16支至32支纱之原料；汉中区则为美国棉种531德字，棉长度由1至1又1分之16寸，可供42支纱的原料。不过，后者产量较少，前者增产年可达100万市担左右，因而就产量与品质而言，为复员建设期间最为重要且最佳的原料。[①] 可见当时植棉贷款旨在维持抗战胜利后的军需民用。

但实际上，陕西省包括近代工业在内的经济仍然是衰落了。抗战时期陕西近代工业快速发展，至1945年全省工厂达312家，"近年以物价高涨，倒闭甚多，目前较之三十四年时计已减少百分之六十"[②]。以此推算，倒闭工厂达180家以上。其中以西安的机器工业为例，

---

① 《中中交农四行联合办事总处理事会第305次会议纪录》，1946年5月8日，中国第二历史档案馆编《四联总处会议录》（四十五），广西师范大学出版社2003年版，第375—376页。

② 参考资料：《陕西工业近况》，《公益工商通讯》第4卷第3期，1948年。

结　语

1948年底"设备均极简陋，规模狭小，出品寥寥"；"在今日交通阻梗，国外及外埠机器不易运来之际……"各类工业均在困难重重中挣扎，拥有资金者多不愿投资新厂，现有各厂也无力扩充，"故销路异常疲滞"，再加上原料缺乏，物价狂涨，工资日高，税捐甚重，开支浩大，均陷入岌岌可危不可维持的境地。① 为挽救区域工业经济危机与衰落，陕西省工业界代表张连之甚至于1947年到达南京请愿，要求四联总处迅速办理工业贷款，并放宽工业贷款尺度；并要求四联总处指令四行或中央信托局办理外汇，即以挽救西北工业的危机。② 但即便如此，西北工业危机与衰落也已无法挽救。而陕西省工业经济的衰落则是西北近代工业衰落的缩影。

---

① 谢剑云：《西安的机器铁工业》，《西北通讯（南京）》第2卷第9期，1948年。
② 《工业新闻——挽救西北工业危机，陕西工业代表到京请愿》，《西北实业月刊》第2卷第4期，1947年。

参考文献

一 未刊档案资料

1. 中国第二历史档案馆藏

财政部档案，全宗号三。
交通银行档案，全宗号三九八。
四联总处档案，全宗号五八五。
中国农民银行档案，全宗号三九九。
中国银行档案，全宗号三九七。
中央银行档案，全宗号三九六。

2. 重庆市档案馆藏

上海商业储蓄银行重庆分行档案，全宗号0310。
重庆市档案馆藏中央银行档案，全宗号0282。

3. 陕西省档案馆藏

财政部西安区银行监理官办公处档案，全宗号37。
陕西省银行档案，全宗号22。
四行联合办事处四行分处档案，全宗号32。

中国农民银行西安分行档案,全宗号 35。
中央银行西安分行档案,全宗号 31。

4. 甘肃省档案馆藏

甘肃省银行档案,全宗号 53。
四联总处兰州分处档案,全宗号 5。
中国农民银行档案,全宗号 55。
中国通商银行兰州分行档案,全宗号 58。
中国银行档案,全宗号 56。
中央银行档案,全宗号 52。

5. 青海省档案馆藏档案

四联总处西宁支处档案,全宗号 27。
中国农民银行西宁支行档案,全宗号 23。

6. 台湾及海外

台湾"中央研究院"近代史所档案馆藏档案。
美国斯坦福大学胡佛研究院档案馆藏《蒋介石日记》。
台北"国史馆"档案。

二 民国报刊资料

《陕行汇刊》《财政学报》《金融知识》《中央银行经济汇报》《经济汇报》《经济学报》《西北资源》《西北角》《金融周刊》《力行》《政治建设》《甘行月刊》《西北经济通讯》《雍言》《建国月刊》《西北经济》《中行月刊》《经济建设季刊》《中央银行月报》《中国国民党指导下之政治成绩统计》《工商半月刊》《新创造》《陕西省银行汇刊》《陕西省政府公报》《西京日报》《金融周刊》《工业

月刊（西安）》《西北通讯》《西北实业月刊》《公益工商通讯》《财政评论》《新西北月刊》《宁夏民国日报》《贵州企业季刊》《中农月刊》《西北文化日报》《农业推广通讯》《陕西合作》《西北经济通讯》《公益工商通讯》《陕西财经学院学报》。

三 已刊档案、文献、工作及考察报告、日记、游记、地方志、年谱、台湾文献、口述史料、文史资料

陈启昭：《上海银行西安分行轶史》，中国民主建国会陕西省委员会、陕西省工商业联合会合编：《陕西工商史料》第二辑（金融专辑），1989年内部。

范长江：《中国的西北角》，新华出版社1980年版。

甘肃省建设厅编：《甘肃省经济建设纪要》七（1940年12月—1946年12月），手抄本，1961年。

甘肃省政协文史资料研究委员会编：《甘肃文史资料选辑》第十六辑，甘肃人民出版社1983年版。

郭荣生：《中国省银行史略》，沈云龙主编：《近代中国史料丛刊》续辑，第19辑，文海出版社1988年版。

国立西北农林专科学校编：《西北农业考察》，1936年版。

交通银行总行、中国第二历史档案馆合编：《交通银行史料》第一卷，上册，中国金融出版社1995年版。

镜升：《战时中国经济轮廓》，【出版社不详】，1944年。

马克思：《资本论》第三卷，人民出版社1957年版。

宁夏省政府秘书处编：《十年来宁夏省政述要》，宁夏人民出版社1988年影印版。

秦晋：《宁夏到何处去》，1947年印。

秦孝仪：《革命文献》第90辑，《中央文物供应社》，1981年版。

参考文献

全国政协文史资料委员会编：《中华文史资料文库》第 14 册，中国文史出版社 1996 年版。

沈雷春：《中国金融年鉴》（1939 年），《近代中国史料丛刊续编》第 62 辑，台北文海出版社 1987 年版。

寿进文：《战时中国的银行业》，【出版社不详】，1944 年。

吴景平、邢建榕主编：《上海市档案馆藏近代中国金融变迁档案史料汇编》，多卷本，上海世纪出版股份有限公司、远东出版社 2015 年版。

西安市档案馆编：《民国开发西北》，《西安档案资料丛编》，2003 年印。

西安市档案局、西安市档案馆编：《陕西经济十年（1931—1941）》，《西安档案资料丛书》，1997 年内部印刷。

严中平等编：《中国近代经济史统计资料选辑》，《中国近代经济史参考资料丛刊》第一种，科学出版社 1955 年版。

赵敏求：《跃进中的西北》，新中国文化出版社 1941 年版。

政协青海省委员会文史资料研究委员会编：《青海文史资料选辑》第八辑，青海人民出版社 1981 年版。

中国第二历史档案馆、中国人民银行江苏省分行、江苏省金融志编委会：《中华民国金融法规档案资料选编》（上、下），档案出版社 1989 年版。

中国第二历史档案馆：《中华民国史档案资料汇编》第五辑第二编，财政经济（三），江苏古籍出版社 1997 年版。

中国民主建国会陕西省委员会、陕西省工商业联合会：《陕西工商史料》第二辑（金融专辑），西安市莲湖区友谊印刷厂，1989 年。

中国人民银行宁夏分行编：《宁夏近代金融史资料》上、下册，1987 年印。

中国人民银行总行参事室：《中华民国货币史资料》（第 1、第 2 辑），上海人民出版社 1986、1991 年版。

中国人民银行总行参事室金融史料组编：《中国农民银行》，中国财政经济出版社 1980 年版。

中国银行天津分行国际金融研究所编：《中国银行天津分行行史资料》第三册，1991 年印。

中国银行总行、中国第二历史档案馆编：《中国银行行史资料汇编》上编（1912—1949），二，档案出版社 1991 年版。

中央银行经济研究处编：《十年来中国金融史略》，新中国文化出版社 1943 年版。

重庆市档案馆、重庆市人民银行金融研究室：《四联总处史料》（上、中、下），中国档案出版社 1993 年版。

朱沛莲编：《束云章先生年谱》，台湾"中央研究院"近代史研究所史料丛刊（15），1992 年版。

朱允明：《甘肃省乡土志稿》，季羡林名誉主编，徐丽华主编：《中国少数民族图书集成》，四川民族出版社 1999 年版。

邹宗伊：《中国战时金融管制》，重庆财政评论出版社 1943 年版。

四 专著

陈舜卿：《陕甘近代经济研究》，西北大学出版社 1994 年版。

陈育宁总主编，吴忠礼、刘钦斌主编：《宁夏通史》近现代卷，宁夏人民出版社 1993 年版。

崔国华：《抗日战争时期国民政府财政金融政策》，西南财经大学出版社 1995 年版。

胡平生：《民国时期的宁夏省（1929—1949）》，台北学生书局 1988 年版。

抗日战争时期国民政府的财政经济战略措施研究课题组：《抗日战争时期国民政府的财政经济战略措施研究》，西南财经大学出版社 1988 年版。

李青凌：《甘肃经济史》，兰州大学出版社 1996 年版。

刘平：《近代中国银行监管制度研究（1897—1949）》，复旦大学出版社 2008 年版。

田霞：《抗日战争时期的陕西经济》，中国矿业大学出版社 2002 年版。

魏永理主编：《中国西北近代开发史》，甘肃人民出版社 1993 年版。

西北师范大学历史系编：《西北史研究》第一辑，下册，兰州大学出版社 1997 年版。

徐安伦、杨旭东：《宁夏经济史》，宁夏人民出版社 1998 年版。

杨希天等编著《金融志》，陕西省地方志编纂委员会编《陕西省志》第 36 卷，陕西人民出版社 1994 年版。

杨新才：《宁夏农业史》，中国农业出版社 1998 年版。

杨重琦：《兰州经济史》，兰州大学出版社 1991 年版。

张岂之、史念海主编，李振民著：《陕西通史》（民国篇），陕西师范大学出版社 1997 年版。

张天政：《近代开发宁夏的思想及实践研究》，人民出版社 2011 年版。

张天政：《上海银行公会研究（1937—1945）》，上海人民出版社 2009 年版。

张郁兰：《中国银行业发展史》，上海人民出版社 1957 年版。

张忠军：《金融监管法论——以银行法为中心》，法律出版社 1998 年版。

五 论文

陈园园、张天政：《抗战胜利后宁波民办轮船航运业的兴衰》，《学海》2018 年第 2 期。

董长芝：《论国民政府抗战时期的金融体制》，《抗日战争研究》1997

年第 4 期。

黄立人：《四联总处的产生、发展和衰亡》，《中国经济史研究》1991 年第 2 期。

黄鑫、张天政：《试析 20 世纪三四十年代青海近代银行体系的建立及业务经营》，《青海民族研究》2014 年第 1 期。

李云峰、曹敏：《抗日时期的国民政府与西北开发》，《抗日战争研究》2003 年第 3 期。

李云峰、赵俊：《1931—1937 年间西北金融业的恢复与发展》，《民国档案》2004 年第 1 期。

屈秉基：《抗日战争时期的陕西金融业》，《陕西财经学院学报》1984 年第 2 期。

屈秉基：《抗日战争时期的陕西金融业》（续完），《陕西财经学院学报》1985 年第 3 期。

王澄琳、汪洋权：《抗日战争时期国民党政府的经济来源》，《档案史料与研究》1992 年第 3 期。

吴景平、王晶：《"九·一八"事变至"一·二八"事变期间的上海银行公会》，《近代史研究》2002 年第 3 期。

吴景平：《从银行立法看 30 年代国民政府与沪银行业关系》，《史学月刊》2001 年第 2 期。

吴景平：《评上海银钱业之间关于废两改元的争辩》，《近代史研究》2001 年第 5 期。

吴景平：《折冲于官商之间：1929—1931 年上海银行公会改组风波述评》，《历史研究》2003 年第 2 期。

杨斌、张士杰：《试论抗战时期西部地区金融业的发展》，《民国档案》2003 年第 4 期。

张天政、成婧：《西京银行公会与抗战时期的金融监管》，《中国社会经济史研究》2013 年第 2 期。

张天政、邸娜：《20 世纪 40 年代中央银行宁夏分行业务经营述论》，吴景平、戴建兵主编：《近代以来中国金融变迁的回顾与反思》，上海远东出版社 2012 年版。

张天政、黄鑫：《20 世纪 40 年代青海少数民族聚居区的新式农贷》，《青海民族研究》2013 年第 3 期。

张天政、李冬梅：《20 世纪 40 年代前期重庆银行公会对政府金融法规的因应》，《中国经济史研究》2013 年第 1 期。

张天政、张英杰：《20 世纪 30 年代上海华资银行在陕西的农贷活动》，《上海档案史料研究》第五辑，上海三联书店 2008 年版。

张天政、赵娜：《从乡村救济到市场竞争——以 20 世纪 30 年代的陕西乡村借贷为例》，《史学月刊》2016 年第 5 期。

张天政：《国家金融机构与抗战时期的陕西农村金融》，张海鹏、陈育宁主编：《中国历史上的西部开发》，商务印书馆 2007 年版。

张天政：《抗战时期国家金融机构在陕西的农贷》，《抗日战争研究》2009 年第 2 期。

张天政：《略论上海银行公会与 20 世纪 20 年代华商银行业务制度建设》，《中国经济史研究》2005 年第 2 期。

张天政：《清末宁夏新政再探》，中国社会科学院近代史研究所政治史研究室、西北民族大学历史文化学院编：《清末新政与西北民族关系变迁》（论文集）（2014 年 7 月中国社会科学院近代史研究所政治史研究室、西北民族大学历史文化学院在兰州合办清末新政与西北民族关系变迁国际学术讨论会），社会科学文献出版社 2017 年版。

周勇：《抗日战争与大后方经济中心》，《重庆党史研究资料》1995 年第 4 期。

朱坚真：《抗日战争时期国民政府的财政金融政策及经济统制措施》，《教学与研究》1989 年第 2、3 期。

朱玉湘：《抗日战争与中国经济》，《文史哲》1995 年第 5 期。

［美］柯伟林：《抗战时期的中国经济》，《档案史料与研究》1997 年第 3、4 期。

后　　记

　　在沪上师从吴景平教授读博期间，即将毕业的2003年开始时想到以后若从上海回宁夏，受科研条件及图书资料等限制，只能做区域史研究。自己只有金融史、区域史的研究基础，而回去资料缺乏，因而认为应较早着手收集资料。回去后2006年起带硕士研究生，从个人角度为保证培养质量，为他们能学到更多东西并具有初步的科研能力，组织他们做新题目，使得他们学会什么是学术规范与学术道德，决定选择西北区域金融史方面的课题。而20世纪三四十年代宁夏银行业史研究甚少，运用档案材料可以做一篇硕士学位论文，为此曾带硕士生邸娜等前往南京中国第二历史档案馆查阅有关宁夏经济史的档案材料。但作为一个课题、项目来研究，已公布的宁夏省的材料不够一个金融史项目的研究。2005年申报"20世纪三四十年代西北农村金融与区域乡村经济社会变迁"国家社会科学基金再次成功，因忙于这个课题的研究，仍无暇展开西北银行业课题研究。2007年，指导数名硕士生，当时针对近代西北银行业史研究的现状，认为应先进行分省研究，应继续运用已刊布、未刊布的档案材料，于是安排硕士生张书童做20世纪三四十年代甘肃省银行业研究。2010年曾申报获批宁夏回族自治区哲学社会科学规划项目"20世纪三四十年代西北银行业研究"。2013年获批国家社科基金，直到2018年完成结项，课题字数一度增加到33万字。本书章节撰稿方面，第一章张天政（邸娜、黄鑫曾提供第三节、第四节初稿，即甘肃省、宁夏省、青海省，

· 366 ·

后 记

经张天政补充、修改完善成稿）；第二章第一、第二、第三、第五节张天政完成，第四节张天政、成婧完成，成婧提供部分初稿；第三章张书童提供初稿，由张天政补充资料、修改、完善文字及结构，校对资料最终完成。第四章由张天政补充资料、完善文字及结构，最终完成，邱娜提供部分初稿。第五章各节由张天政、黄鑫完成，黄鑫提供过初稿。第六章第一、第二节由张天政完成，第三节由张天政、李彦超完成，李彦超提供部分初稿。

本书的问世，前后历时十余载。非常感谢宁波工程学院社会科学出版基金与马克思主义学院配套经费资助出版。在此十分感谢宋燕鹏编审的精心编辑、排列、支持，谨致谢意。同时也感谢学界各位同人的关心、支持。另外，受学术水平等因素的影响，本书稿难免存在考虑不周等方面不足，敬请学界指正！

张天政

2020年5月20日